DELIUS KLASING

ARMIN HERB | DANIEL SIMON

E-BIKE TRAUMTOUREN IN DEN ALPEN

DELIUS KLASING VERLAG

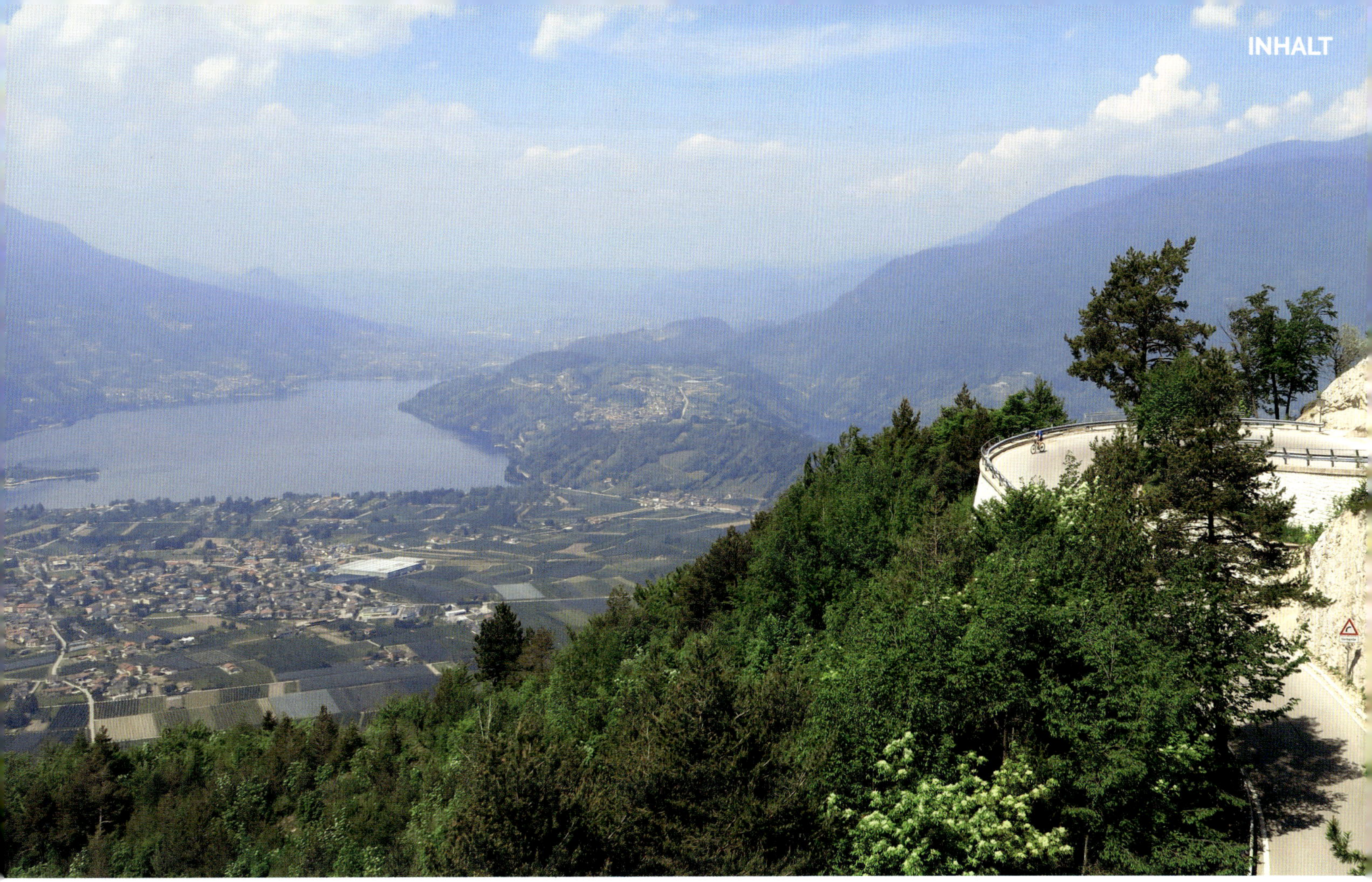

Bella Vista: aussichtsreiche Kurve am Kaiserjägerweg im Trentino.

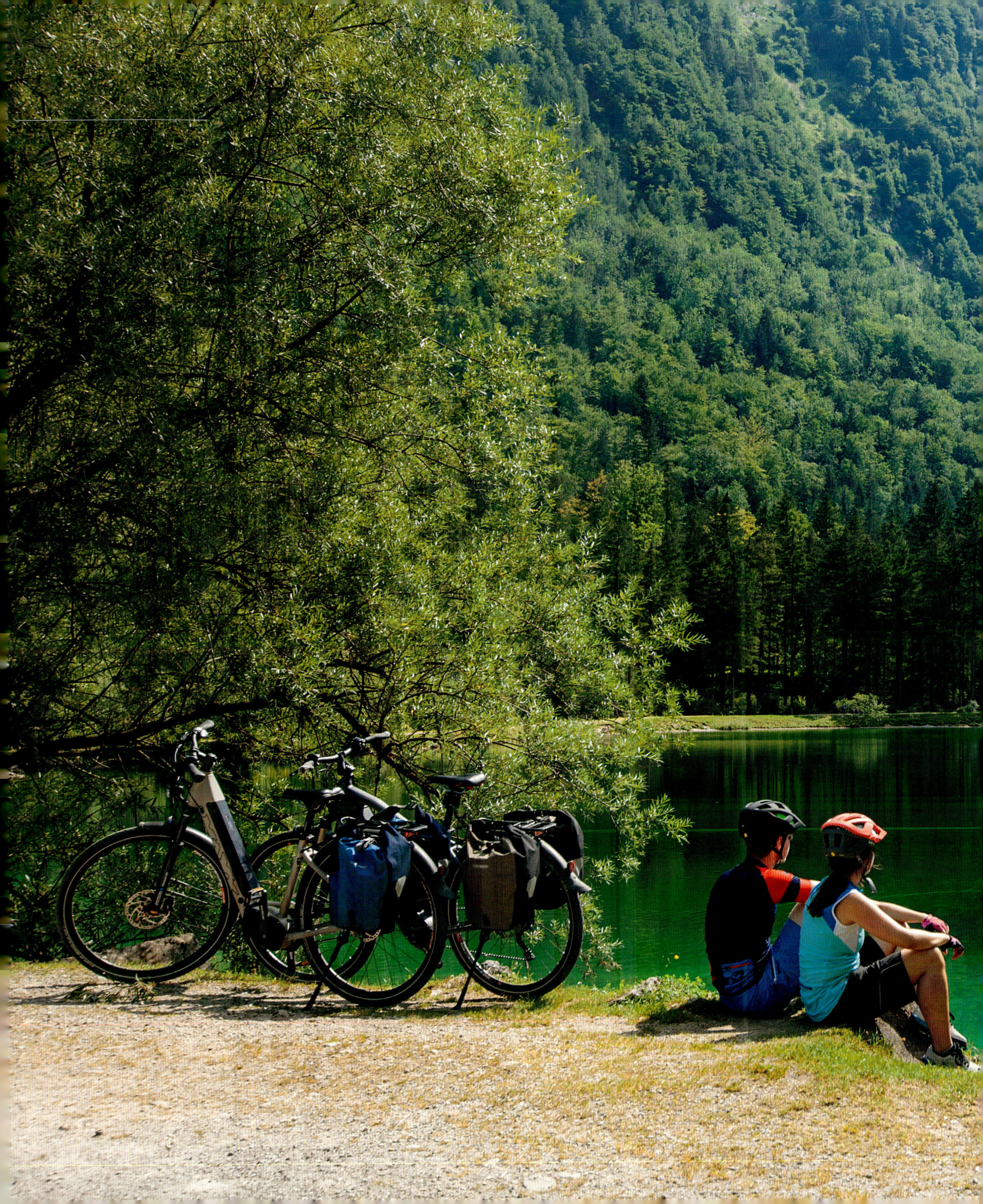

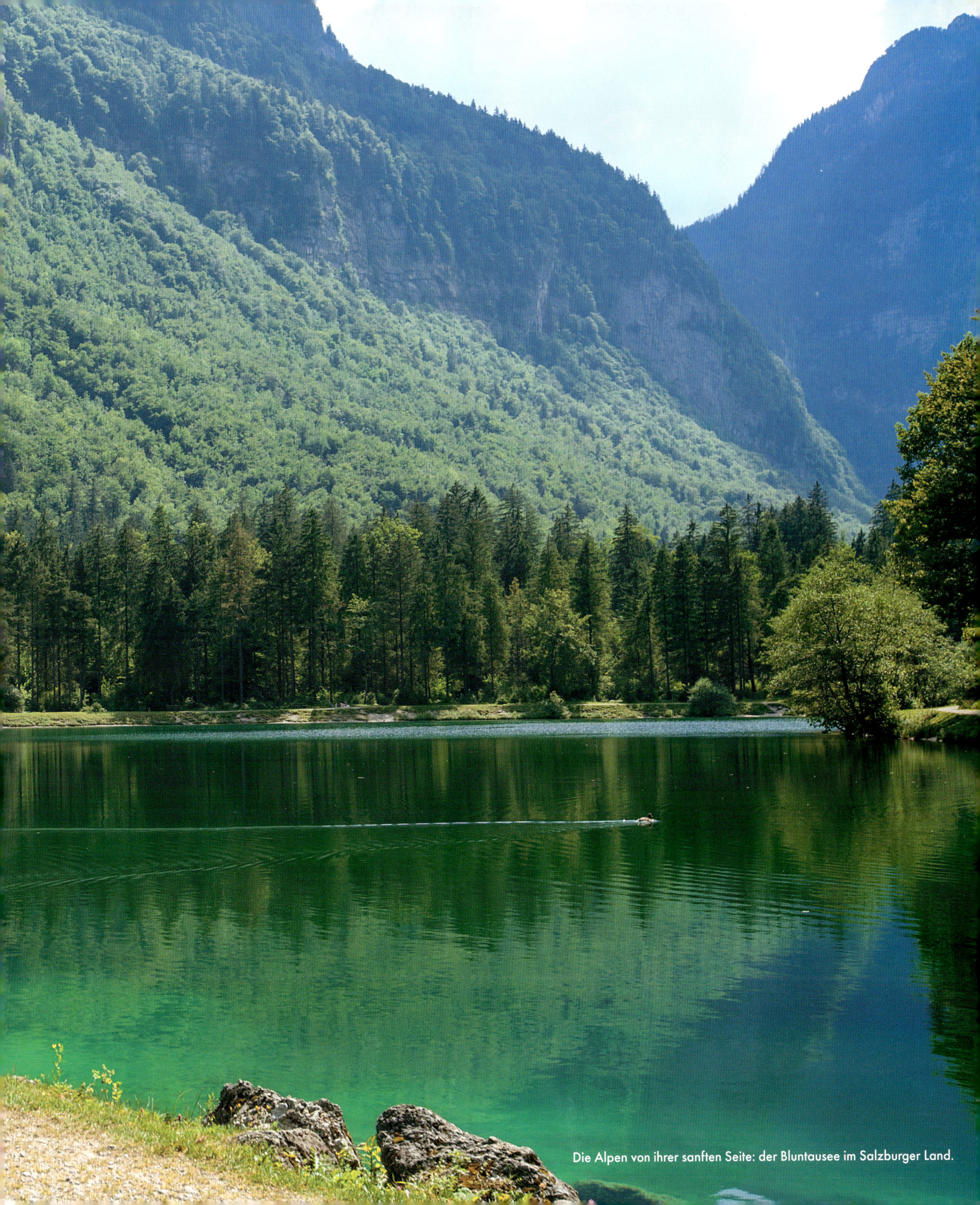

Die Alpen von ihrer sanften Seite: der Bluntausee im Salzburger Land.

GUT VORBEREITET AUF TOUR

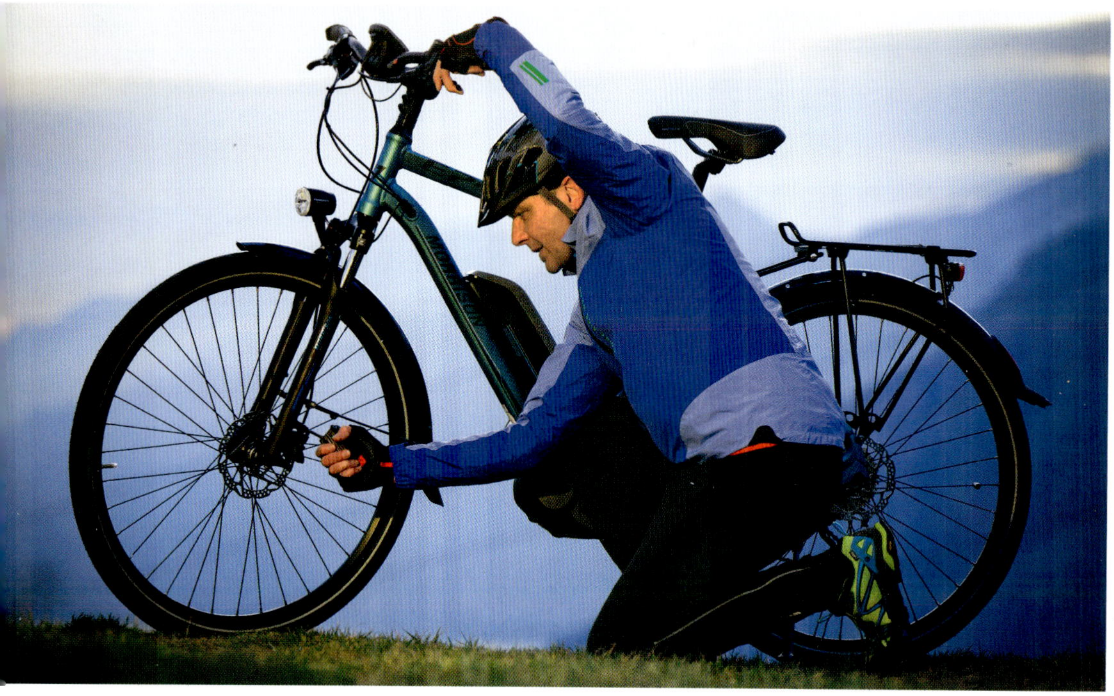

Zur Sicherheit vor jeder Tour ein kurzer Bike-Check.

Die E-Bikes sind aus unserem Straßenbild nicht mehr wegzudenken. Überall sind sie zu sehen. In vielen Alpenorten kann man mittlerweile fast nur noch Fahrräder mit Motor mieten. Kein Wunder! Im Gebirge machen sich die Vorteile des E-Bikes besonders deutlich bemerkbar. Mit Motorunterstützung können auch weniger sportliche Radler steile Bergwege hinauffahren zu herrlich gelegenen Almen und Berggasthöfen oder die Serpentinen zu spektakulären Pässen erobern. Während E-Biker vor gar nicht allzu langer Zeit noch Angst haben mussten, dass die Elektromotoren am Berg heiß laufen und die Akkus zu früh schlapp machen, zeigen sich moderne Antriebe heute robust und ausdauernd. Und wenn trotzdem mal die Elektroenergie zur Neige gehen sollte, so bieten viele Gasthäuser, Berghütten und Tourismusbüros in den Urlaubsregionen die Möglichkeit an, die Akkus wieder aufzuladen. Weitsichtige E-Biker haben auf längeren Touren sogar ihr eigenes Ladegerät im Gepäck. Die portablen, kleinen Ladestationen fallen heute kaum noch groß ins Gewicht. Mit diesem Wissen und der Hilfe moderner Fahrradtechnik haben wir uns auf den Weg gemacht in die Alpen – dorthin, wo wir schon seit vielen Jahren mit dem Trekking- oder auch mit dem Mountainbike unterwegs sind. Neue Wünsche und Ideen wurden in die Praxis umgesetzt, dabei kamen auch Genuss und Komfort nicht zu kurz – ob bei kleinen, halbtägigen Aufwärmrunden im Pongau, bei alpinen Tagestouren im Nationalpark Hohe Tauern oder gar bei einer einwöchigen Radreise rund um die Berchtesgadener Alpen. Die 25 interessantesten Touren haben wir ausgewählt und präsentieren sie ausführlich in Wort und Bild auf den folgenden Seiten. Und die GPS-Tracks zu jeder Route lassen sich ganz einfach im Internet downloaden.

Übrigens: Dass Fahren mit dem E-Bike eine Fortbewegung für Senioren, Unsportliche und »Warmduscher« sei, ist ein längst widerlegtes Klischee, das gern von unverbesserlichen Radpuristen in die Welt gesetzt wird. Denn auch beim E-Biken kann man ordentlich ins Schwitzen kommen, vor allem in alpinen Regionen. Allerdings kommt man mit der vorhandenen Kondition schlicht weiter und steiler hinauf.

PLANUNG UND VORBEREITUNG

Radouren in alpiner Umgebung wollen immer mit Bedacht ausgesucht und vorbereitet werden. Vor allem in puncto Fahrtechnik gilt es einige Besonderheiten zu berücksichtigen. Geschick und Gefühl fürs Rad bringen mehr Spaß und Sicherheit. Deshalb gilt: Das Bergfahren möglichst schon vor der Fahrt ins Gebirge zu Hause üben, etwa an Hügeln oder an Auffahrten zu Brücken – möglichst abseits des Straßenverkehrs. Dabei auch das Bremsen bergab ausprobieren. Apropos Kondition: Das E-Bike bietet zwar viel Unterstützung beim Treten, aber eine gewisse Grundkondition und Fahrtechnik auf dem Rad sind trotzdem sehr nützlich.
Interessante Tourtipps finden sich auf den Websites der alpinen Tourismusbüros (siehe INFO-Blocks auf den folgenden Seiten) oder auf Tourenportalen, wie www.outdooractive.com und www.bergfex.de

WELCHES E-BIKE?

Für steile Auf- und Abfahrten eignet sich ein Pedelec mit Trapezrahmen besser als ein sogenannter Tiefeinsteiger, wie z. B. beim Hollandrad. Wer ganz hoch hinaus und auch viele ruppige Bergwege befahren will, greift zum E-Mountainbike.

AUSRÜSTUNG UND BEKLEIDUNG

Im Gebirge gehören immer warme Kleidung und eine wind- und wasserdichte Wetterschutzjacke ins Gepäck, denn das Wetter kann schnell umschlagen. Außerdem kühlen lange Abfahrten den Körper aus. Kenner wählen das altbewährte Schichtprinzip, das heißt mehrere Kleidungsschichten übereinander zu tragen. Bergauf kann man z. B. die Windjacke ausziehen, wenn es warm wird, und bergab gegen das Auskühlen wieder an. Helm, Handschuhe und Sportbrille verstehen sich aus Sicherheitsgründen von selbst.

WETTERVORHERSAGE

Erfahrene Alpenfahrer kennen die Wetterkapriolen. Der Wechsel von strahlendem Sonnenschein zu Eisregen passiert manchmal in sehr kurzer Zeit. In großen Höhen können selbst im Hochsommer Schneeschauer und krasse Temperaturstürze vorkommen. Deshalb hat ein zuverlässiger Wetterbericht elementare Bedeutung. Und umso wichtiger ist eine vorausschauende und umsichtige Planung der Radetappen. Mit folgenden Wetterstationen haben wir gute Erfahrungen gemacht:
Bayern, Tirol, Salzburg, Kärnten: www.bergfex.de
Schweiz: www.meteonews.ch
Südtirol, Italien: https://wetter.provinz.bz.it/suedtirolwetter.asp und www.ilmeteo.it/italia

FAHRTECHNIK BERGAUF

Für ein flüssiges, gleichmäßiges Treten wählt man bergauf möglichst kleine Gänge. Die Devise lautet dabei: immer vorausschauend fahren, um z. B. Schlaglöcher oder Rollsplitt rechtzeitig umfahren zu können. In steilen Passagen bergauf empfiehlt sich eine stärkere Motorunterstützung, in flacheren eine geringere. An besonders steilen Abschnitten den Oberkörper Richtung Lenker neigen und auf dem Sattel leicht nach vorn rutschen, damit das Vorderrad nicht abhebt.
Wer länger bergauf fährt, muss auch mal Gesäß und Muskeln entlasten. Dazu schaltet man möglichst eine Unterstützungsstufe herunter und einen Gang schwerer und geht in den sogenannten Wiegetritt, das heißt, man fährt quasi im Stehen. Durch das Zurückschalten tritt man auch nicht ins Leere beim Aufstehen und hält die Geschwindigkeit.

FAHRTECHNIK BERGAB

E-Bikes können bei der Abfahrt schon allein wegen ihres (meist) hohen Gewichts ziemlich schnell werden. Deshalb heißt es: möglichst mit beiden Händen am Lenker immer kontrolliert und mit angepasster Geschwindigkeit fahren und dabei genügend Abstand halten zu Autos, Fußgängern oder anderen Fahrrädern. Vermeiden sollte man Dauerbremsen, damit die Bremsen nicht zu heiß werden und eventuell an Leistung verlieren. Bremsen Sie immer mit Vorder- und Hinterradbremse gleichzeitig. Verzögern Sie vor Kurven spürbar und lösen Sie die Bremsen dann wieder, damit sie

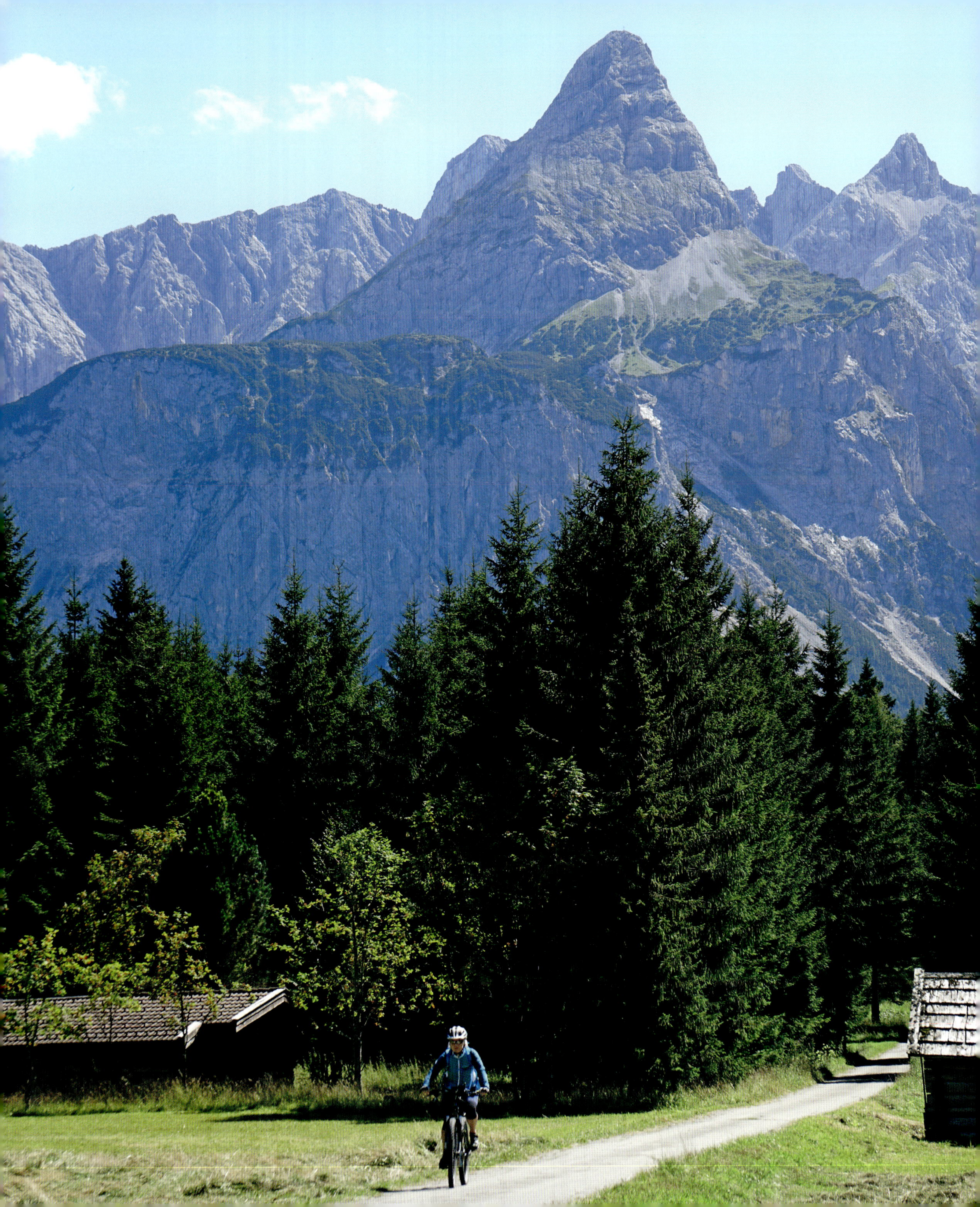

durch den Fahrtwind etwas abkühlen können. Bitte keine Kurven schneiden! Aber die Kurven auch nicht zu weit außen anfahren, denn dort liegt gern viel rutschiger Schmutz und Splitt. Bei langen Abfahrten, etwa auf einer Passstraße, sollten Sie ab und zu Stopps einlegen, damit die Bremsen zwischendurch Zeit zum Abkühlen haben.

E-BIKE-TECHNIK

Bis auf den Motor unterscheidet sich die Technik der meisten E-Bikes nicht von der eines »normalen« Fahrrades. Wartungsarbeiten an den meisten Komponenten wie Bremsen oder Schaltung können wie an jedem anderen Rad durchgeführt werden. Der Motor ist eine geschlossene Einheit. Der Laie kann selbst keine Wartung oder Reparatur vornehmen. Sollte der Motor unterwegs ausfallen, schalten Sie zuerst das System aus und nach kurzer Pause wieder ein. Kontrollieren Sie die Kontakte von Akku und Display. Je nach Hersteller erklären Fehlercodes manches Problem. Die Betriebsanleitung gehört ins Tourengepäck. Bei langen Bergauffahrten kann der Motor zur Sicherheit gegen Überhitzung abschalten. Nach einer kurzen Abkühlphase ist das System meist wieder betriebsbereit.

FEUCHTIGKEIT

Die Qualität moderner E-Bikes ist in der Regel sehr gut. Heute fällt kaum mehr ein Motor wegen in die Elektrik eindringender Nässe aus. Sollten dennoch bei Regen Probleme auftreten, kontrollieren und trocknen Sie vor allem die Kontakte an Akku und Display. Kontaktspray verdrängt Feuchtigkeit zuverlässig und schützt.

BORDWERKZEUG

Ein gutes Minitool mit Kettennieter, dazu eine Minipumpe mit Manometer, Flickzeug und zwei Reifenheber aus Kunststoff gehören in jede Satteltasche. Beim E-Bike macht noch eine kleine Dose Kontaktspray Sinn. Auf längeren Touren sollte das Ladegerät und eventuell ein Ersatzakku ins Tourengepäck.

WAS IST EIN E-BIKE?

> **E-Bike** wird gern als Sammelbegriff für Fahrräder mit Elektromotor verwendet. Ab und zu werden jedoch auch Elektro-Mofas ohne Pedalantrieb als E-Bike bezeichnet.

> **Das Pedelec (Pedal Electric Cycle)** ist ein Fahrrad, das beim Treten bis zu einer Geschwindigkeit von 25 km/h von einem Elektromotor unterstützt wird. Dieses Pedelec meinen wir auch im Allgemeinen, wenn wir hier im Buch, wie überall verbreitet, vom E-Bike sprechen.

> Bei **S-Pedelecs** unterstützt der Motor beim Treten bis 45 km/h. Die S-Pedelecs gelten nach deutschem Recht als Kleinkrafträder und nach EU-Recht als Leichtkrafträder mit geringer Leistung, wie Mofas und Mopeds. Sie benötigen deshalb eine Betriebserlaubnis des Kraftfahrtbundesamtes, ein Versicherungskennzeichen und dürfen nur von Personen ab 16 Jahren gefahren werden, die einen Führerschein der Klasse AM besitzen. Außerdem ist für die Benutzung ein geeigneter Helm vorgeschrieben. S-Pedelecs dürfen meist nicht auf Radwegen sowie auf Feld- und Waldwegen benutzt werden.

SICHERHEITS-CHECK VOR DER TOUR

Bevor man auf den Sattel steigt, sollte wegen der Verkehrssicherheit das E-Bike stets auf Funktionalität und Unversehrtheit gecheckt werden:

- Lenker und Vorbau prüfen
- Bremsen checken (Bremsbeläge, Bremsscheiben)
- Laufräder kontrollieren (Befestigung, Reifendruck)
- Rahmen und Gabel begutachten
- Sattel überprüfen
- Kettenspannung kontrollieren
- Beleuchtung und Reflektoren checken
- Akku-Ladestand überprüfen

ajestätisch: die Ehrwalder Sonnenspitze.

RUNDE UM FÜSSEN

Kleine Badeseen, hohe Berge und königliche Schlösser – alles auf einer Rundtour am Allgäuer Alpenrand

1

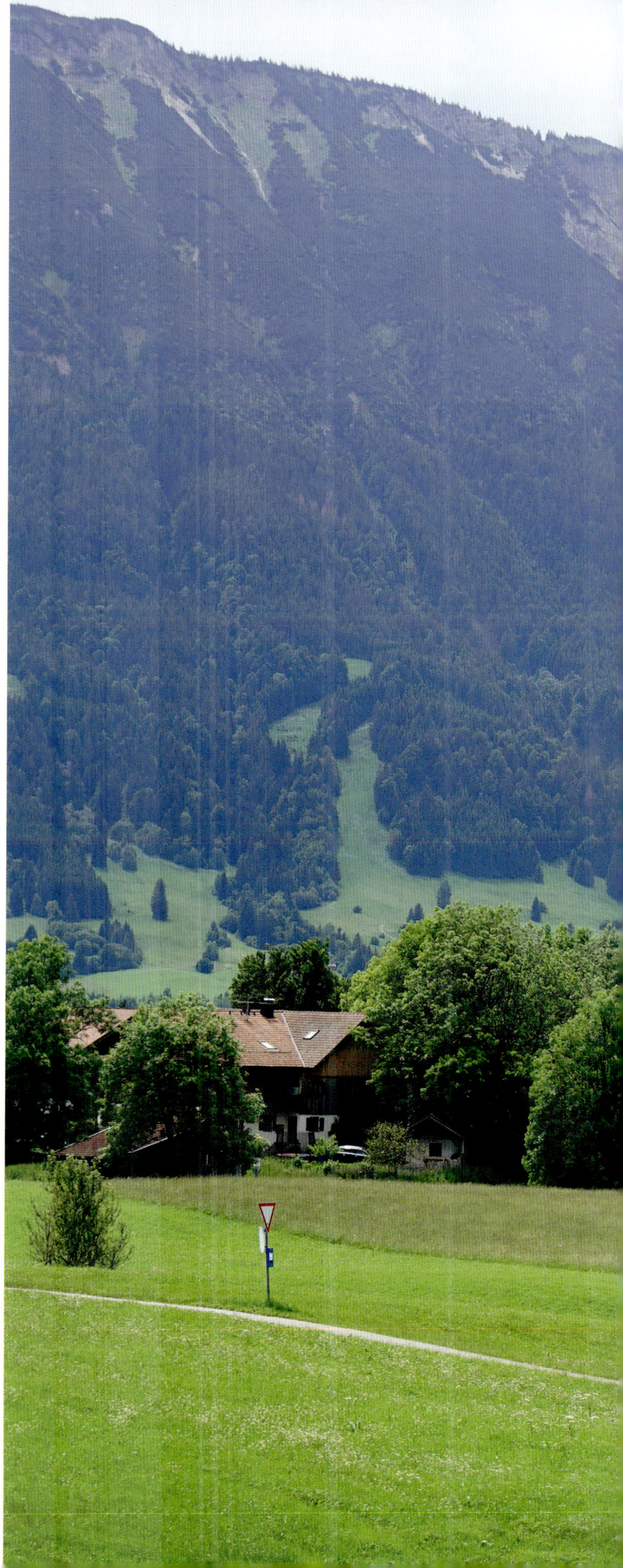

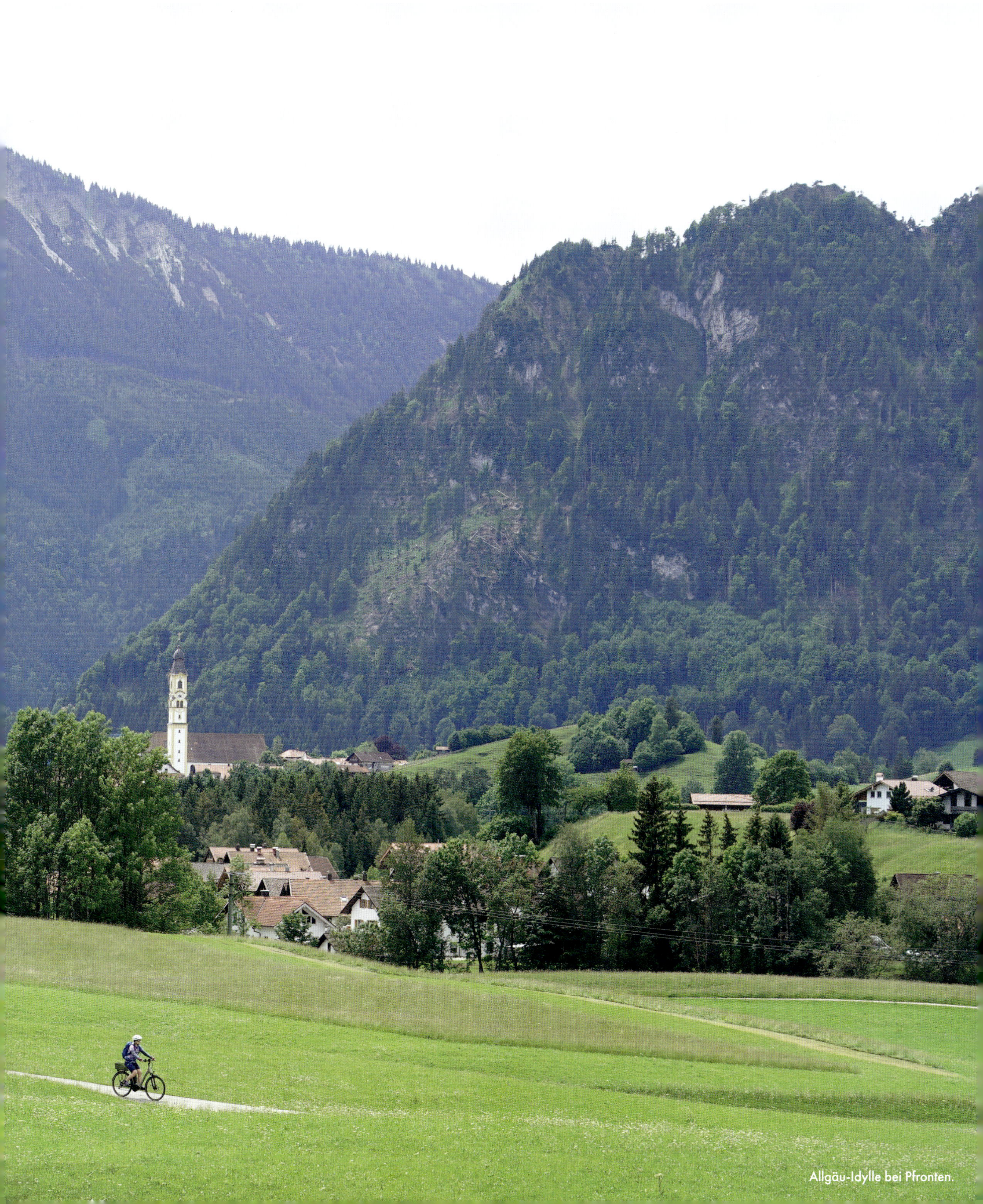

Allgäu-Idylle bei Pfronten.

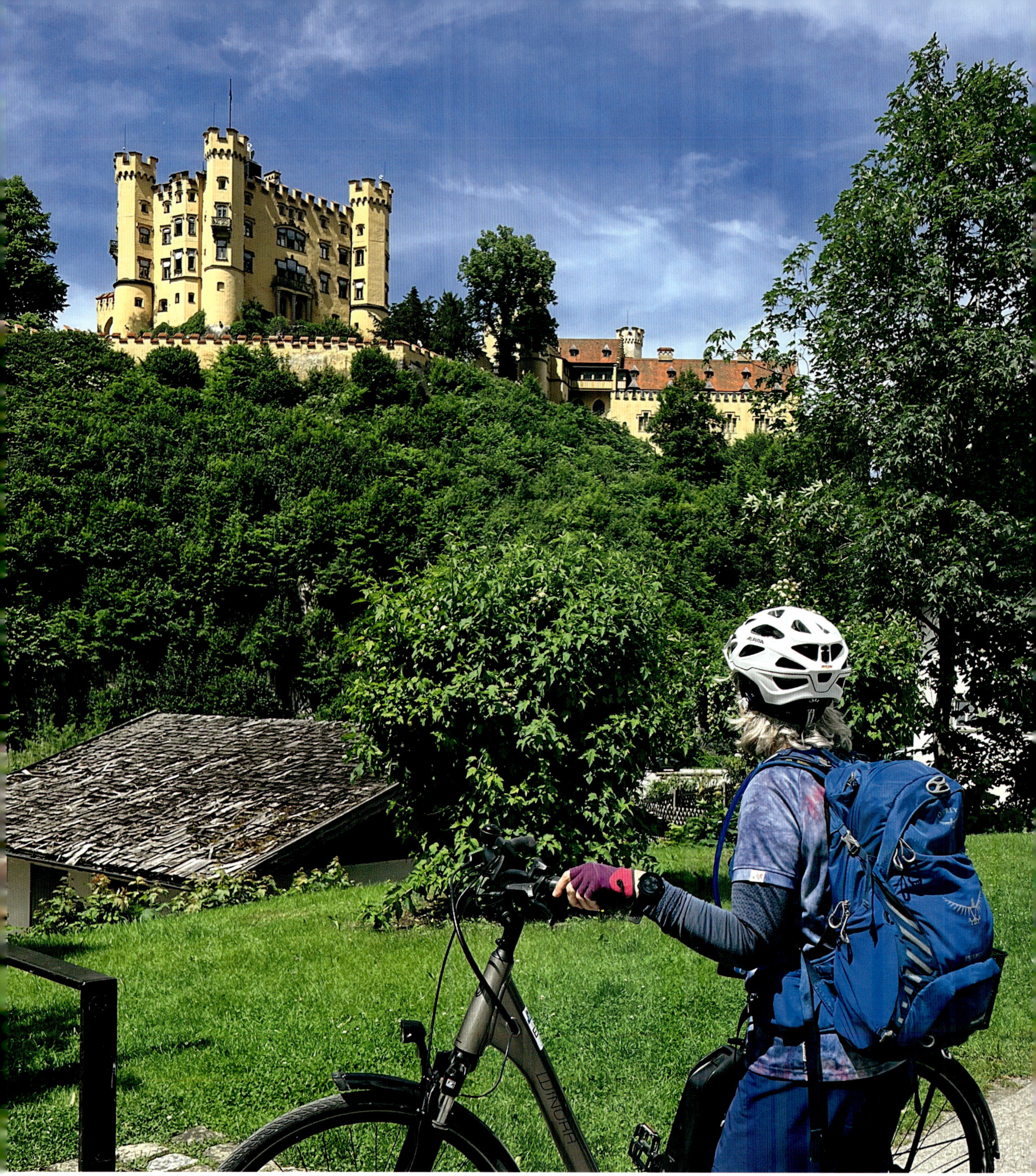

ohenschwangau: Wo König
dwig II. aufgewachsen ist.

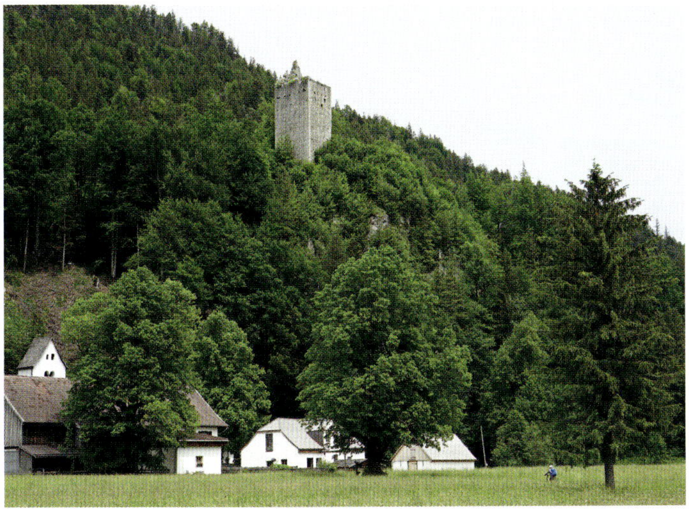

Ruine mit Ausblick: Burg Vilsegg.

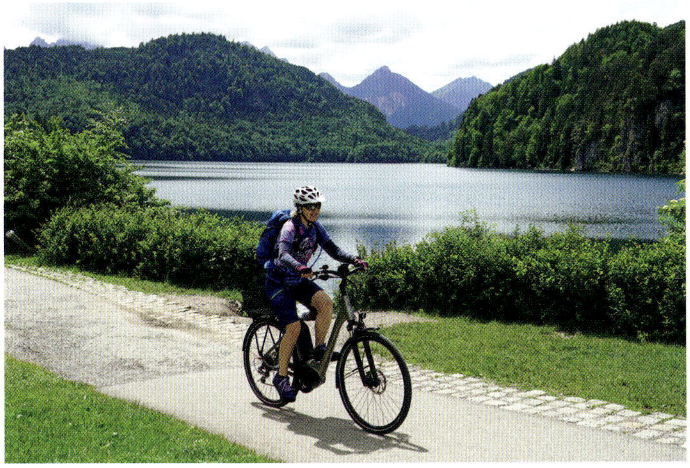

Selten so einsam: der Alpsee bei Schloss Neuschwanstein.

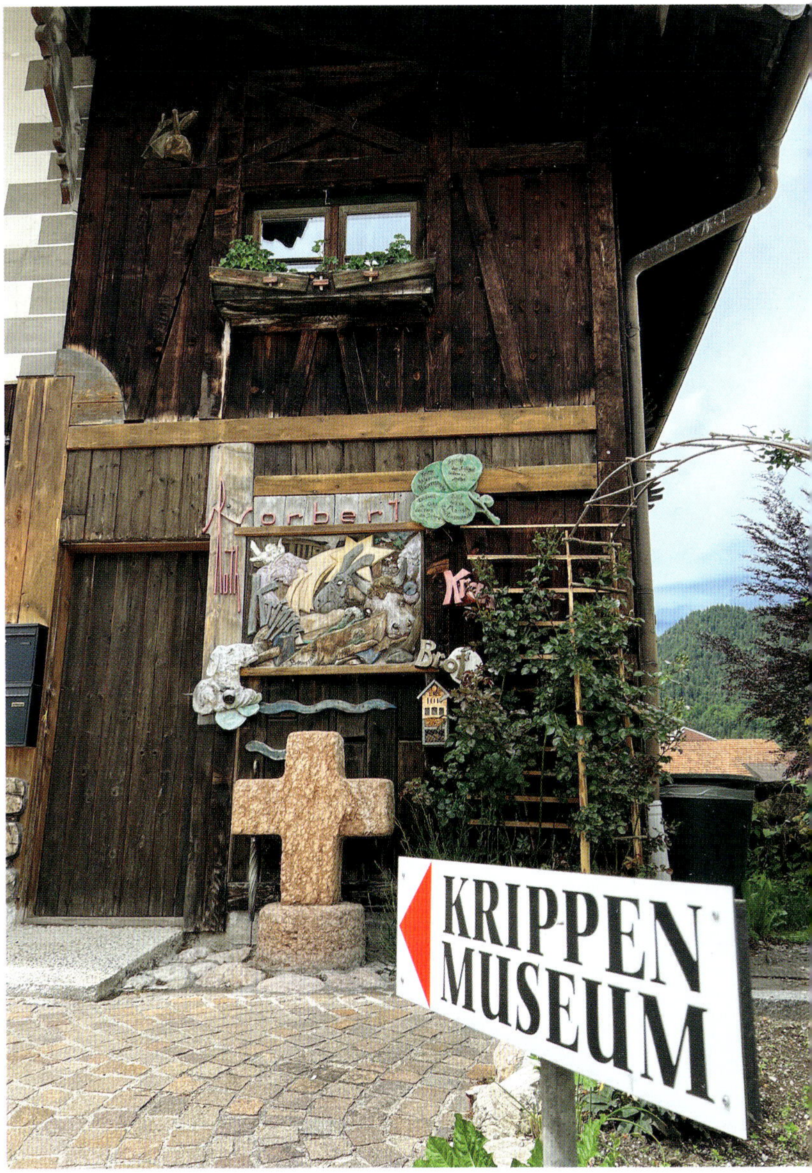

Nicht alltäglich: das Krippenmuseum im Tiroler Ort Vils.

Die attraktive Altstadt von Füssen wimmelt im Sommer von Radlern. Woran das wohl liegen mag? Nein, der Grund sind nicht, wie wohl vielfach vermutet, die nahen bayerischen Königsschlösser Neuschwanstein und Hohenschwangau. Es liegt am bedeutenden Radwege-Knotenpunkt. Denn in und um Füssen kreuzen sich unter anderem der Bodensee-Königssee-Radweg, die Via Claudia Augusta, der Lech-Radweg, die Schlossparkrunde Allgäu und der Radweg Romantische Straße. Aber keine Angst, es herrscht deswegen kein Radlerstau in und um die Stadt. Im Gegenteil: Es hat sogar sein Gutes, weil man sich mit den anderen Radtouristen gut austauschen kann. Aber vor lauter Radinformationen sollte man in Füssens Altstadt nicht nur einen Plauder- und Cappuccino-Stopp einlegen, sondern auch mal in Ruhe durch die engen, historischen Gassen schlendern

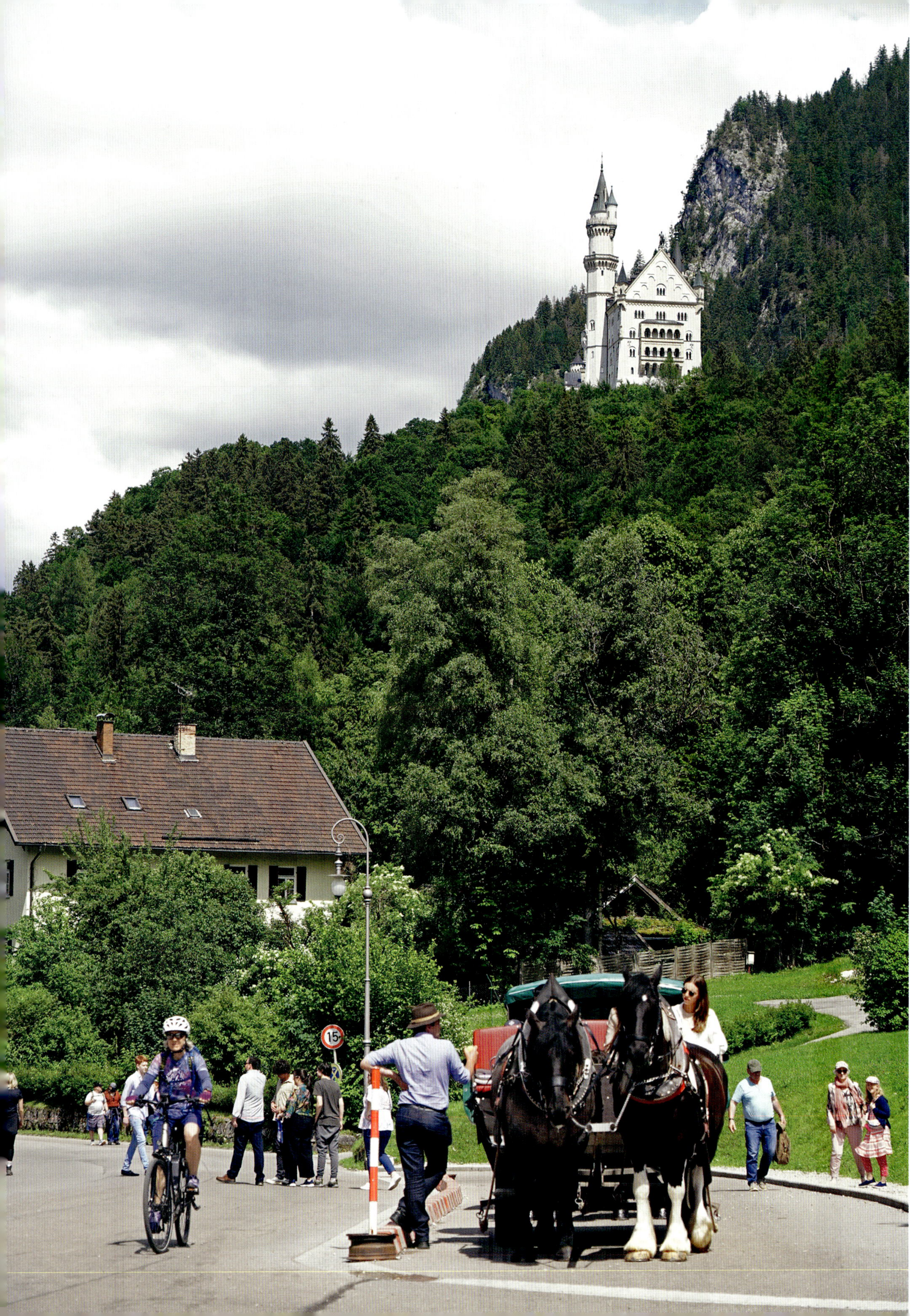

Der Hotspot schlechthin:
Schloss Neuschwanstein

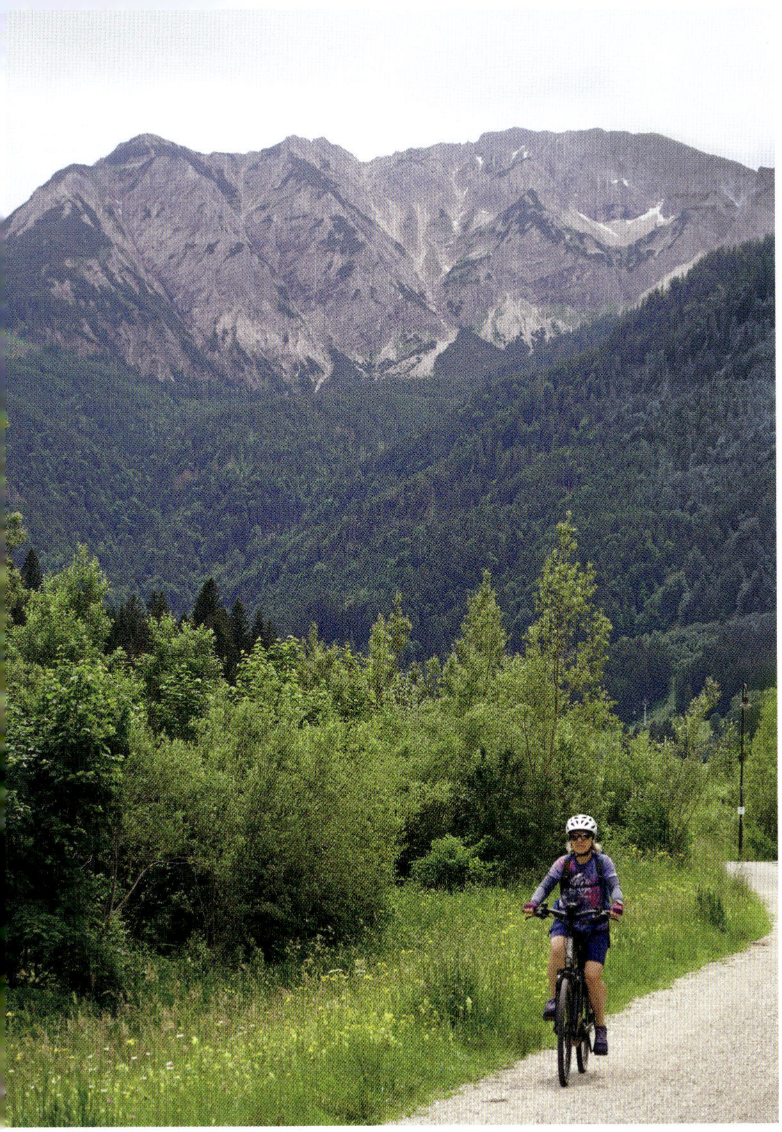

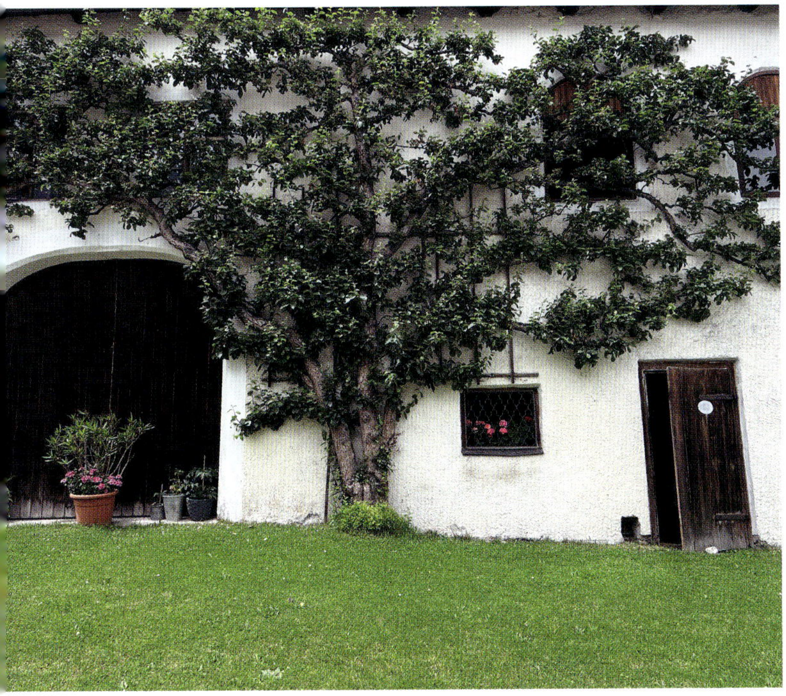

Genussradeln mit Bergkulisse im Tal der Vils.

Immer an der Wand lang: Baum an Bauernhaus bei Vils.

und hinaufsteigen zum Hohen Schloss, einer der am besten erhaltenen mittelalterlichen Burganlagen Bayerns, in der auch bedeutende Gemäldesammlungen zu sehen sind. Nicht zu vergessen das Museum der Stadt Füssen im Gebäude des ehemaligen Benediktinerklosters St. Mang. Wir steigen mitten in der Stadt beim Tourismusbüro gegenüber der Fußgängerzone aufs E-Bike. Nach wenigen Minuten liegt das quirlige Zentrum hinter uns, und wir machen schon unseren ersten Stopp am Ufer des Forggensees. Wer hätte es gedacht? Es ist der flächenmäßig größte Stausee Deutschlands. Zur Stromerzeugung wird hier seit 1952 der Fluss Lech aufgestaut. Zudem ist der Forggensee ein beliebter Freizeitspot für Segler, Surfer und Schwimmer. Im Hintergrund erhebt sich markant der Tegelberg, beliebt bei Wanderern und Gleitschirmfliegern. Nächstes Ziel ist der Hopfensee, ein Ziel für Familien und Kurgäste. Vorbei am Campingplatz Hopfen führt unsere Tour am See entlang. Viele gönnen sich hier eine Pause mit Alpenblick in einem der Cafés an der „Allgäuer Riviera". Am Ortsende lohnt ein kurzer Abstecher zu Fuß hinauf zur Burgruine Hopfen, der wohl ältesten Ruine des Allgäus. Das nächste interessante Bauwerk am Weg ist das Schloss zu Hopferau, heute ein schönes Hotel und Restaurant. Mit sanftem Surfen durch die Ostallgäuer Hügel radeln wir weiter Richtung Speiden. Ein gemütliches Dorf mit seiner sehenswerten Wallfahrtskirche Mariahilf und dem be-

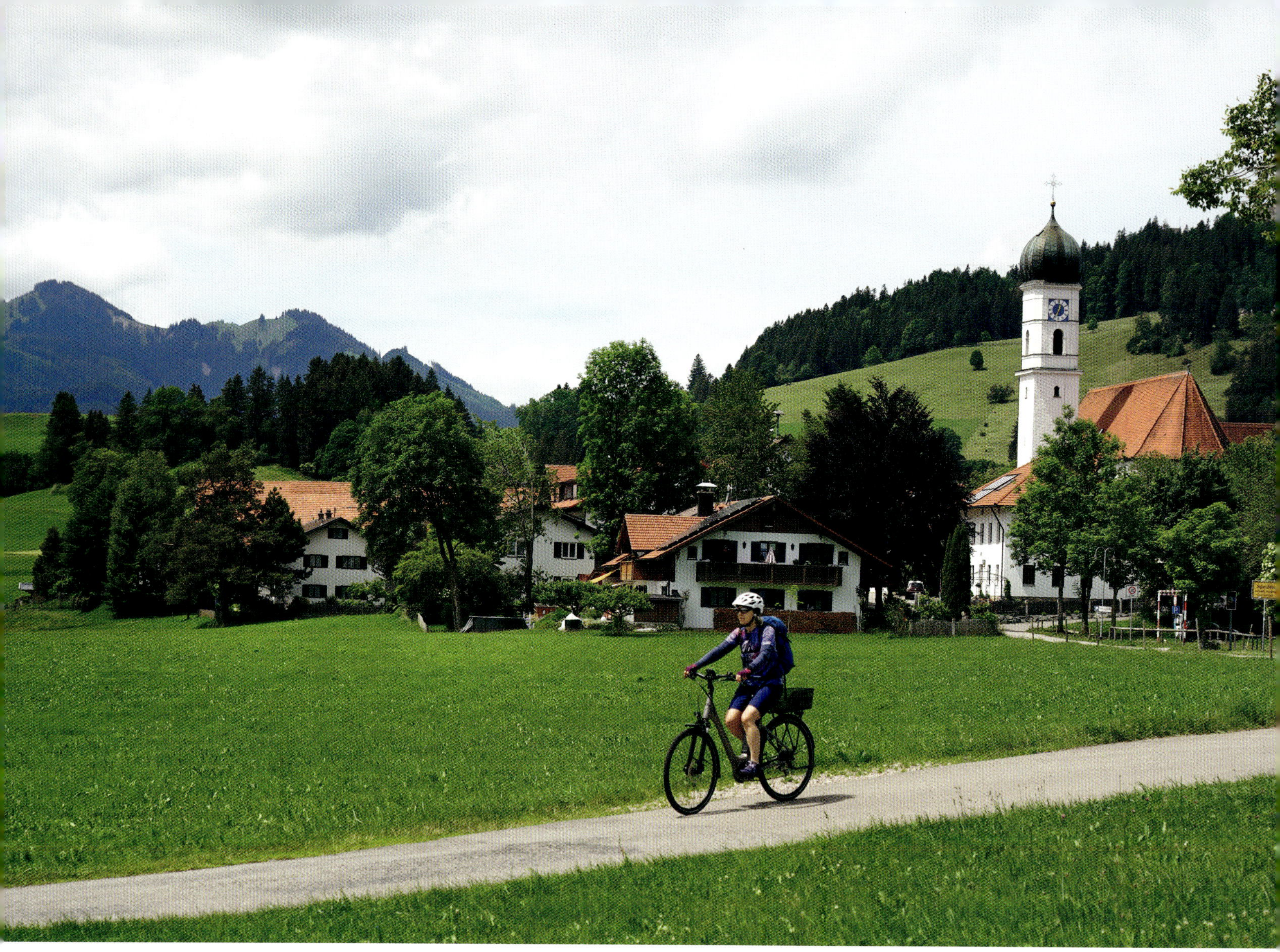

nachbarten Mariahilfer Sudhaus, wo es sich lecker „brotzeiten“ lässt. Nächstes Ziel ist Eisenberg. Die Burgruinen Hohenfreyberg und Eisenberg sind dort einen kurzen Abstecher zu Fuß wert. Mit stetem Bilderbuch-Bergblick rollen wir Richtung Kreuzegg am Ortsrand von Pfronten. Dort biegen wir ein auf den Radweg an der Vils, der uns über die Grenze nach Tirol bringt. Mit Blick auf Deutschlands höchstgelegene Burganlage, die mittelalterliche Burgruine Falkenstein, windet sich die Route durchs idyllische Vilstal. Bei der ehemaligen Wehranlage Burgruine Vilsegg, die hoch über dem Weg thront, biegen wir ab über den Fluss zum Dorf Vils. Wer Zeit und Lust hat, macht dort einen Besuch im Haus der hundert Krippen, dem Krippenmuseum, untergebracht in einem alten Bauernhaus im Ortszentrum. Hinter Vils kreuzen wir den Fernradweg der Via Claudia Augusta und überqueren den Lech nach Unterpinswang. Beim historischen Gutshof zum Schluxen, heute ein Ferien-Apartmenthaus, biegen wir auf die ehemalige Fürstenstraße von Hohenschwangau nach Pinswang ein. Königin Marie kehrte im Gutshof einst mit ihren Söhnen König Ludwig II. von Bayern und König Otto I. von Bayern regelmäßig ein. Die Königsfamilie hatte wohl ein gutes Verhältnis

lgäu, wie man es sich vorstellt:
senberg und seine Weiler.

zu den Wirtsleuten und bewohnte sogar ein eigenes Zimmer im Gutshof. Unsere Radroute windet sich nun durch Bergwald zu einem kleinen Pass, quasi die alte Grenze zwischen Bayern und Tirol, und führt dann weiter zum grandios am Fuß des Säulings gelegenen Alpsee. Dort am Ufer wird's gleich wieder viel rummeliger. Es wimmelt von Besuchern aus aller Welt. Kein Wunder, wir sind nun in Fußreichweite von Schloss Neuschwanstein und Schloss Hohenschwangau, die auch kurz dahinter ins Blickfeld rücken. Der Alpsee gilt übrigens als einer der saubersten Seen in Deutschland und wird im Sommer als Badesee in einer eigens dazu geschaffenen Badeanstalt, dem Alpseebad am Südufer, genutzt. Wer sich für die Geschichte der Wittelsbacher interessiert, sollte am Seeufer einen Blick ins Museum der bayerischen Könige werfen. Das stattliche Gebäude wurde 1780 ursprünglich als Kurfürstliches Brauhaus errichtet und war später das Gasthaus Alpenrose. Falls nicht noch ein Schlossbesuch auf dem Tagesprogramm steht, rollt man zum Finale gemütlich auf dem Radweg durch den Wald und über den Lech zurück ins Zentrum von Füssen.

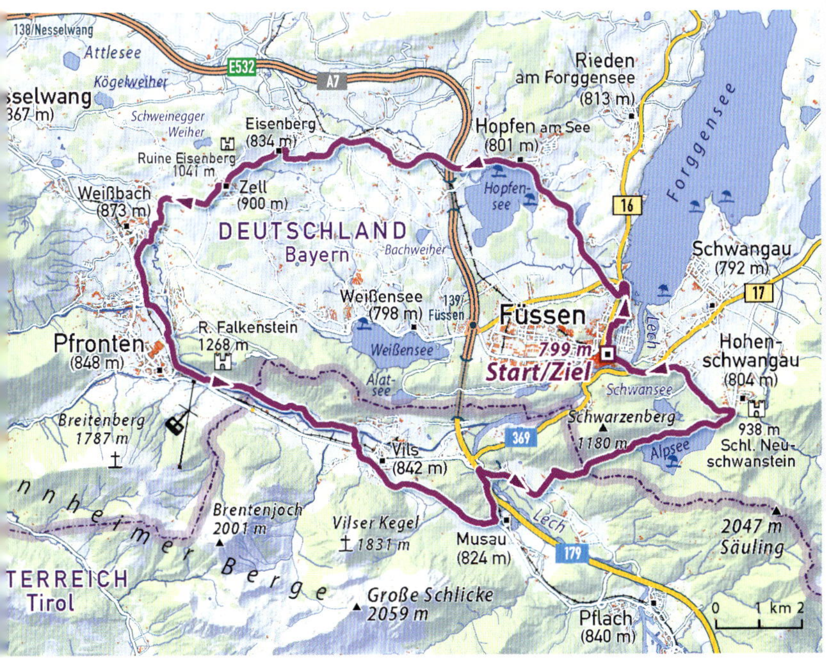

ANFORDERUNGEN
42 km, 670 hm, leicht

ROUTE
Füssen – Forggensee – Hopfensee – Hopferau – Eisenberg – Zell – Kreuzegg – Pfronten – Vils – Pinswang – Alpsee – Hohenschwangau – Füssen

BESTE REISEZEIT
Ende Mai bis Ende September

E-BIKE-VERLEIH
SkiSport Luggi in Füssen, www.ski-sport-luggi.de

NICHT VERPASSEN
Altstadt von Füssen mit Festung
Burgruinen Hohenfreyberg und Eisenberg
Burgruine Vilsegg
Krippenmuseum Vils
Museum der Bayerischen Könige am Alpsee
Badestopp am **Forggen- oder Hopfensee**

GUT EINKEHREN
Restaurant Riwa am Prinzregentenplatz 1 in Füssen.
Moderne und traditionelle Küche. www.riwa-restaurant.de

ANGENEHM ÜBERNACHTEN
Gästehaus Sankt Ulrich in Bad Faulenbach (Ortsteil von Füssen), www.gaestehaus-sankt-ulrich.de
Wellnesshotel Sommer am Ortsrand von Füssen am Forggensee, www.hotel-sommer.de
Biohotel Eggensberger in Hopfen am See bei Füssen, www.eggensberger.de
Weitere radfreundliche Unterkünfte in und um Füssen unter www.fuessen.de/rad/radgastgeber.html#/unterkuenfte

LANDKARTE
Kompass-Karte **WK 4 „Füssen, Außerfern"** 1:50.000

ALLGEMEINE AUSKUNFT
Füssen Tourismus www.fuessen.de
Allgäu Tourismus www.allgaeu.de
Tourismusverband Ostallgäu www.schlosspark.de

2

VOM HOCHGEBIRGE INS ALPENVORLAND

Der Loisach entlang vom Fernpass in Tirol bis nach Wolfratshausen in Oberbayern zur Mündung in die Isar

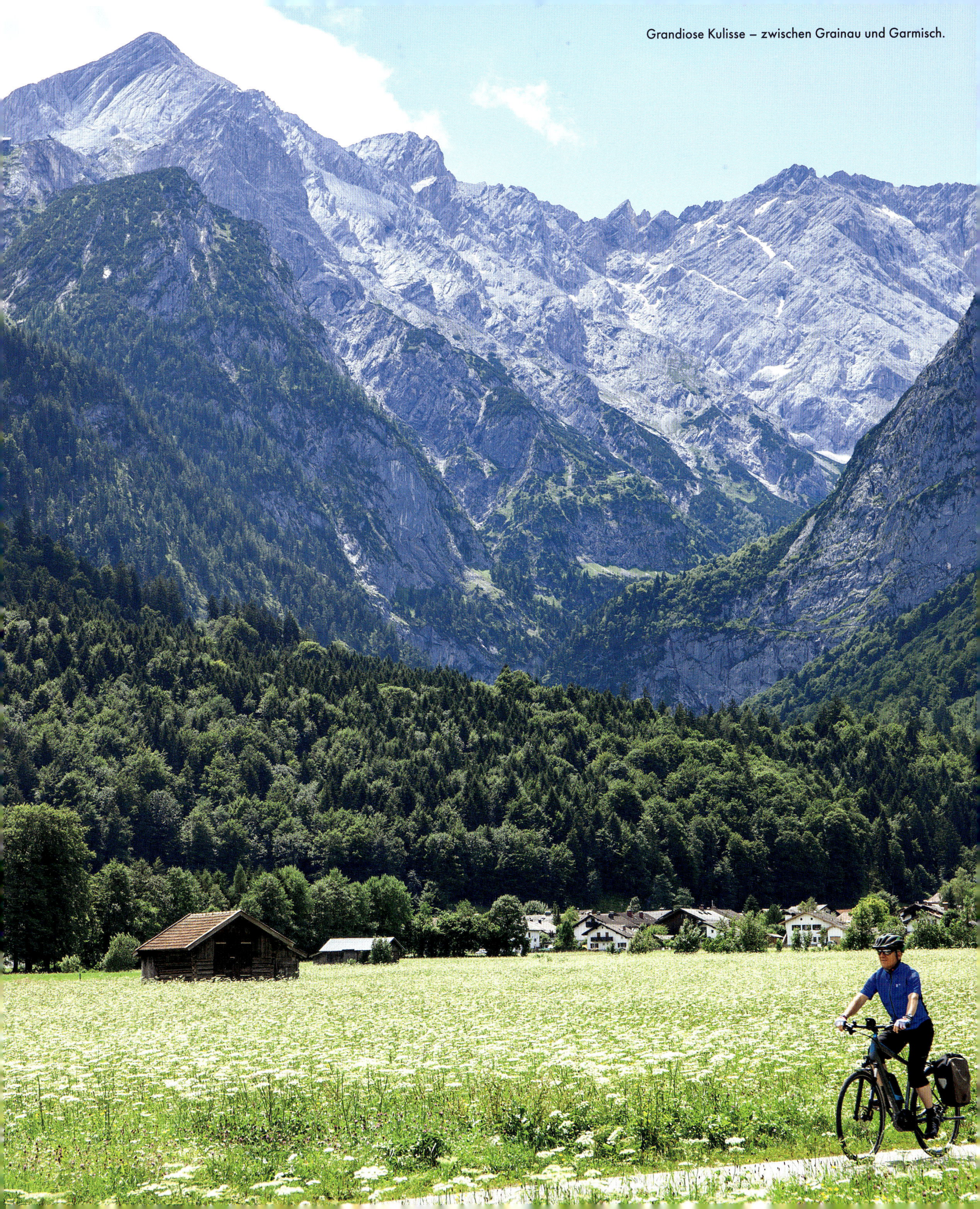
Grandiose Kulisse – zwischen Grainau und Garmisch.

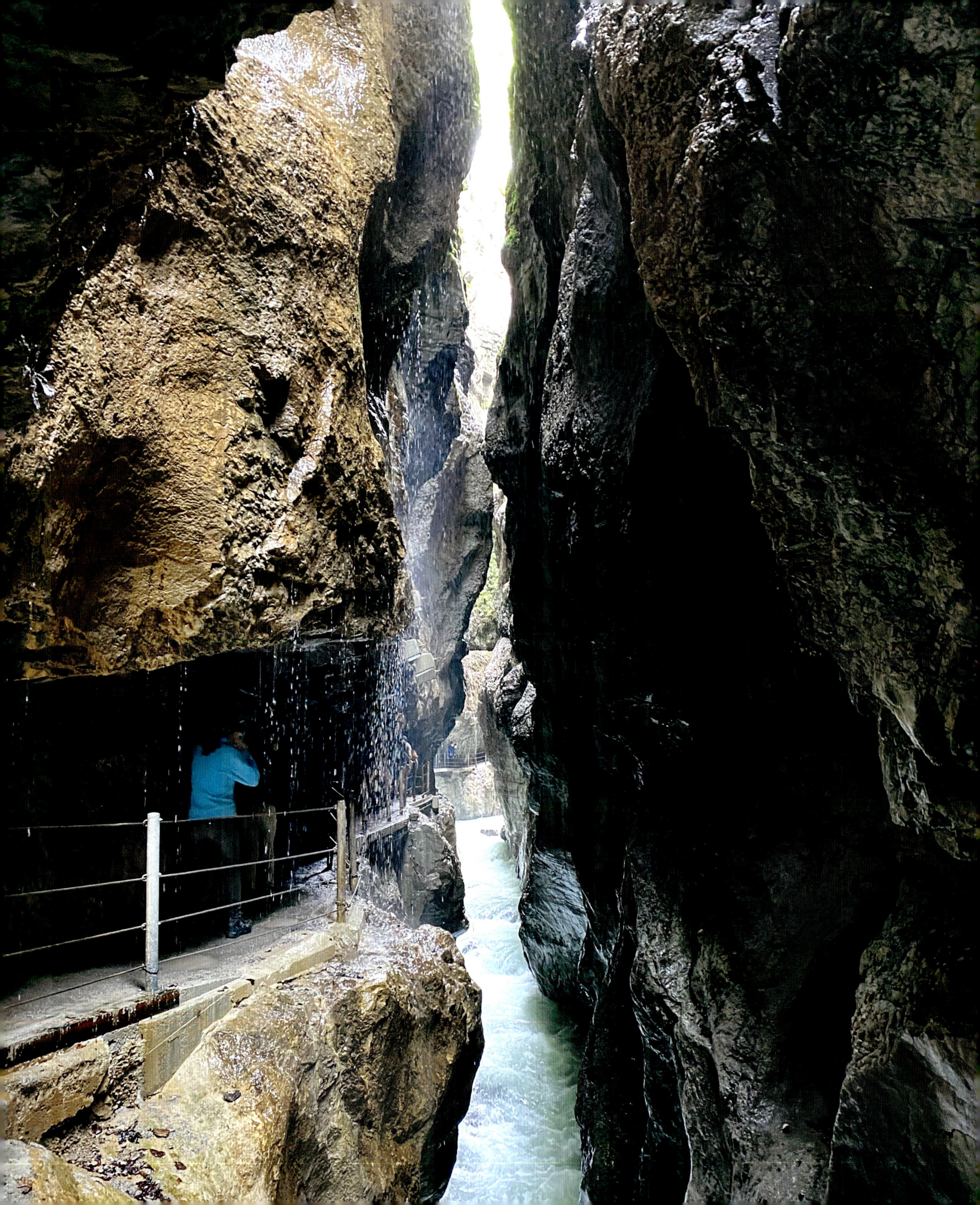

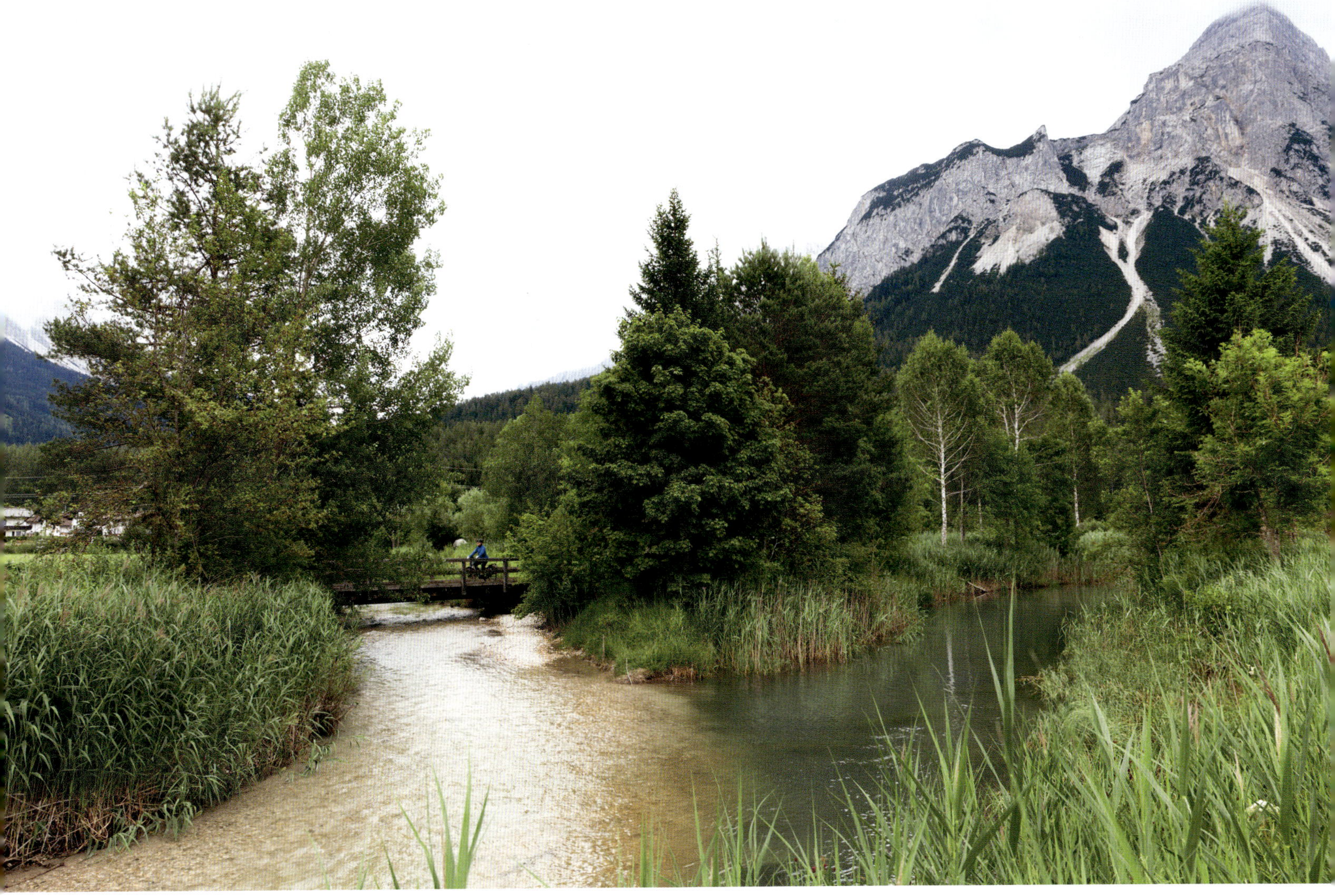

Biotopisch: die Loisach im Moos bei Ehrwald.

eucht, kühl und spannend: die Partnachklamm.

Unser Tourstart bei der Loisachquelle dürfte vielen Fernradlern ein Begriff sein. Die Loisach entspringt in Tirol zwischen den Lechtaler Alpen im Westen und dem Mieminger Gebirge im Osten am Fuß bzw. nördlich des Fernpasses. Die Quelle befindet sich bei Biberwier in einem idyllischen Moorgebiet zwischen Blind-, Mitter- und Weißensee. Und genau hier verlief zu Zeiten der Römer die Fernstraße Via Claudia Augusta von der Donau zur Adria, heute einer der berühmtesten und attraktivsten Fernradwege in Mitteleuropa. Rundherum erheben sich die Felsmassive diverser Zweitausender, wie der Grubigstein (2233 m) und der Wannig (2493 m). Richtung Norden bilden der Daniel (2340 m) und das wuchtige Zugspitzmassiv (2962 m) den Horizont. Eine großartige Alpen-Szenerie, nicht nur für die Instagram-Fans. Und eine faszinierende Kulisse begleitet uns (fast) auf der ganzen Strecke von etwas über 100 Kilometer hinaus ins bayerische Alpenvorland. Wer übrigens nicht nach GPX-Track auf Naviga-

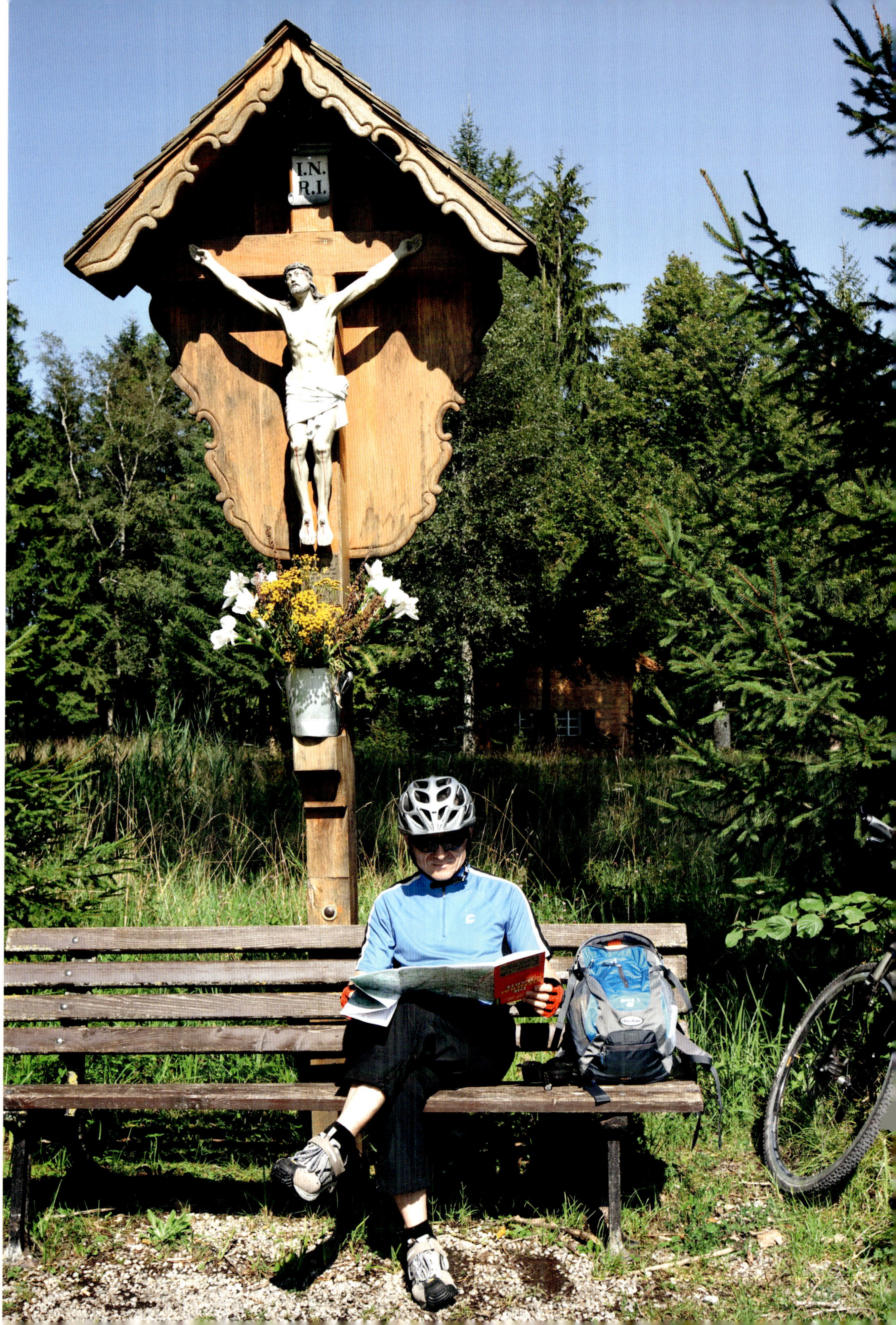

Kein Weg ohne Marterl: hier bei Benediktbeuern.

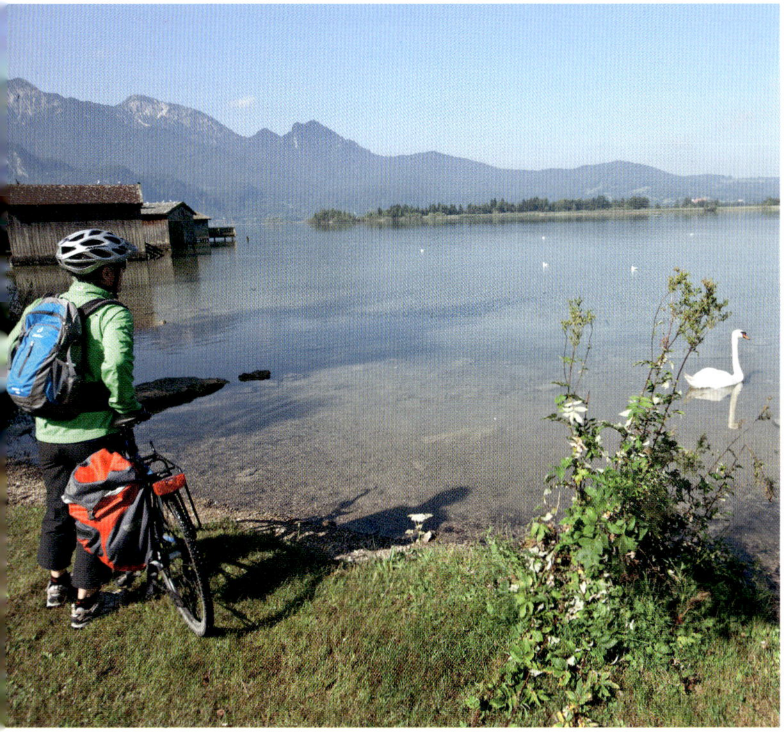

Die Loisach fließt mitten durch den Kochelsee.

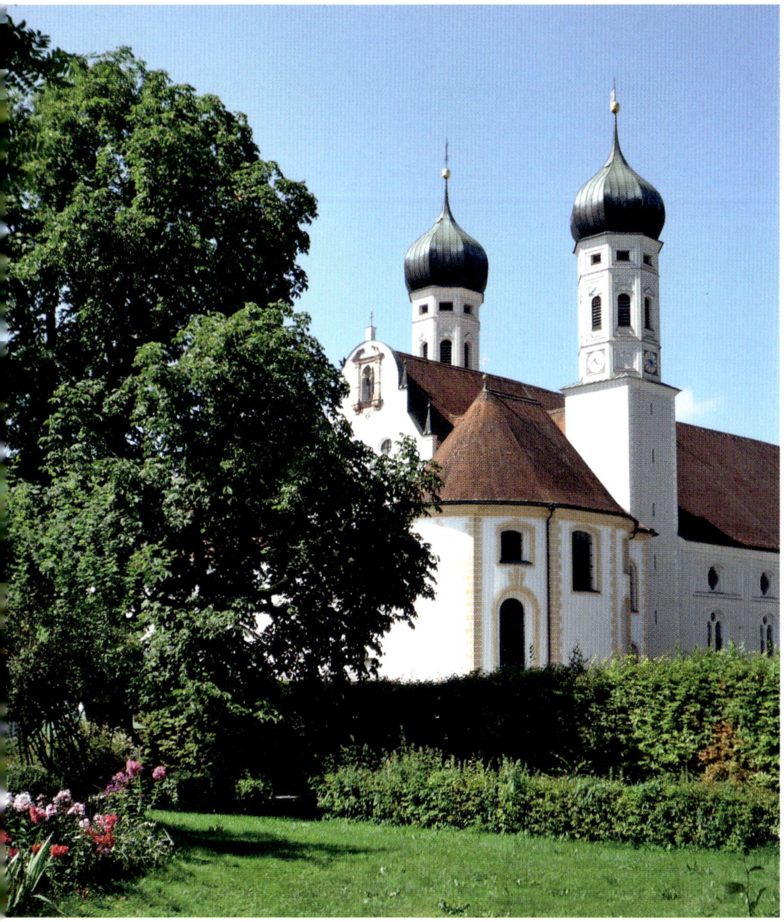

Kloster Benediktbeuern liegt unmittelbar am Radweg.

tionsgerät oder Smartphone fährt, braucht sich nicht zu sorgen: Die Route ist gut ausgeschildert. Die ersten Kilometer auf dem Loisach-Radweg rollen wir bergab auf geschotterten Wald- und Wiesenwegen ins Ehrwalder Becken, das im Marketing-Deutsch auch Zugspitzarena genannt wird. Aber in der Tat wirkt das Moos mit der Zugspitze und den anderen Zweitausendern drumherum wie eine gigantische Naturarena – und wir radeln gerade über die Bühne. Von Ehrwald zwängt sich die Loisach in ein Waldtal zwischen Wettersteingebirge und Ammergauer Alpen Richtung bayerische Grenze bei Griesen. Hier ist die Loisach längst vom Bächlein zum lebendigen Gebirgsfluss mutiert. Kein Wunder, dass viele Kajakfahrer das Ufer säumen. Der Häselgehrwasserfall direkt am Radweg lädt zu einem Stopp. Eine Radelpause lohnt nicht nur aufgrund der eindrucksvollen, unterschiedlich dick geschichteten Plattenkalk-Bänke, sondern auch wegen des Klettergartens. Der kleine Pfad führt unter anderem hinter dem Wasserfall hindurch! Bei Grainau macht der Wald Platz für eine neue Szenerie: Hinter saftigen Wiesen bauen sich die Felswände des Waxensteins (2277 m) auf, ein Vorgipfel der Zugspitze, auf der anderen Seite das Massiv des Kramerspitz (1985 m) und in Front der Wank (1780 m) mit Estergebirge. Kurz darauf ist Garmisch-Partenkirchen erreicht. Hier lohnt sich durchaus ein ausgiebiger Stopp: für einen Spaziergang durch die pittoresken Ortskerne oder einen Besuch der kühl-spannenden Partnachklamm. Danach

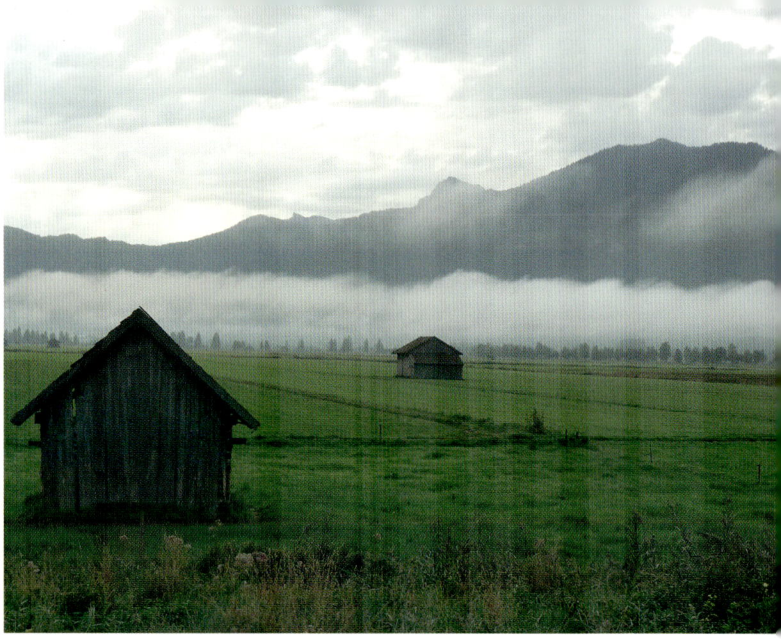

Morgenstimmung am Alpenrand bei Schlehdorf.

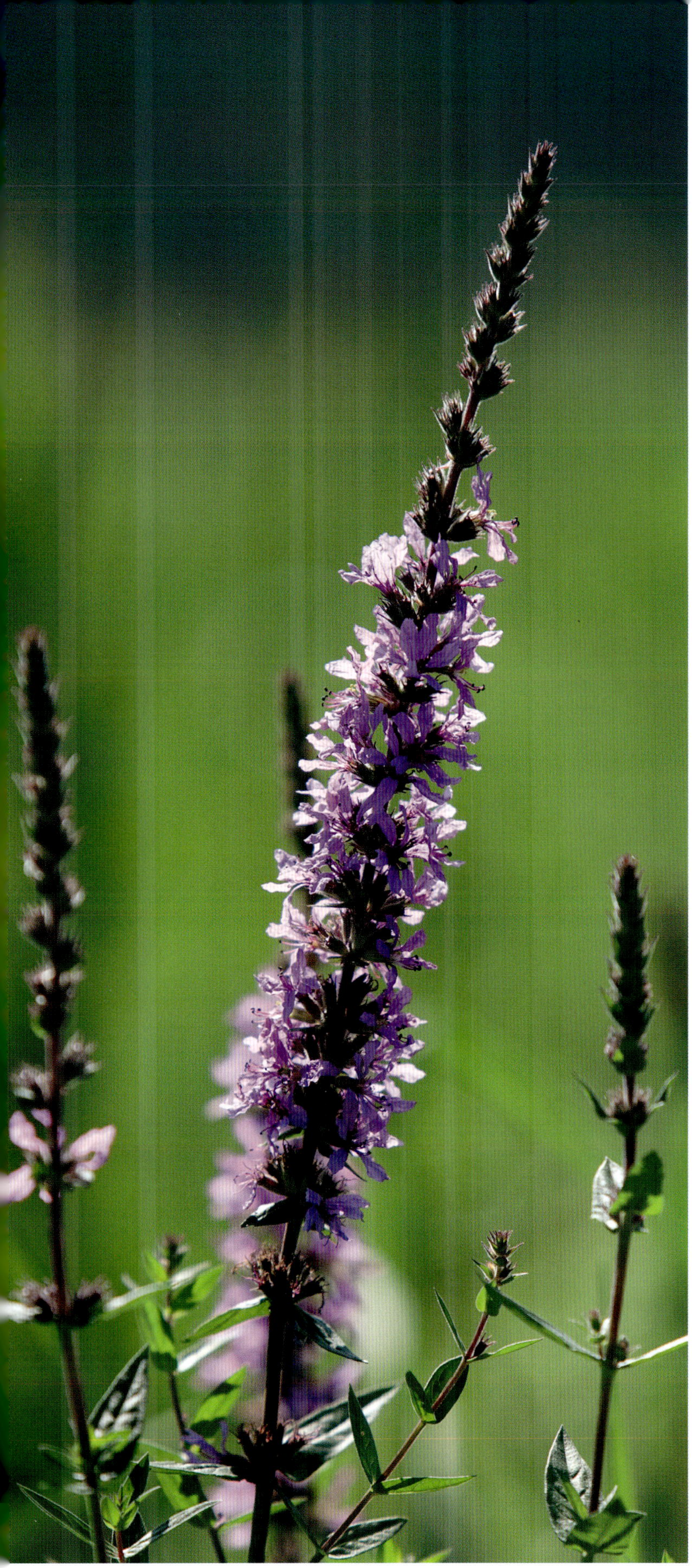

Blühender Wegesrand.

weitet sich das Flusstal, bis man bei Ohlstadt das Alpenvorland erreicht. Zuvor radelt man durch Werdenfelser Dörfer, wie Farchant, Oberau und Eschenlohe, vorbei an Wiesen, Weiden und durch Auenwälder – meist den Sound bimmelnder Kuhglocken im Ohr. In Farchant lohnt sich ein kurzer Abstecher zum spektakulären Kuhfluchtwasserfall, dessen drei Stufen sich auf insgesamt 270 Meter Höhe summieren. Das Wasser fließt natürlich auch in die Loisach. Über Ohlstadt mit seinem ursprünglichen Ortskern und der sehenswerten Kaulbachvilla, ein Museum des Malers Friedrich August von Kaulbach, und weiter nach Großweil gelangen wir zum Kochelsee. Zuvor passieren wir noch das ehemalige Kloster Schlehdorf mit seinen zwei markanten Zwiebeltürmen. Am Kochelsee lohnt sich ein Besuch des Franz-Marc-Museums in einer ehemaligen Villa am Ortsrand, vor allem wegen der expressionistischen Werke der Künstlervereinigung Blauer Reiter. Zur Sammlung zählen daher auch Werke von Wassily Kandinsky, Gabriele Münter, Paul Klee und Alexej von Jawlensky.

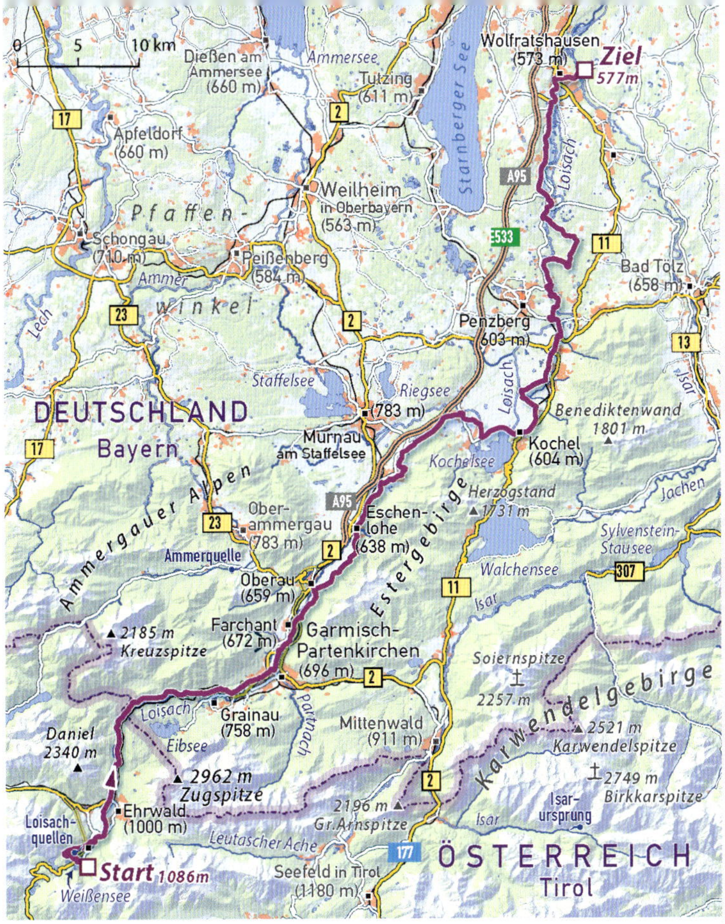

Der Kochelsee vor der Kulisse des Jochbergs eignet sich übrigens auch als guter Badestopp, ob im Strandbad oder im Trimini-Erlebnisbad. Wenige Kilometer weiter stoppen viele Radler gern im Klosterhof von Benediktbeuern. Im Gebäudeensemble befindet sich neben der sehenswerten Klosterkirche auch die historische Glashütte, das heißt die ehemalige Forschungswerkstatt von Joseph von Fraunhofer und heute ein Museum. Nach etwas mehr als 100 Kilometern durch Wiesen, Weiden und schöne Bauerndörfer mündet in Wolfratshausen schließlich die Loisach in die Isar bzw. der Loisach-Radweg in den Isarradweg. Noch ein Tipp für Fernsehfans: Wolfratshausen ist die TV-Kulisse und Heimat der beliebten bayerischen Vorabendserie *Hubert und/ohne Staller*. Sportliche Fernradler bewältigen den Loisach-Radweg übrigens locker an einem Tag. Aber warum? Die herrliche Alpenregion lohnt sich für mindestens zwei bis drei Tage. Ganz im Sinne der ersten Strophe des Loisach-Liedes: „'s gibt nur a Loisachtal alloa, a Zugspitz und an Waxnstoa, da derfst de ganze Welt ausgeh, du findst es nirgens mehr so schee."

ANFORDERUNGEN
114 km, 450 hm, mittel

ROUTE
Biberwier – Ehrwald – Garmisch-Partenkirchen – Ohlstadt – Kochelsee – Benediktbeuern – Eurasburg – Wolfratshausen

BESTE REISEZEIT
Ende Mai bis Anfang Oktober

E-BIKE-VERLEIH
Sport Leitner in Ehrwald, www.sport-leitner.at

NICHT VERPASSEN
Häselgehr-Wasserfall bei Ehrwald
Alte Ortskerne von **Garmisch** und **Partenkirchen**
Bauernhofmuseum Glentleiten
Schlossmuseum in Murnau
Franz-Marc-Museum am Kochelsee
Kloster Benediktbeuern

ANGENEHM ÜBERNACHTEN
Sporthotel Schönruh in Ehrwald, www.hotel-schoenruh.com
Haus Höllental in Garmisch-Partenkirchen, www.haus-hoellental.de
Seehotel Grauer Bär in Kochel am See, www.grauer-baer.de

LANDKARTE
Kompass-Fahrradkarte **FK3337 „Münchens Süden, Alpenvorland"**, 1:70.000. Kompass-Fahrradkarte **FK3127 „Füssen – Garmisch-Partenkirchen – Ammergauer Alpen – Lechtal"**, 1:70.000

ALLGEMEINE AUSKUNFT
Tourismusverband Oberbayern www.oberbayern.de
Tiroler Zugspitzarena www.zugspitzarena.com

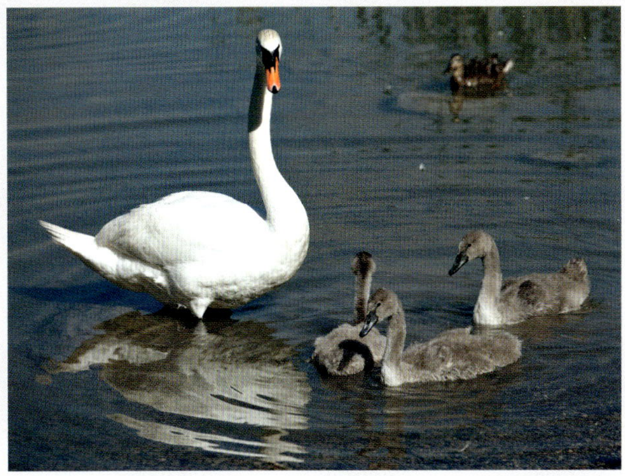

Mein lieber Schwan – am Kochelsee.

3

VON DER LEITZACH ZUM TEGERNSEE

Attraktive Sightseeingtour zu drei bekannten Seen in den Bayerischen Alpen

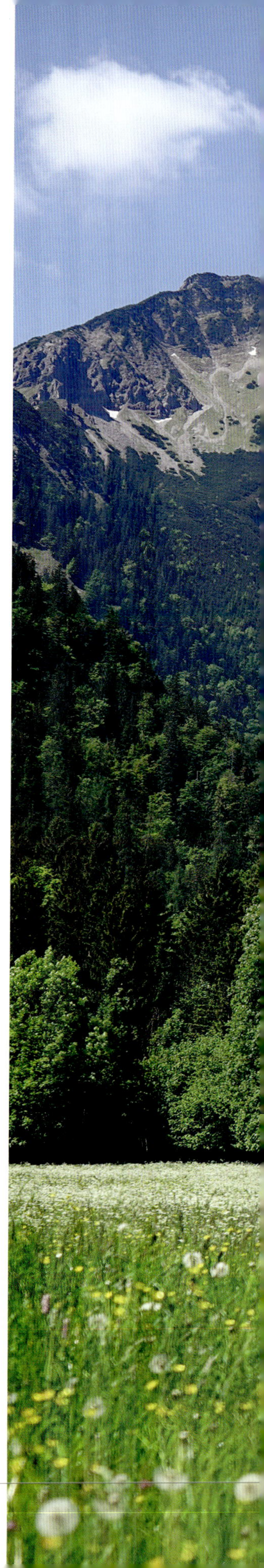

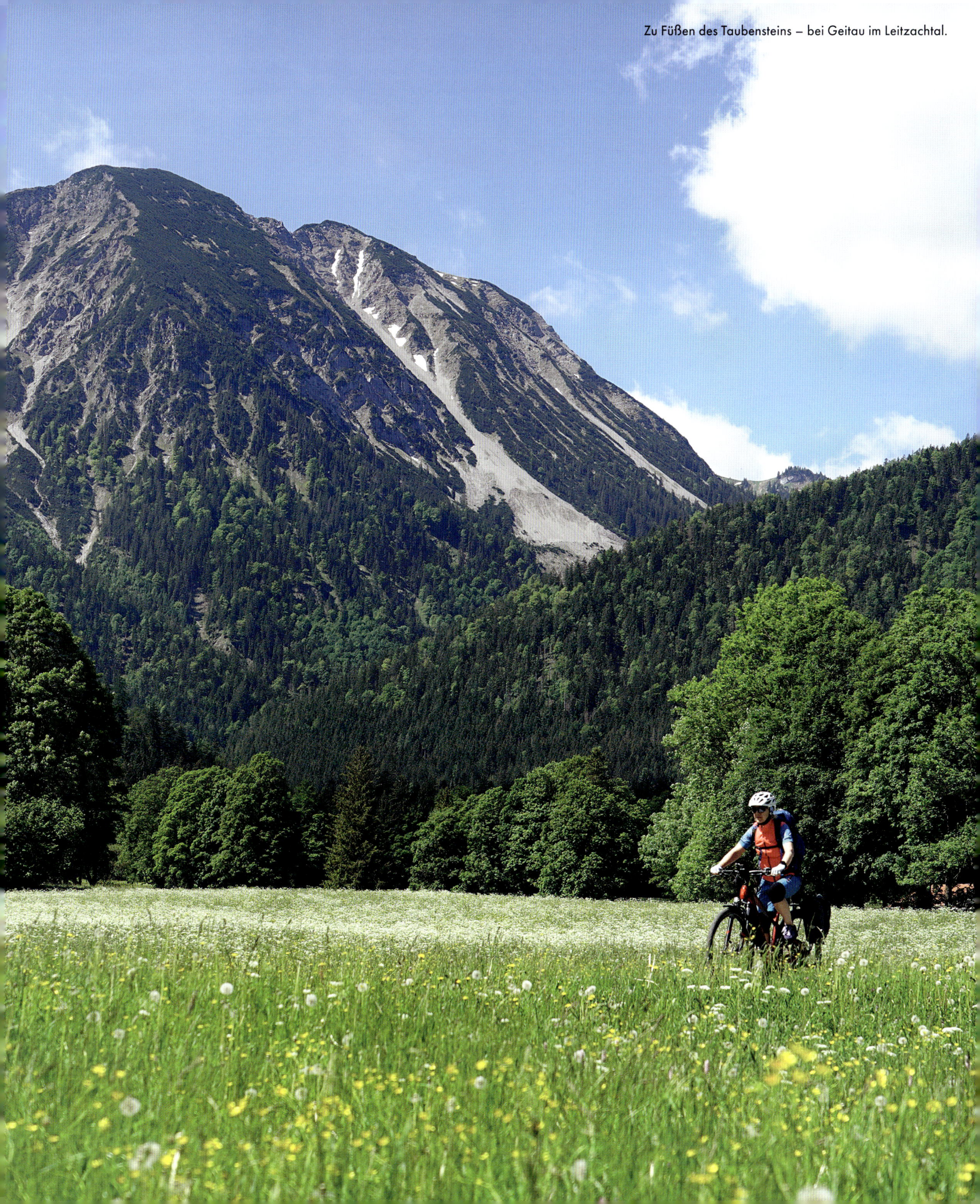

Zu Füßen des Taubensteins – bei Geitau im Leitzachtal.

Wenn die Münchner aus der Stadt raus in die Natur wollen, dann sagen sie nicht selten: Wir fahren ins Oberland. Mit Oberland meinen sie dann die attraktive Region im Süden der Landeshauptstadt. Sie zieht sich vom Irschenberg im Osten durchs Alpenvorland und die Bayerischen Alpen bis zum Kochelsee im Westen. Die Eisenbahn, die von München hinaus zu den Seen und in die Alpentäler verkehrt, nannte sich auch bis vor kurzem noch Bayerische Oberlandbahn. Mittlerweile wurde sie umbenannt in Bayerische Regiobahn. Die guten Verbindungen und die schönen Strecken ins Oberland sind jedoch geblieben. Ein Glück! Denn schon die Anreise vom Münchner Hauptbahnhof in die Berge entpuppt sich als sehenswertes Landschaftskino, wenn man nicht gerade am Sonntagmorgen zwischen vielen Gleichgesinnten eingepfercht im Radelwagen die ganze Strecke bis nach Bayrischzell ausharren muss. Wer einen Sitzplatz am Fenster ergattert hat, genießt die etwa einstündige Fahrt durch kleine Wälder, durch Wiesen voller Kühe, vorbei an stattlichen Bauernhöfen, später den Blick auf die nahen Berge und die Passagen am Ufer des idyllischen Schliersees, den wir auch auf der Radtour streifen werden. Aufs Rad steigen wir an der Endstation in Bayrischzell im Mangfallgebirge. Im attraktiven Alpendorf und heilklimatischen Kurort treffen sich im Winter die Skifahrer und Langläufer und im Sommer

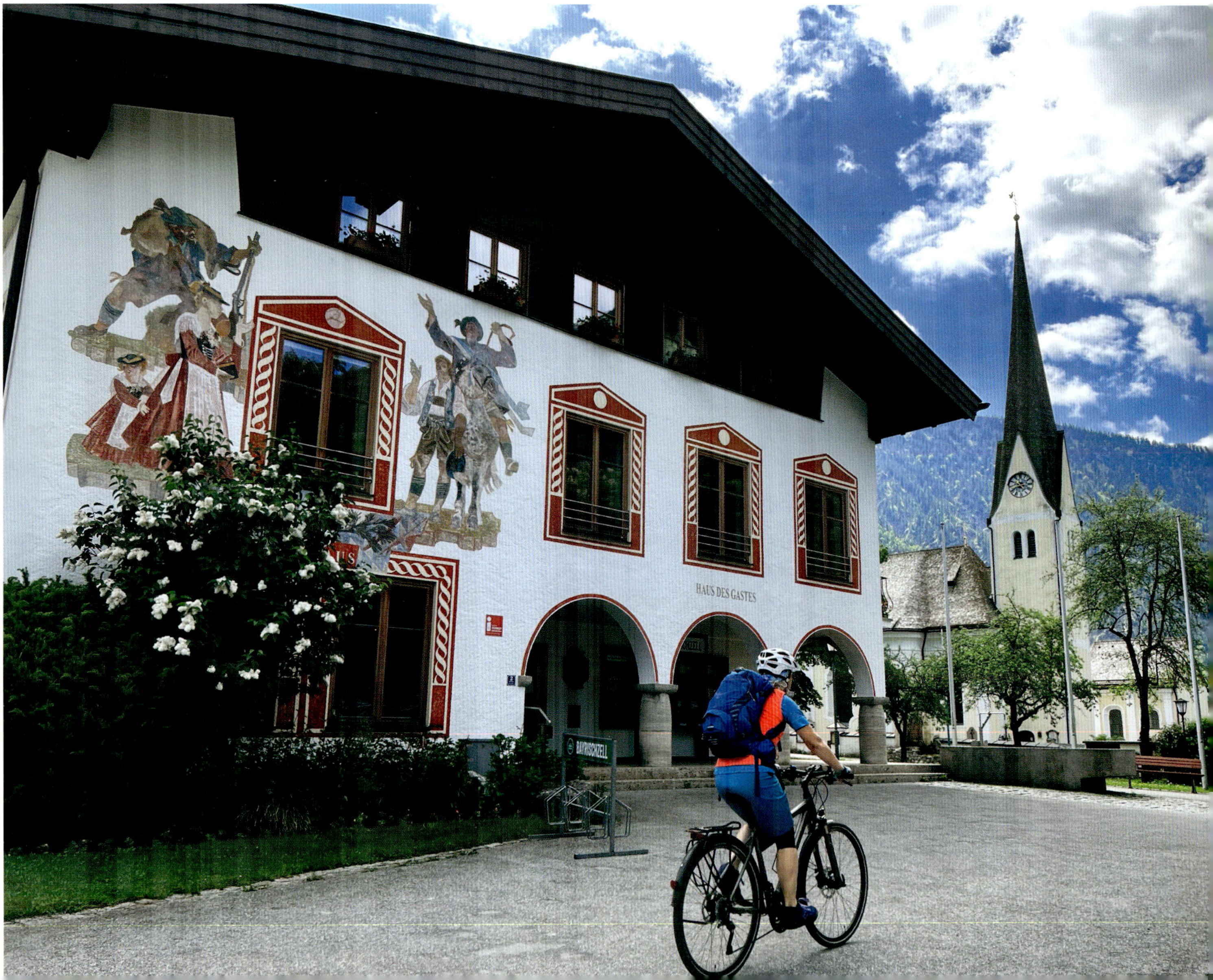

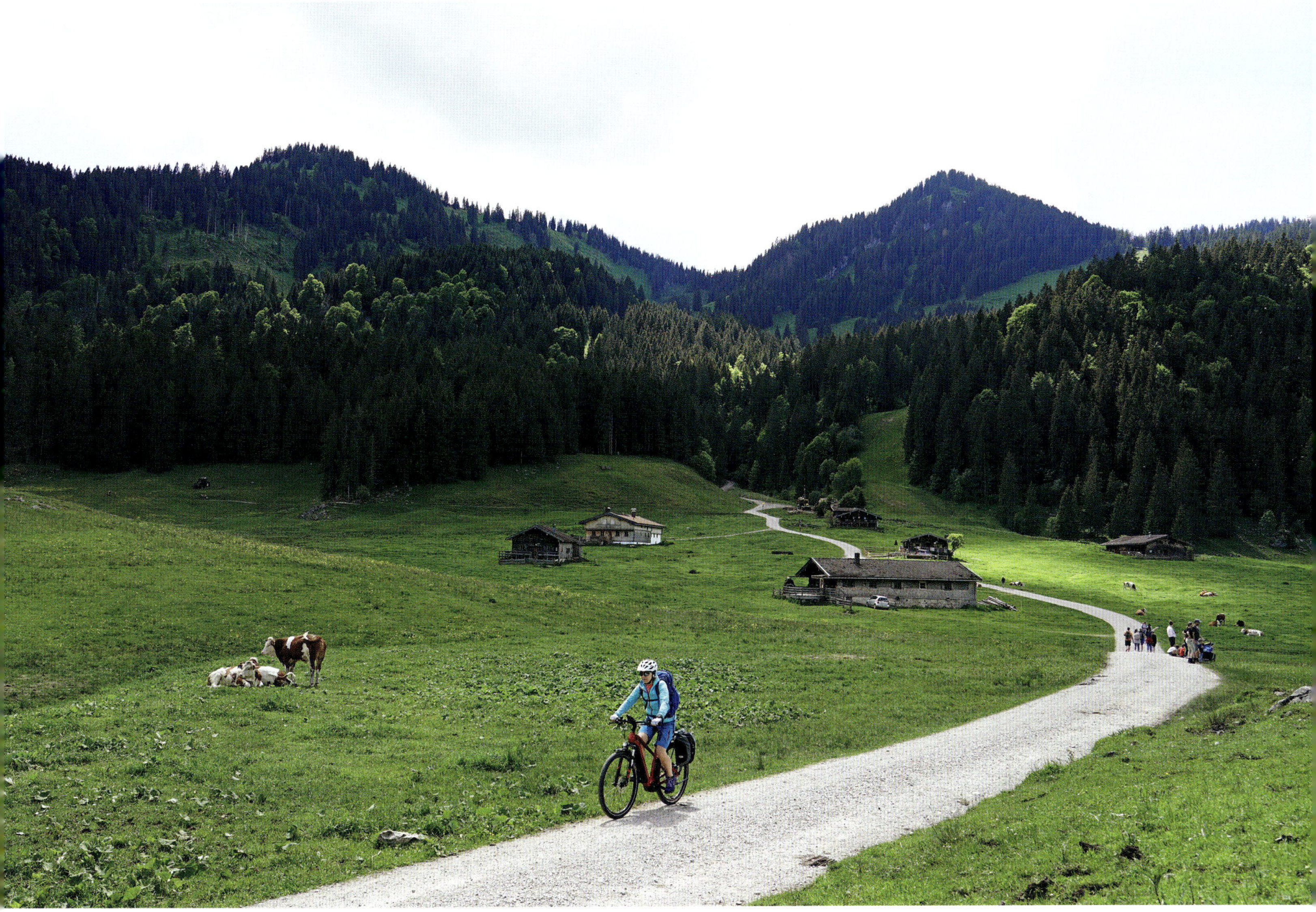

Mit dem Radl über die Alm – bei der Albert-Link-Hütte am Spitzingsee.

artort im Mangfallgebirge: Bayrischzell.

die Kurgäste und Wanderer – und auch immer mehr Radler. Nach einer kurzen Runde durchs Dorf mit Blick in die sehenswerte Pfarrkirche St. Margareth aus dem 18. Jahrhundert biegen wir ein auf den Radweg der Leitzach entlang. Es geht mehr oder weniger ohne Steigungen auf einem Waldweg zum gemütlichen Ort Geitau. Auf der einen Seite des Tales dominiert der Taubenstein (1692 m), auf der anderen Seite das Wahrzeichen der Region, der Wendelstein (1838 m) mit Seilbahn, Sternwarte und Deutschlands höchst gelegener Kirche. Während die Leitzach beim Örtchen Hammer Richtung Norden abbiegt, radeln wir weiter durchs Tal der Aurach nach Neuhaus. Wer sich für alte oberbayerische Kultur und Architektur interessiert, sollte dem Freilichtmuseum von Ex-Skistar Markus Wasmeier einen Besuch abstatten. Oder wie wäre es mit einer Kaffeepause? Dafür bietet sich das gemütliche La Stazione bei Claudi im kleinen Bahnhof von Fischhausen-Neuhaus an. Und wer schon eine Ganzkörper-Erfrischung braucht, radelt zum

Päuschen am Ufer: am Schliersee bei Neuhaus.

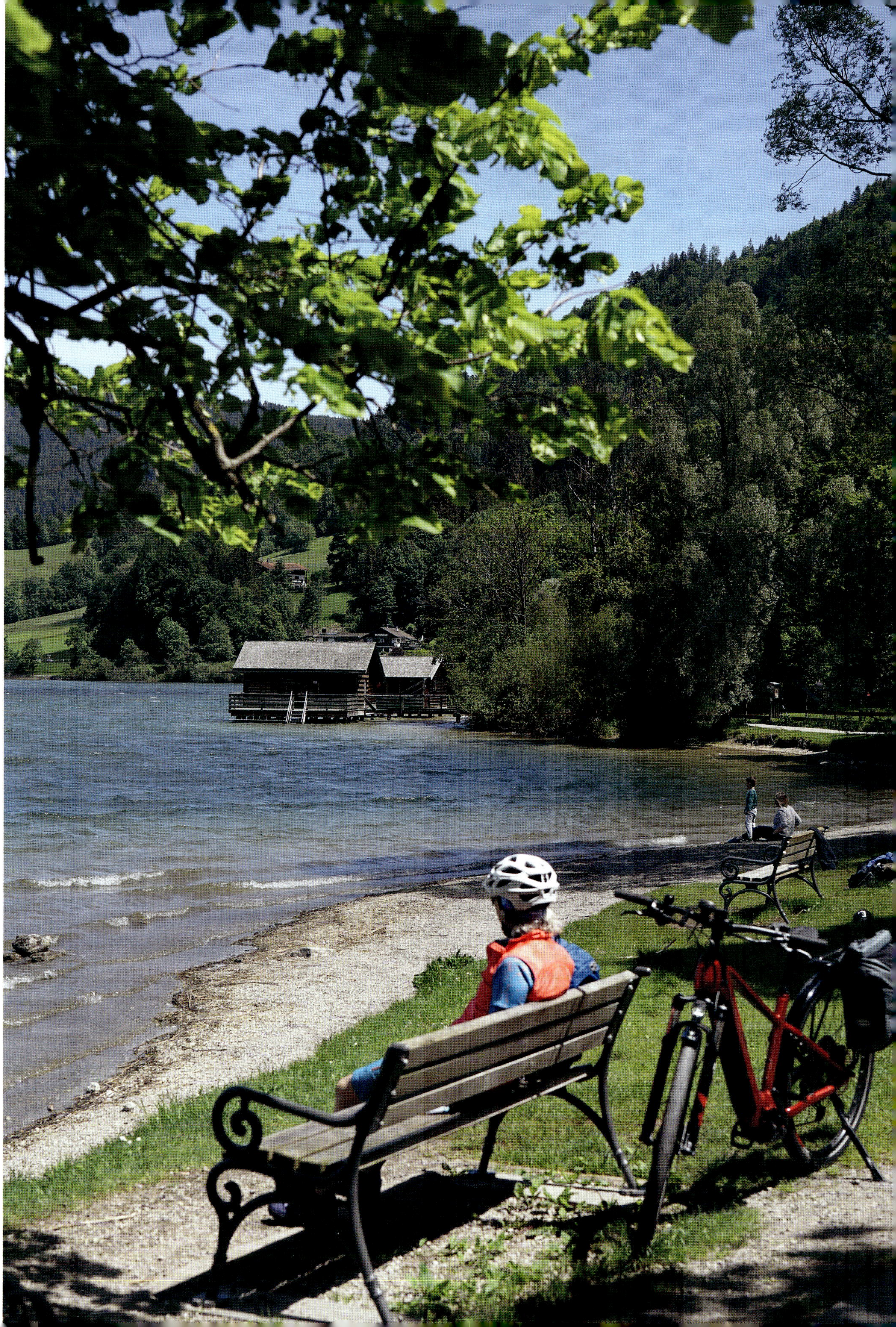

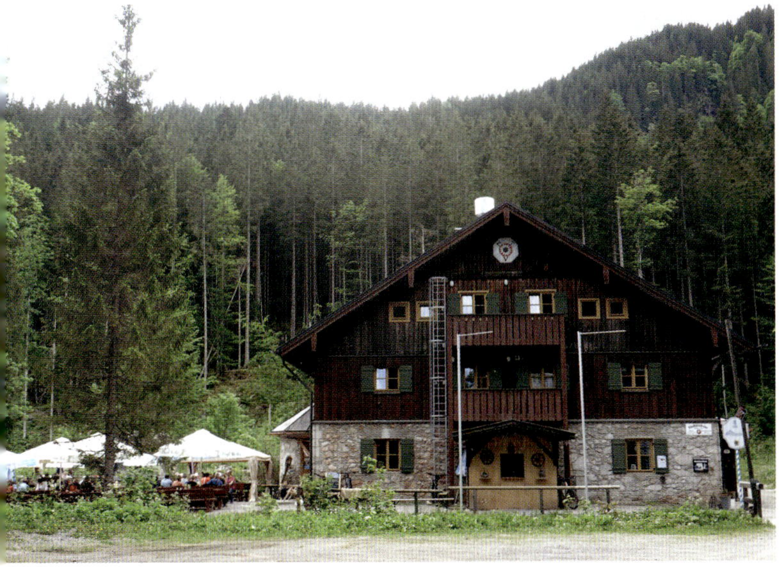

Mitten im Bergwald: das Bleck-steinhaus beim Spitzingsee.

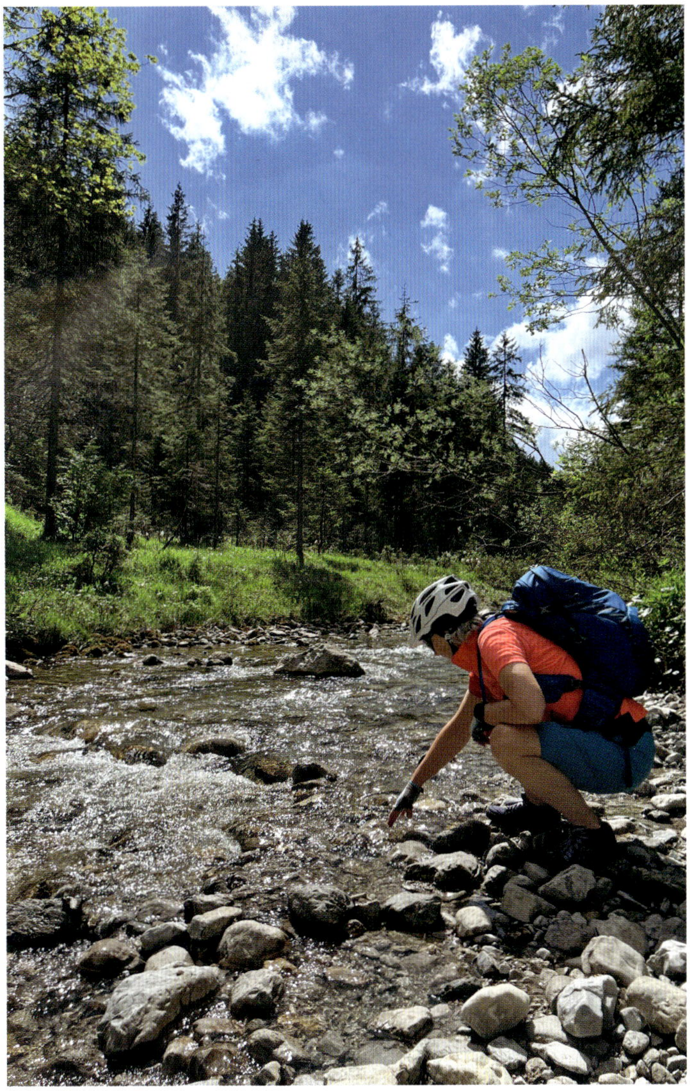

Kleine Erfrischung an der Weißen Valepp.

Schwimmen noch drei Minuten weiter zum Südufer des Schliersees.Erfrischung und Stärkung sind nicht verkehrt, denn ab Neuhaus wird's sportlich – zumindest für diejenigen, die bei Steigungen am E-Bike nicht gleich in den Turbo-Modus schalten. Auf der alten Spitzingseestraße kurbeln wir durch den Wald steil hinauf bis zum Spitzingsattel – immerhin 350 Höhenmeter. Gleich nach dem Pass rollt das Bike wie von allein zum idyllisch gelegenen Spitzingsee, den wir am Westufer entlangradeln. Rundherum hohe Berge, Almen mit Kühen und ein winziges Dorf, aber meist auch einige Besucher, mit denen man die landschaftliche Idylle teilen darf. Ein paar Hundert Meter unterhalb des Sees liegt die Albert-Link-Hütte, wo sich allein wegen der selbst gemachten Knödel, des Holzofenbrotes und des Bergkäses ein kulinarischer Stopp lohnt. Wer sich hier nicht zu einer Rast entschließen kann, der kurvt noch ein paar Mäander der Roten Valepp entlang und stoppt am urigen Blecksteinhaus mitten im Bergwald. Der Weiterweg führt uns zum leider seit Jahren verlassenen Forsthaus Valepp in einer lieblichen Lichtung mit Kapelle. Eine Wiedereröffnung des einst beliebten Gasthauses scheint in Sicht. Durch die Valeppschlucht, vorbei an tiefen Abgründen und an Jagdhütten windet sich das Sträßchen hinauf zur Monialm. Auch hier im altehrwürdigen Bergbauernhaus, umgeben von Almwiesen, der St. Antoniuskapelle und einem kleinen Entenweiher würde sich eine Einkehr lohnen. Danach folgt ein langer Downhill auf der schmalen Mautstraße durch den Bergwald hinunter nach Enterrottach – quasi mit Schwung zu-

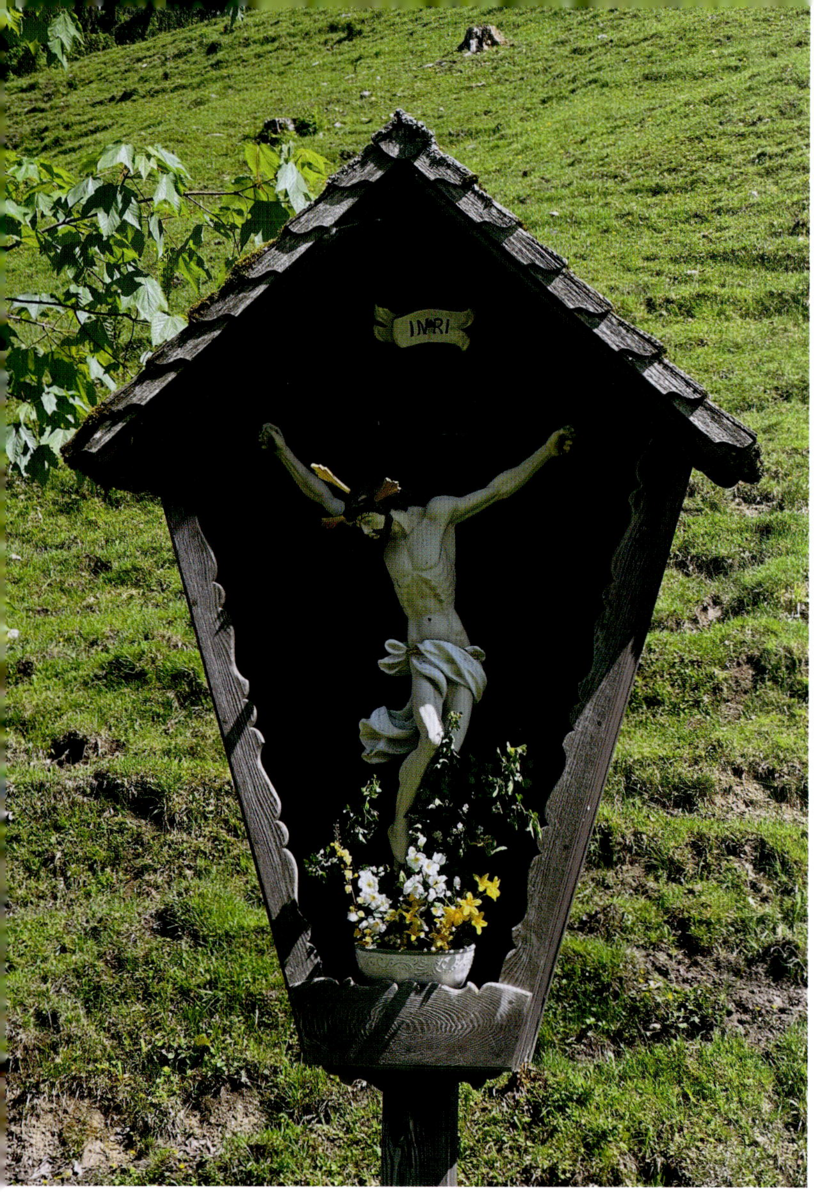

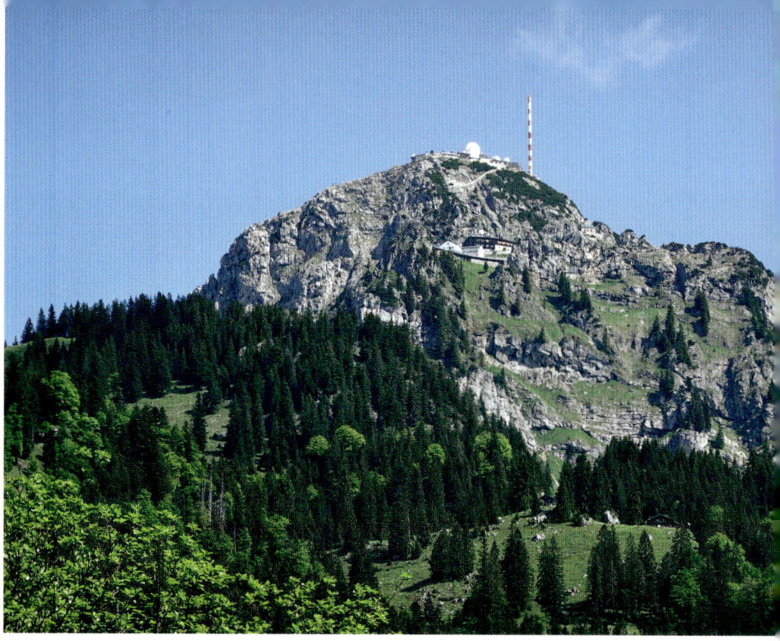

Wahrzeichen der Region: der Wendelstein (1838 m).

Überall zu finden: Marterl am Wegesrand.

Schluchtenradeln beim Forsthaus Valepp.

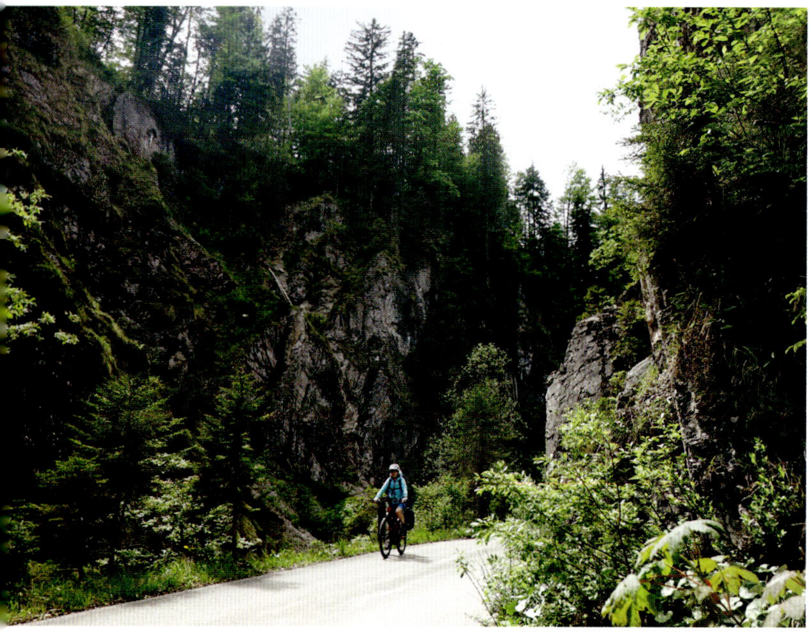

rück ins quirlige Leben am berühmten Tegernsee. In Rottach-Egern gelangen wir ans Ufer, dem wir auf der östlichen Seeseite Richtung Norden folgen. Allein ist man hier selten, aber der See und seine Lage sind eben auch besonders attraktiv – zu jeder Jahreszeit. Im namensgebenden Ort Tegernsee könnten wir zwar auch schon in die Bahn zurück nach München steigen. Aber wir gönnen uns den See in voller Länge bis hinauf nach Gmund, wo wir im Strandbad-Café unsere abwechslungsreiche „Oberland-Tour“ bei alkoholfreiem Weißbier, Obatzdn – eine pikante bayerische Käsezubereitung – und frischen Brezen zünftig ausklingen lassen. Danach wartet noch die Fahrt wieder in der Bayerischen Regiobahn vom Oberland zurück in die Landeshauptstadt.

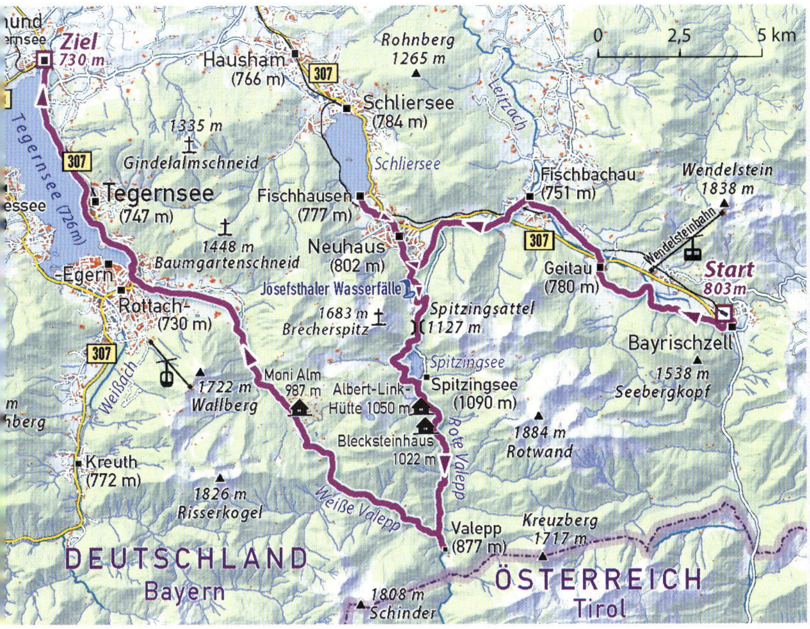

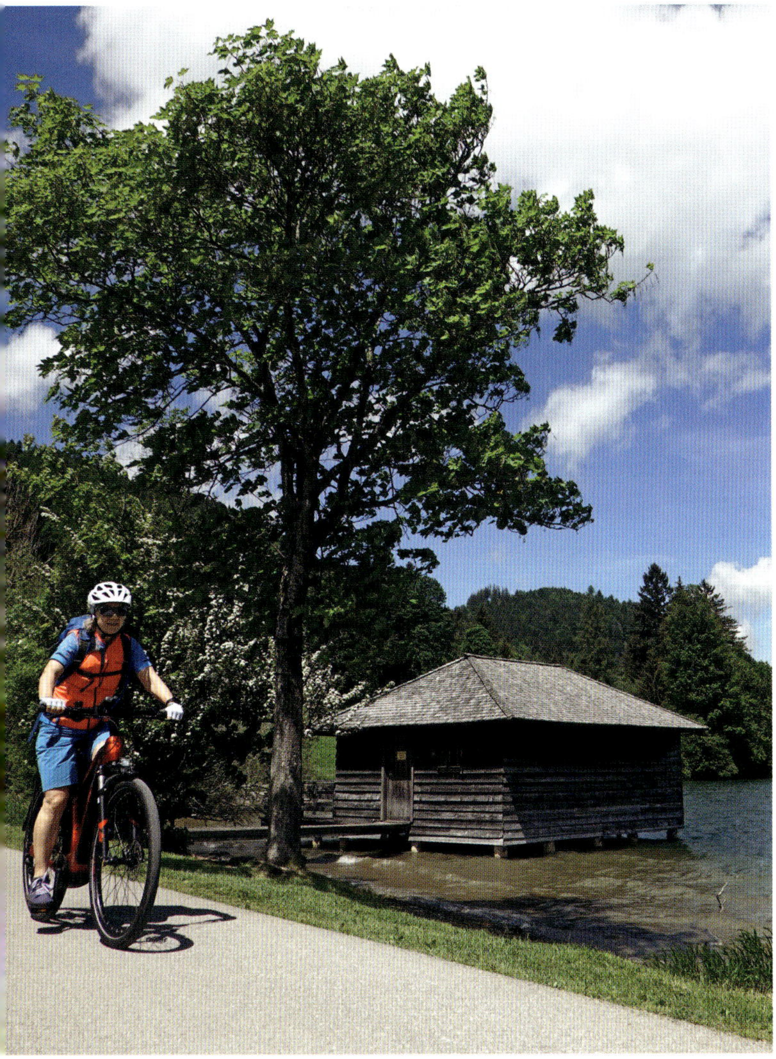

Radweg direkt am Schlierseestrand.

ANFORDERUNGEN
55 km, 820 hm, mittel

ROUTE
Bayrischzell – Geitau – Neuhaus am Schliersee – Spitzingsee – Forsthaus Valepp – Monialm – Enterrottach – Tegernsee – Gmund am Tegernsee

BESTE REISEZEIT
Mitte Mai bis Ende September

E-BIKE-VERLEIH
Top on Mountain Bike Store am Bahnhof Bayrischzell, www.toponmountain.com

NICHT VERPASSEN
Markus Wasmeier Freilichtmuseum in Neuhaus am Schliersee, www.wasmeier.de
Slyrs Destillerie und Erlebniswelt in Neuhaus am Schliersee, www.slyrs.com

GUT EINKEHREN
Café La Stazione im Bahnhof Neuhaus-Fischhausen. Uriges, gemütliches Ambiente, leckere kleine Gerichte

ANGENEHM ÜBERNACHTEN
Familotel Oberbayern in Bayrischzell, www.dasbayrischzell.de
Gasthaus Aiplspitz in Geitau bei Bayrischzell, www.gasthaus-aiplspitz.com

HÜTTEN-TIPPS
Albert-Link-Hütte (1053 m) beim Spitzingsee. DAV-Haus mit bayerischer Bergkost sowie Brot, Käse und Speck aus eigener Produktion. Montag Ruhetag
Blecksteinhaus (1022 m) DAV-Hütte im Tal der Roten Valepp zwischen Spitzingsee und Forsthaus Valepp. Dienstag Ruhetag

LANDKARTE
Kompass-Karte **WK 8 „Tegernsee, Schliersee, Wendelstein"** 1:50.000

ALLGEMEINE AUSKUNFT
Alpenregion Tegernsee – Schliersee www.tegernsee-schliersee.de
Tourismusverband Oberbayern www.oberbayern.de

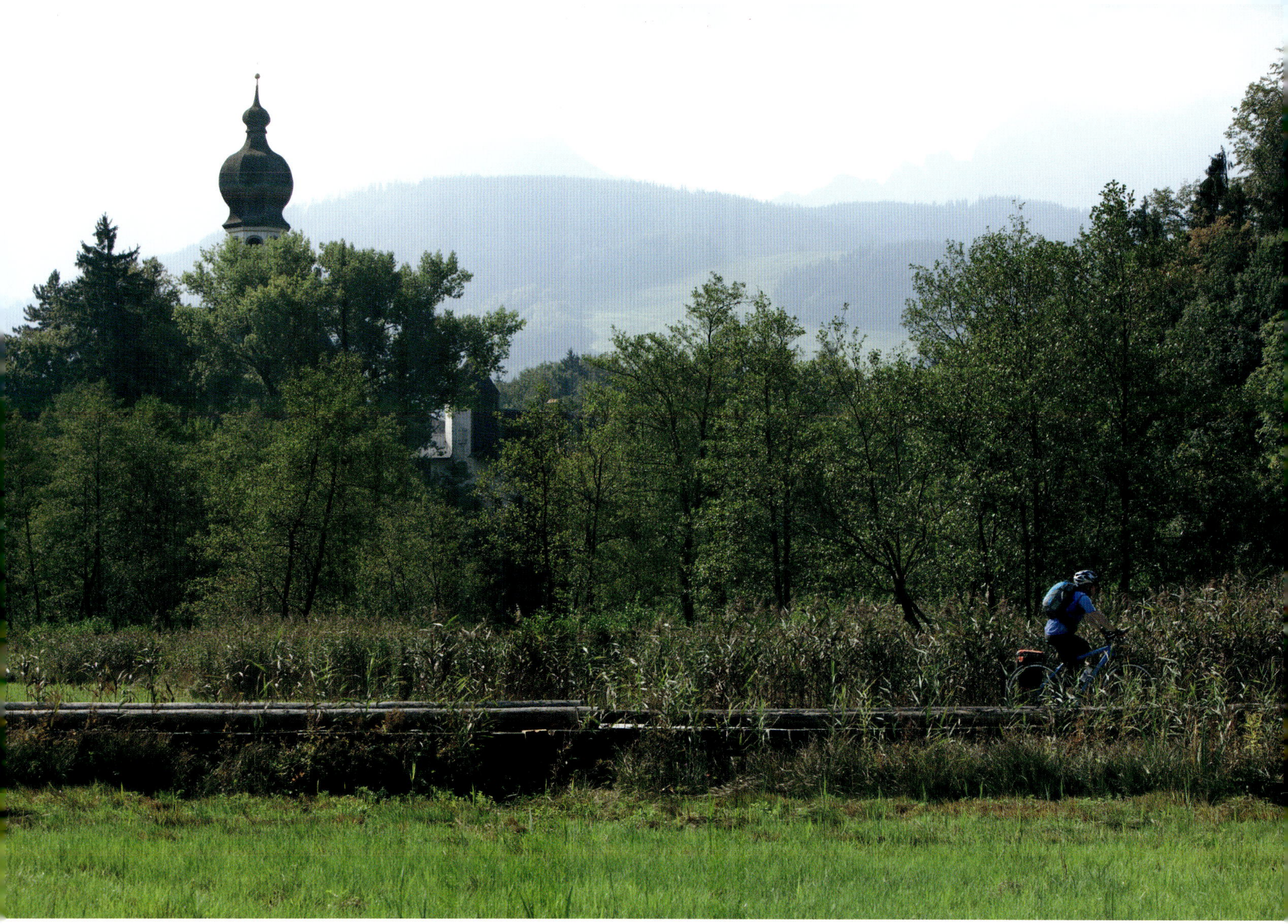

DIE ROUTE DES WEISSEN GOLDES

Der Salinenradweg von Hallein nach Rosenheim

4

…e, Moor und ein Kloster –
…i Höglwörth.

Im Mittelalter war Salz ein wertvolles Handelsgut, sodass es sogar als das weiße Gold bezeichnet wurde. Gewonnen wurde es z. B. als Steinsalz in den Bergwerken südlich von Salzburg sowie in Berchtesgaden. Mit Pferdefuhrwerken – später mittels Soleleitung – wurde das Salz zu den Salinen transportiert. Der Salinen-Radweg führt über mehr als 120 Kilometer entlang von Salzgewinnungsstätten, Salzhandelswegen und Soleleitungen von Rosenheim durch die Chiemgauer und Berchtesgadener Alpen nach Hallein. In Rosenheim stand übrigens die letzte Saline im Alpenvorland, denn dort wurde das Salz oft auf Innschiffe verladen.

Die Salzgewinnung in Hallein und Berchtesgaden fand zwar in Bergwerken statt, aber ein Besuch der heute noch zugänglichen Anlagen lohnt sich allemal. Genauso wie die der historischen Saline in Bad Reichenhall. In der alten Salzhandelsstadt Traunstein kann man sogar an einer Stadtführung „Traunstein und das Salz" teilnehmen.

Man kann die Tour gut in beide Richtungen befahren. Wer in Rosenheim beginnt, muss allerdings mit mehr Höhenmetern rechnen. Ausgangspunkt ist dort der Salingarten, wo der Endpunkt der letzten Soleleitung war. Durch sanftes Hügelland fährt man am Simssee vor-

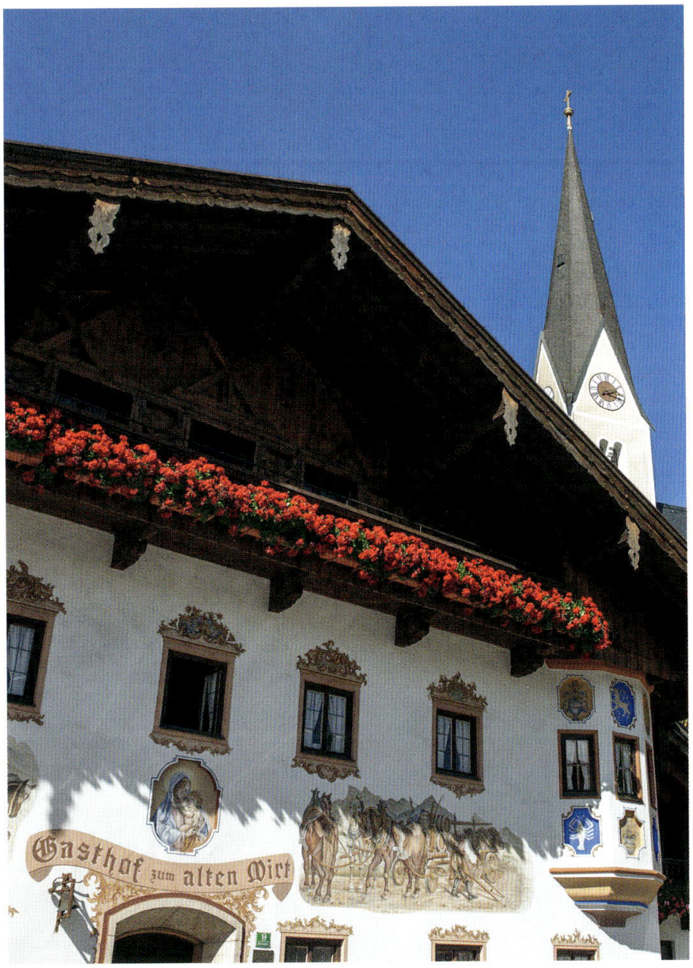

Stattliche Gasthöfe warten entlang der Route.

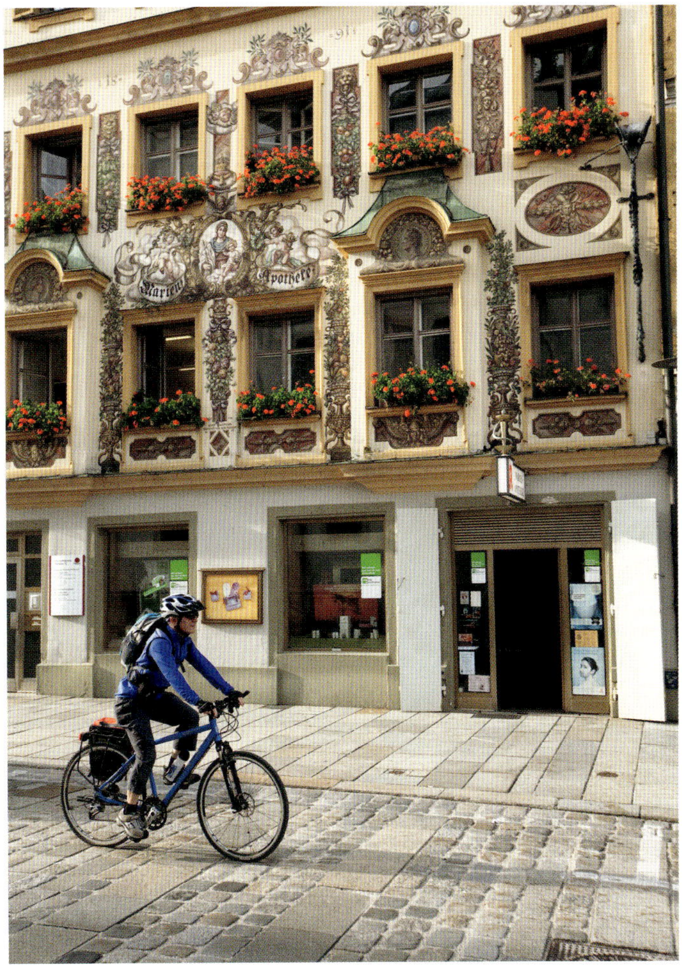

Historischer Fassadenschmuck in Traunstein.

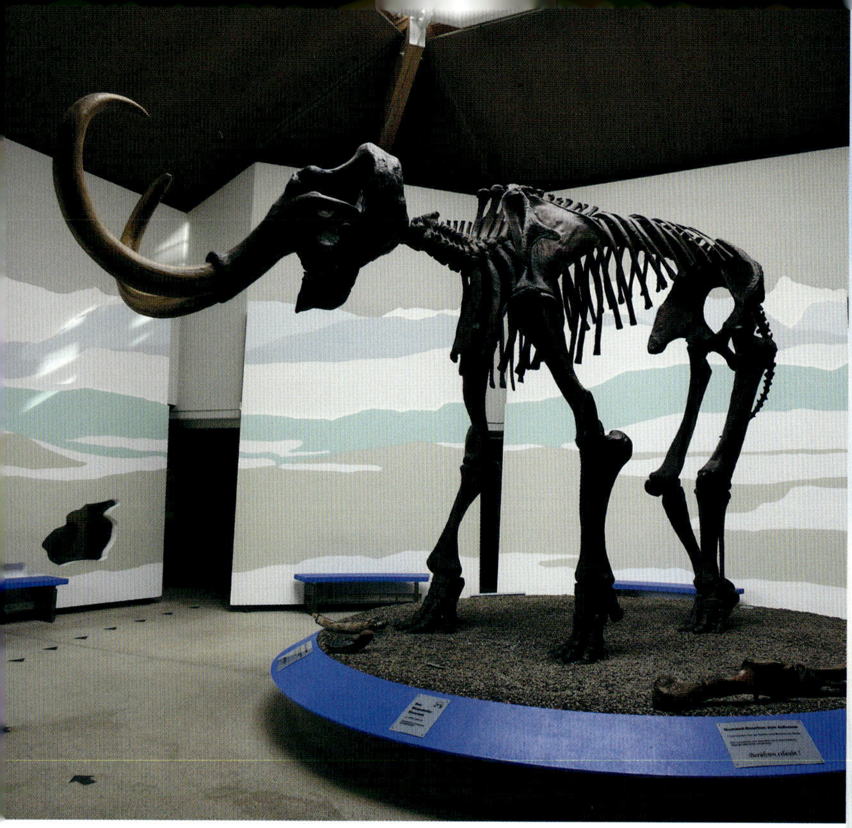

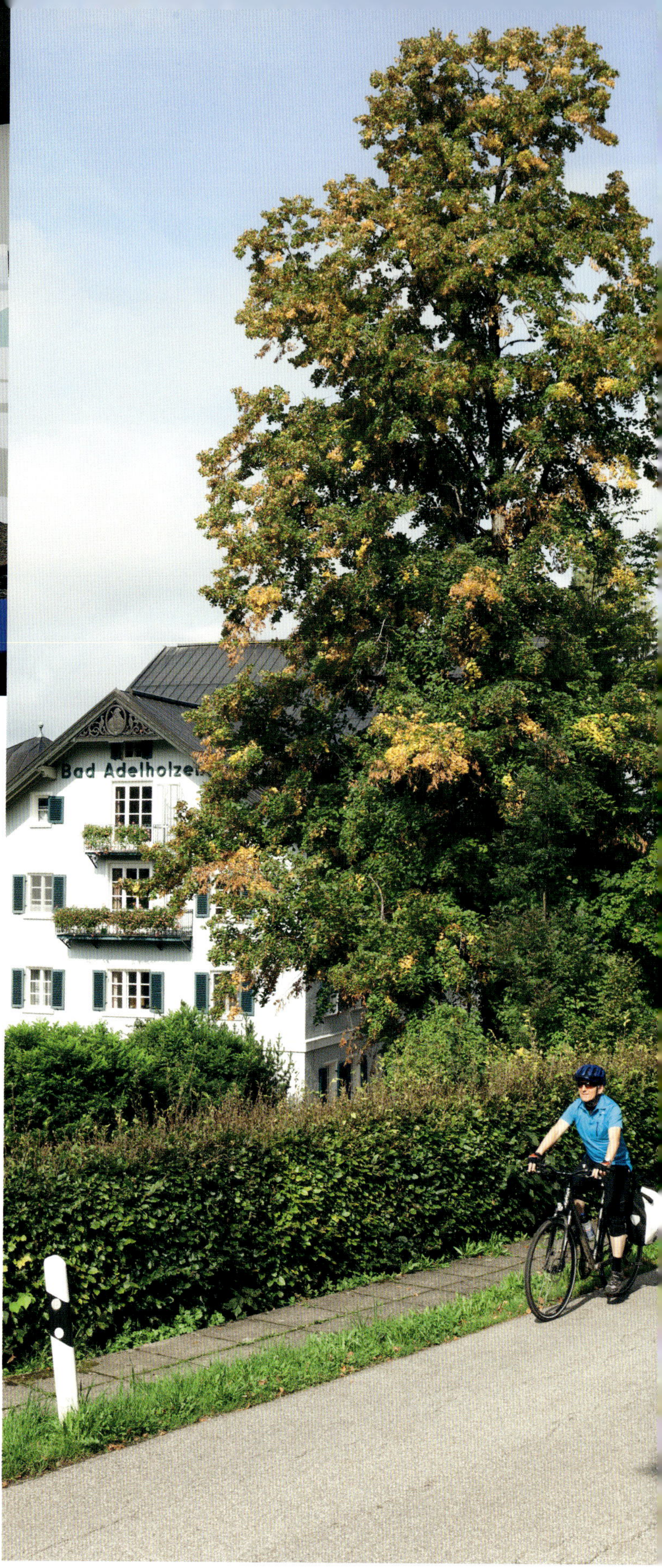

bei zum Chiemsee. Ein Zwischenstopp lohnt sich kurz vor Grassau im Museum Salz & Moor im Klaushäusl. Denn hier steht die einzige noch im Original erhaltene Solepumpstation, und der Besucher erfährt viel über die Geschichte des Salzes. Der Radweg windet sich weiter entlang der Chiemgauer Alpen zur ehemaligen Salinenstadt Traunstein. Sie gilt als pulsierender Mittelpunkt des Chiemgaus mit vielen historischen Plätzen, Einkaufsmöglichkeiten, drei Brauereien und einem Erlebniswarmbad. Und sie ist die alte Heimat des ehemaligen Papstes Benedikt, der hier seine Jugend verbrachte. Durch ein Längstal erreicht man danach Teisendorf, Piding und schließlich die Saline Bad Reichenhall. Dann folgt der einzige echte Steilanstieg über Bayrisch Gmain hinauf in die Hochgebirgswelt nach Winkl, Bischofswiesen und Berchtesgaden. An der Berchtesgadener Ache entlang führt der Radweg dann nahezu eben weiter zur ehemaligen Saline in Marktschellenberg und endet schließlich in Hallein im Salzburger Land. Im alten Städtchen an der Salzach lohnt sich zum Abschluss auf jeden Fall noch ein Rundgang in der historischen, unter Denkmalschutz stehenden Altstadt sowie im Keltenmuseum. Zurück nach Rosenheim kommen Fernradler mit ihrem E-Bike übrigens ganz passabel mit der Bahn mit Umstieg in Salzburg.

as bayerische Mammut im Museum in Siegsdorf.

esundes Mineralwasser aus dem Alpenvorland:
ad Adelholzen.

ANFORDERUNGEN
125 km, 1100 hm, mittel

ROUTE
Rosenheim – Chiemsee – Grassau – Traunstein – Teisendorf – Piding – Bad Reichenhall – Berchtesgaden – Hallein (Österreich)
Die Tour ist in beide Richtungen befahrbar.
Allerdings sind es je nach Startort unterschiedliche Höhenmeter.

BESTE ZEIT FÜR DIE TOUR
Mitte Mai bis Anfang Oktober

RADFREUNDLICHE UNTERKÜNFTE
Hotel Ariadne in Rosenheim,
www.hotel-ariadne.de
Pension Bresina in Siegsdorf,
www.pension-chiemgau.com
Explorer Hotel in Schönau bei Berchtesgaden,
www.explorer-hotels.com/berchtesgaden
Hotel Hafnerwirt in Hallein,
www.hafnerwirt.com

SEHENSWERT
Museum Salz und Moor mit Moorerlebnisweg bei Grassau
Mammut-Museum in Siegsdorf
Historische Altstadt in Traunstein
Alte Saline in Bad Reichenhall
Salzbergwerk Berchtesgaden
Salzbergwerk und Altstadt von Hallein

E-BIKE LEIHEN
Fahrrad Kerscher in der Nikolaistr. 12 in Rosenheim,
fahrradshop-rosenheim.de/fahrradverleih
c/o **Tourismusverband Hallein** Mauttorpromenande 6 in Hallein,
www.hallein.com/erleben/ausflug/fahrradverleih

LANDKARTE
Bei Chiemgau Tourismus gibt es die kostenlose Radkarte **„Draußen dahoam"** für die Region im Maßstab 1:75.000
Bikeline Radkarte „Chiemgau" 1:75.000

ALLGEMEINE AUSKUNFT
Chiemgau Tourismus e.V. Stadtplatz 32, 83278 Traunstein,
www.chiemsee-chiemgau.info

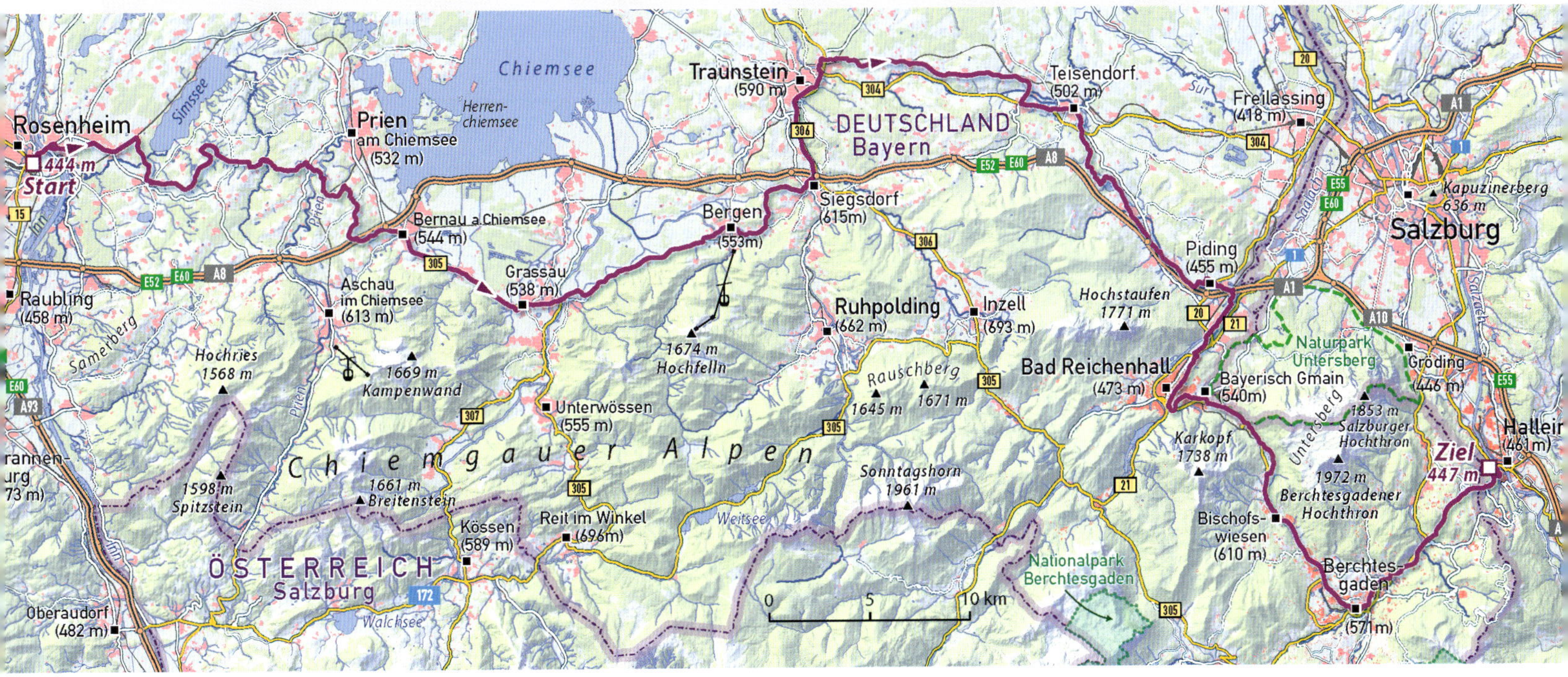

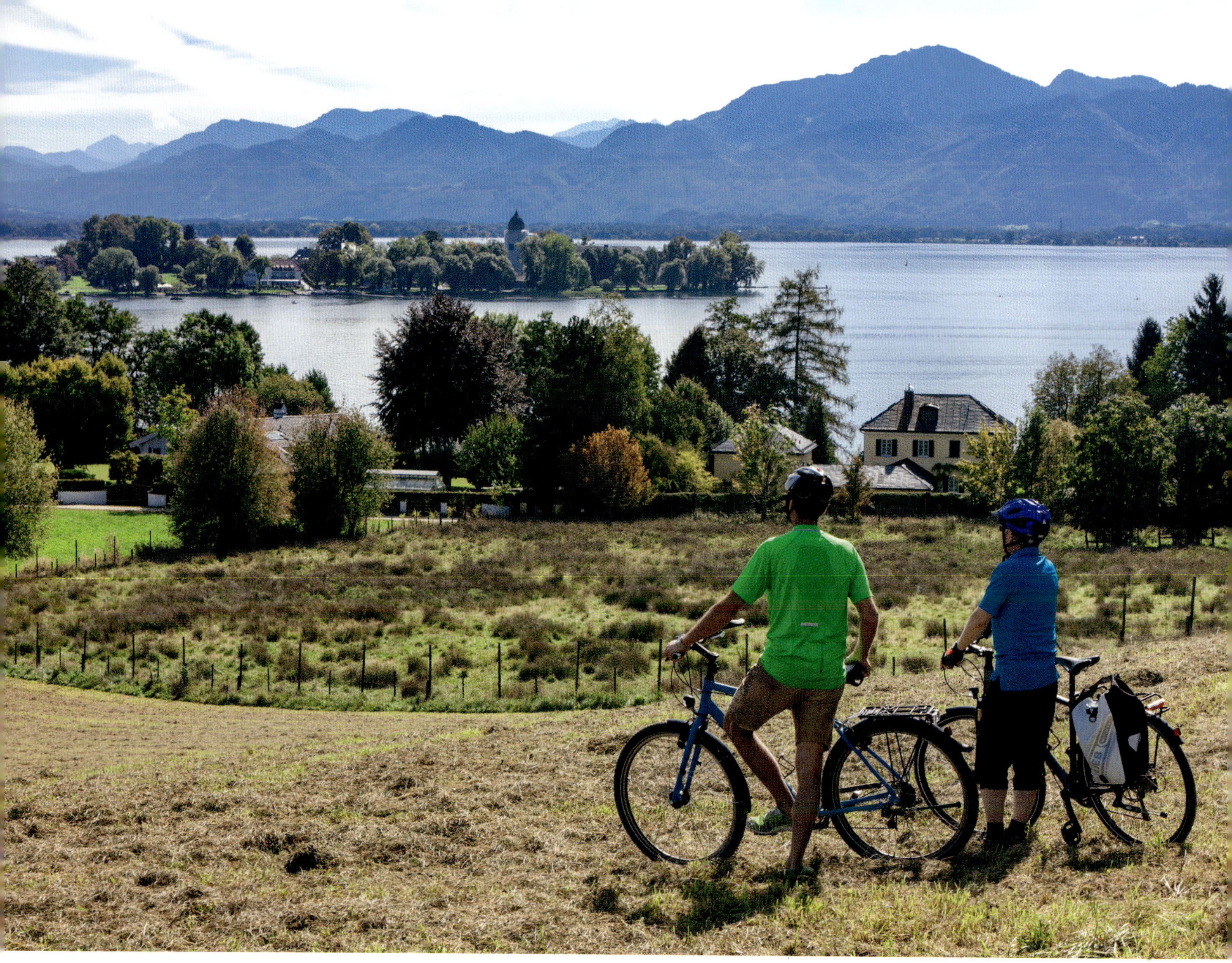

5

VOM KAISER ZUM KÖNIG

Der Prientalradweg – dem Fluss entlang vom Zahmen Kaiser bis zum Chiemsee

m Greifen nah: die Chiemgauer Alpen.

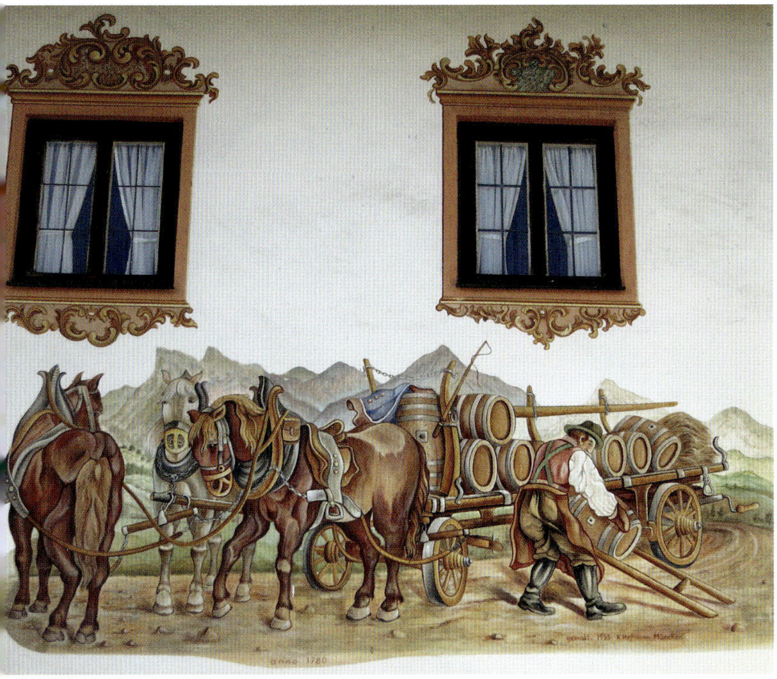

Fassadenkunst in Bernau am Chiemsee.

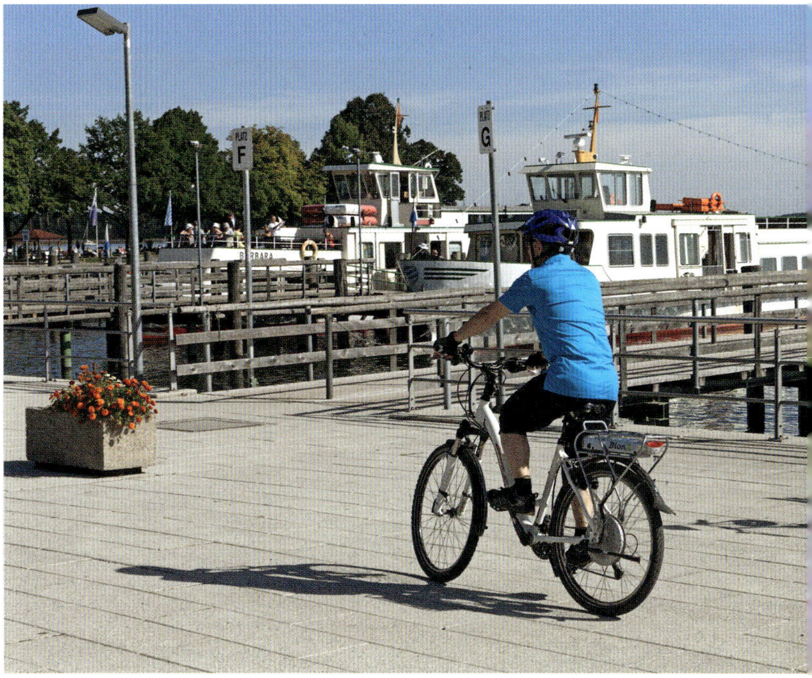

Hafen von Prien: Von hier geht es zu den Inseln.

Prien – so heißt nicht nur der bekannteste Ort am Chiemsee, sondern auch der Fluss, der aus den Chiemgauer und Tiroler Bergen ins „Bayerische Meer“ fließt. Von der Statistik wird er auch als einer der längsten Wildbäche der bayerischen Alpen gelistet. Die Prien entspringt in Tirol auf 1150 Meter Höhe bei der Goglalm unterhalb des Spitzsteins und plätschert hinunter zum offiziellen Bergsteigerdorf Sachrang, wo auch der ausgeschilderte Prientalradweg beginnt. E-Bike-Akku und Beinmuskulatur dürfen sich übrigens freuen: Der Höhenunterschied von Beginn zum Ende beträgt etwa 220 Höhenmeter bergab, dazu kommen nur etwa 60 bis 70 Höhenmeter für Gegenanstiege.

Wir haben unsere Tour etwas weiter in Tirol im Örtchen Rettenschöß begonnen. Dort startet eigentlich auch dieser Radweg, heißt allerdings aus geografischen Gründen noch nicht Prientalradweg. Los geht’s mit einem kleinen Anstieg auf Asphalt Richtung Norden hinein in den Wald. Die Kulisse im Hintergrund bildet das Massiv des Zahmen Kaisers. Im Gegensatz zu seinem benachbarten „Gebirgsbruder“, dem Wilden Kaiser, wirkt er zwar mächtig, aber optisch tatsächlich zahmer – ein überwiegend bewaldeter Bergrücken ohne zackige Gipfel und nur ganz oben mit blanken Felswänden. Nach ein paar Kurven im Bergwald erreichen wir das Bergsteigerdorf Sachrang, wo sich ein kleiner Stopp rentiert. Sachrang liegt im Priental zwischen dem 1808 Meter hohen Geigelstein und dem Spitzstein (1596 m).

„Bergsteigerdorf“ ist übrigens ein Qualitätssiegel des Deutschen und Österreichischen Alpenvereines. Es wird nach einem strengen Kriterienkatalog verliehen an Dörfer mit ortsbildtypischer Bebauung, nachhaltigem Tourismus, aktivem Naturschutz, geringer Erschließung der Berge sowie Bewahrung örtlicher Kultur und Tradition. Dabei handelt es sich aber in keiner Weise um Museumsdörfer.

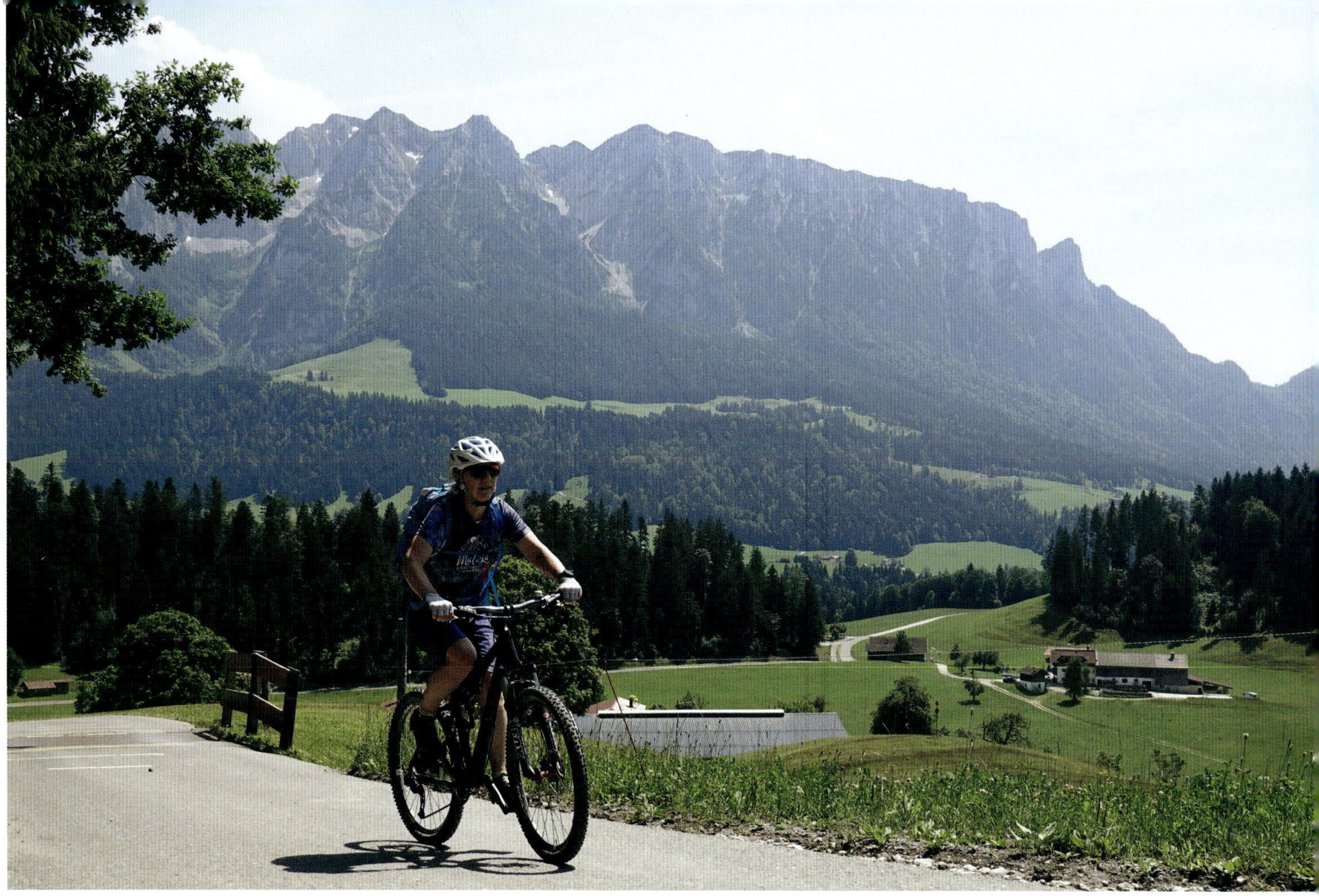

Das auffallendste Gebäude in Sachrang ist die Barockkirche St. Michael, die 1687 nach den Plänen von Giovanni Gaspare Zuccalli und Lorenzo Sciasca errichtet wurde. Zusammen mit den umliegenden historischen Bauernhäusern steht sie unter Denkmalschutz.

Durch ein fast schon kitschig-schönes Bergtal mit kleinen Weilern wie Hub, Bergen, Innerwald, Grattenbach und Hainbach, vielen Kuhweiden und langen Waldabschnitten rollen wir Richtung Aschau. Von Weitem ist auf einem Bergfried das mächtige Schloss Hohenaschau zu erkennen, gegenüber startet die Seilbahn zur Kampenwand. Das Schloss und das integrierte Prientalmuseum können im Rahmen von Führungen von Mai bis Oktober besichtigt werden.

Der Radweg führt uns hinaus ins Alpenvorland nach Frasdorf und dann weiter durch Leitenberg, Dösdorf, Vachendorf nach Prien am Chiemsee. Kultur- und König-Ludwig-II.-Fans machen hier sicherlich, wenn genügend Zeit bleibt, einen Schiffsausflug zur Insel und zum Schloss Herrenchiemsee.

Wer übrigens im Sommer auf dem Prientalradweg unterwegs ist, sollte seine Badesachen einpacken. Am Chiemsee warten mehrere Strandbäder, in denen eine angenehme Erfrischung im Wasser möglich ist. Fluss und Radweg winden sich schließlich durch den ganzen Ort Prien Richtung Norden bis nach Rimsting. In der sogenannten Schafwaschener Bucht mündet die Prien schließlich in den Chiemsee. Wer noch Zeit hat, sollte dort einen Blick in die Natur- und Vogelbeobachtungsstation werfen. Am Ende der Strandanlage Rimsting-Westernach steht die einem Bootshaus nachempfundene Hütte, die für Führungen unter anderem zur Vogelbeobachtung geöffnet wird. Je nach Jahreszeit finden sich neben Dauerbewohnern wie Schwan, Graugans, Stockente, Blesshuhn, Graureiher und Mittelmeermöwe weitere interessante Vögel, wie Haubentaucher, Falken und verschiedene Möwenarten.

s geht's in Tirol vor dem Zahmen Kaiser.

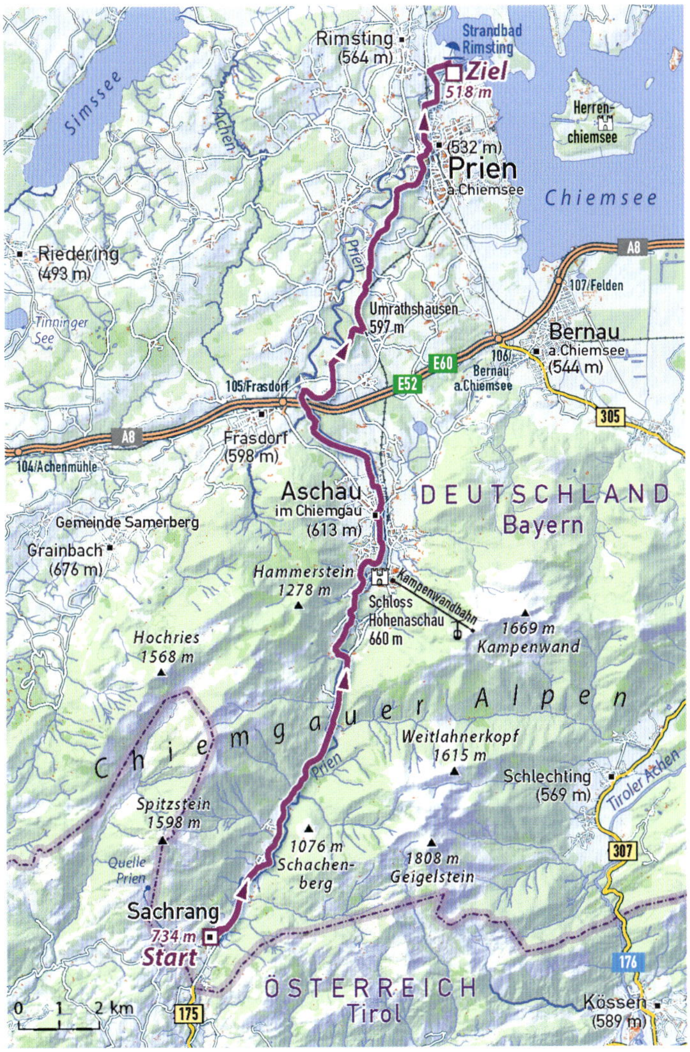

ANFORDERUNGEN

30 km, 60 hm, leicht

ROUTE

(Rettenschöß/Tirol) – Sachrang – Huben – Hainbach – Außerwald – Hohenaschau – Aschau – Frasdorf – Vachendorf – Prien am Chiemsee – Rimsting – Schafwaschener Bucht

BESTE ZEIT FÜR DIE TOUR

Mitte Mai bis Anfang Oktober

RADFREUNDLICHE UNTERKÜNFTE

Hotel Hohenaschau in Aschau, www.hotel-hohenaschau.de
Haus Waldesruh in Übersee am Chiemsee, www.waldesruh-chiemsee.de

SEHENSWERT

Schloss Herrenchiemsee (mit Fähre ab Prien)
Schloss Hohenaschau mit Prientalmuseum
Heimatmuseum Prien
Müllner-Peter-Museum in Sachrang

E-BIKE LEIHEN

Fahrradverleih Kaufmann in Prien am Chiemsee, www.chiemsee-kaufmann.de
Radverleih Enno Thomas in Aschau, www.radverleih-aschau.de

LANDKARTE

Bei Chiemgau Tourismus gibt es die kostenlose Radkarte **„Draußen dahoam"** für die Region im Maßstab 1:75.000
Bikeline Radkarte **„Chiemgau"** 1:75.000

ALLGEMEINE AUSKUNFT

Chiemsee-Alpenland Tourismus Felden 10, 83233 Bernau am Chiemsee, www.chiemsee-alpenland.de

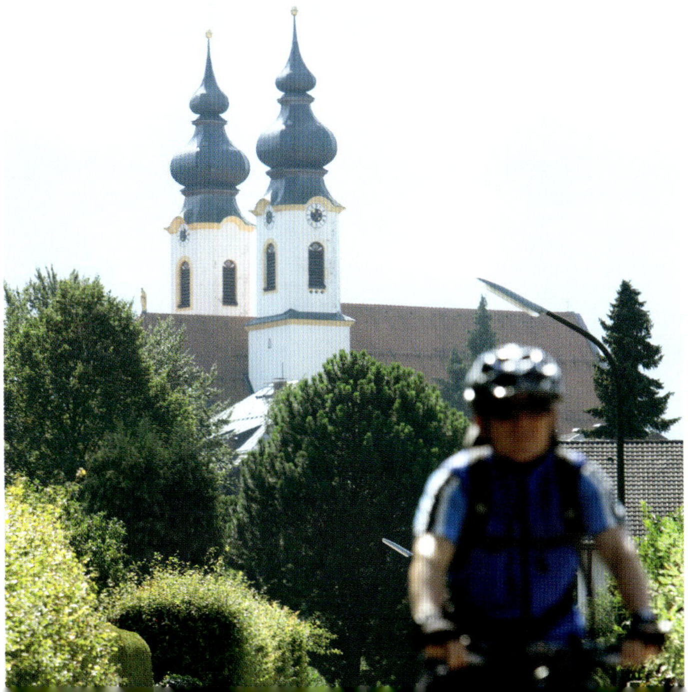

Typisch oberbayerisch: Aschau im Chiemgau.

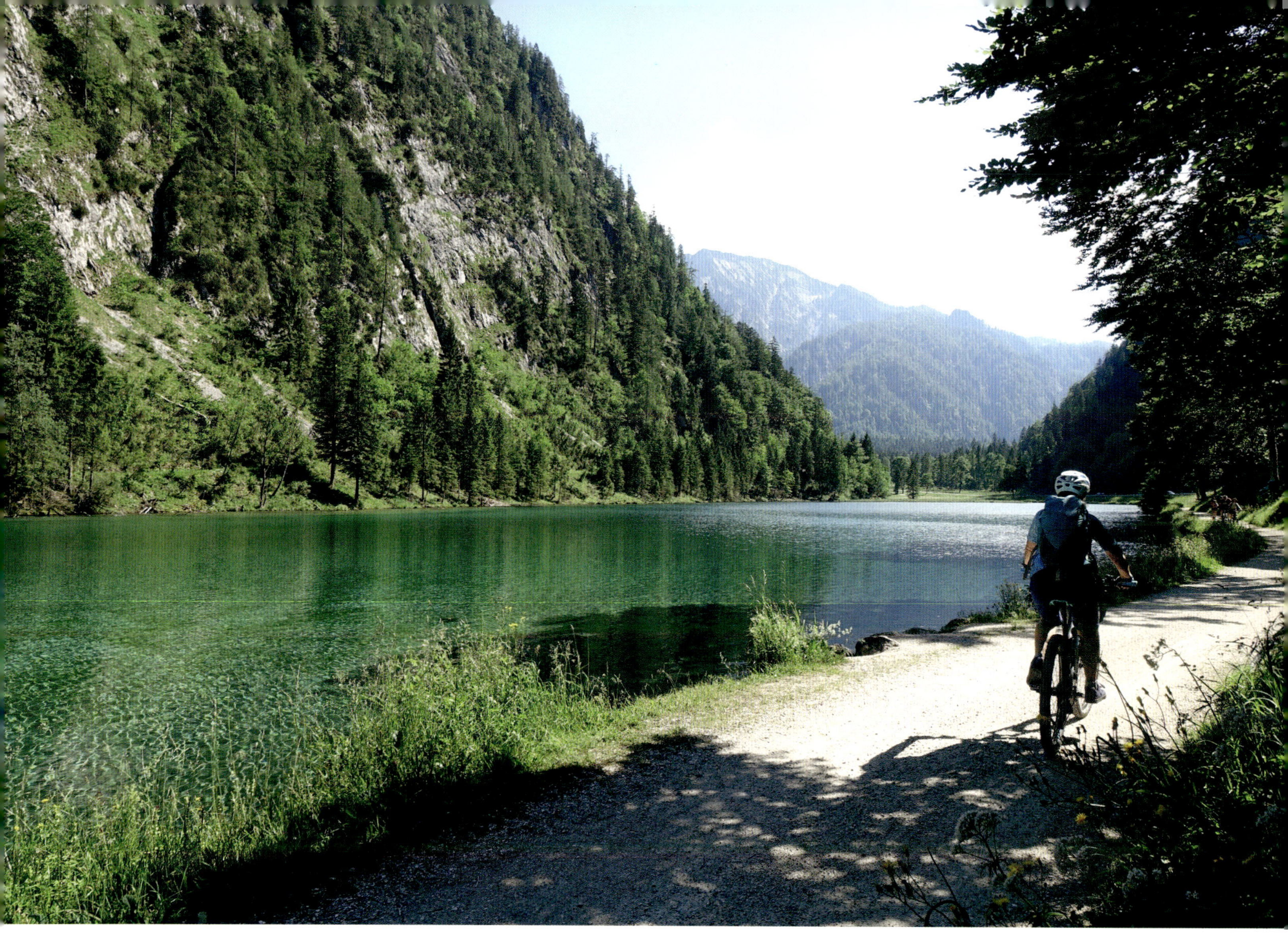

6

DURCH DAS HERZ DER CHIEMGAUER ALPEN

Der Chiemgau-Radweg zwischen
Reit im Winkl und Inzell

ne Farbe wie ein Edelstein:
rchensee bei Ruhpolding.

Das sind die Chiemgauer Alpen wie aus dem Bayern-Bilderbuch! Die knapp 36 Kilometer lange abwechslungsreiche Talroute mit ihrem wechselnden Höhenprofil ist zudem ideal für E-Biker und verbindet die drei bekannten oberbayerischen Ferienorte Inzell, Ruhpolding und Reit im Winkl miteinander. „Nur wenige Strecken im bayerischen Alpenraum bieten so viel großartige Berglandschaft für so wenig Schweiß", so beschrieb einmal vor einigen Jahren die *Süddeutsche Zeitung* den Chiemgau-Radweg. Und mit dem E-Bike wird sich der Schweißfluss sowieso in Grenzen halten. In der Tat zählt der Chiemgau-Radweg zu den attraktivsten Radrouten der ADFC RadReiseRegion Chiemsee-Chiemgau. Stellt sich nur die Frage: Steigen wir in Inzell oder in Reit im Winkl aufs Rad? Beide Richtungen haben ihre Reize, und beide Orte liegen quasi auf derselben Höhe über dem Meer.
Wir entscheiden uns für Inzell als Startort. Die Max Eicher Arena, die modernste Eisschnelllaufhalle der Welt, lassen wir schnell hinter uns und radeln bergauf

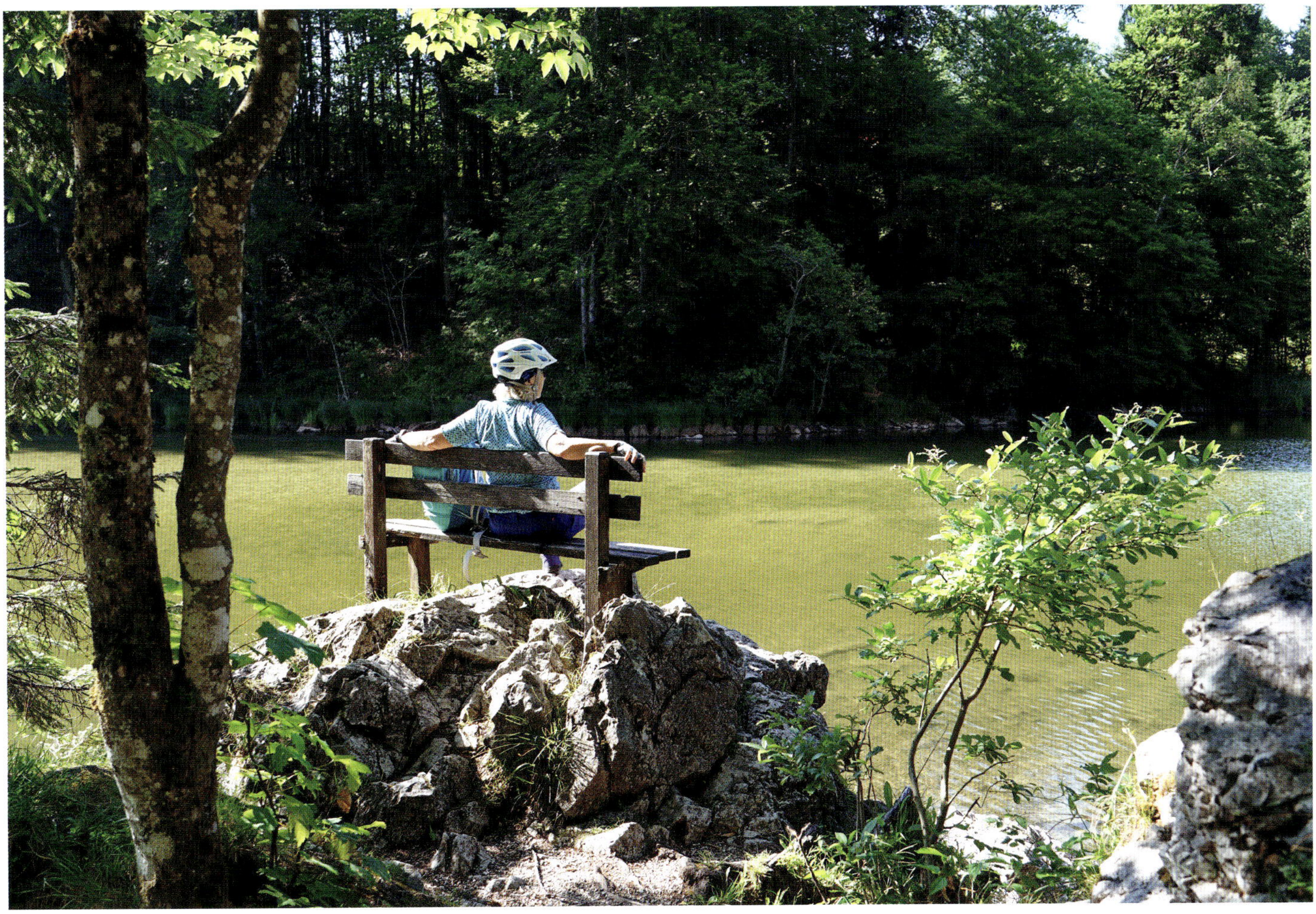

Romantische Ruhebank am Bergsee.

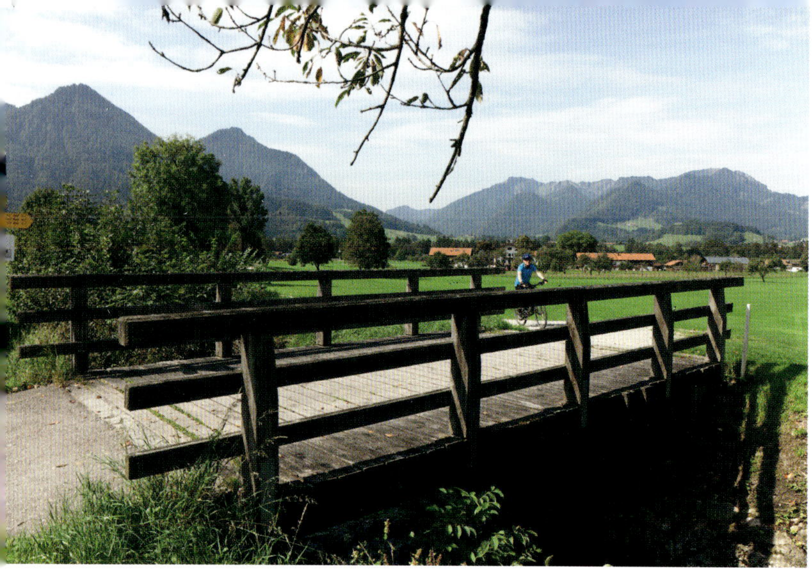

Beim Golfclub Ruhpolding geht's Richtung Inzell.

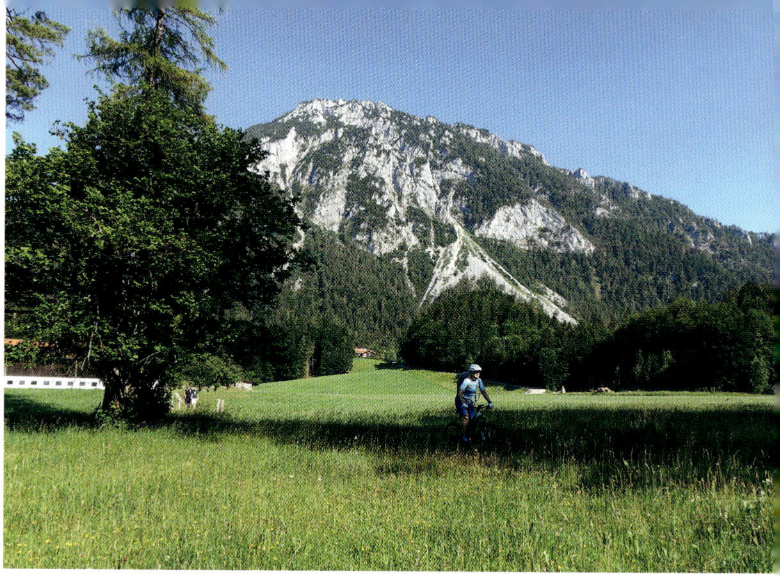

Vor den Toren von Ruhpolding.

Richtung Gletschergarten. Wer einen kurzen Abstecher macht, kann sich dieses Relikt aus der letzten Eiszeit ansehen sowie den beeindruckenden Weißbachwasserfall. Beides liegt unweit der Deutschen Alpenstraße. Apropos Eiszeit-Relikte: Der Tipp für einen weiteren Ausflug ist das Mammut-Museum im nahen Siegsdorf. Dort kann man das größte und besterhaltene Mammutskelett Europas bestaunen.

Unsere Route führt beim Gasthof Zwing bergauf durch den Wald. Nach einer Straßenetappe folgt wieder ein idyllisches Waldstück auf Forstwegen. In Ruhpolding windet sich der Radweg am Golfplatz vorbei und entlang der Weißen Traun bis zum Holzknechtmuseum, wo die harte Arbeit der Holzfäller einst und jetzt anschaulich dargestellt ist. Das Museum liegt malerisch im Drei-Seen-Land, das auch gern als „Klein-Kanada" bezeichnet wird, was wiederum auf das große Holzvorkommen der Region schließen lässt.

Danach passieren wir die Chiemgau Arena, das berühmte Biathlonzentrum von Ruhpolding, wo auch Weltcups stattfinden. Darauf folgt das Drei-Seen-Gebiet mit Lödensee, Mittersee und Weitsee. Der schönste Abschnitt des Radweges – eine wahrhaft beeindruckende und nicht alltägliche Szenerie. Die gesamte Landschaft steht hier unter Naturschutz. In den empfindlichen Uferbereichen der Seen wachsen Unterwasserrosen, Röhricht und Auwald. Auf den angrenzenden Streuwiesen blühen seltene Pflanzen. Am Weitsee lockt im Hochsommer ein erfrischender Badestopp. Hinter dem Weitsee erreicht man den Weiler Seegatterl, wo sich im Winter viele Skisportler mit der Seilbahn hinauf zur Winklmoosalm transportieren lassen. Die wenigen Häuser sind schnell passiert, und im Wald geht es am Wildbach Schwarzlofer entlang zum Ziel, dem berühmten Wintersportort Reit im Winkl. In einem der vielen Gasthöfe und Cafés kann man den Chiemgau-Radweg nochmals Revue passieren lassen. Kulturinteressierte werfen noch einen Blick in die Pfarrkirche St. Pankratius, erbaut 1911 im Neubarock und Jugendstil.

Wer übrigens gern mit Kindern radeln möchte, dem sei die kürzere Variante des Chiemgau-Radweges von Ruhpolding nach Reit im Winkl empfohlen. Kinder auf eigenen Rädern oder Eltern mit Fahrradanhänger für die Kleinsten sind hier relativ sicher unterwegs.

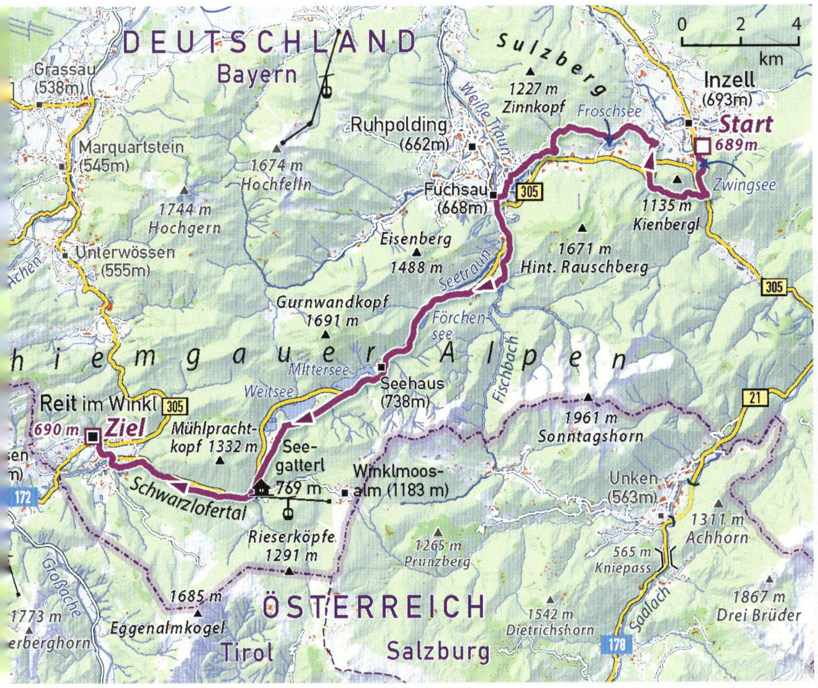

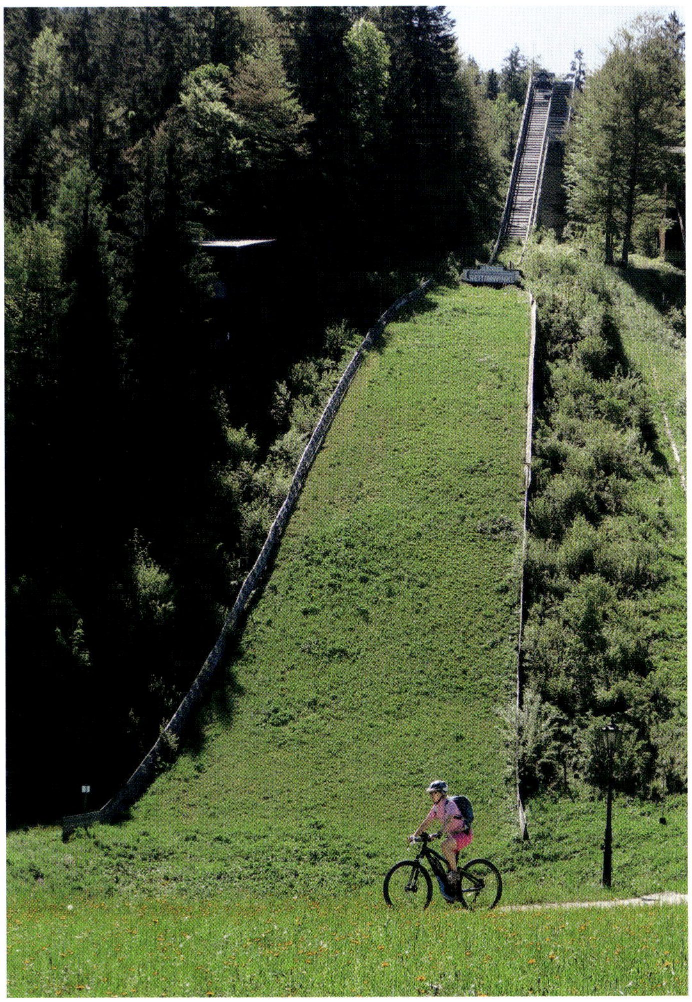

Sommerruhe: Skisprungschanze in Reit im Winkl.

ANFORDERUNGEN

36 km, 490 hm, mittel

ROUTE

Inzell – Ruhpolding – Mittersee – Weitsee – Seegatterl – Blindau – Reit im Winkl

BESTE ZEIT FÜR DIE TOUR

Mitte Mai bis Anfang Oktober

RADFREUNDLICHE UNTERKÜNFTE

Hotel Gasthof Kienberg in Inzell, www.gasthof-kienberg.de
Hotel Fischerwirt in Ruhpolding, devahotels.de
Hotel-Gasthof Sonneck in Reit im Winkl-Blindau, www.hotelsonneck.de

SEHEN & ERLEBEN

Lödensee, Mittersee und Weitsee zwischen Ruhpolding und Reit im Winkl
Holzknechtmuseum in Ruhpolding
Pfarrkirche St. Pankratius in Reit im Winkl
Weißbachwasserfall bei Inzell
Moor-Erlebnispfad in Inzell

E-BIKE LEIHEN

E-Bike-Verleih Scheufele in Inzell, www.e-bikeverleih-scheufele.de
T & T Bike Sports in Reit im Winkl, www.reitimwinkl-bikes.de

LANDKARTE

Bei Chiemgau Tourismus gibt es die kostenlose Radkarte **„Draußen dahoam"** für die Region im Maßstab 1:75.000
Bikeline Radkarte **„Chiemgau"** 1:75.000

ALLGEMEINE AUSKUNFT

Chiemgau Tourismus e.V. Stadtplatz 32, 83278 Traunstein, www.chiemsee-chiemgau.info

RUND UM DEN BLOCK

7

Einmal rund um den Untersberg, das sagenumwobene Massiv der Berchtesgadener Alpen

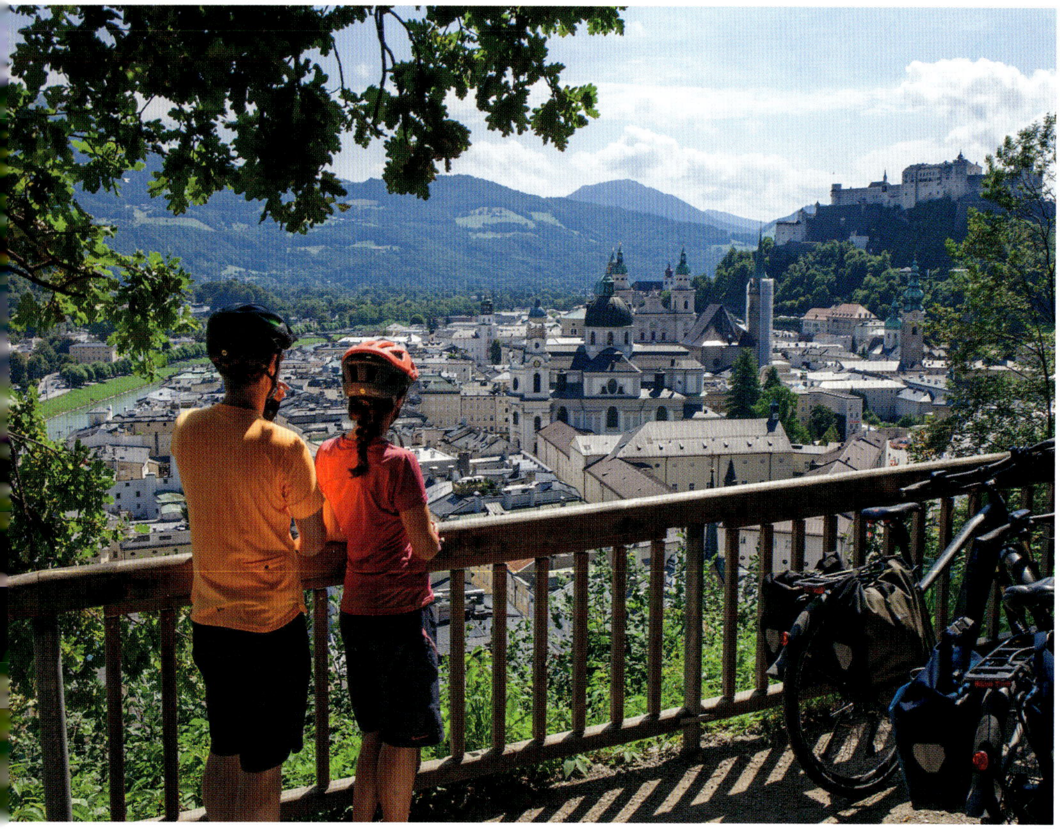

Grandioser Ausblick auf Salzburg mit der Festung Hohensalzburg.

Der Untersberg ist mehr als nur ein Berg, er ist ein ganzes Massiv mit rund 70 Quadratkilometern Fläche und bildet den nördlichen Abschluss der Berchtesgadener Alpen zwischen Berchtesgaden, Bad Reichenhall und Salzburg. Drüberradeln über den bis 1973 Meter hohen Koloss geht nicht. Aber drum herum ist es auch schon eine abwechslungsreiche Alpentour mit rund 50 Kilometern Länge.

Wir starten unsere Untersberg-Umrundung mitten in Berchtesgaden am Luitpoldpark. Mit Watzmann-Blick geht es auf einem Abschnitt des Bodensee-Königssee-Radweges sanft hinauf Richtung Bischofswiesen. Von dort führt die Route mit Blick auf die „schlafende Hexe“, dem zackigen Felsmassiv südwestlich von Bad Reichenhall, am Hallthurmer Moos vorbei weiter in Richtung Hallthurm. Ab dem alten Wehrturm rollen wir auf Asphalt steil hinunter nach Bayerisch Gmain. Über eine kleine Brücke geht es über die deutsch-österreichische Grenze nach Großgmain. Gleich in der Nähe lohnt sich ein Kulturstopp im Salzburger Freilichtmuseum, dem größten Museum des österreichischen Bundeslandes auf mehr als 50 Hektar Fläche mit rund 70 Originalbauten aus sechs Jahrhunderten, darunter Bauernhöfe, Mühlen, eine Brauerei und eine alte Dorfschule.

In der Ebene des Salzachtals radeln wir genüsslich über Viehhausen, Fürstenbrunn und Glanegg nach Eichet, wo der Weg am berühmten Schloss und Gutshof Glanegg vorbeiführt. In Eichet warten auch zwei beliebte Radler-Gasthöfe: der Mostwastl und die Pflegerbrücke mit guter Küche und einladenden Biergärten.

Über ein großes Wiesengelände führt die Route nach Grödig, wo übrigens auf gleicher Strecke bis nach Berchtesgaden auch der Mozart-Radweg verläuft. Bei

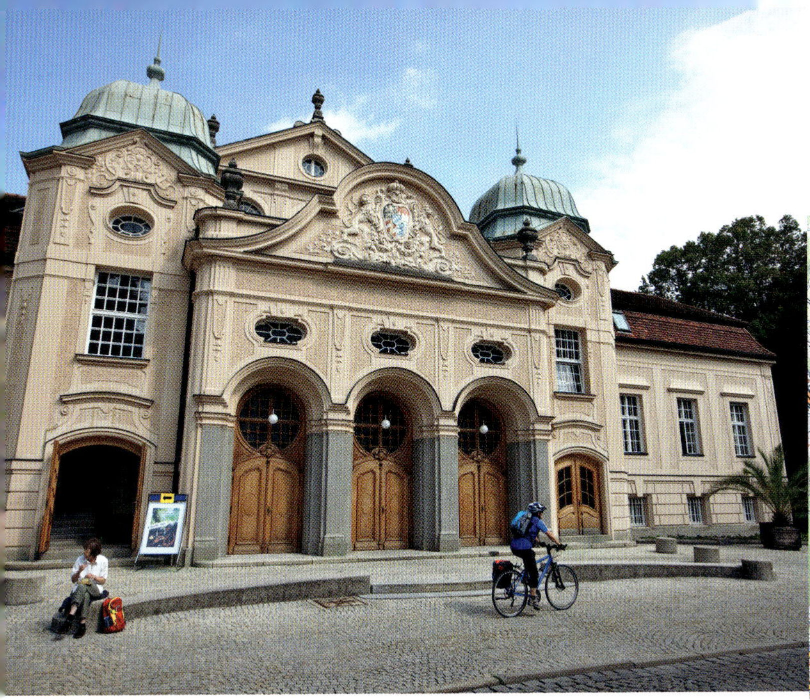

Historisches Gewölbe: das Kurhaus in Bad Reichenhall.

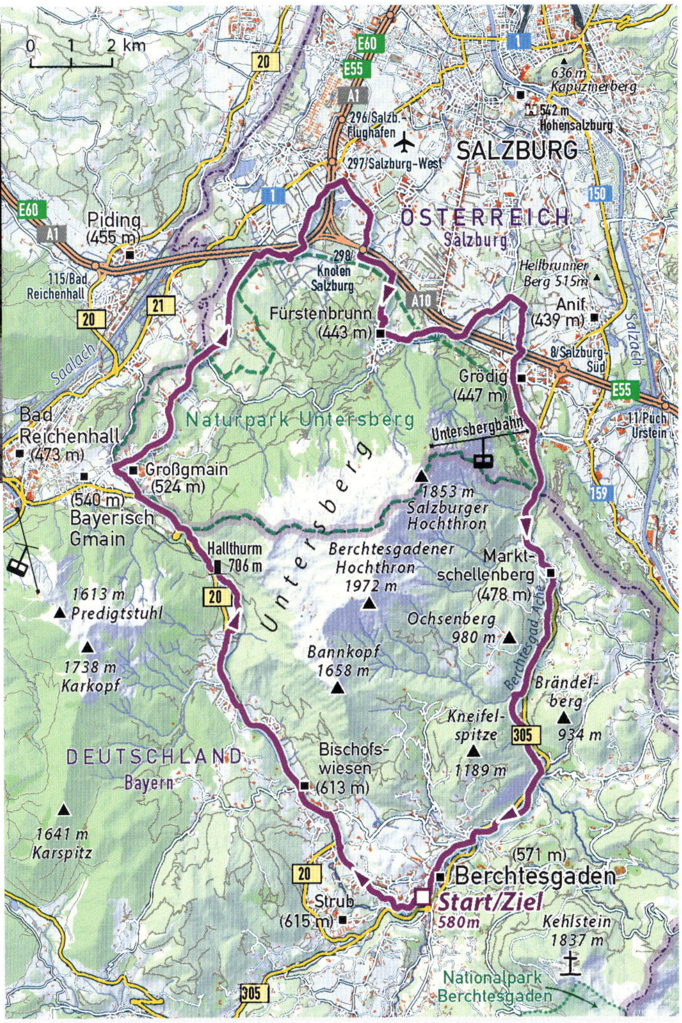

St. Leonhard gelangt man in das Tal der Berchtesgadener Ache. Am Fluss entlang leicht aufwärts erreichen wir über den schönen Ort Markt Schellenberg die Kugelmühle, wo sich ein Besuch der Almbachklamm lohnt. In der Unterau wird das Tal wieder breiter, und das Watzmann-Massiv rückt wieder in seiner vollen Größe ins Bild, bis wir wieder in Berchtesgaden am Startpunkt angelangt sind.

ANFORDERUNGEN
53 km, 460 hm, mittel

ROUTE
Berchtesgaden – Bischofswiesen – Bayerisch Gmain – Großgmain – Viehhausen – Fürstenbrunn – Eichet – Grödig – St. Leonhard – Markt Schellenberg – Unterau – Berchtesgaden

BESTE ZEIT FÜR DIE TOUR
Ende Mai bis Anfang Oktober

RADFREUNDLICHE UNTERKÜNFTE
Spa & Familien Resort Rupertus Therme in Bad Reichenhall,
www.rupertustherme.de
Explorer Hotel in Schönau bei Berchtesgaden,
www.explorer-hotels.com/berchtesgaden
Das Grüne Hotel zur Post in Salzburg,
www.hotelzurpost.info

SEHENSWERT
Alte Saline in Bad Reichenhall
Salzbergwerk Berchtesgaden
Salzburger **Freilichtmuseum** bei Großgmain
Almbachklamm bei Unterau

E-BIKE LEIHEN
Intersport Renoth in Berchtesgaden an der Jennerbahn,
www.sport-renoth.de/e-bike-verleih-berchtesgaden
Sport Brandner in der Bergwerkstraße in Berchtesgaden,
www.sportbrandner.de

LANDKARTE
Kompass-Karte **WK 794 „Berchtesgadener Land"** 1:25.000

ALLGEMEINE AUSKUNFT
Zweckverband Bergerlebnis Berchtesgaden Maximillianstr. 9,
83471 Berchtesgaden, www.berchtesgaden.de

8

DIE GROSSE TAUERNSCHLEIFE

Attraktive Runde auf einem der beliebtesten Fernradwege der Alpen

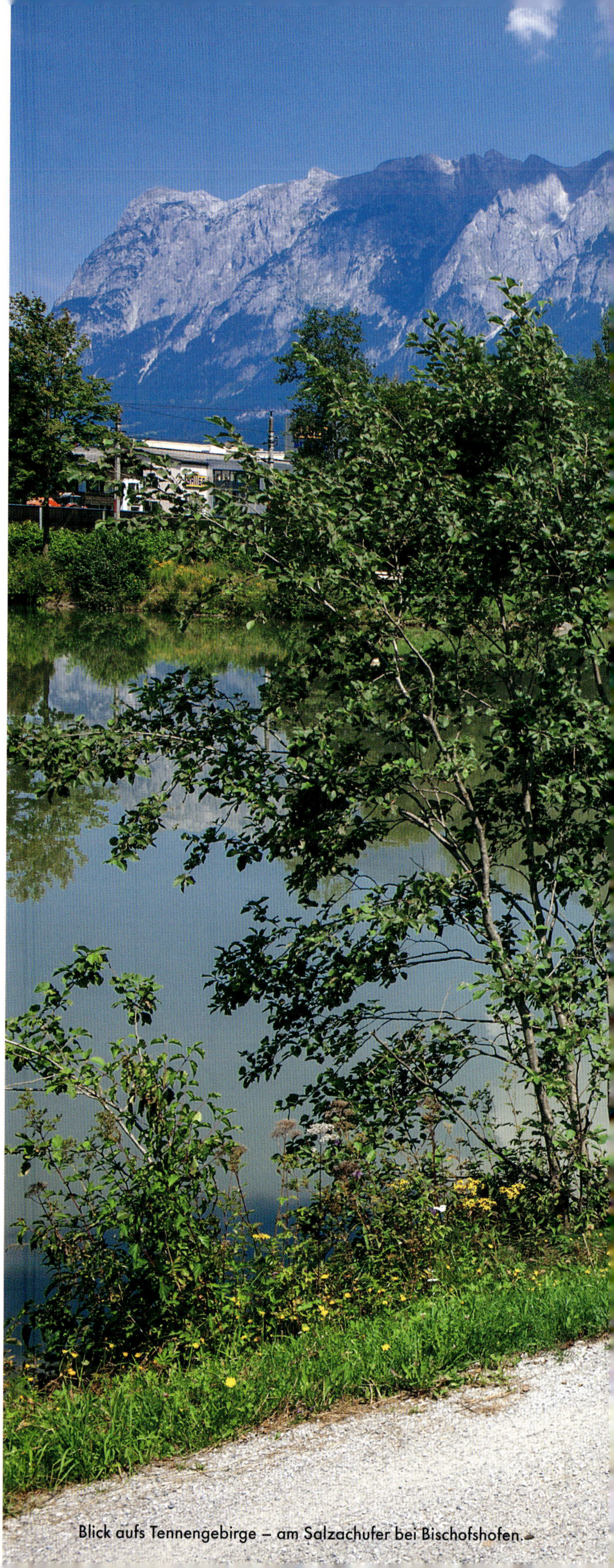

Blick aufs Tennengebirge – am Salzachufer bei Bischofshofen.

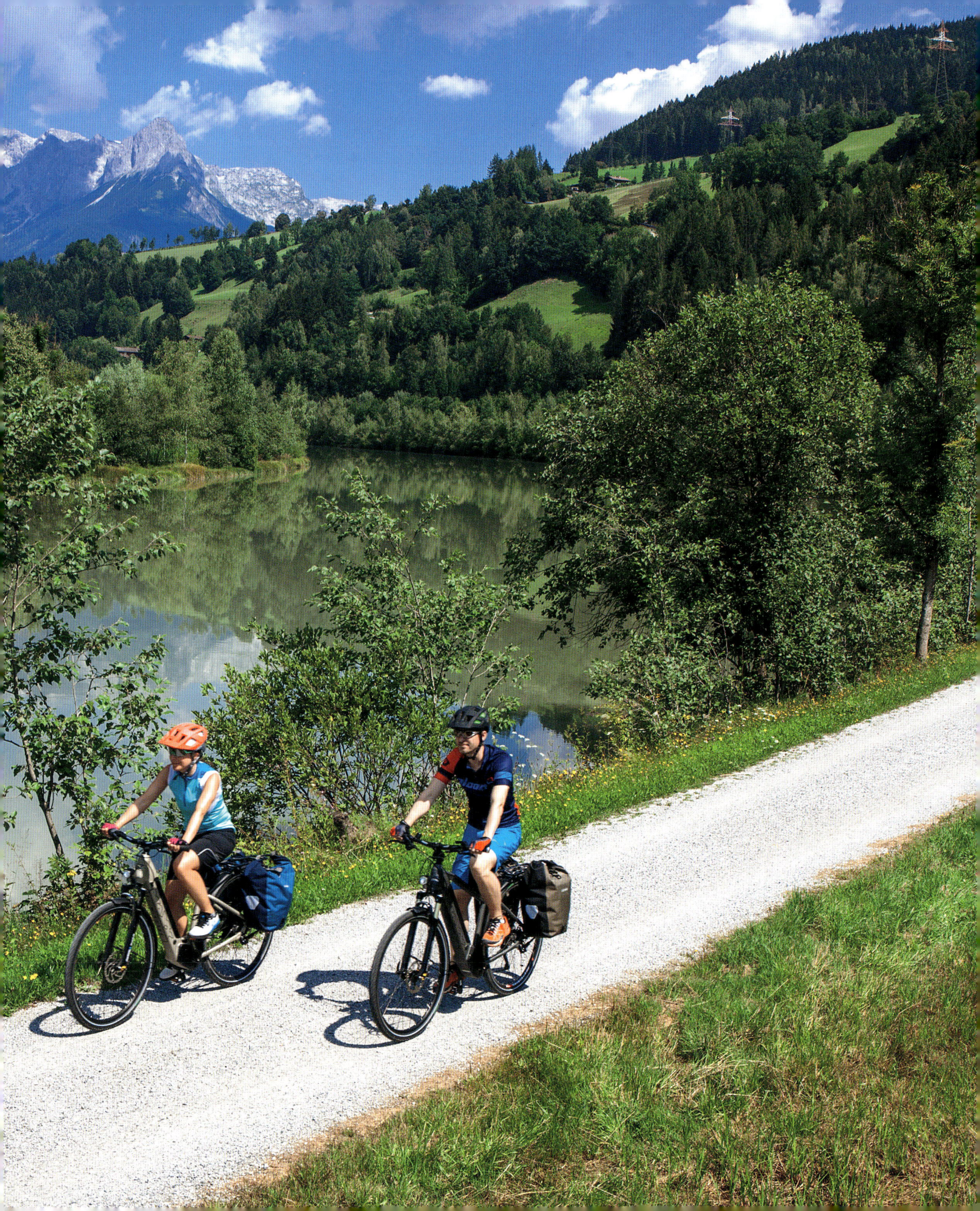

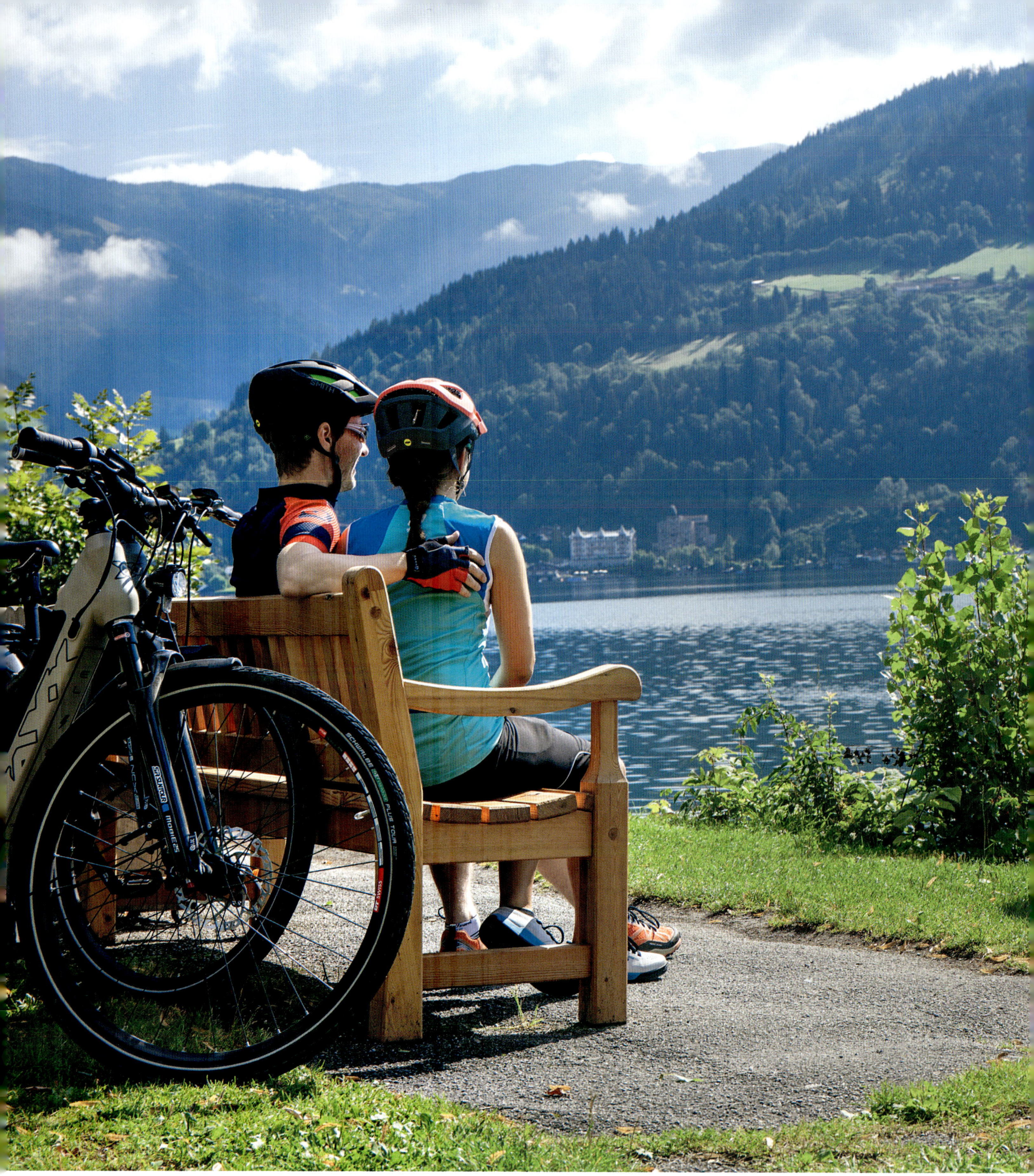

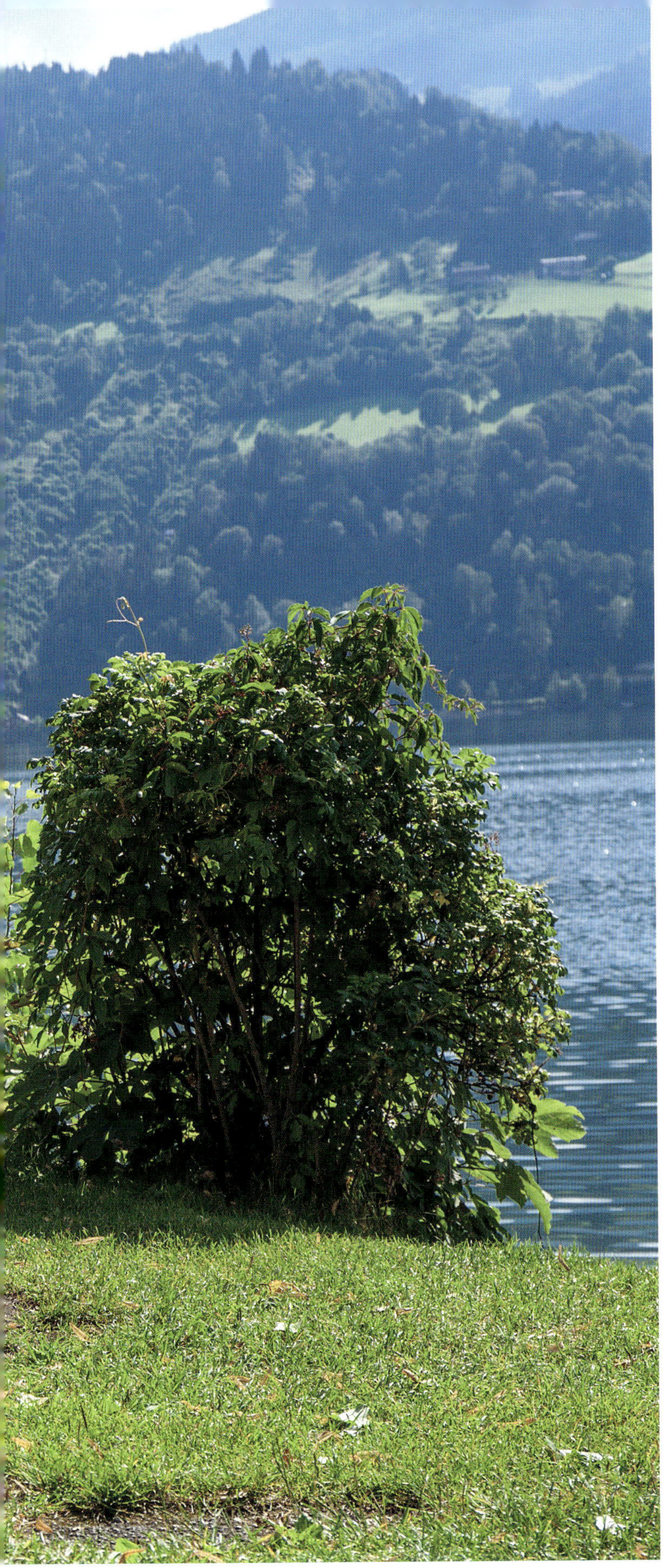

Mondäner Ort: an der Uferpromenade in Zell am See.

Der 310 Kilometer lange Tauernradweg ist einer der beliebtesten Fernradwege der Alpen. Unzählige Radler durchqueren an den Ufern von Salzach und Inn jedes Sommerhalbjahr den Pinzgau, das Tennengau und das Innviertel, um von Krimml ins bayerische Passau zu gelangen. Mit 202 Kilometern ein gutes Stück kürzer, aber ebenso reizvoll ist unsere Tauernrunde, die erst in Kaprun startet, ab Salzburg dann die Salzach verlässt und die Richtung wechselt, um an der schönen Saalach zurück gen Süden zu führen.

Kaprun am Eingang zum Nationalpark Hohe Tauern ist eine beschauliche Gemeinde, die man wegen des Gletscherskigebiets auf dem Kitzsteinhorn vor allem vom Wintersport her kennt. Kurz nach dem Start passieren wir die imposante Burg Kaprun aus dem 12. Jahrhundert. Gerade warmgefahren, quetschen wir uns in Taxenbach in vorgewässerte, kalte Neoprenanzüge, denn uns erwartet eine 15 Kilometer lange Raftingfahrt auf der wilden Salzach. Nachdem wir eine ausgiebige Sicherheitseinweisung von unserem Guide bekommen haben, stoßen wir uns mit Herzklopfen vom Ufer ab und dürfen gleich mal ins kalte Wasser springen, um Über-Bord-Manöver zu üben. Bald aber sind wir voll in unserem Element und haben einen Riesenspaß in den Stromschnellen des naturnahen Flusses. Dabei hat unser Bootsführer immer alles im Griff. Auch Kinder lieben das lustige Abenteuer. Nach etwa zwei Stunden landen wir in Schwarzach. Nachdem wir noch beim Verladen der Boote geholfen haben, können wir Radfahrer uns gleich wieder in den Sattel schwingen, denn die Räder wurden extra für uns hierhertransportiert.

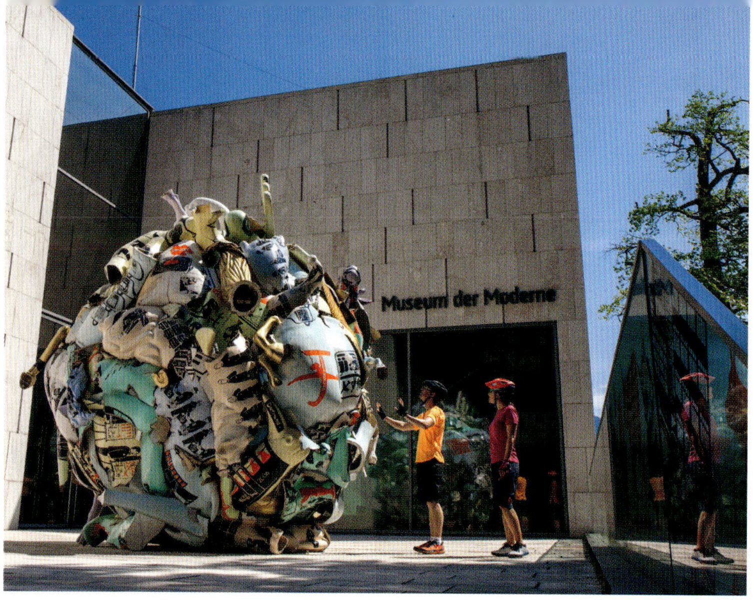
Museum der Moderne

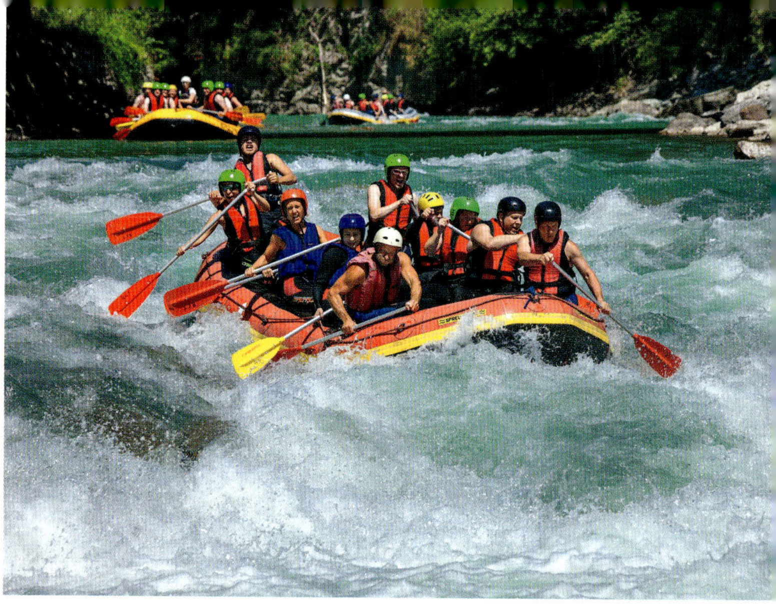

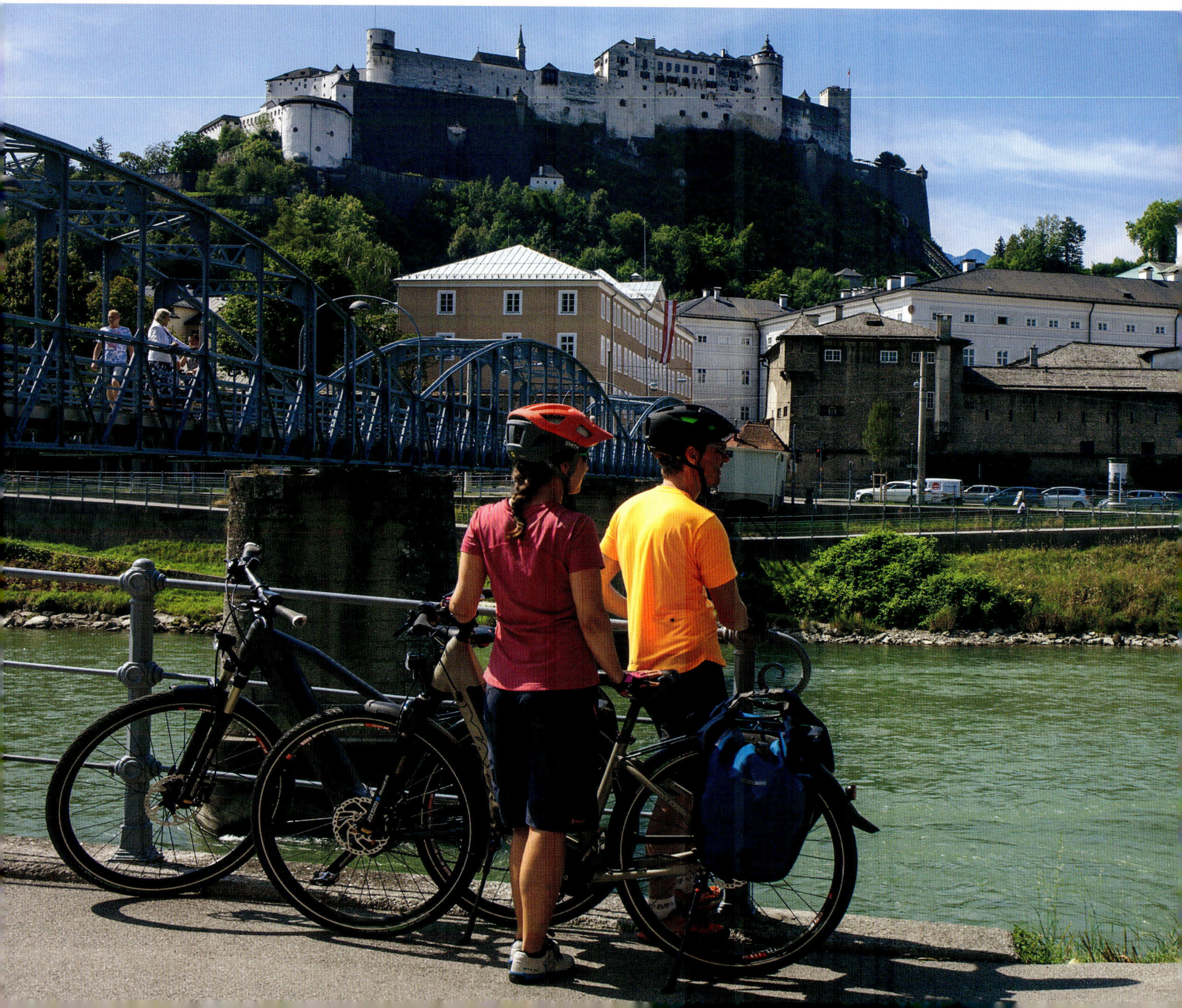

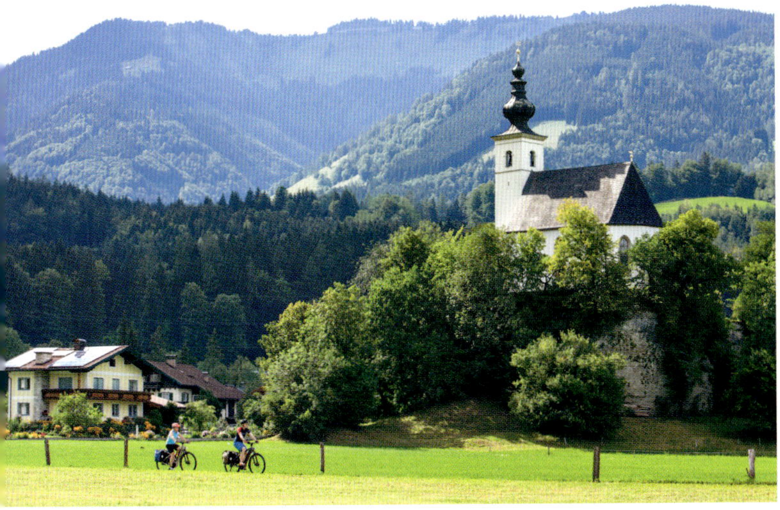

Das Museum der Moderne am Mönchsberg in Salzburg.

Spaßiges Abenteuer: Bike & Raft auf der wilden Salzach.

Wallfahrtskirche Sankt Nikolaus bei Golling.

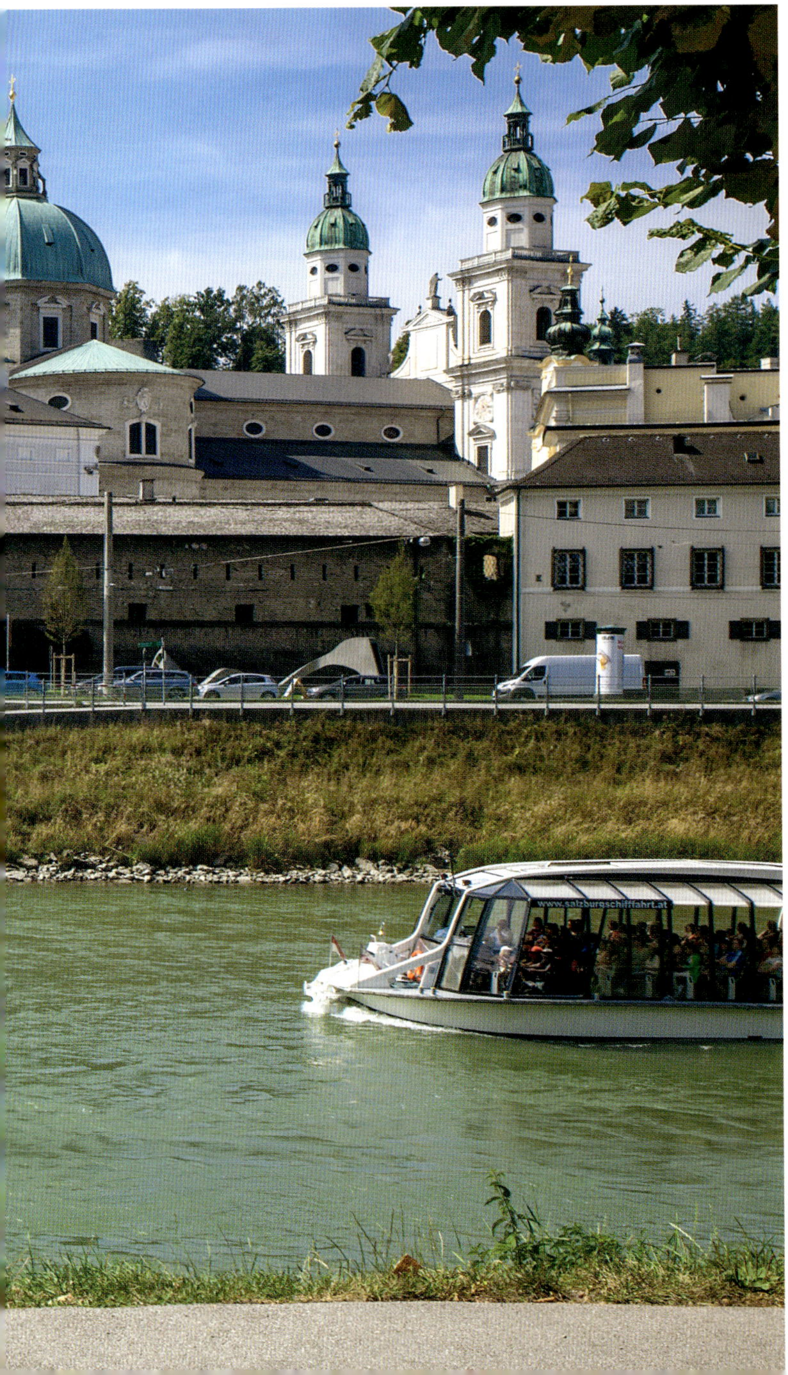

Thront über der Stadt: die Festung Hohensalzburg.

Vor Sankt Johann im Pongau macht die Salzach einen großen Bogen Richtung Norden. Entspannt flussabwärts und auf besten Wegen fällt unser Blick immer öfter auf das schöne Tennengebirge. Ein Abstecher zur Burg Hohenwerfen oder sogar ein ausgiebiger Ausflug zur größten Eishöhle der Welt, den „Eisriesenwelten", sollte in die Reise eingeplant werden.
Das Salzburger Land ist bekannt für die Produktion hervorragender Lebens- und Genussmittel. Der Tourismusverband hat unter dem Label „Via Culinaria" über 300 Adressen aufgelistet. Von der Käsespezialität auf der urigen Hütte bis zum Sternelokal in Salzburg hat der Reiseradler also eine große Auswahl. Viele dieser Lokalitäten finden sich am oder in der Nähe des Tauernradwegs. Es bieten aber auch kleine Produzenten kulinarische Köstlichkeiten an, für die man hoffentlich noch ein bisschen Platz in den Gepäcktaschen hat. Und im Tennengauer Salzachtal lockt die „Käse-Genuss-Tour", die Dorfläden, Gasthäuser und Hofkäsereien verbindet. Wir planen den Besuch des Fürstenhofes von Niki Rettenbacher ein. In seiner verglasten Schaukäserei stellt der Bioproduzent an die 30 Käsesorten her, aber auch schmackhafte Joghurts aus der Milch seiner eigenen Almkühe. Für die Qua-

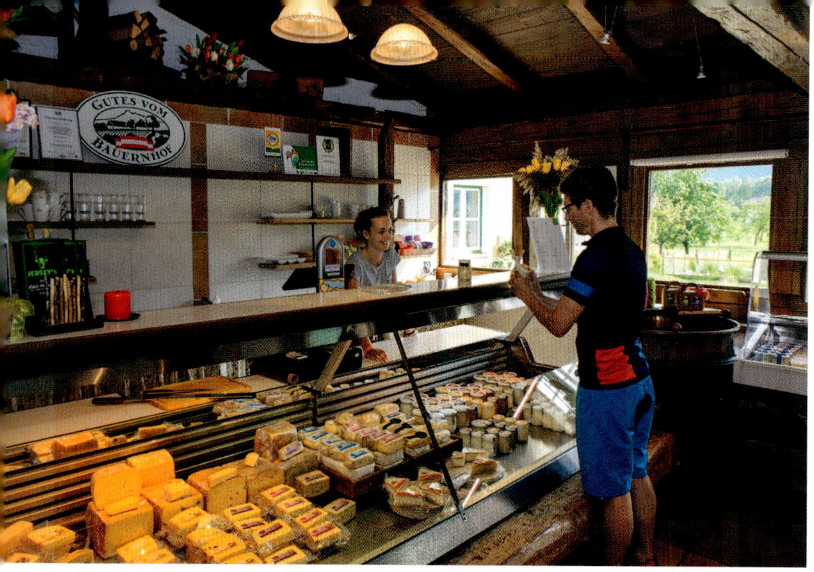

Viele Köstlichkeiten: Hofladen der Biokäserei Fürstenhof.

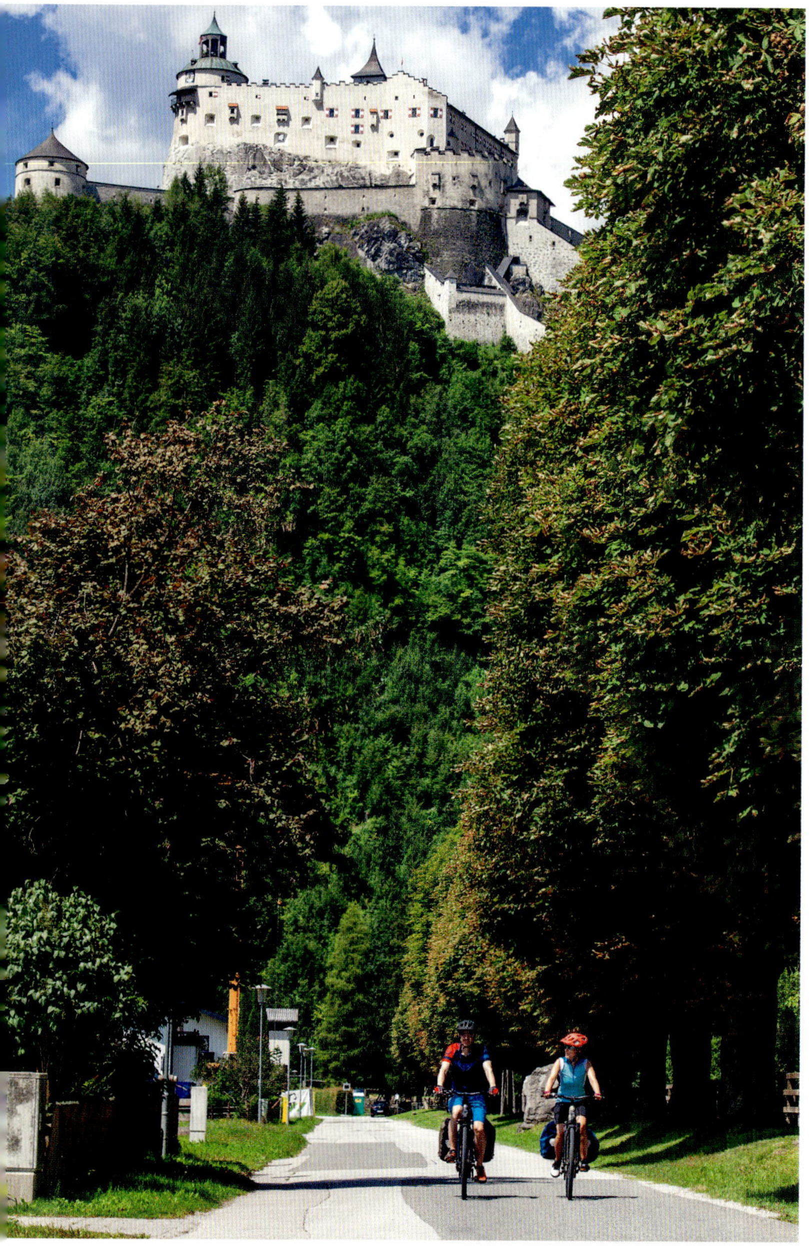

Trutzig und von Weitem sichtbar: Erlebnisburg Hohenwerfen.

lität seiner Produkte wurde der weit über die Grenzen des Salzburger Landes hinaus bekannte Käse-Sommelier schon vielfach ausgezeichnet. Der Lauf der Salzach führt uns schließlich in die Mozartstadt Salzburg. Der reizvolle Kontrast zu den landschaftlichen Erlebnissen verleitet uns zu einem längeren Aufenthalt in der charmanten Musikmetropole. Mit unseren E-Bikes ist auch der Ausflug auf den Mönchsberg ein Leichtes, und wir genießen die großartige Aussicht über die Altstadt und den Besuch des sehenswerten Museums der Moderne.

Wir verlassen die Salzach und fahren nun auf der Alternativroute des Tauernradwegs in südlicher Richtung zurück ins Gebirge. Nach einem kurzen Abstecher durch Bayern erreichen wir die Saalach immer flussaufwärts bald wieder das Salzburger Land. Zwischen Sankt Martin bei Lofer und Weißbach wartet ein kurzer, aber reizvoller Abstecher zur Vorderkaser Jausenstation. Mit einem gemütlichen Mittagessen, dem Besuch der gleichnamigen Klamm und der Abkühlung an den kleinen Naturbadeteichen vergehen schnell ein paar Stunden vor der Weiterfahrt. Während uns die enge Vorderkaserklamm zu einem spannenden Fußweg über 51 Holzstege mit 35 Stiegen einlädt, hängen die Akkus unserer E-Bikes an der Ladesäule bei der Jausenstation, damit wir die restlichen Kilometer durch den Pinzgau locker meistern können.

Unsere Radreise endet im schicken Urlaubsstädtchen Zell am See. Beim Flanieren durch die Innenstadt und über die Uferpromenade lockern wir uns die Beine nach unserer fast 200 Kilometer langen Radreise.

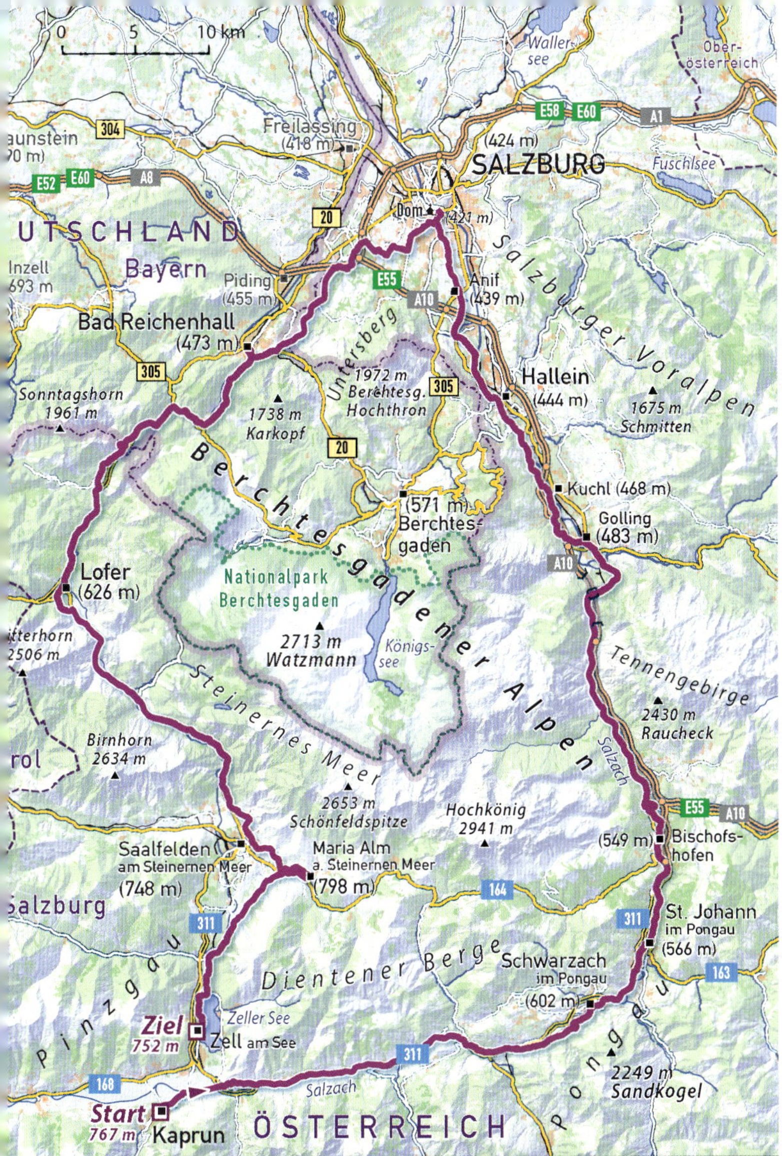

>>> **NICHT VERPASSEN**

> **Kaprun** Ein Besuch der Sigmund-Thun-Klamm (siehe Kesselfall-Radweg).

> **Bike & Raft** von Taxenbach nach Schwarzach auf der wilden Salzach. Die Räder werden unterdessen zum Ausstiegsort transportiert.

> **Burg Hohenwerfen** Auf einem steilen Felsen hoch über der Salzach thront die über 900 Jahre alte Burg. Täglich außer Montag finden beeindruckende Greifvogelschauen statt. Falken, Geier und Adler zeigen ihre Flugkünste.

> **Eisriesenwelten Werfen** Ein Ausflug zur größten Eishöhle der Welt mit der steilsten Seilbahn Österreichs.

> **Salzburg** Die Mozartstadt lockt immer zu einen Besuch. Einen Tag für Stadtbummel und Museumsbesuche sollte man auf seiner Tauernrunde einplanen.

> **Vorderkaserklamm** Vor etwa 12.000 bis 14.000 Jahren soll die Klamm im Salzburger Saalachtal entstanden sein. Jedes Jahr fressen sich die Wassermassen 5 bis 6 mm tiefer in den Fels. Bei 400 Metern Länge und 80 Metern Tiefe ist die Klamm an ihrer schmalsten Stelle nur 80 cm breit.

ANFORDERUNGEN
198 km, 2218 hm, schwer

ROUTE
Kaprun – Taxenbach – Schwarzenbach – St. Johann – Bischofshofen – Werfen – Golling – Hallein – Salzburg – Großgmain – Schneizlreuth – Unken – St. Martin bei Lofer – Weißbach – Saalfelden – Maishofen – Zell am See

BESTE ZEIT FÜR DIE TOUR
Mitte Mai bis Anfang Oktober

E-BIKE-VERLEIH UND SERVICE
In den meisten Orten entlang des Tauernradwegs können E-Bikes ausgeliehen und Akkus ohne eigenes Ladegerät aufgeladen werden. Ein passendes Ladekabel für fast alle gängigen Akkutypen kann an den Stationen geliehen oder gekauft werden. **www.bike-energy.com**
Auch die Ersatzteilversorgung ist gesichert, denn in jedem größeren Ort gibt es gute Fahrrad-Fachgeschäfte.

RADFREUNDLICHE UNTERKÜNFTE
Direkt am oder in der Nähe des Tauernradwegs haben sich 53 radfreundliche Betriebe auf die Bedürfnisse der Tauernradweg-Gäste eingestellt. Neben abschließbarem Abstellraum und Reparaturservice punkten die Betriebe vor allem mit einmaliger Übernachtung ohne Aufpreis sowie Vermittlung der nächsten Unterkunft.
Hotelliste: auf **www.tauernradweg.com**

EINKEHRTIPPS
Salzburger Land Tourismus hat unter dem Label **„Via Culinaria“** über 300 Betriebe – vom Sternelokal über urige Genusshütten bis zu Bio-erzeugern – aufgelistet, die die kulinarische Vielfalt des Salzburger Landes widerspiegeln. Um sich bereits vor der Reise auf die genussvollen Highlights einzustimmen, kann man sich die edel produzierte Broschüre kostenlos zuschicken lassen (auch als E-Book Download)
www.salzburgerland.com/de/shop/ganzjahreskataloge/via-culinaria-genuss-guide

LANDKARTEN
Verlag Esterbauer bikeline-Radtourenbuch mit Karten 1:50.000 **„Tauern-Radweg – Entlang von Salzach, Saalach und Inn. Mit Tauernradwegrunde“**, 152 Seiten, 14,90 €
Kompass-Fahrradführer **„Tauernradweg“** mit Karten 1:50.000, 144 Seiten, 14,99 €

ALLGEMEINE AUSKUNFT
Salzburger Land Tourismus Wiener Bundesstraße 23, A-5300 Hallwang, Tel. +43 66 26 68 80, www.salzburgerland.com

SMARAGDGRÜN BIS LAPISLAZULI

Herrlicher Kurztrip ins Bluntautal

9

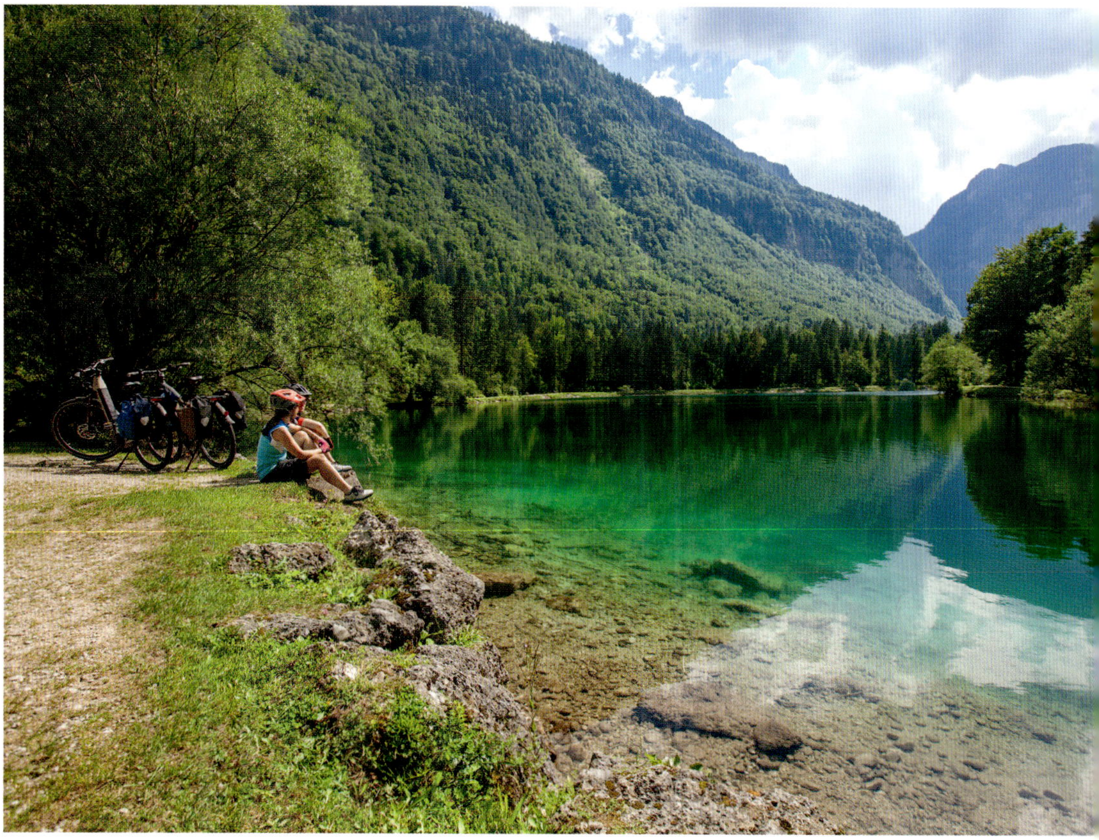

Oberer Bluntausee: traumhaftes Fleckchen für eine Pause.

Viele Reiseradler werden die wunderschönen Bluntauseen unbemerkt links liegen lassen. Dabei sind die landschaftlichen Kleinode nur ein paar Kilometer von der Hauptroute des Tauernradwegs entfernt. Vom Zentrum in Golling überquert man die Salzach und die Tauernautobahn, und schon kurze Zeit später zieht ein glatter Schotterweg entlang der kühlen Torrener Ache durch schönen Mischwald ins Bluntautal. Moosbewachsene Steine im Bach und die tief hängenden Blätterdächer verleihen dem Wald etwas Mystisches, man wähnt sich in Grimms Märchen. Das wasserreiche Tal wird im Süden von den Abstürzen des Hagengebirges und im Norden vom 1500 Meter hoch aufragenden Göllstock eingerahmt.

Nach einer Rast in der einsam gelegenen Bärenhütte kann man ein Stück taleinwärts noch den Torrener Wasserfall bewundern, bevor es auf der anderen Bachseite zurück zu den Bluntauseen geht. Mancher wird mehr Zeit am Ufer der beiden in allen Grün- und Blautönen schimmernden Seen verbringen als im Sattel. Die dicken Forellen und Saiblinge, die sich im glasklaren Wasser tummeln, lassen kaum vermuten, dass die alpinen Bergseen durch Ausbaggern wegen des Baus der Tauernautobahn entstanden sind. Übrigens, samstagmittags bietet das weit über die Grenzen des Salzburger Landes bekannte Restaurant Döllerer ein feines Bluntautal-Menü. Die perfekte Einstimmung, wenn man die kleine Runde erst am Nachmittag startet.

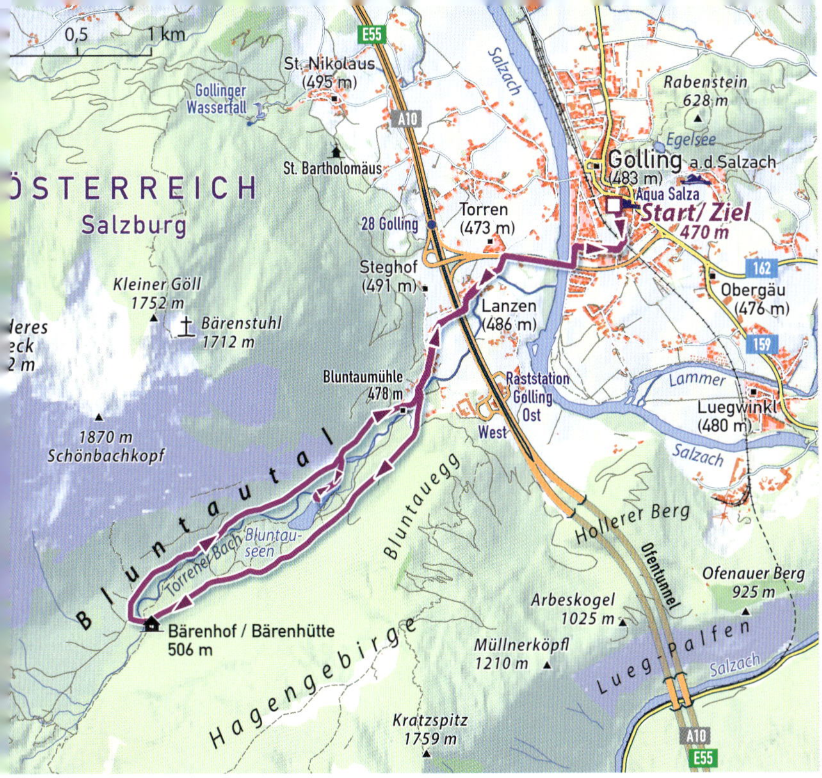

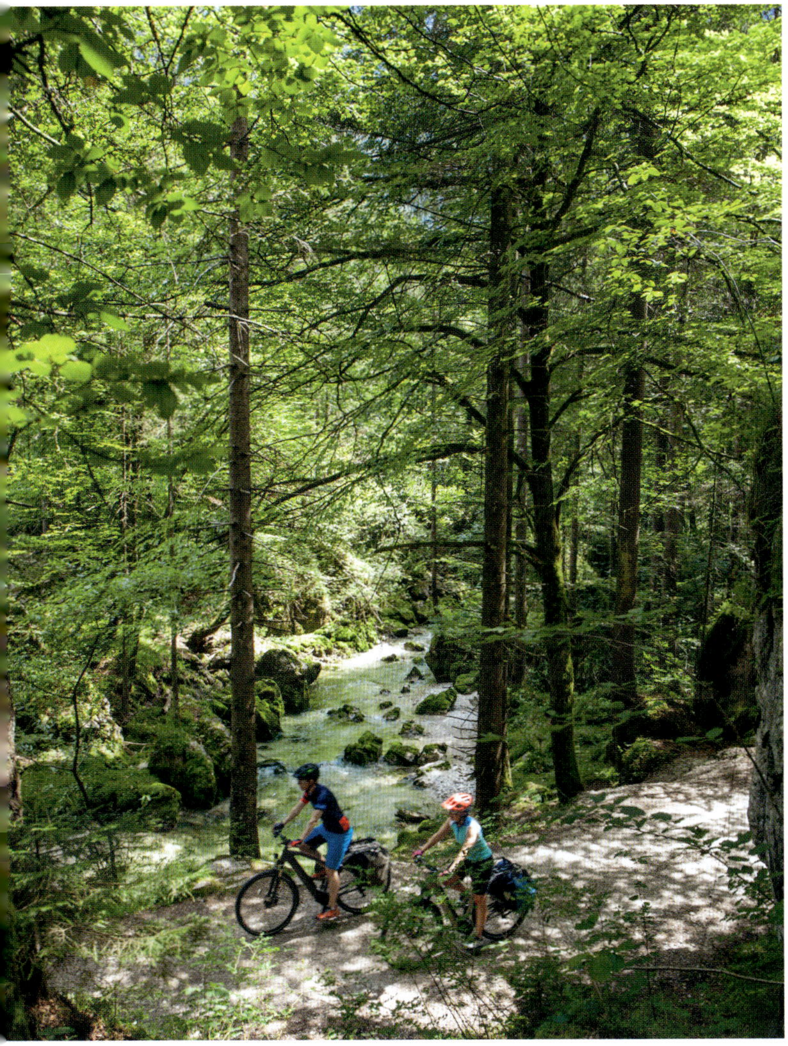

Grün und kühl: Fahrt auf der Bluntaustraße.

ANFORDERUNGEN
11 km, 93 hm, sehr leicht

ROUTE
Golling – Bluntauseen – Bärenhütte – Bluntauseen – Golling (die Runde ist in beide Richtungen fahrbar)

BESTE REISEZEIT
Mai bis Oktober

E-BIKE-VERLEIH
Fahrradservice Wallinger Kehlau 143, A-5440 Kuchl, Tel. +43 62 44 2 16 22, www.fahrradservice-wallinger.at

RADFREUNDLICHE UNTERKÜNFTE
Hotel Pension Golingen Markt 53, Tel. +43 62 44 43 81-0, A-5440 Golling
Hotel Gasthof Hauslwirt Markt 13, A-5440 Golling, Tel. +43 62 44 42 29, www.hauslwirt.at

EINKEHRTIPPS
Döllerer Restaurant und **Döllerer Wirtshaus** Markt 56, A-5440 Golling, Tel. +43 62 44 42 20-0, www.doellerer.at

ALLGEMEINE AUSKUNFT
Tourismusverband Golling Markt 85, A-5440 Golling, Tel. +43 62 44 43 56, www.golling.info

Erfrischend: Bad in der Torrener Ache.

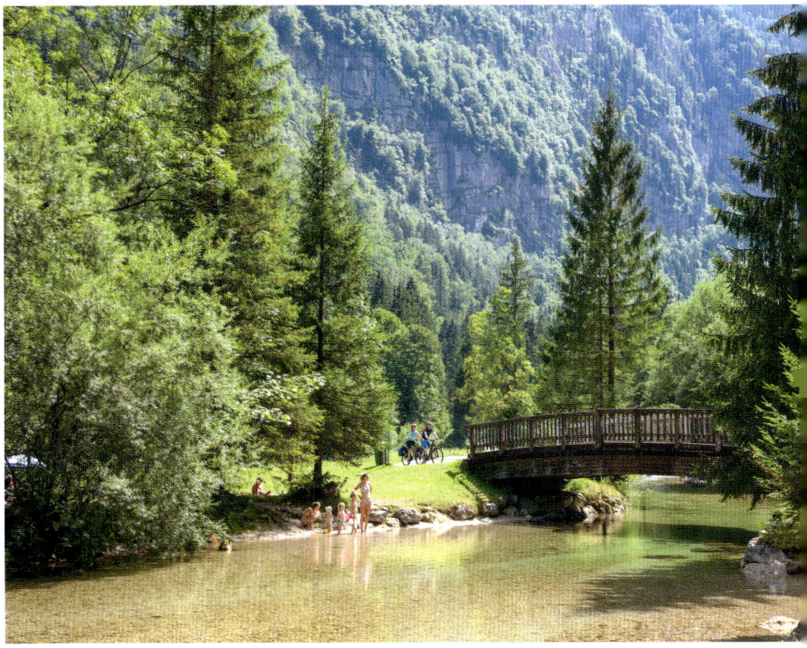

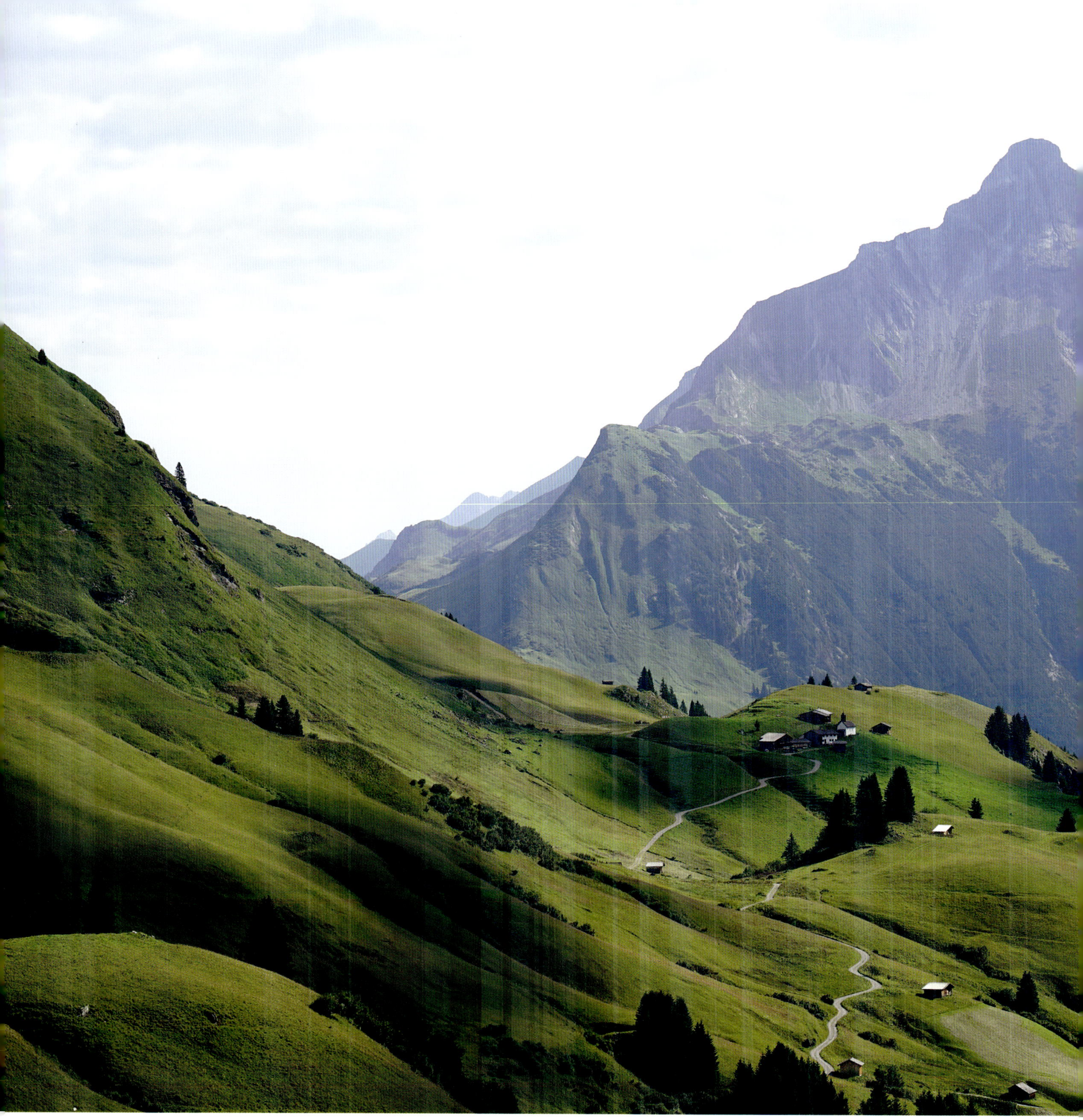

10 ZU DEN QUELLEN DES LECH

Bilderbuchalmen zwischen Lech und Warth.

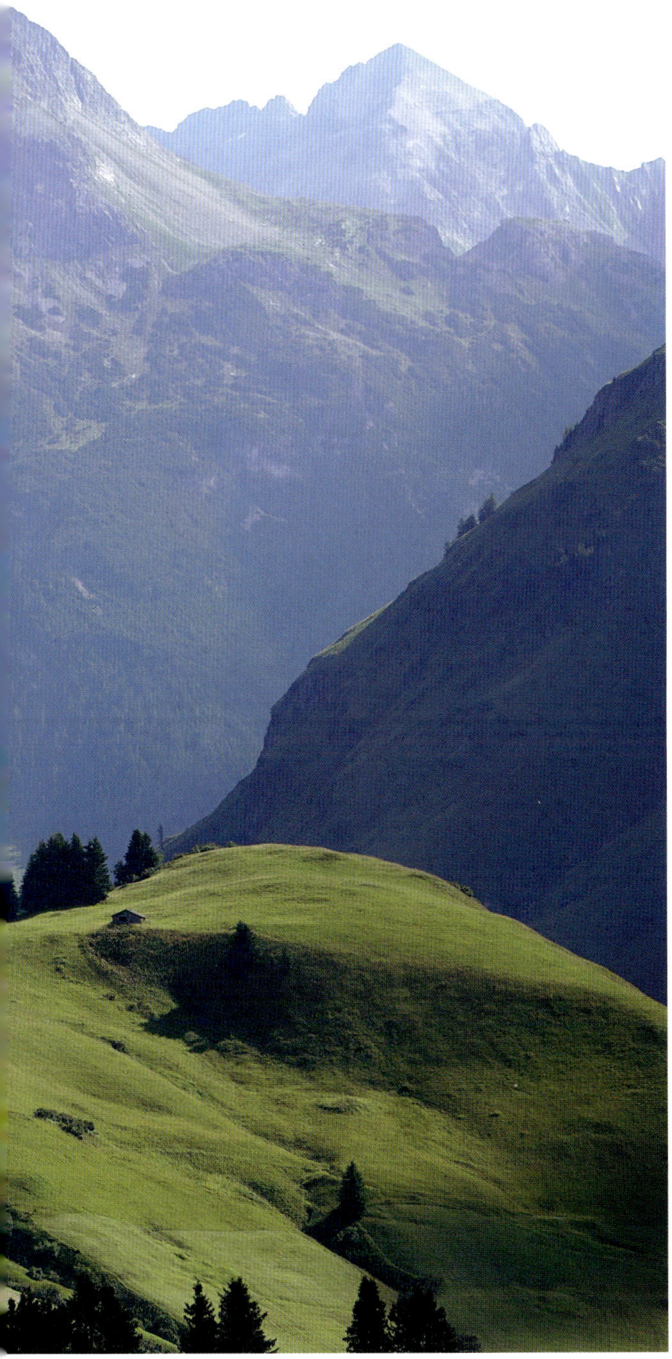

Der Formarinsee im Lechquellengebirge gilt als einer der schönsten Bergseen Österreichs. Der Anfahrtsweg führt durch eine ebenso faszinierende Landschaft

Lech am Arlberg ist so etwas wie das St. Moritz Österreichs. Im Winter treffen sich im Bergdorf auf rund 1500 Meter Höhe Europas Promis und Royals, um auf den schneesicheren Pisten etwas Ski zu fahren, um in Gourmetlokalen versteckt in alten Bauernhäusern edel zu speisen und beim Après-Ski Champagner zu schlürfen. Im Sommer zeigt sich der Ort deutlich profaner, aber keineswegs ausgestorben. Spaziergänger, Bergwanderer und Mountainbiker füllen nun die Cafés an der Lechtalstraße. Alles ganz gemütlich, zumal Lech auch einen gewissen optischen Vorteil bietet: Hässliche Hotelkomplexe gibt's nicht, und ein Großteil der Autos ist in Parkhäusern oder Tiefgaragen versteckt. Moderne Alpenromantik lässt grüßen.

Das E-Bike hat in Lech auch längst seinen Einzug gehalten. Mindestens drei Verleihstationen stehen zur Verfügung. Motorunterstützung ist in dieser Bergwelt jedoch auch vonnöten, zumal es quasi auf fast allen Seiten steil in die Höhe geht. Zum Beispiel

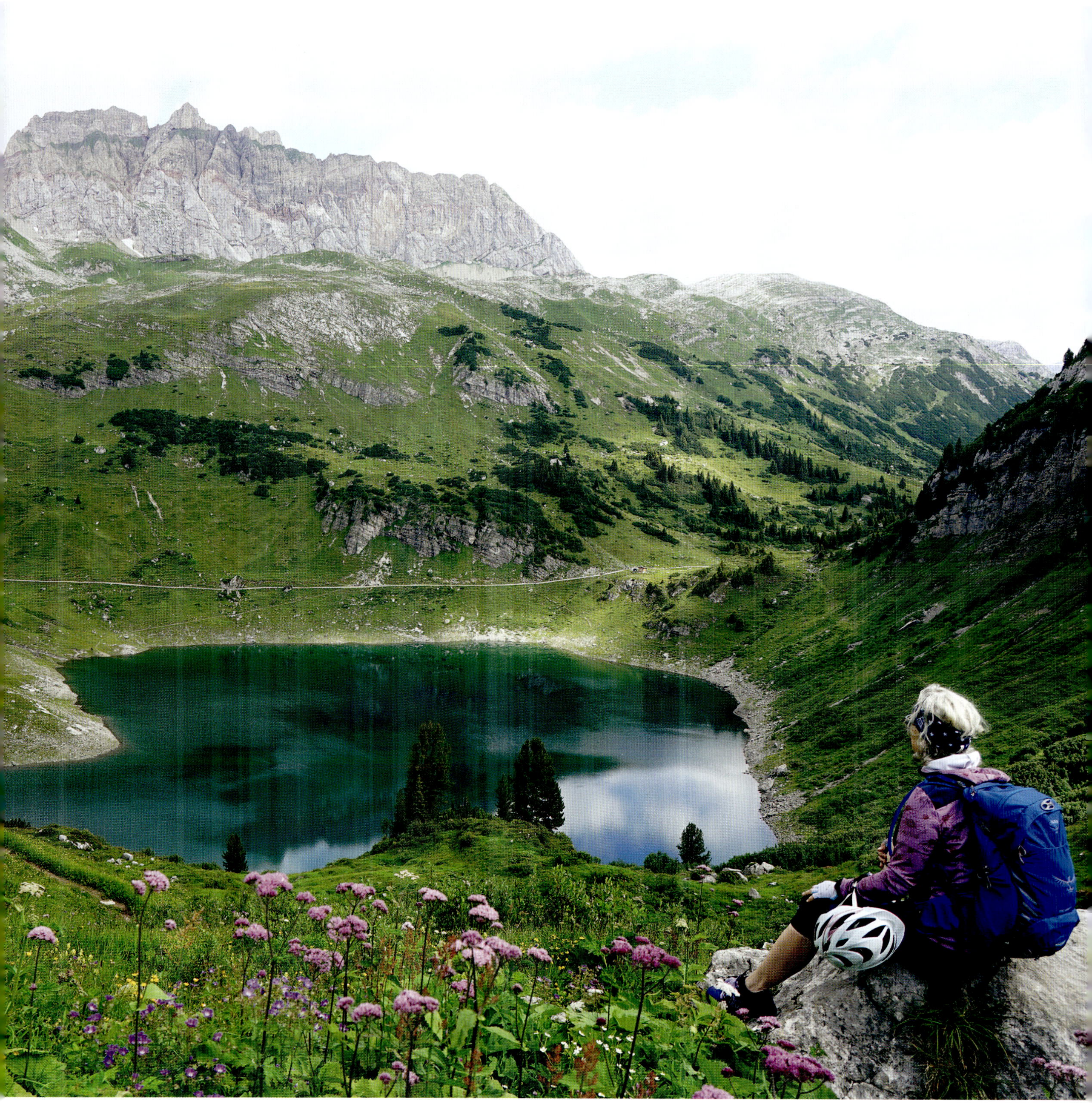

Kunstobjekt in Oberlech: Skyspace von James Turrell.

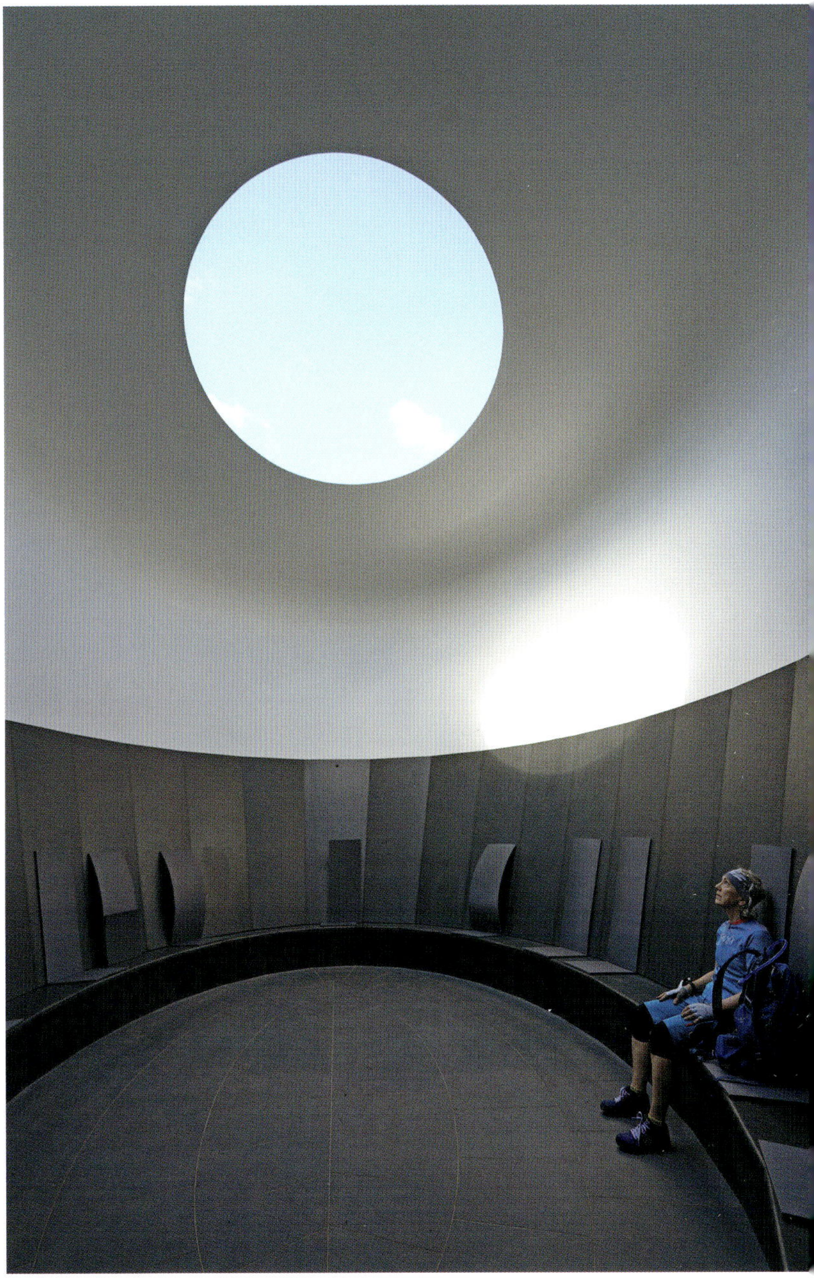

umkulisse: Seeblick bei r Freiburger Hütte.

hinauf zum Lichtkunstwerk Sky Space am Tannegg in Oberlech. Vier Kilometer windet sich das Sträßchen den Berg hinauf bis zur modernen Kuppel auf der Almwiese – ideal zum Einfahren und um ein Gefühl fürs E-Bike zu bekommen. Mit dem Sky Space (1780 m) hat der weltbekannte US-amerikanische Künstler James Turrell für Lech einen Lichtraum entworfen. Der Zugang zum Kunstwerk führt über einen 15 Meter langen Tunnel. Er leitet den Besucher in den ellipsenförmigen neun Meter langen und sechs Meter breiten „Sensing Room", der mit einer für James Turrell typischen umlaufenden Sitzbank ausgestattet ist. Von hier aus kann der Besucher die Lichtinstallation auf sich wirken lassen – besonders interessant bei Sonnenauf- und -untergang. Übrigens auch der fantastische 360-Grad-Blick in die Bergwelt ist die Auffahrt zum Tannegg wert.

Aber unsere eigentliche Tour führt in die andere Richtung, am jungen Lech entlang hinauf ins Lechquellengebirge. Los geht's in der Ortsmitte beim Tourismusbüro. Wenige Meter danach biegen wir ab zum Dörflein Zug, vorbei am beliebten Waldschwimmbad. Im knorrigen alten Zuger „Schualhus" ist übrigens heute das angesagte, vielfach ausgezeichnete Gourmetrestaurant Rote Wand untergebracht.

Das schmale Asphaltband windet sich weiter zwischen Madlochspitze (2546 m) und Zuger Hochlicht (2371 m) das Flusstal hinauf. Die ersten Kilometer zeigen sich überaus gnädig für Radlerbeine und/oder E-Bike-Akkus, aber auch später sind keine Steilrampen zu fürchten. Auf einer Weide tummeln sich auch mal Esel statt Kühen. Hin und wieder flitzen E-Bikes im Turbomodus an einem vorbei. Manche haben es wohl immer eilig!? Einige davon sieht man kurz darauf schon auf den Holzbänken vor dem Gasthaus Älpele sitzen. Ein einladender Rastplatz, aber für die meisten Radler noch viel zu früh für einen Stopp.

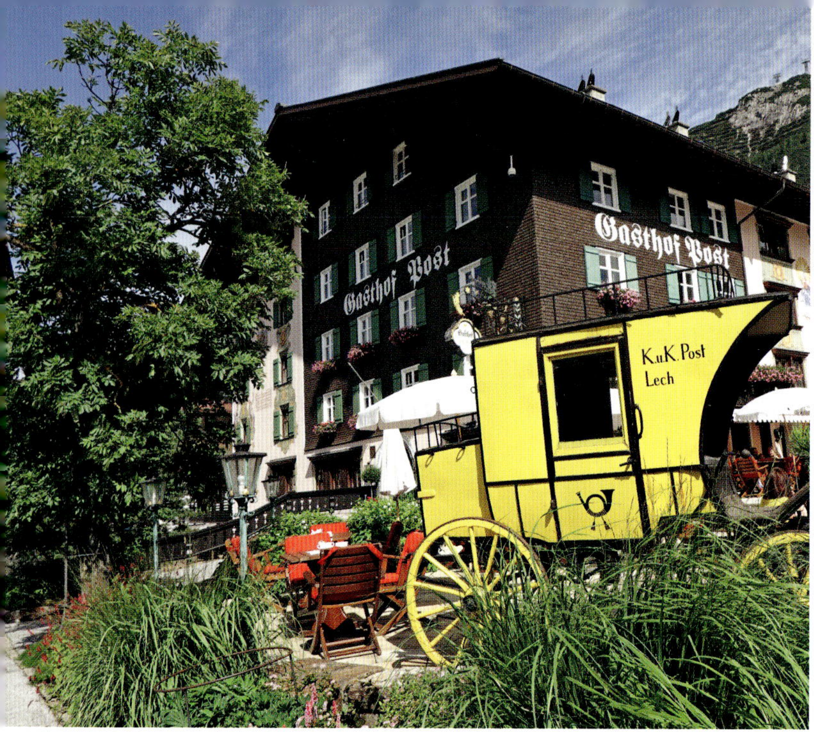

In Stein gemeißelt: die Unterstützer des Skyspa

Sanfte Steigung: Radweg am jungen Le

Traditionelles Lech: Postkutsche am Hotel Post.

Prachtvolles Gotteshaus: alte Kirche St. Nikolaus mitten in Lech.

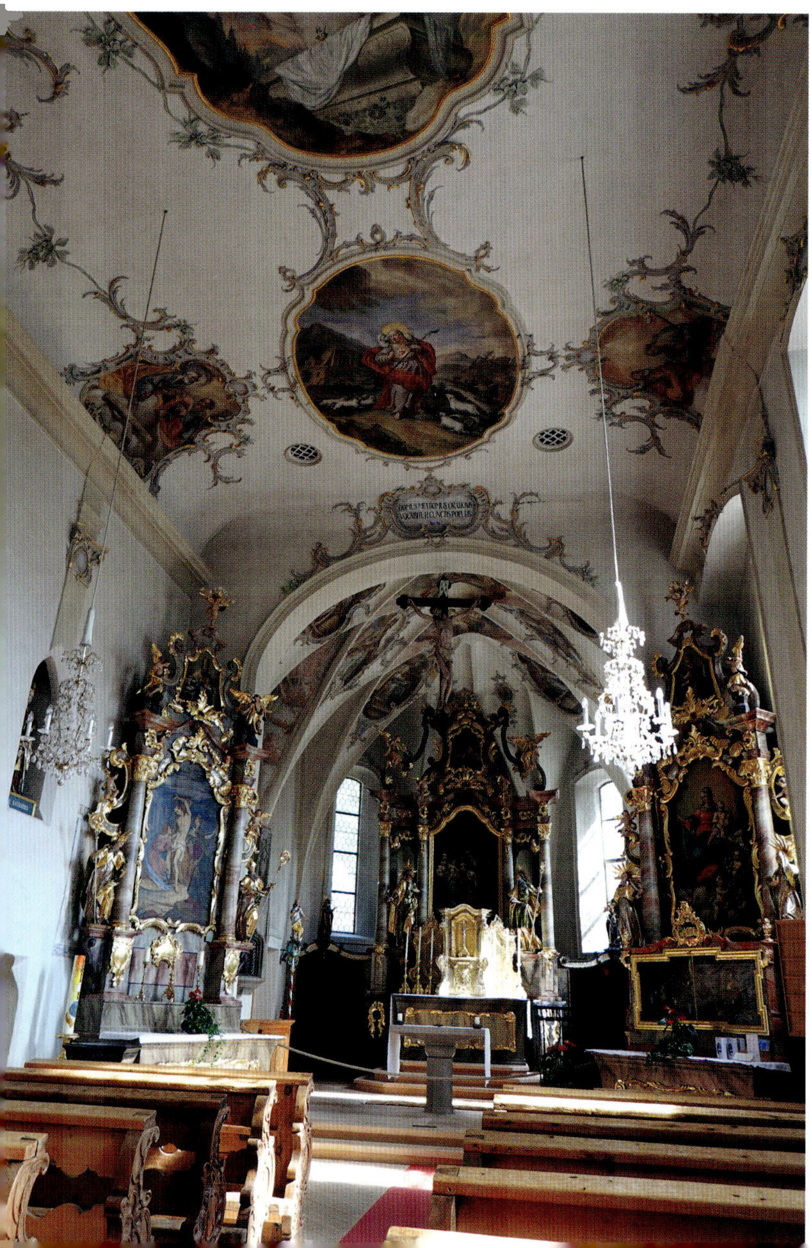

Jetzt heißt es erst mal noch das Landschaftskino genießen links und rechts des gurgelnden Lechs. Mal passiert man einen kleinen Bergwald, mal ein paar Almhäuser. An der Formarinalpe (1871 m) kurz vor dem Formarinsee ist das Ziel erreicht. Ab hier geht es nur noch auf mehr oder weniger glattem Schotterbelag deutlich steiler hinauf zur Freiburger Hütte. Genussradler setzen sich lieber auf die Almterrasse und lassen sich hauseigenen Alpkäse servieren. Aber ohne einen kurzen Ausflug zum Formarinsee, ob zu Fuß oder per Bike, sollte es nicht zurück gehen. In dunklem Türkis leuchtet das Wasser des Bergsees, der sich in fast 2000 Meter Höhe in die Felsen schmiegt. Die Farbtönung erinnert ein bisschen ans Karibische Meer, nur die Wassertemperaturen dürften weit auseinanderliegen. Das Landschaftsbild wirkt so kitschig idyllisch, dass die Hörer und Seher des ORF den Formarinsee vor einigen Jahren zum schönsten See Österreichs gekürt haben. Und hier oben in Seenähe liegen auch die Quellen des Lech und wie eine trutzige Burg über dem See die Freiburger Hütte des Deutschen Alpenvereins.

Mit vielen faszinierenden Bergbildern im Gedächtnis, rollt man in Ruhe wieder auf dem Anfahrtsweg am Lech entlang zurück nach Lech.

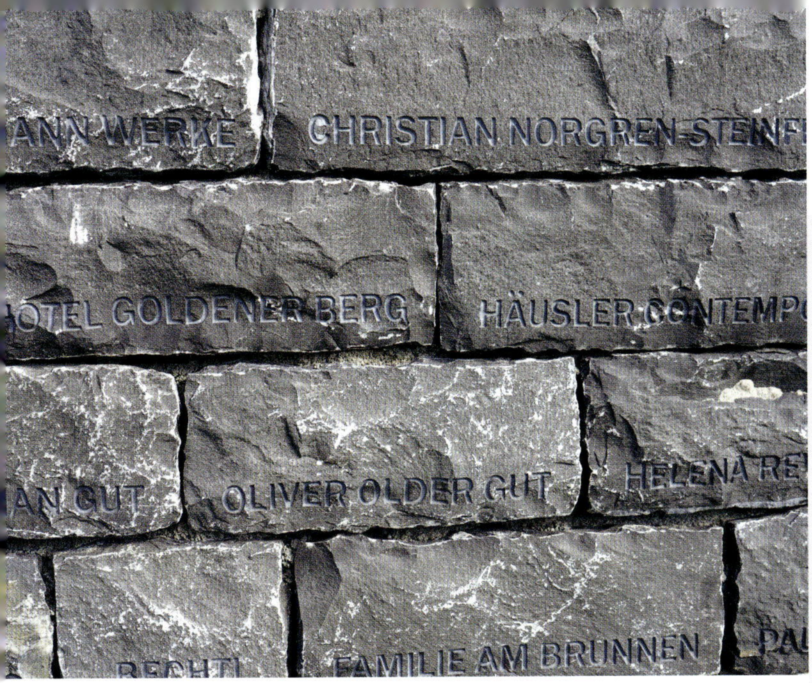

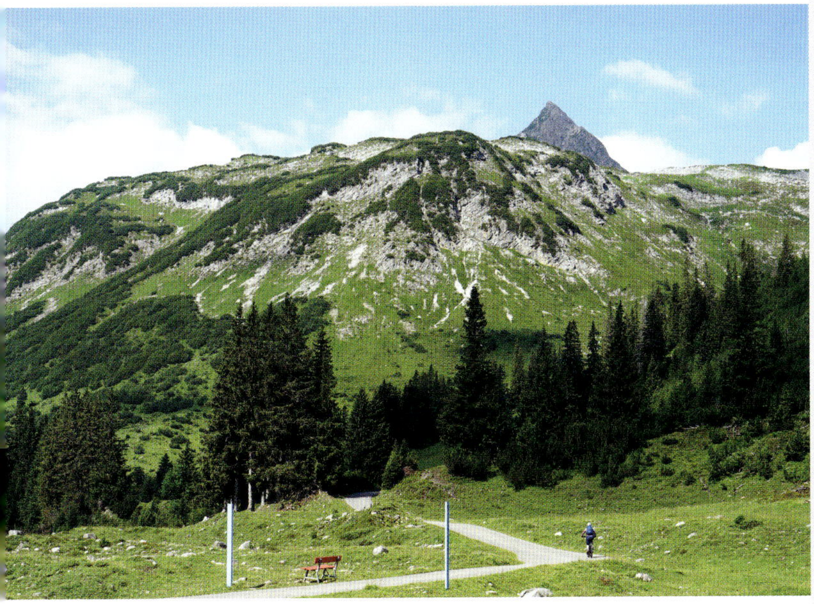

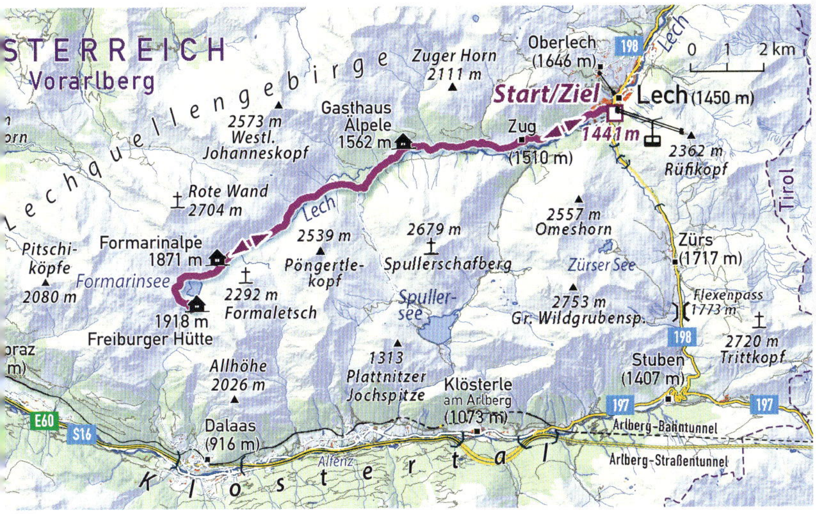

ANFORDERUNGEN
31 km, 550 hm, leicht

ROUTE
Lech (Zentrum, 1437 m) – Lechtal – Zug – Unteres Älpele – Formarinalpe (1871 m) – Formarinsee (1793 m) – auf Anfahrtsweg zurück nach Lech

BESTE ZEIT FÜR DIE TOUR
Juni bis Mitte September

RADFREUNDLICHE UNTERKÜNFTE
Hotel Gotthard am Omesberg 119 in Lech, www.gotthard.at
Hotel Schranz am Tannberg 65 in Lech, www.schranz-lech.at
Hotel Pension Bianca am Anger 23 in Lech, hotel-pension-lech.at

SEHENSWERT
Skyspace Lech – begehbare Kunstinstallation des Lichtkünstlers James Turrell in Oberlech/Tannegg, www.skyspace-lech.com

EINKEHRTIPPS
Gasthaus Älpele im Zugertal (Lechtal), www.aelpele-lech.at
Berggasthaus mit guter Küche
Formarinalpe (1871 m)
Alpwirtschaft mit hausgemachtem Bergkäse
Freiburger Hütte (1931 m)
Alpenvereinshütte mit guter Küche oberhalb des Formarinsees (Achtung, der geschotterte Anfahrtsweg ist manchmal etwas ausgewaschen!)

E-BIKE LEIHEN
Sportalp Lech Tannberg 409 in Lech, www.sportalp.at
Intersport Arlberg in Anthony's Alpin Hotel bei der Schlosskopfbahn, www.intersport-arlberg.com/de/shops/lageplan/#/lech
Strolz Bike-Shop Dorf 116 in Lech, www.strolz.at

LANDKARTE
Kompass-Karte **WK 33 „Arlberg, Verwallgruppe"** 1:50.000

ALLGEMEINE AUSKUNFT
Lech Zürs Tourismus Dorf 2, A-6764 Lech am Arlberg, Tel. +43 55 83 21 61-0, www.lechzuers.com

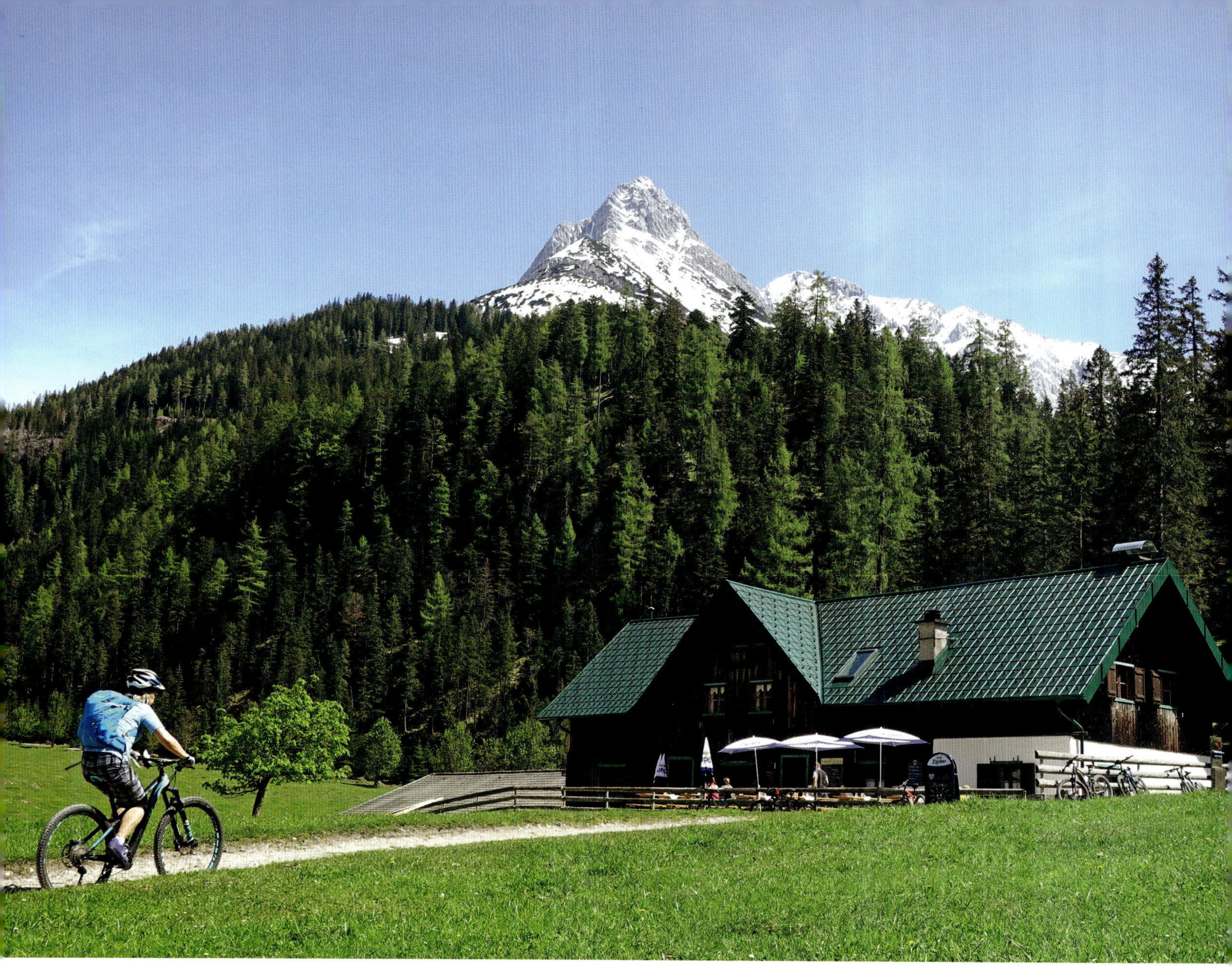

11

HINAUF INS KARWENDEL

Die langen Karwendeltäler bedeuten Hochgebirge wie aus dem Bilderbuch. Für Genussradler empfiehlt sich ein Ausflug von Scharnitz ins Gleirschtal zur urigen Möslalm

s attraktive Ziel hoch in den Karwendeltälern:
Möslalm.

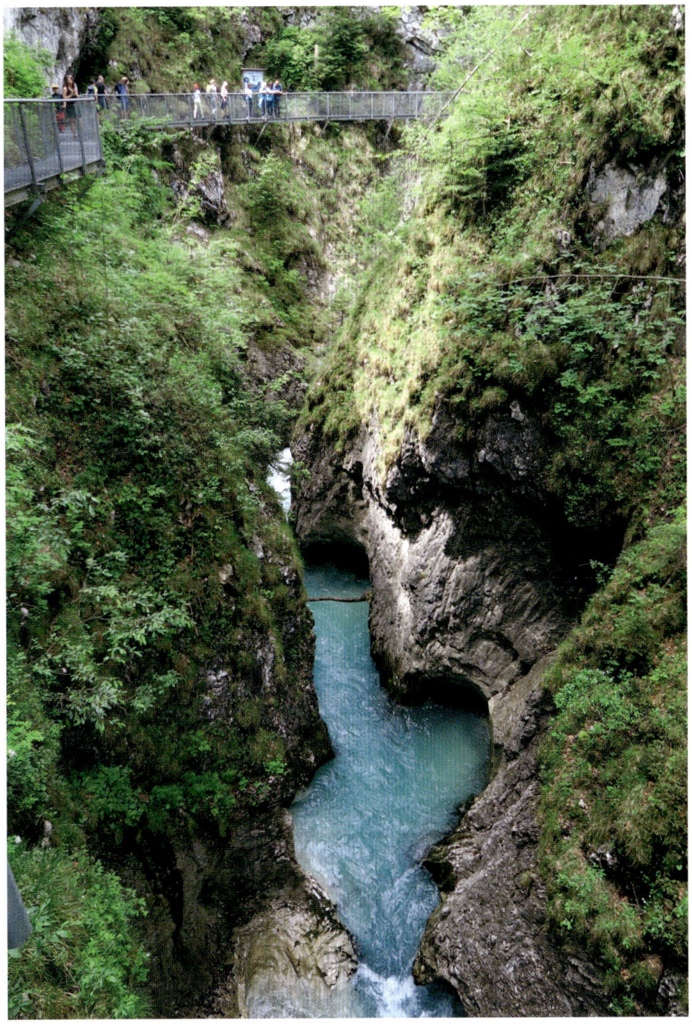

Faszinierender Ausflug: die Leutaschklamm zwischen Mittenwald und Scharnitz.

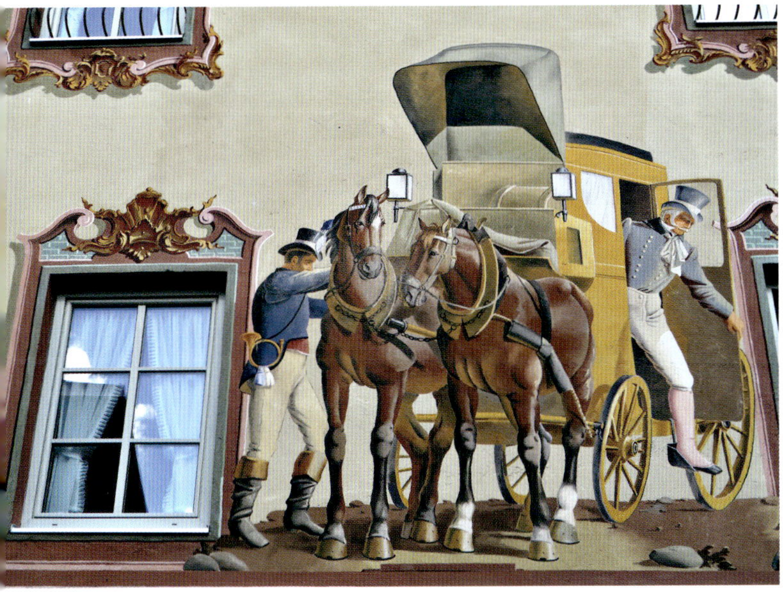

Lüftlmalerei im benachbarten Mittenwald.

Der Naturpark Karwendel zwischen dem Achensee im Osten und Isartal im Westen umfasst annähernd das gesamte Karwendelmassiv und ist mit einer Fläche von 727 Quadratkilometern der größte Naturpark Tirols und auch von ganz Österreich. Rund 20 Prozent des Karwendelgebirges liegen auf der bayerischen Seite in Deutschland. Die meisten fahrbaren und in der Regel nicht asphaltierten Bergwege sind nur mit dem Mountainbike zu bewältigen, aber es warten auch attraktive Ausnahmen, wie etwa zur Isarquelle und ins Gleirschtal.

Los geht unsere Almentour mitten in Scharnitz. Wer sich jedoch noch ein bisschen warm fahren möchte, der kann auch jenseits der Grenze im Geigenbauerdorf Mittenwald starten. Durch die Wälder und Auen im Riedboden führt ein flacher Weg über rund sechs Kilometer gemütlich über die Grenze nach Tirol. Linker Hand dominieren schon die schier himmelhohen Felswände die Kulisse. Das kleine Scharnitz ist schnell durchquert, und dann geht es hinauf ins Hochgebirge. Am Ufer der noch jungen Isar steuern wir Richtung Karwendeltäler. Wir passieren die kleine Schlucht, wo der Karwendelbach in die Isar mündet.

Sanft ansteigend auf guten Forstwegen, erreichen wir die Gleirschhöhe. Tief unten in der Klamm gurgeln Isar und Gleirschbach. Wer genügend Unternehmungsgeist und Akkuladung mitbringt, kann hier einen lohnenden Abstecher zum Isarursprung einbauen. Hin zu den Quellen und wieder zurück sollte man

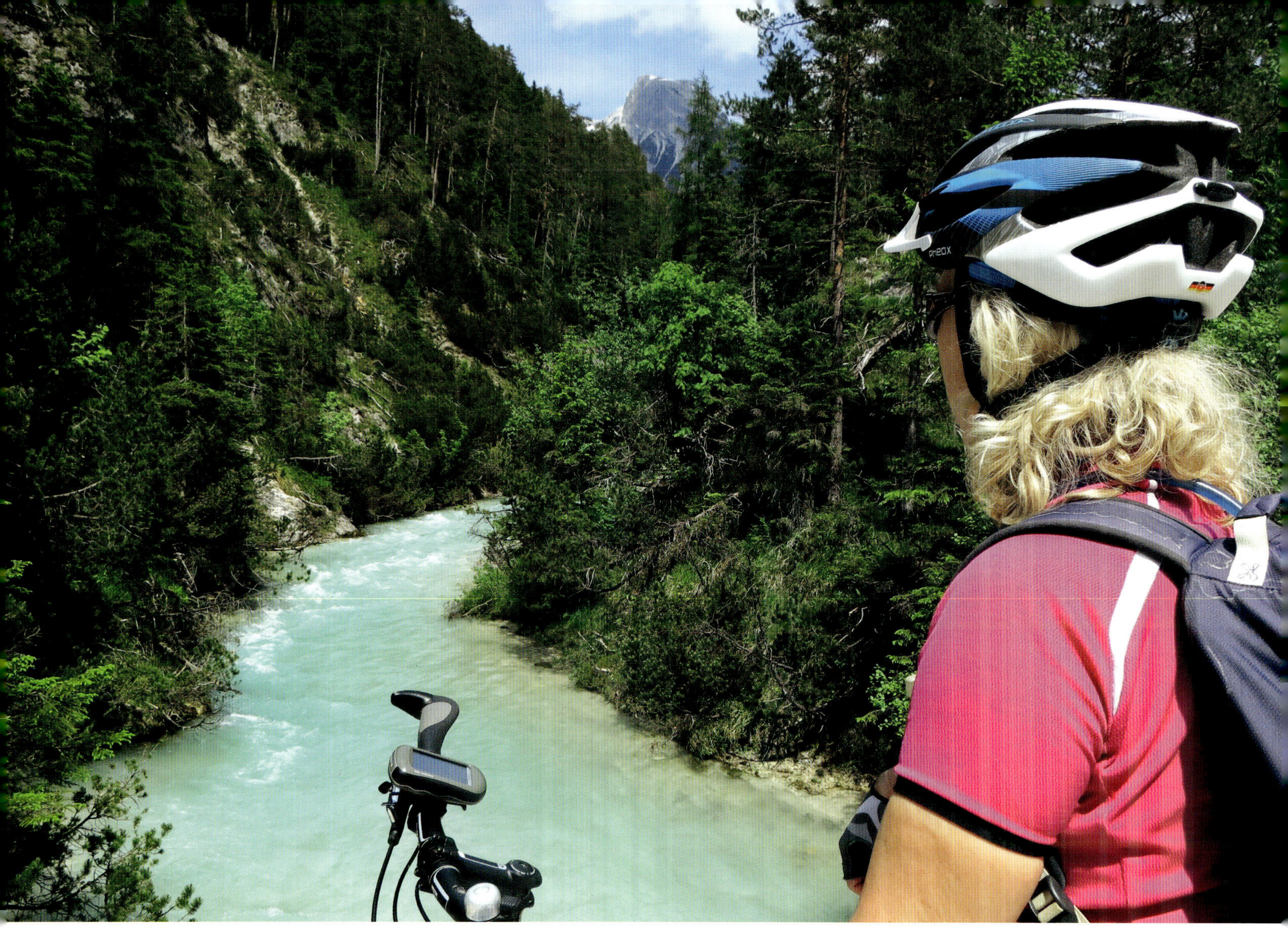

Klar und wild: die noch junge Isar im Karwendel.

mit Besichtigung eine knappe Stunde einkalkulieren. Die eigentliche Route führt kurz leicht bergab, überquert später die hier eisblau schimmernde Isar und schraubt sich nach der einzigen etwas stärkeren Steigung ins Gleirschtal. Zwischen den Karwendelriesen kurvt man auf guter Fahrbahn gemütlich Kilometer um Kilometer durch die Bergwelt. Kurz nach dem alten Sägewerk steigt der Schotterweg wieder etwas an. Dann liegt plötzlich rechts am Wiesen- und Waldrand die Möslalm vor uns. Der Clou: Neben klassischer Tiroler Bergkost gibt's dort auch hauseigenen Almkäse zum Mitnehmen und eine E-Bike-Ladestation (eigenen Adapter oder Ladegerät mitbringen!). Auf dem Anfahrtsweg rollen die E-Bike-Wanderer nach einer zünftigen Brotzeit-Pause wieder zurück. Wer allerdings diese grandiose Bergwelt noch weiter genießen möchte, der kann auf der Möslalm sogar übernachten. Auf dem Rückweg lohnt sich noch ein Besuch der Holzerhütte in Scharnitz, ein kleines, interessantes Museum über die harte Arbeit der Holzfäller. Die Holzerhütte ist ein Originalbauwerk aus dem Jahr 1913. Damals stand das Blockhaus allerdings noch im Gleirschtal, wo es den „Holzern", also den Holzarbeitern, als Unterkunft diente.

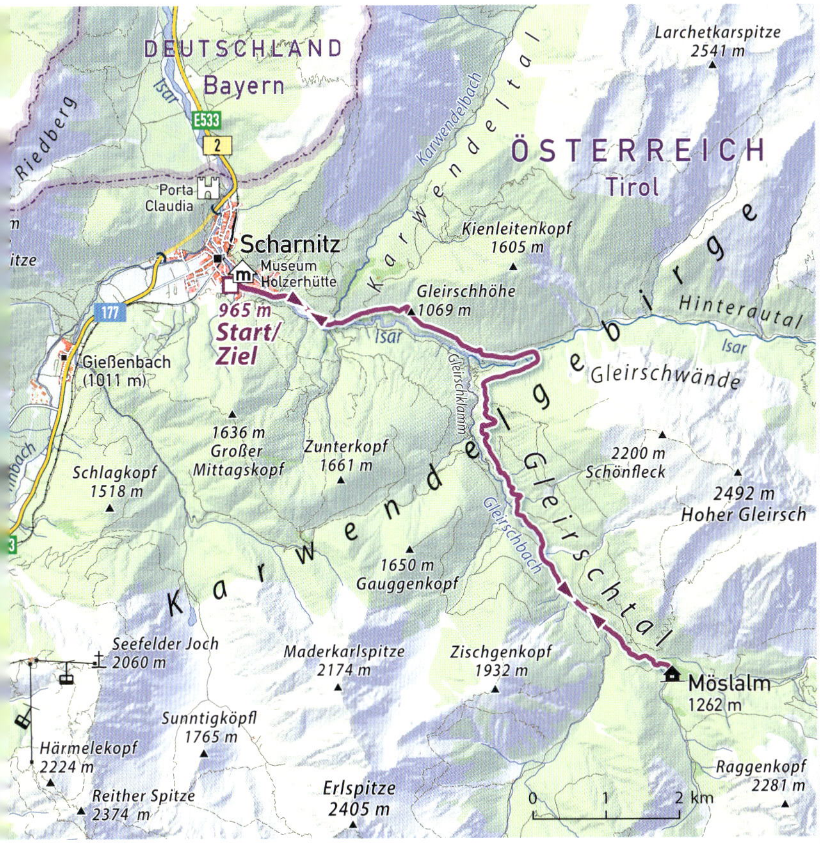

ANFORDERUNGEN

23 km, 400 hm, mittel

ROUTE

Mittenwald – Riedboden) – Scharnitz – Hinterautal/Isartal – Gleirschhöhe – Gleirschtal – Möslalm – (auf Anfahrtsweg wieder zurück)

BESTE ZEIT FÜR DIE TOUR

Juni bis Ende September

RADFREUNDLICHE UNTERKÜNFTE

Pension Frankenhof in Scharnitz, www.pension-frankenhof.at
Hotel Drachenburg in Mittenwald, www.hotel-drachenburg.de

SEHENSWERT

Isarursprung: ein lohnender Abstecher ins Hinterautal
Museum Holzerhütte in Scharnitz: Geschichte und Gegenwart der Holznutzung (beim Naturpark-Infozentrum)
Ortszentrum und Geigenbaumuseum Mittenwald

EINKEHRTIPPS

Möslalm gemütliche Alm mit Tiroler Bergkost und hausgemachtem Käse, www.moeslalm.tirol

E-BIKE LEIHEN

Radverleih Karwendelcamp in Scharnitz, www.radverleih-scharnitz.at
Bikerbahnhof in Mittenwald, www.bikerbahnhof.com/verleih

LANDKARTE

Kompass-Karte **WK 26 „Karwendelgebirge"** 1:50.000

ALLGEMEINE AUSKUNFT

www.seefeld.com/scharnitz, www.alpenwelt-karwendel.de, www.karwendel.org

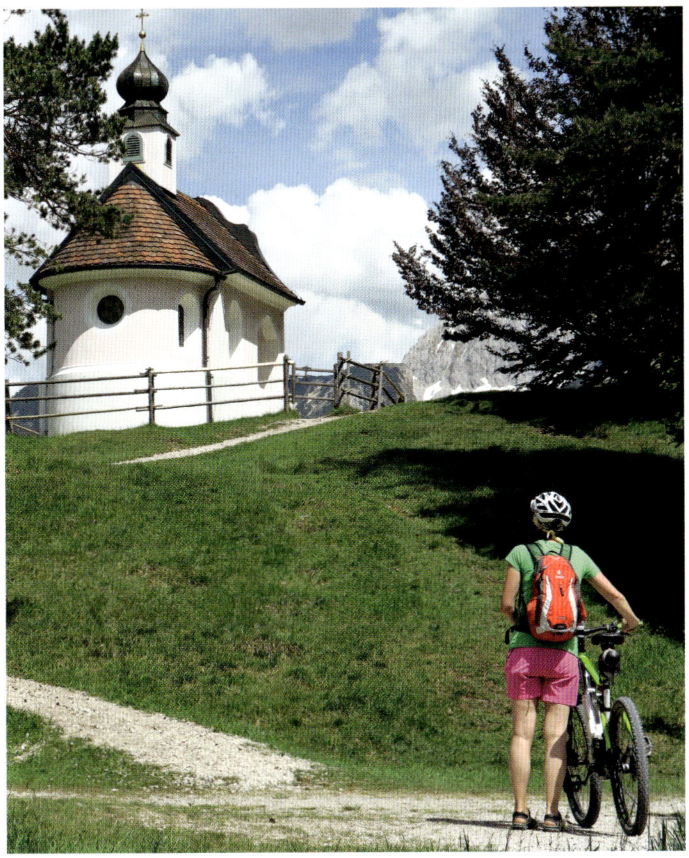

Malerisch in der Landschaft. Kapelle beim Lautersee.

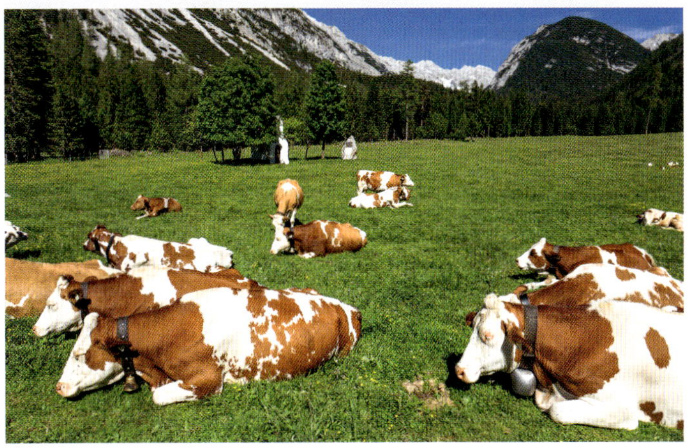

Willkommene Sommerfrische für die Kühe auf der Möslalm.

VOM INN ZU DEN DREITAUSENDERN

12

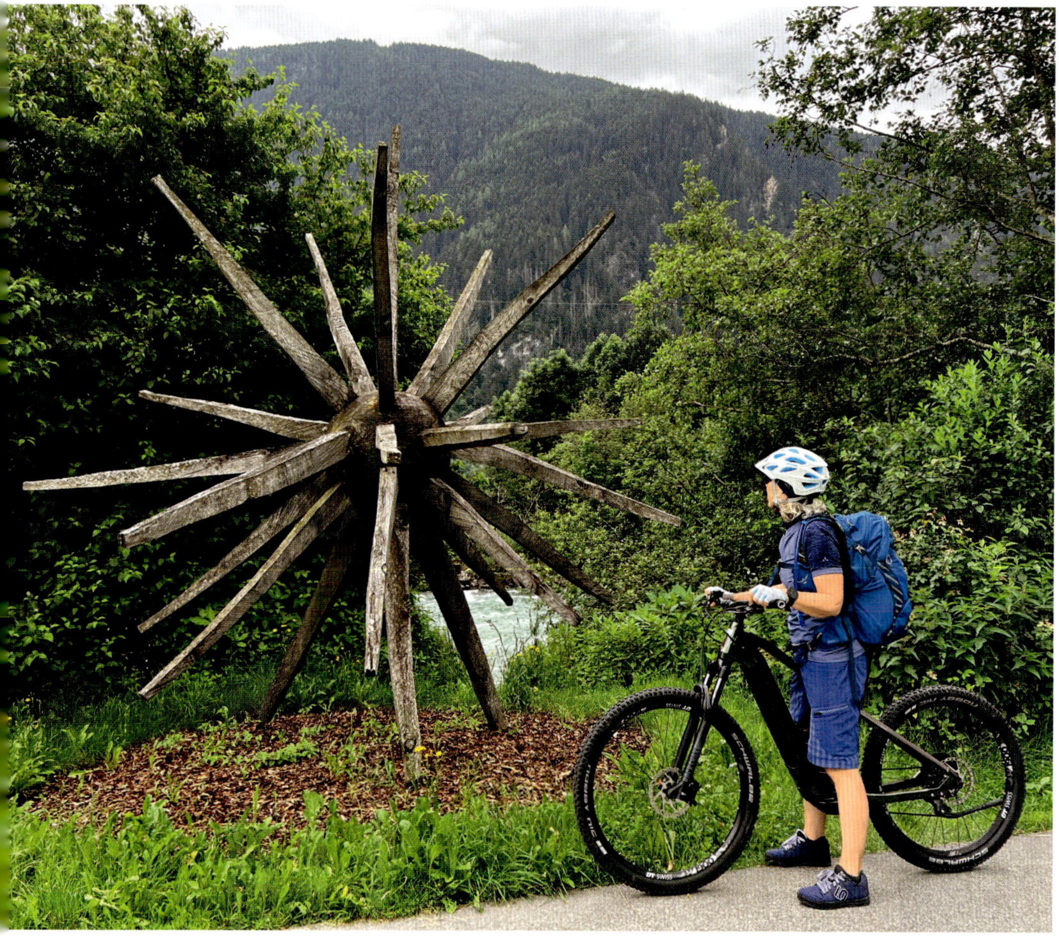

Auf dem Zillertal-Radweg von Strass nach Mayrhofen

Holzkunst am Radweg – direkt am Zillerufer.

Hohe Berge als Kulisse, Dreitausender im Visier, aber die Fahrbahn ist bestens, das heißt überwiegend asphaltiert und mit nur geringen Steigungen: Der Zillertal-Radweg in Tirol bietet den sanften Einstieg ins Alpenradeln – durchaus auch geeignet für Familien mit Kindern und E-Bike-Neulinge. Und der Radweg wartet zudem mit einem idealen Backup auf, denn parallel verläuft noch die Trasse der Zillertalbahn. Das bedeutet, an vielen Bahnhöfen kann man nicht nur ein Fahrrad oder E-Bike ausleihen, sondern es auch in die Bahn verladen. So können die Tourenradler bequem vom Zielort wieder zum Ausgangspunkt zurück gelangen – egal, ob sie in Strass oder in Mayrhofen ihre Tour begonnen haben. Man sollte nur zuvor einen Blick in den Fahrplan werfen. Wir starten unsere Tour in Strass im Inntal, wo auch gern Fernradler einen gemütlichen Abstecher vom Innradweg ins Zillertal unternehmen. Am linken Zillerufer entlang radeln wir nach Schlitters, dort lockt zur Erfrischung im Sommer ein beliebter Badesee. Weiter geht's im breiten Talboden nach Fügen. Im größten Ort des vorderen Zillertals wartet mit der Erlebnistherme Zillertal, dem Heimatmuseum, der Zillertaler Heumilch Sennerei, der Zillertaler Speckstube und der HolzErlebnisWelt FeuerWerk jede Menge Abwechslung zum Radfahren. Weiter geht es zu den Orten Uderns, Ried, Kaltenbach und Aschau. In Zell am Ziller stoppt man gern im Traditionscafé Gredler zu einem Großen Braunen mit Gebäck direkt am Fluss. Ziel ist schließlich das urig-lebendige Mayrhofen, das dörfliche Zentrum des hinteren Zillertales.

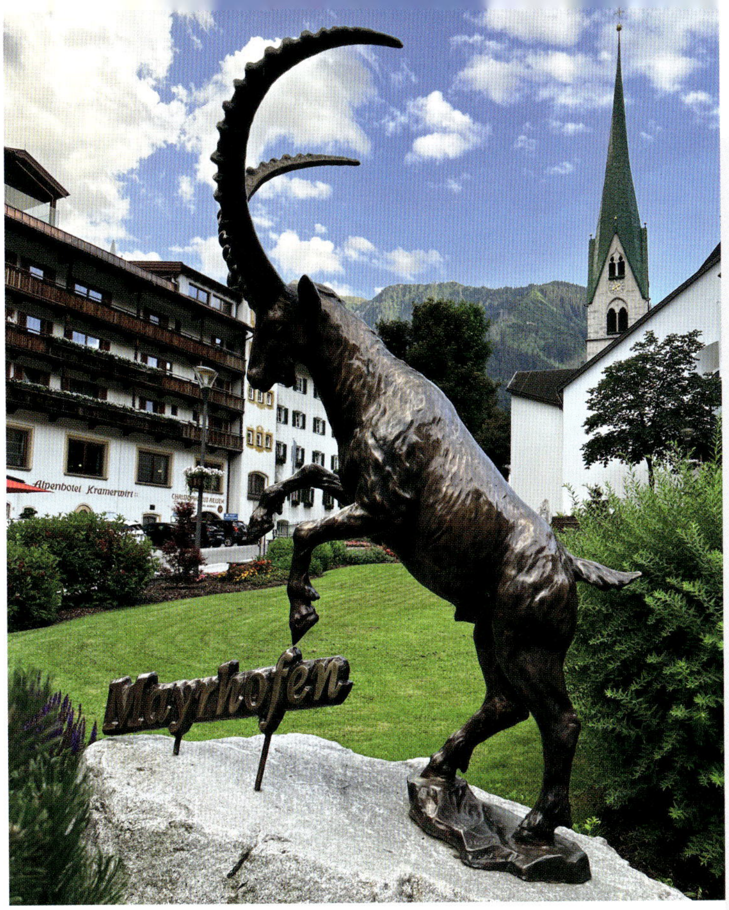

Es grüßt der Steinbock im Zentrum von Mayrhofen.

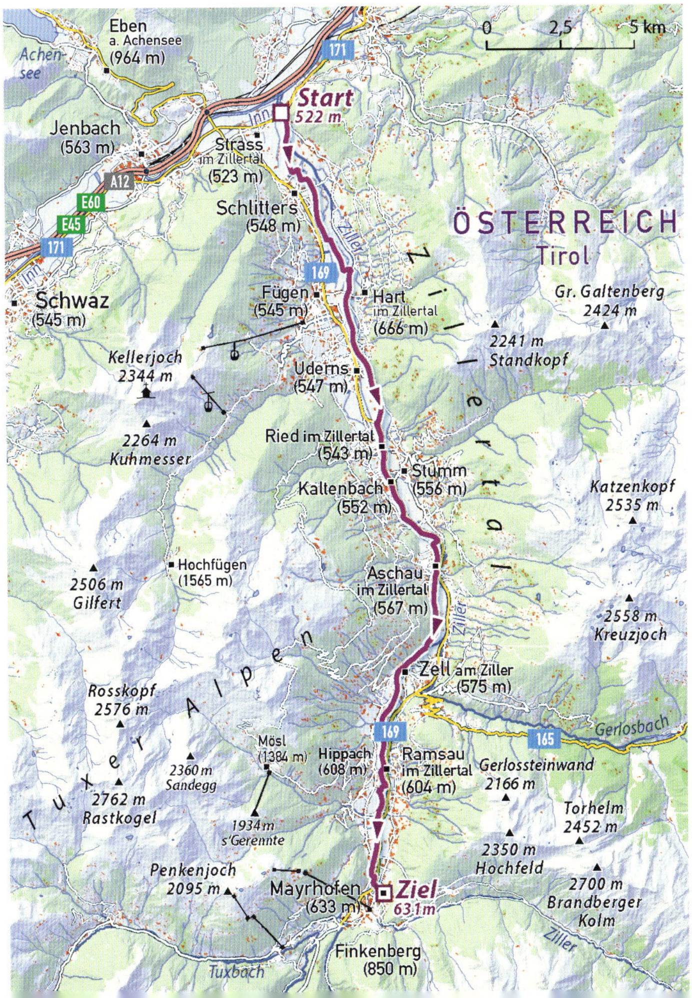

ANFORDERUNGEN
31 km, 150 hm, leicht

ROUTE
Strass – Schlitterersee – Fügen – Uderns – Ried – Kaltenbach – Aschau – Zell am Ziller – Hippach – Mayrhofen

BESTE REISEZEIT
Mai bis Oktober

E-BIKE-VERLEIH
Bründl Sports in Mayrhofen (Penkenbahn), www.bruendl.at

NICHT VERPASSEN
Regionalmuseum Zillertal in Zell am Ziller (am Radweg)

GUT EINKEHREN
Café Konditorei Gredler in Zell am Ziller direkt am Radweg. Kuchen, Eiscreme, kleine Gerichte im Traditonshaus

ANGENEHM ÜBERNACHTEN
Hotel Berghof in Mayrhofen, berghof.cc/de

LANDKARTE
Kompass-Karten **WK 28 „Vorderes Zillertal"** und **WK 37 „Zillertaler Alpen, Tuxer Alpen"** 1:50.000

ALLGEMEINE AUSKUNFT
Zillertal Tourismus www.zillertal.at
Tourismusverband Mayrhofen – Hippach www.mayrhofen.at

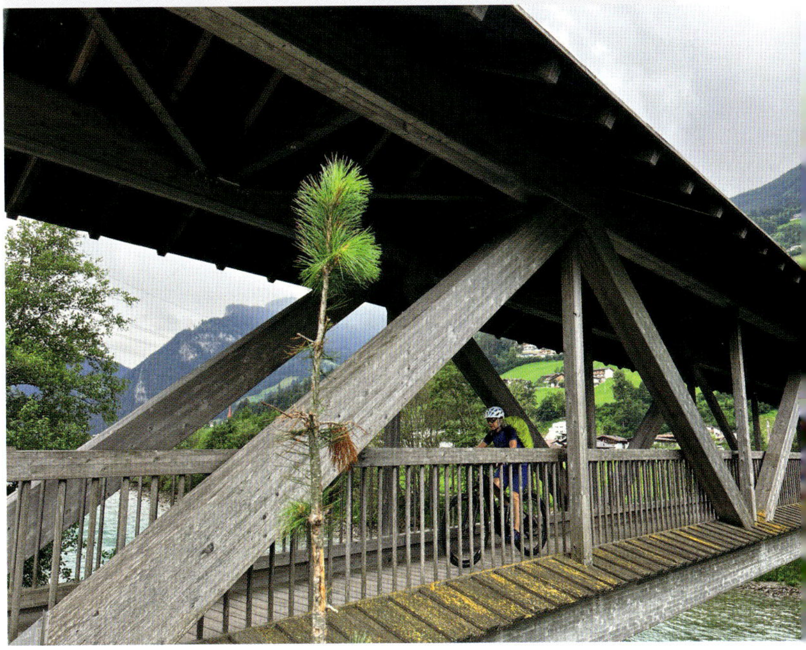

Zwischendurch wird das Ufer gewechselt per Zillerbrücke.

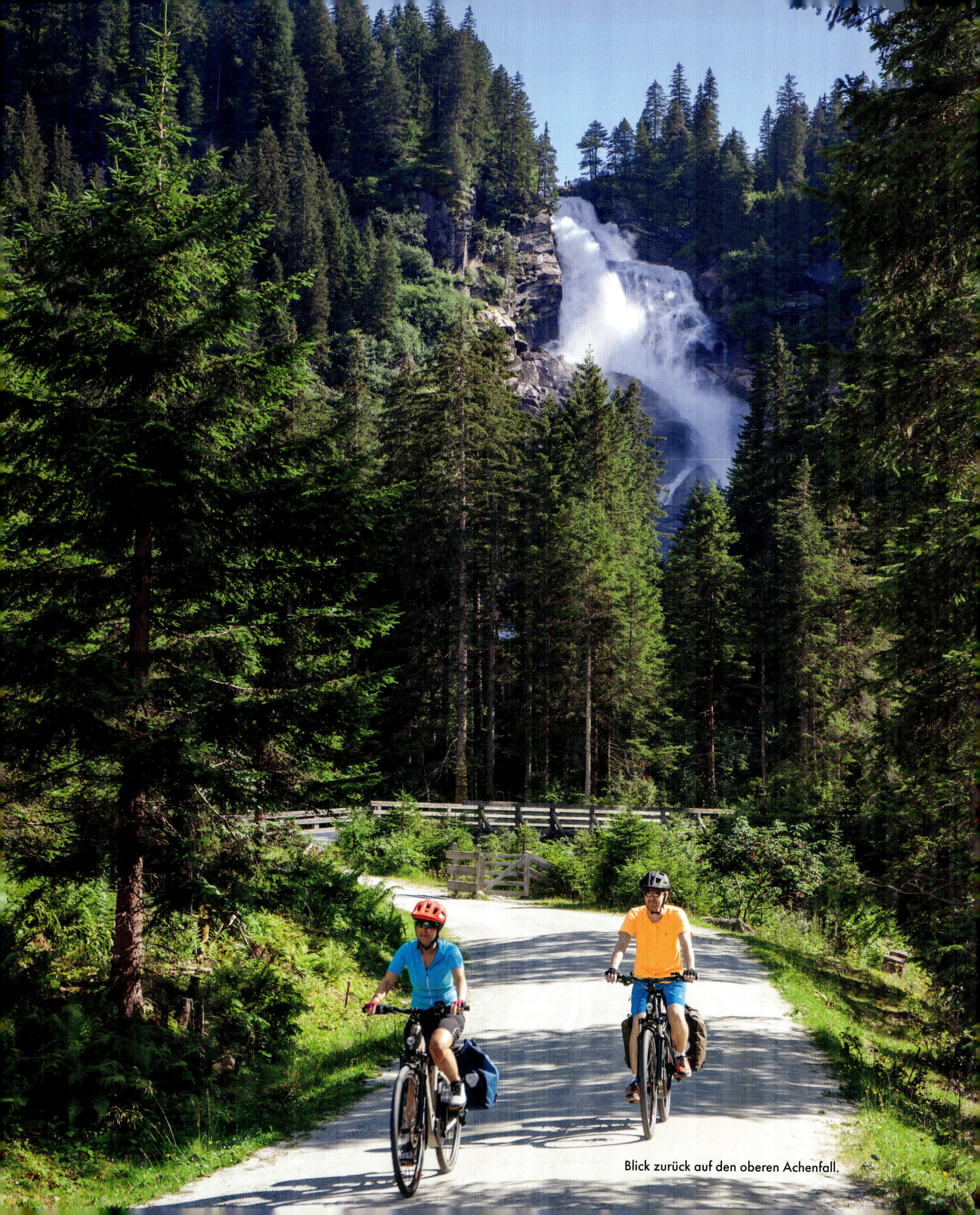

Blick zurück auf den oberen Achenfall.

IMMER AM WASSER ENTLANG

Über Europas größte Wasserfälle in ein Hochtal
mit Charme und Geschichte

13

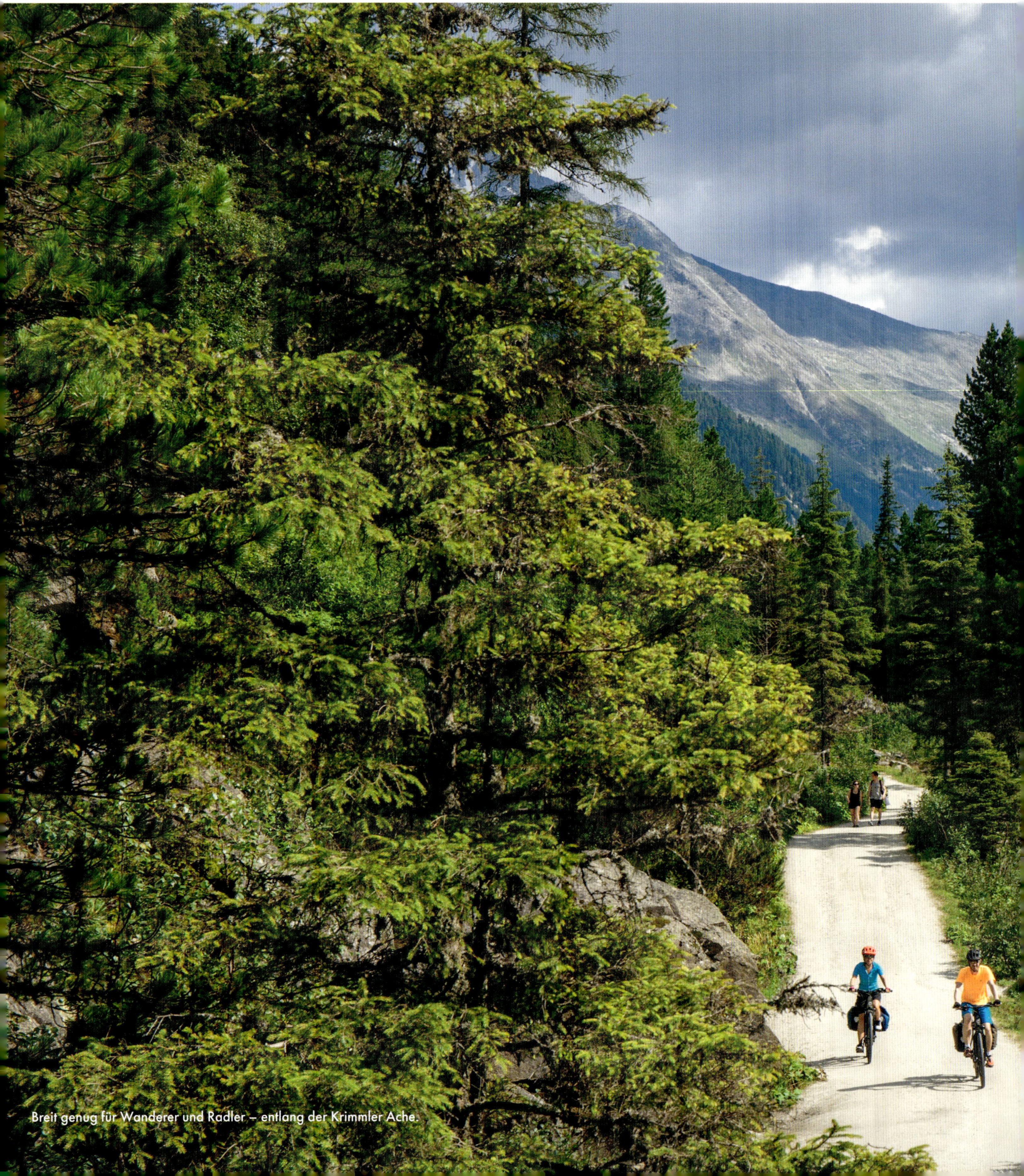

Breit genug für Wanderer und Radler – entlang der Krimmler Ache.

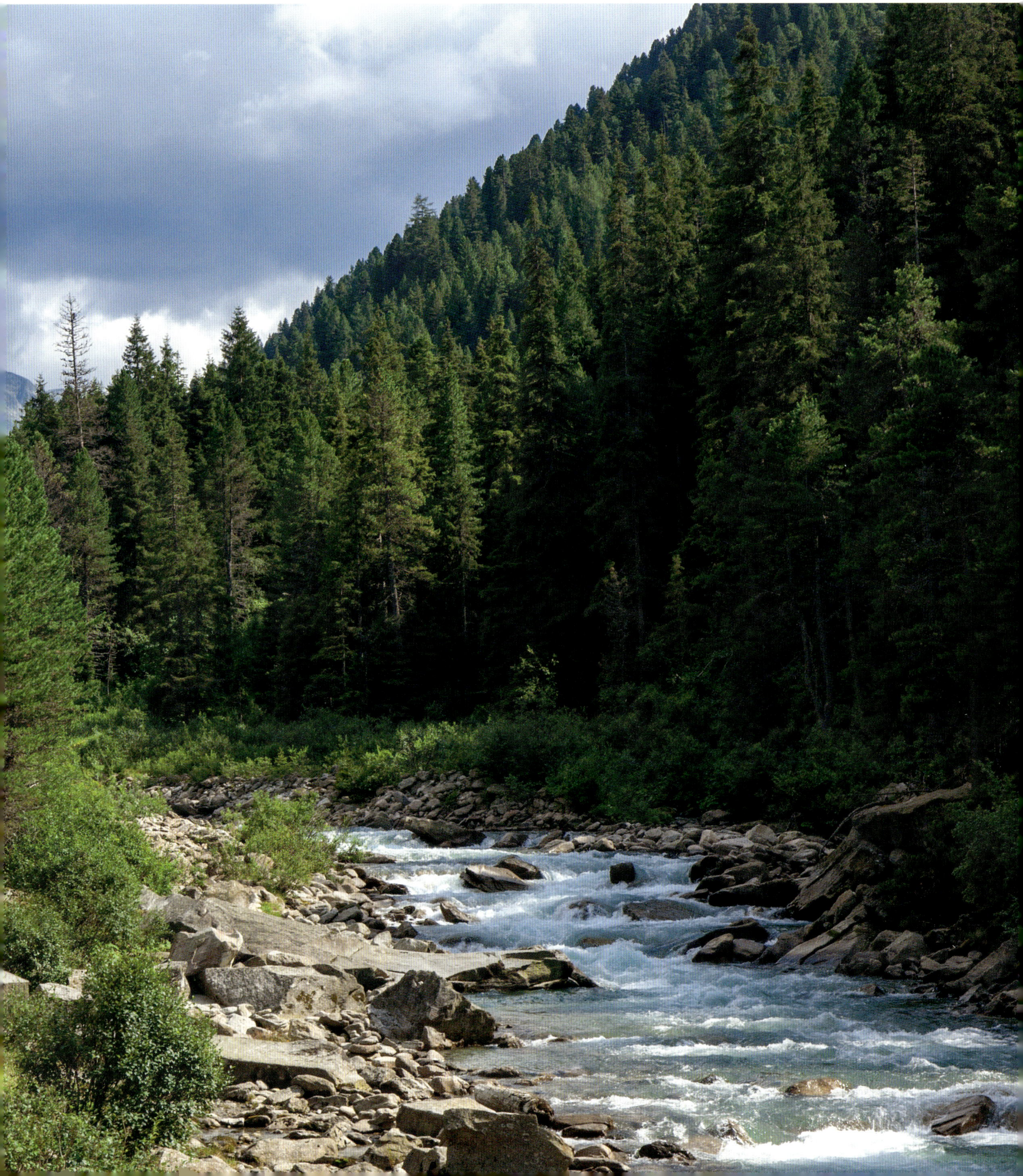

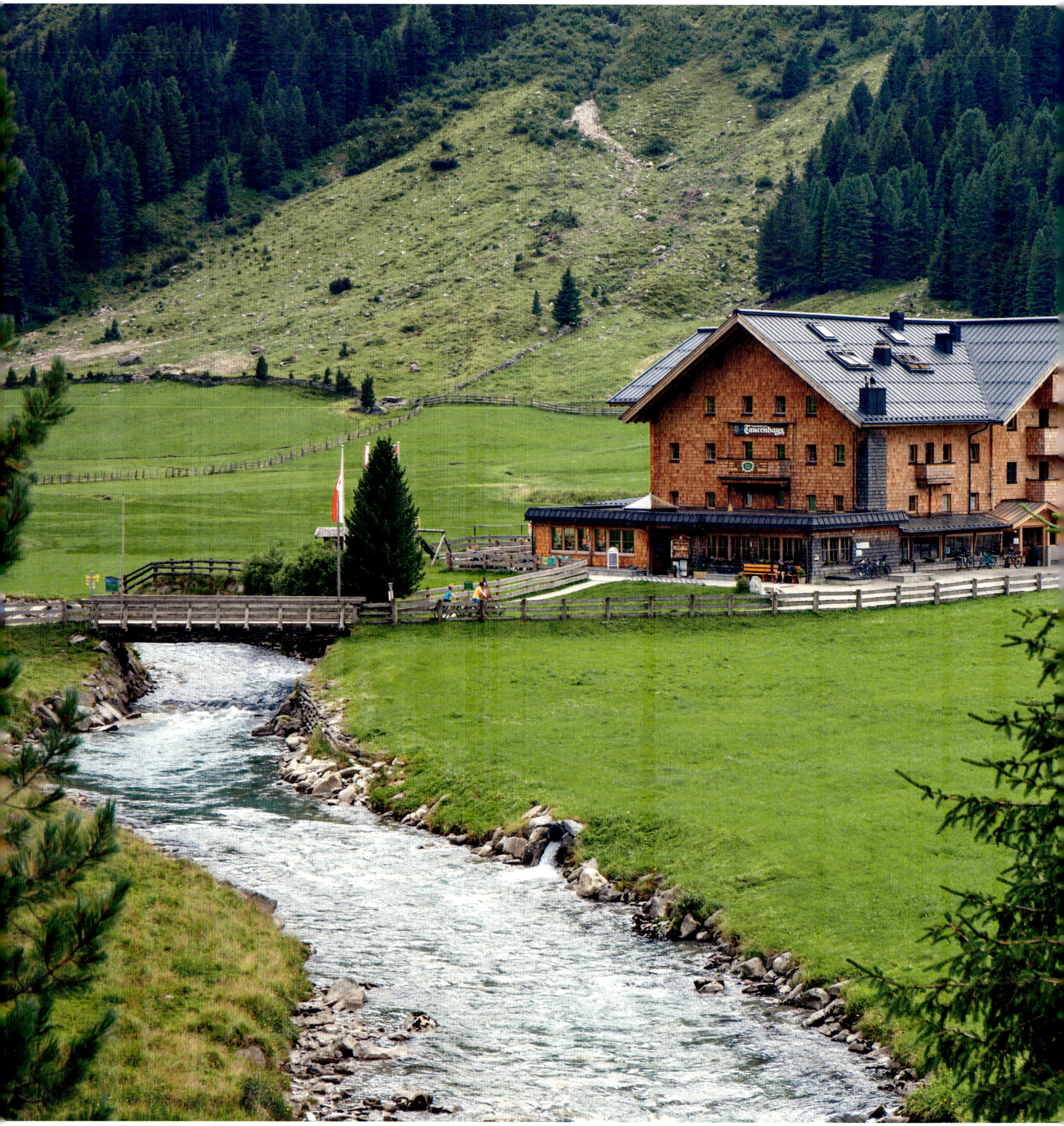

Lohnenswertes Ziel: das Krimmler Tauernhaus.

Regen trotz blauen Himmels – am Fuß der Krimmler Wasserfälle.

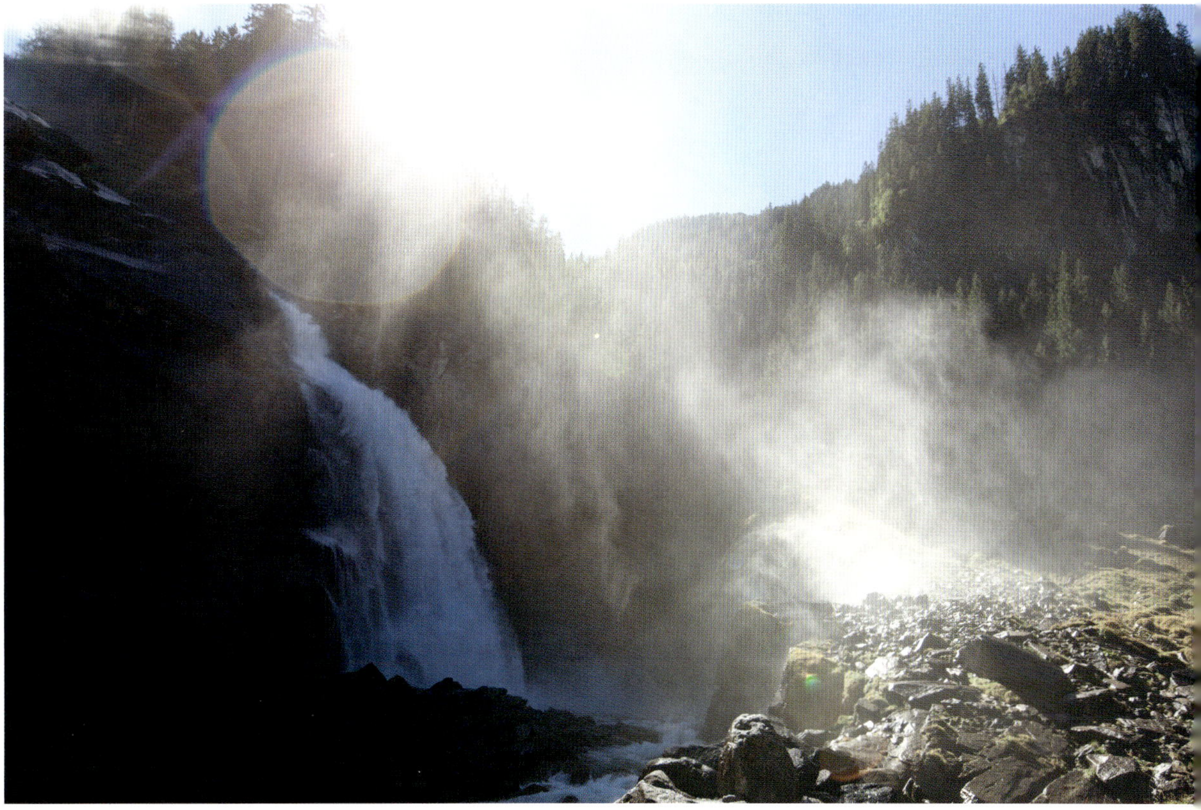

Die meisten Radler, die am Bahnhof Krimml aus der Pinzgauer Lokalbahn steigen, freuen sich auf den Tauernradweg, der fast immer bequem flussabwärts durchs Salzburger Land führt. Aus gutem Grund starten aber die meisten erst einmal bergauf in die entgegengesetzte Richtung. Tosend stürzen sich dort Österreichs höchste Wasserfälle aus dem Krimmler Achental herunter. Auch wir lassen uns dieses eindrucksvolle Naturschauspiel nicht entgehen. Nach kurzer Anfahrt stellen wir unsere Räder ab und unternehmen einen Spaziergang zum Fuß der Fälle. Die Regenjacken nehmen wir vorsichtshalber aus den Fahrradtaschen mit, denn bei 380 Meter Fallhöhe ist man einem gewaltigen Sprühregen ausgesetzt.

Das längste und höchstgelegene Tal der Venedigergruppe ist eine der wenigen hochalpinen Regionen Österreichs, die man relativ leicht mit Tourenrädern befahren kann. Und so führt uns unsere Radtour dann noch ein ganzes Stück weiter hinauf in die Bergwelt des Nationalparks Hohe Tauern. Zu Beginn verläuft der gut ausgebaute Fahrweg erst etwas steiler, oberhalb der drei Fallstufen dann nur noch sanft ansteigend entlang der Krimmler Ache. Wir staunen, wie der fröhlich plätschernde Bach weiter unten so eine enorme Wucht entfalten kann. Vorbei an knorrigen Zirben an den Bergflanken genießen wir die Fahrt durch saftige Almböden. Einige der 15 Almen im Tal werden von Südtiroler Bergbauern genutzt, die jedes Frühjahr ihre Kühe vom Ahrntal über die Tauern treiben. Die uralten Übergänge Krimmler Tauern und Birnlücke dienten bereits den Römern zur Überquerung der Alpen.

Die einzige ganzjährig bewohnte Ansiedlung ist das Krimmler Tauernhaus. Das alte Säumerhaus, das bereits 1389 erwähnt wurde, ist heute ein komfortables, gut ausgestattetes Berggasthaus mit Unterkunft sowie der einzige Bauernhof im Nationalpark Hohe Tauern.

Nach dem Ende des Zweiten Weltkriegs wurden Tausende Holocaustüberlebende über die Krimmler Tauern geschleust, denn der Säumerweg war die einzige direkte Verbindung nach Italien in der amerikanischen Besatzungszone. Im Gegensatz zu den Briten und Franzosen duldeten die Amerikaner den Durchzug. Die Wirtin Liesl Geisler-Scharfetter versorgte im Sommer 1947 die meist osteuropäischen Juden aufopferungsvoll, bevor sie sich auf den harten Weg über den Pass machten, um später von Genua übers Meer nach Palästina auszuwandern.

Heute bewirtet die Familie Geisler Wanderer und Bergsteiger vor oder nach ihren Aufstiegen in die Gipfelwelt der Hohen Tauern. Für uns E-Biker ist aber hier der Umkehrpunkt erreicht. Deshalb genießen wir eine ausgedehnte Mittagsrast auf der großen Terrasse. Die Küche verwöhnt mit feinen regionalen Produkten vom eigenen Hof und aus dem Jagdrevier im Krimmler Achental. An die Ladestation müssen wir unsere Akkus nicht mehr hängen, denn zurück nach Krimml geht's auf dem Anfahrtsweg fast nur noch bergab. Gelegenheit, die wunderbare Landschaft noch einmal aus anderer Perspektive zu genießen.

Kurz vor dem Krimmler Tauernhaus mit Blick in die Zillertaler Alpen.

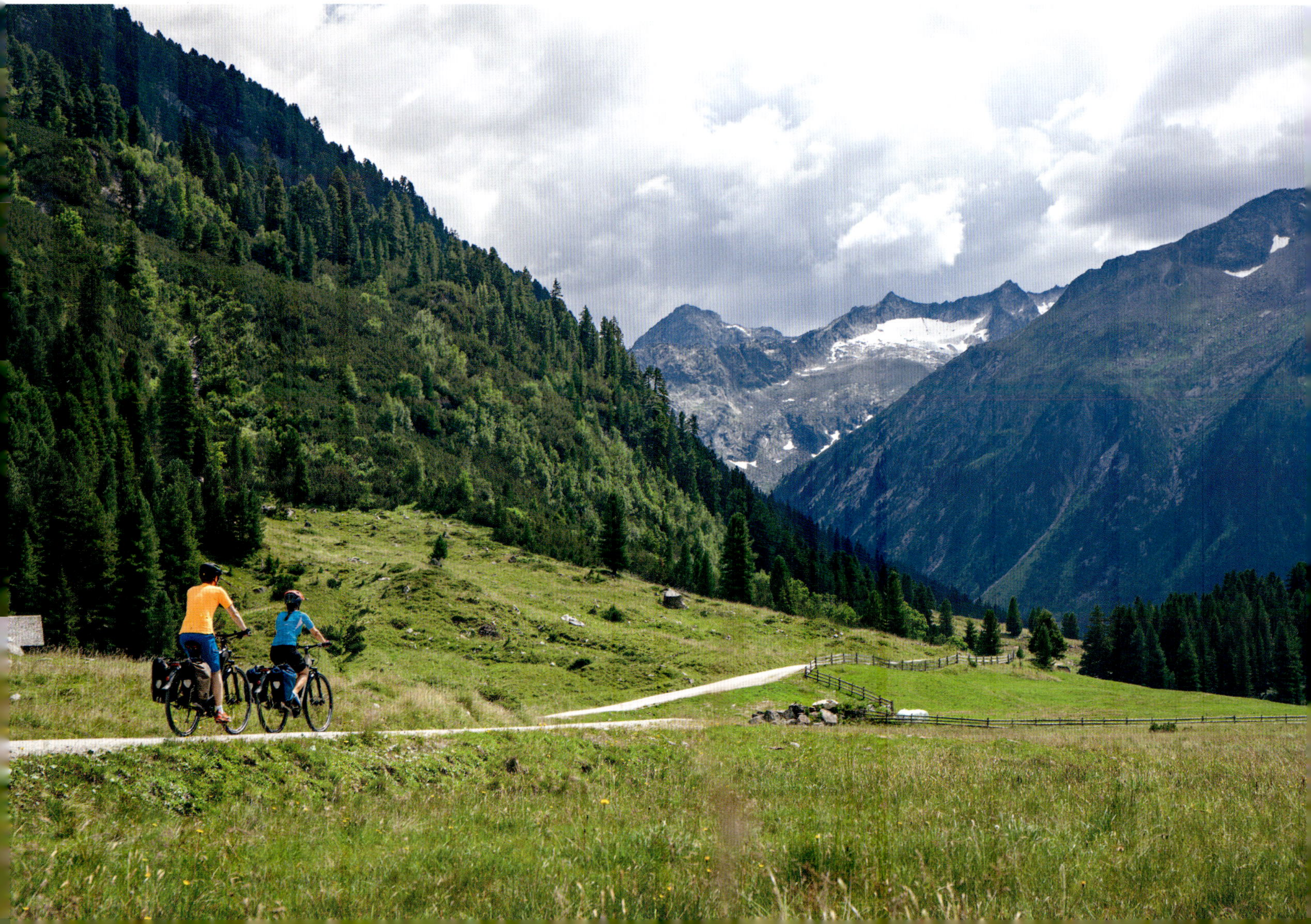

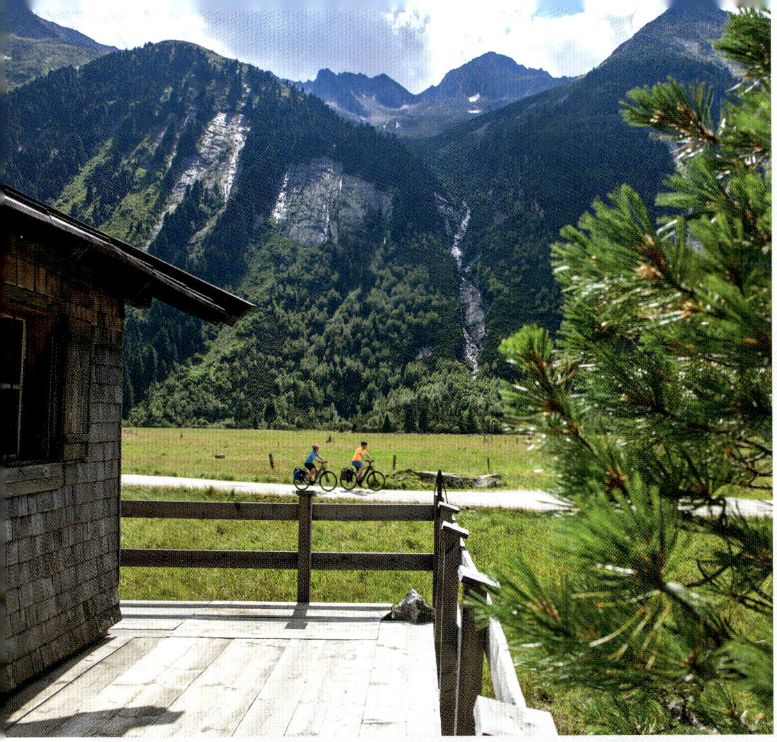

Vorbei an Almhütten auf dem Astenmoos.

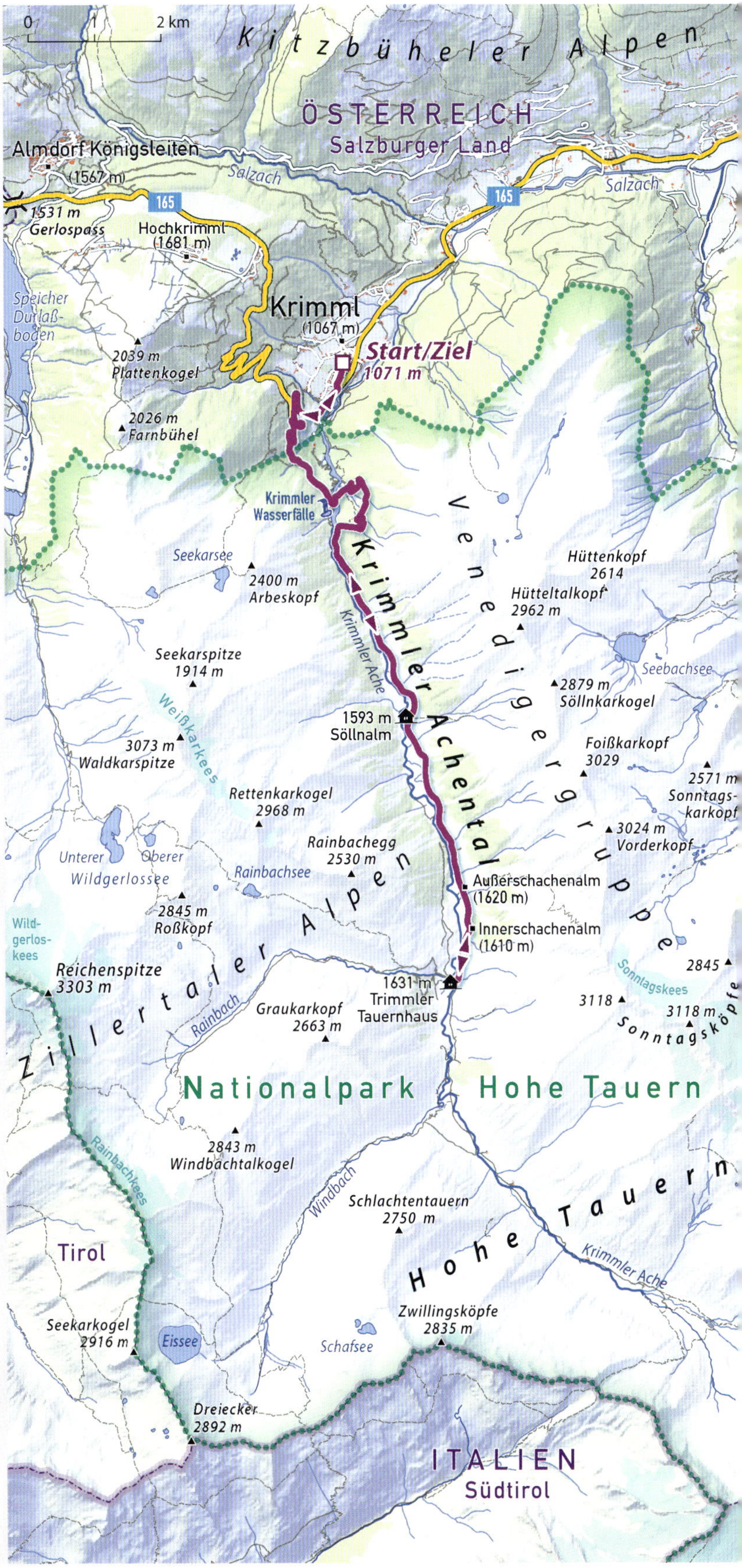

ANFORDERUNGEN
28 km, 785 hm, mittel

ROUTE
Krimml – Krimmler Achental – Krimmler Tauernhaus (auf dem Anfahrtsweg wieder zurück)

BESTE ZEIT FÜR DIE TOUR
Juni bis Ende September

RADFREUNDLICHE UNTERKÜNFTE
Hotel Post Krimml Oberkrimml 18, A-5743 Krimml, www.hotelpost-krimml.at

SEHENSWERT
Krimmler Wasserfall

EINKEHRTIPPS
Krimmler Tauernhaus www.krimmler-tauernhaus.at

E-BIKE LEIHEN
Intersport Patterer Oberkrimml 95, A-5743 Krimml, www.intersportrent.at/fahrradverleih-krimml

LANDKARTE
Kompass-Karte **Nr. 38 „Venedigergruppe; Oberpinzgau"** 1:50.000

ALLGEMEINE AUSKUNFT
Tourismusverband Krimml-Hochkrimml
Oberkrimml 37, A-5743 Krimml, www.krimml.at

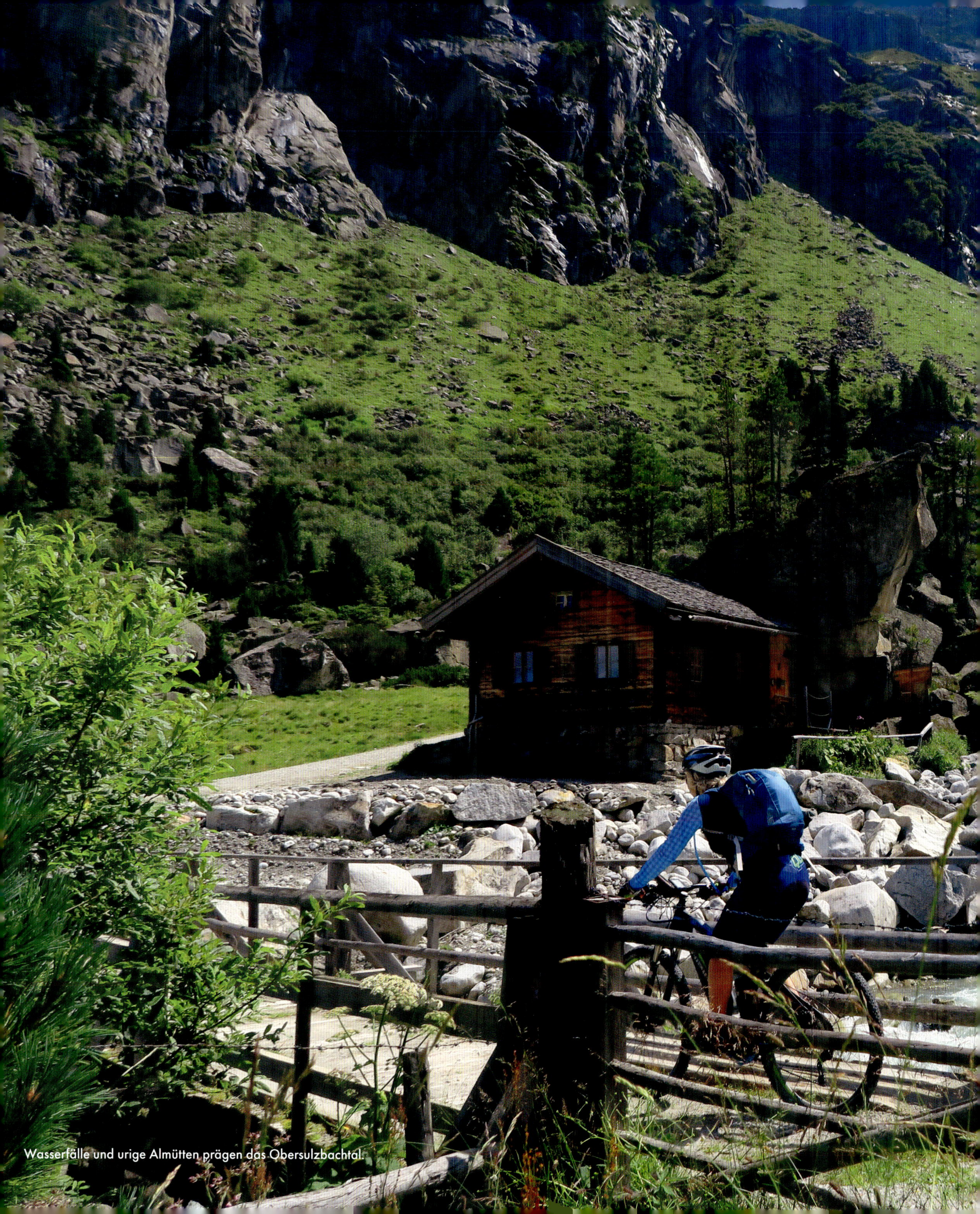

Wasserfälle und urige Almütten prägen das Obersulzbachtal.

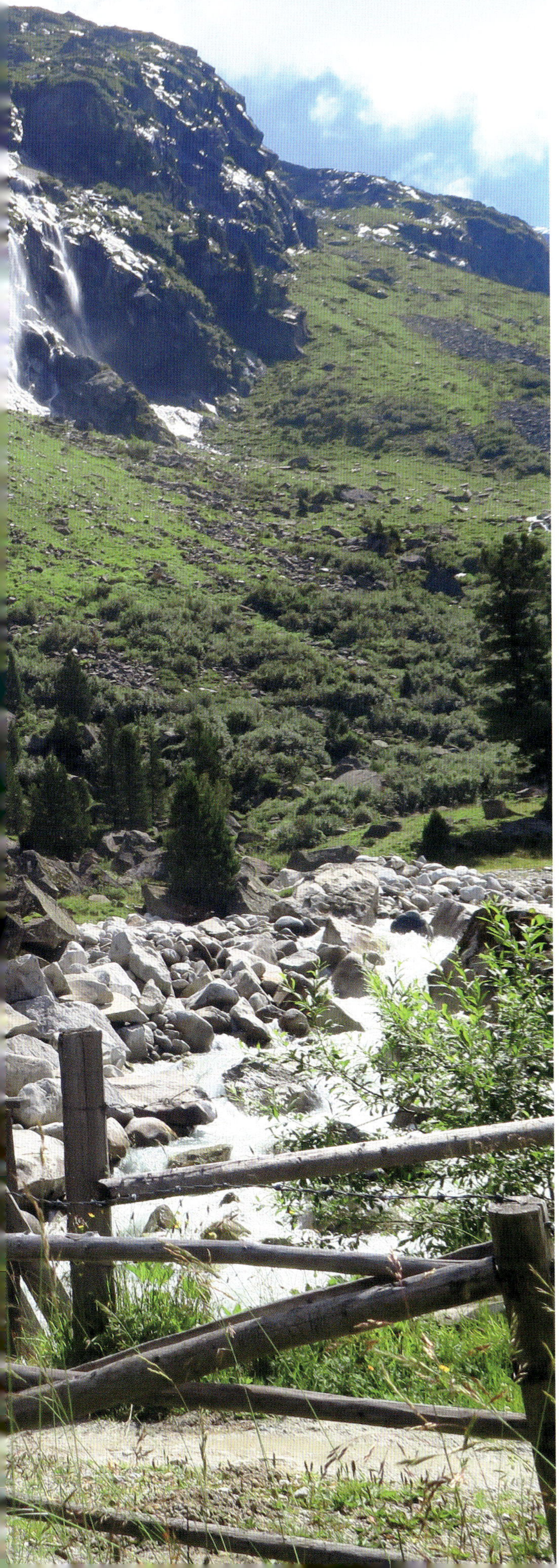

14

ZU FÜSSEN DER DREITAUSENDER

Himmelhohe Wasserfälle, urige Hütten, mächtige Bergriesen – in den langen Tauerntälern des Oberpinzgau zeigt sich das Hochgebirge von seiner Bilderbuchseite

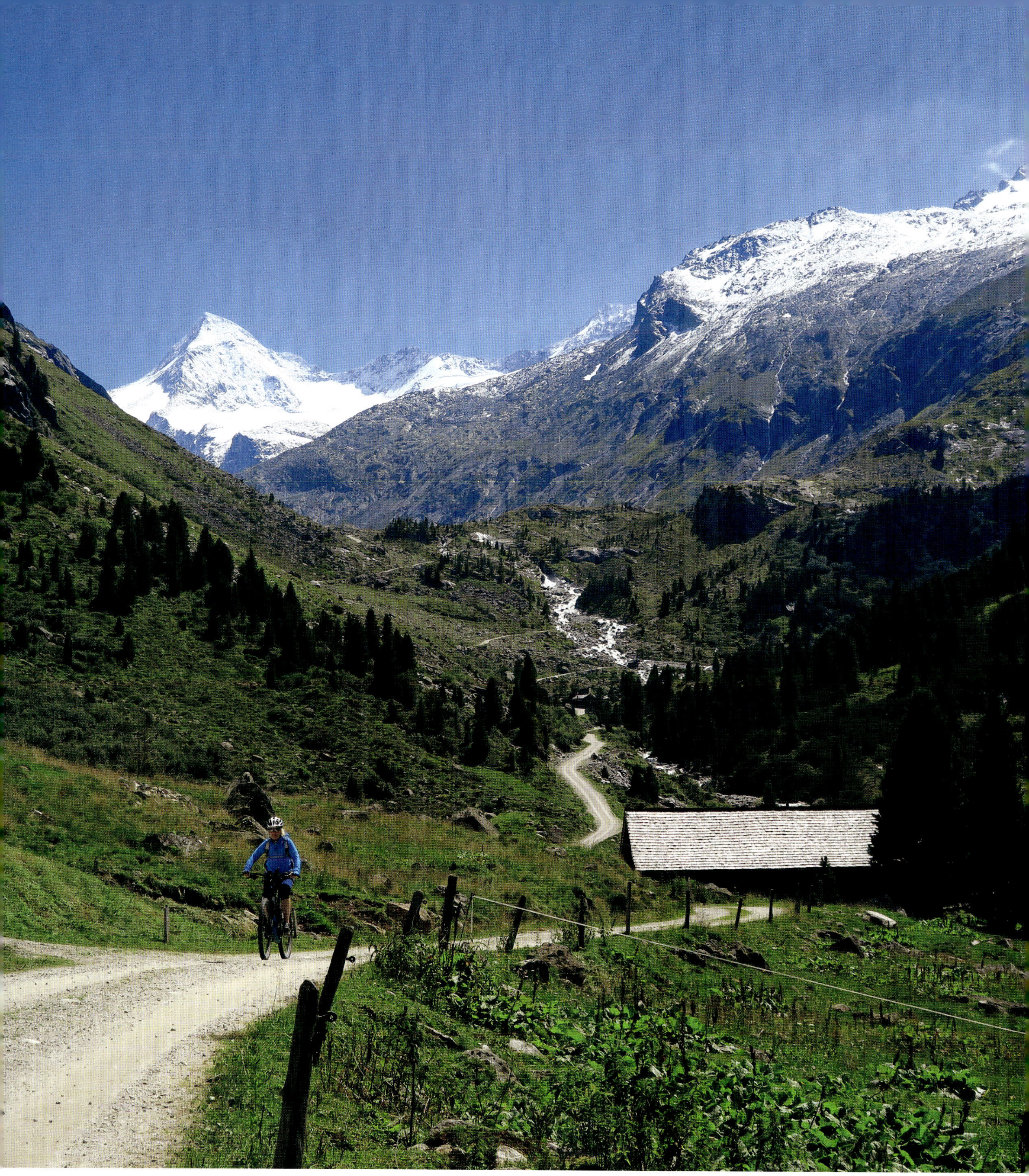

Eisriese im Visier: der Große Geiger mit 3360 Metern.

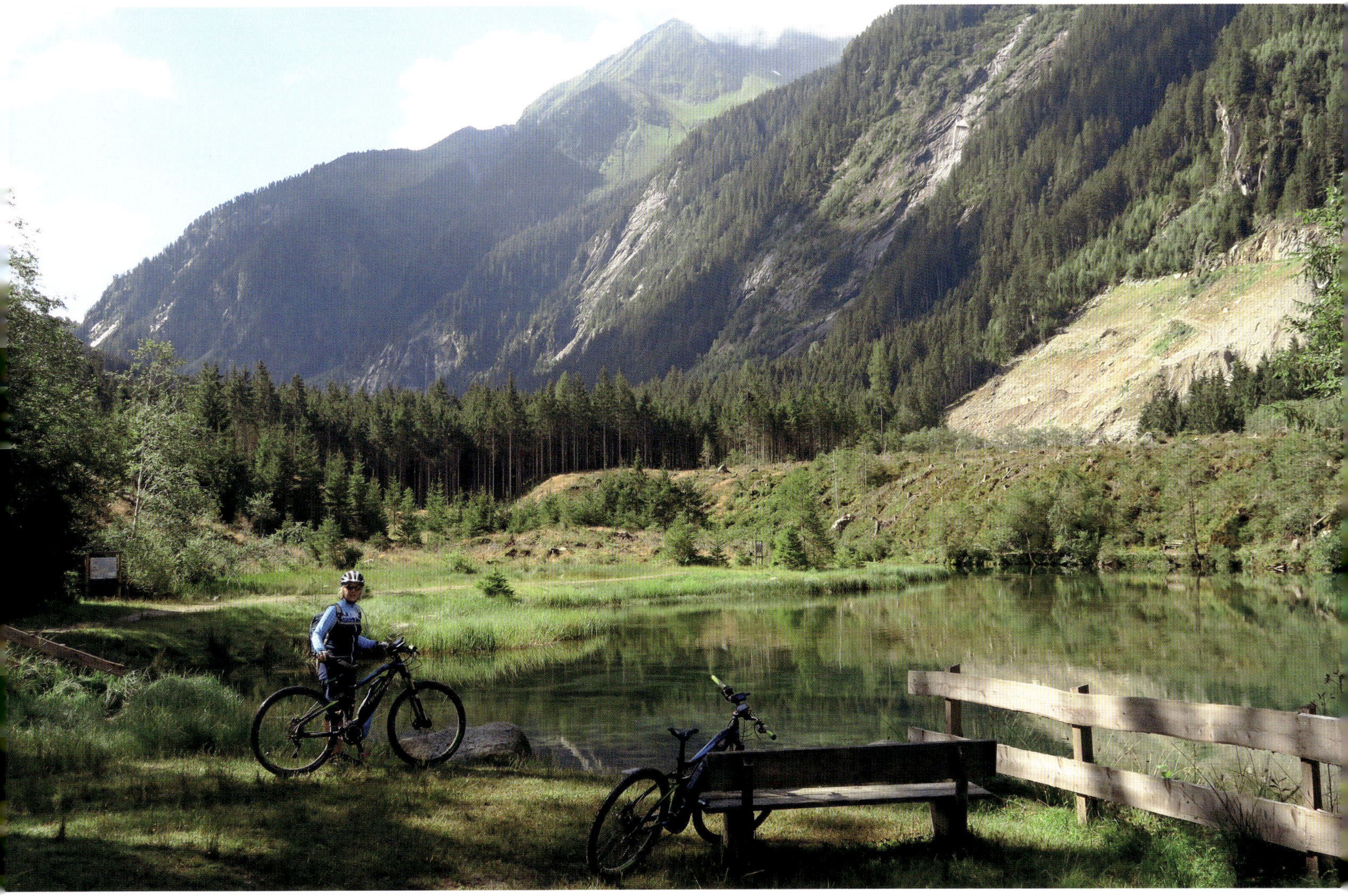

Biotop am Talbeginn: der Blausee.

Das sind Kalendermotive! Majestätisch dominieren die schneebedeckten Dreitausender die Kulisse. Entsprechend haben einige Gipfel auch den Zusatz „Groß" im Namen: Großvenediger, Großer Geiger, Großglockner. Hier im Nationalpark Hohe Tauern, dem größten Naturreservat der Alpen, zeigt das Hochgebirge seine wahre Größe und Schönheit. Die Radler und Wanderer bleiben immer wieder stehen, um diese archaische Welt zu bestaunen und zu fotografieren: himmelhohe Wasserfälle, niedliche Murmeltiere – die hier Manggeis heißen –, seltene Blumen oder am Himmel kreisende Gänsegeier. Die Gletscherwelt der Hohen Tauern am Alpenhauptkamm prägt (noch) die einzigartige Kulisse im Süden des Salzachtales. Doch auch hier im Oberpinzgau im österreichischen Bundesland Salzburg nagt der Klimawandel gewaltig an den Eisriesen. Vor allem die Landschaftsgenießer zieht es in die langen Bergtäler, die hinauf führen in den Nationalpark. Und dazu zählt das 13 Kilometer lange Obersulzbachtal. Das Ziel Materialseilbahn für die Kürsingerhütte (2558 m) klingt zwar etwas nüchtern, aber dort im Schatten des Großen Geigers (3360 m) endet nun mal der fahrbare Weg. Die Route ins majestätische Hochgebirgstal ist bei den einheimischen E-Bikern derart beliebt, dass in der Postalm (1700 m) sogar ein regelmäßiger Bergradler-Stammtisch stattfindet.

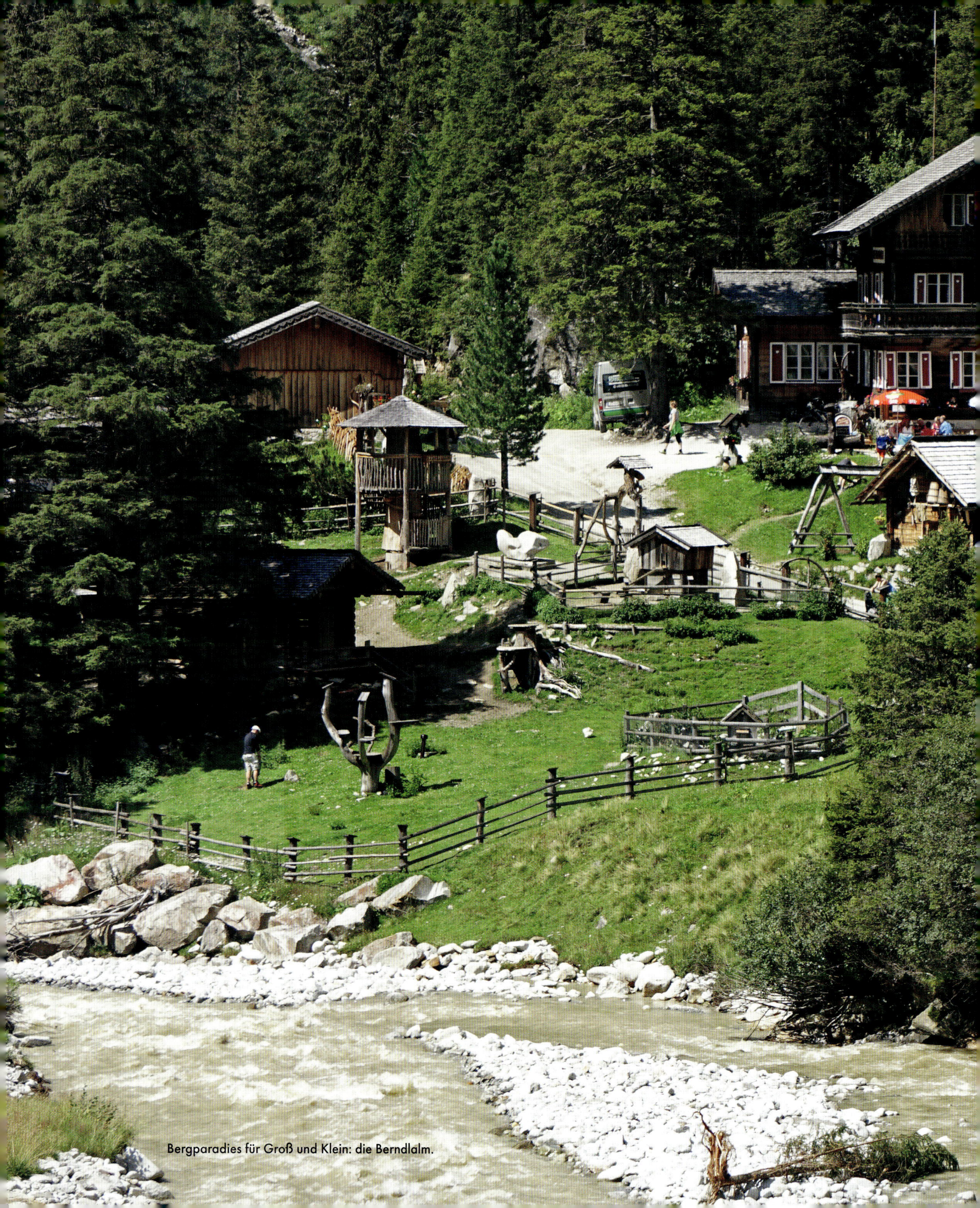

Bergparadies für Groß und Klein: die Berndlalm.

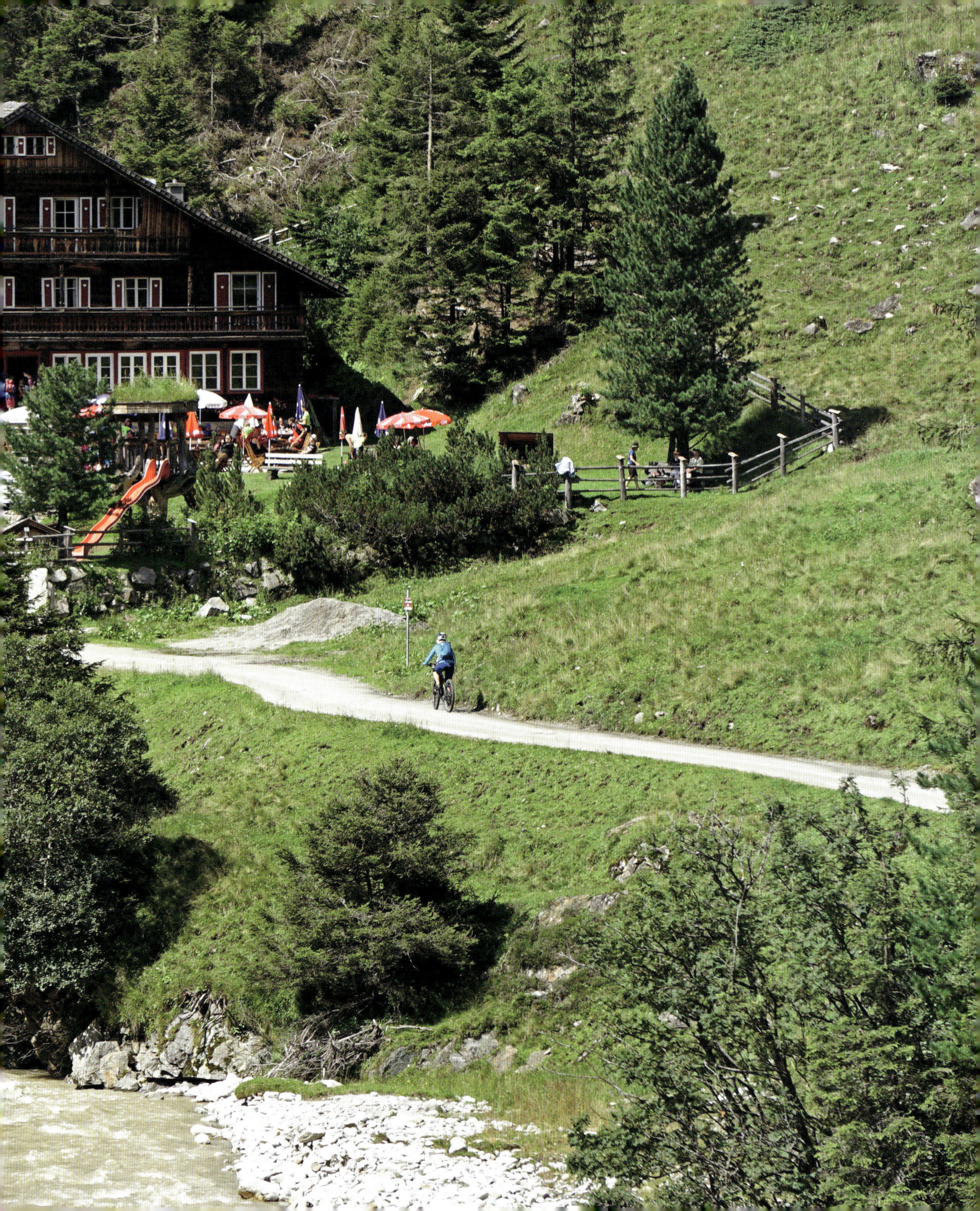

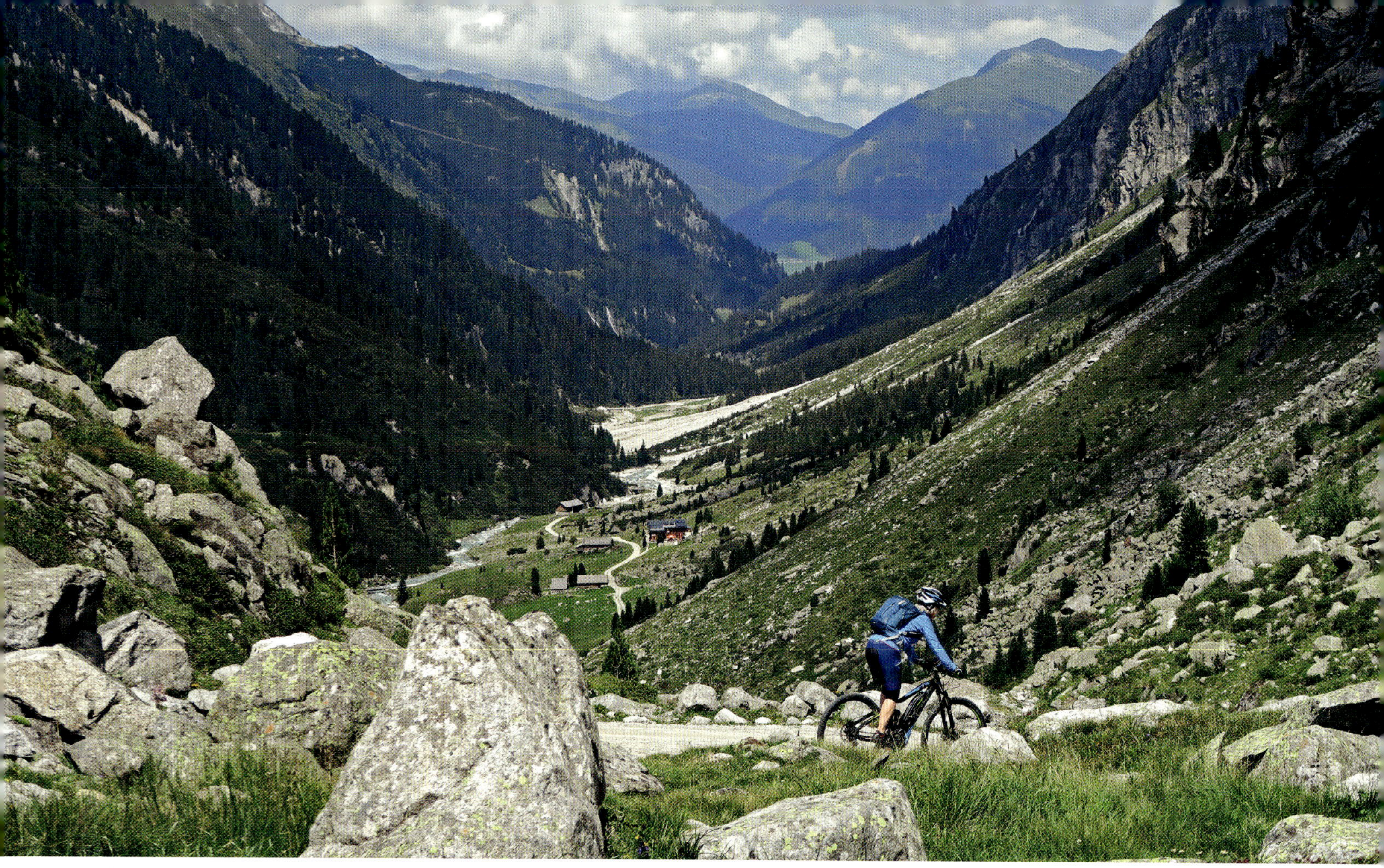

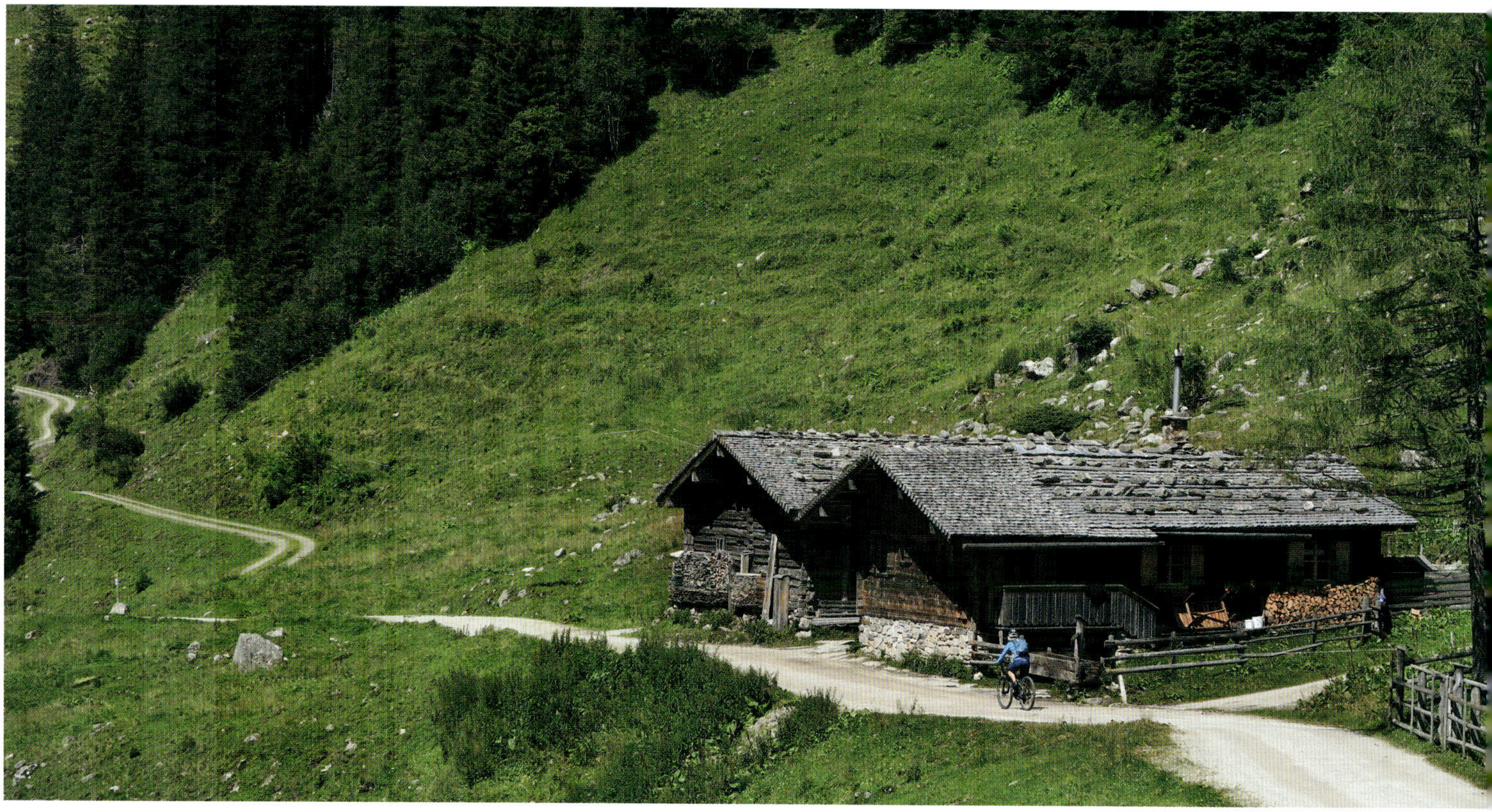

Einer von vielen: der Seebach-Wasserfall bei der Berndlalm.

ck zurück: das Obersulzbachtal
i der Postalm.

rige Kulisse: alte Almhütten am Weg.

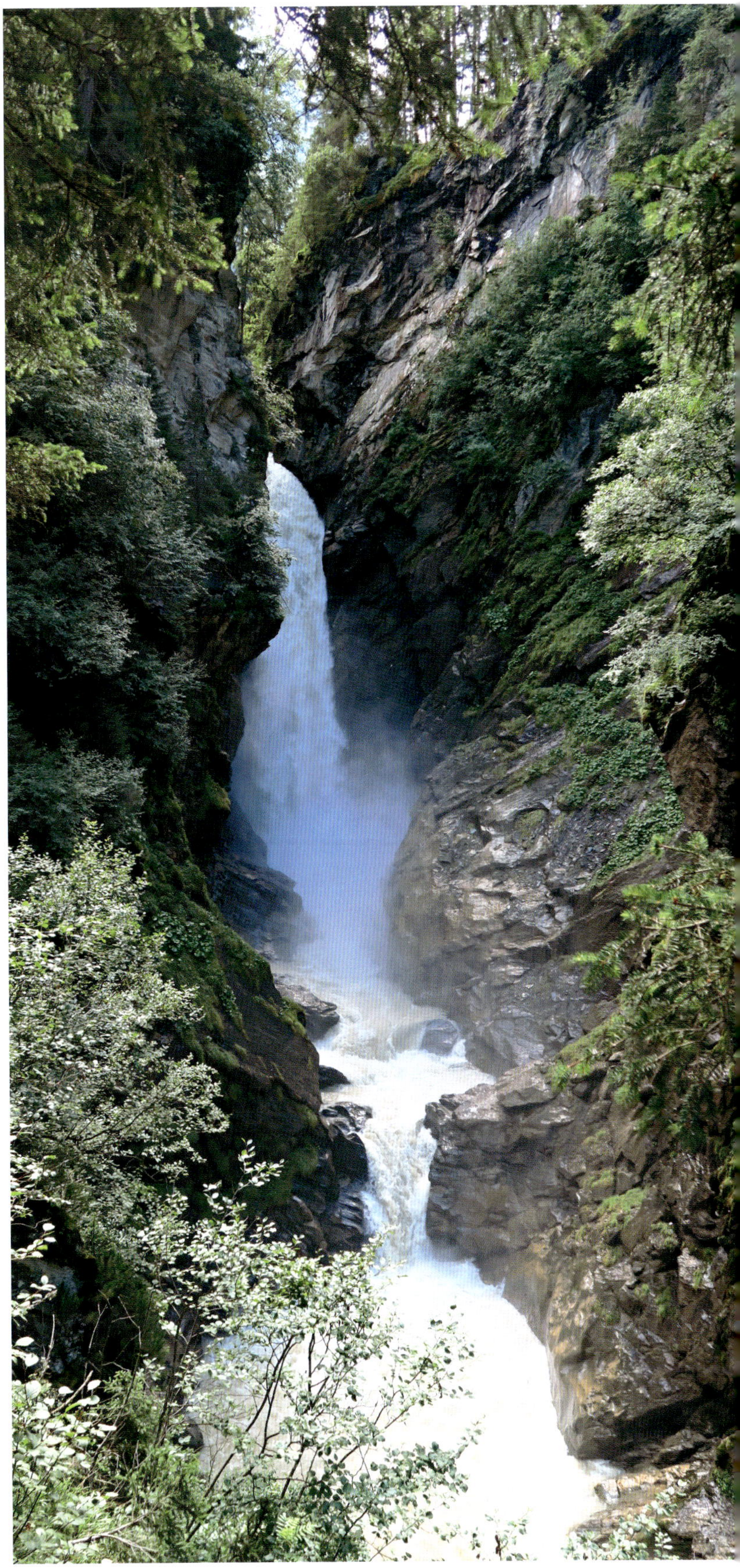

Los geht unsere Nationalpark-Tour mitten in Neukirchen. Die Richtung ist einfach. Nur aus Neukirchen hinaus nach Süden auf den Tauernradweg. Eben rollt man bis ins Örtchen Sulzau. Dahinter ist dann zu spüren, dass man sich im Gebirge befindet. Es geht bergauf. Beim Gasthof Siggen orientieren wir uns auf die Ostseite des Obersulzbachtales, das hier beginnt. Vorbei an einem Holzkirchlein führt der Weg in den Bergwald. Erstes Highlight ist der Blausee, ein sehenswertes Biotop nur einen kurzen Abstecher vom Waldweg entfernt. Der kleine wildromantische See mit seinem blaugrün schimmernden Wasser entstand vor rund 100 Jahren, nachdem eine Geschiebesperre am Obersulzbach errichtet wurde. Nach wenigen Kilometern wechseln wir die Talseite. Auf einer abenteuerlich anmutenden Hängebrücke geht es schiebend zum Fahrweg hinüber. Im Tal tost der Bach, während der Weg steiler wird. Bei der Kampriesenalm führen mehrere Serpentinen über eine mächtige Geländestufe. Durch die Nadelbäume sieht man den Seebachfall 300 Meter senkrecht ins Tal stürzen, nicht weit entfernt donnert der Gamseckfall in eine dunkle Felsenschlucht. Ums Eck vom Gamseckfall taucht die Berndlalm auf. Ein Bilderbuchexemplar eines Alpengasthofs mit Abenteuerspielplatz, Streichelzoo und schönem Blick talaufwärts. Doch für eine Einkehr kommt die Berndlalm noch zu früh. Vielleicht einen „kleinen Schwarzen“ zum Aufputschen?! Ab der Berndlalm erstreckt sich dann ein idyllischer Talboden mit

Weite Strecken im Obersulzbachtal bringen echtes Genussbiken.

Als Bike-Hotel kaum zu übersehen: das Hotel Steiger in Neukirchen.

Beliebt und ausgezeichnet: der Berggasthof Berndlalm.

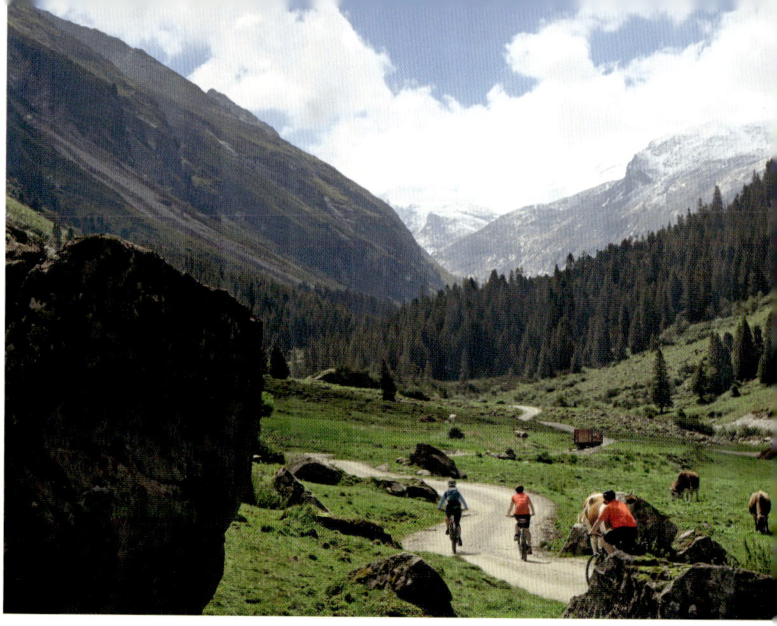

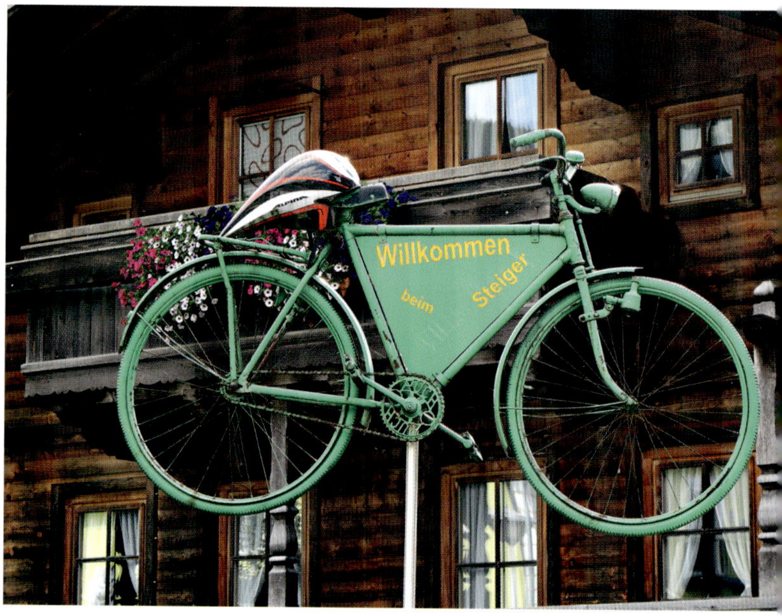

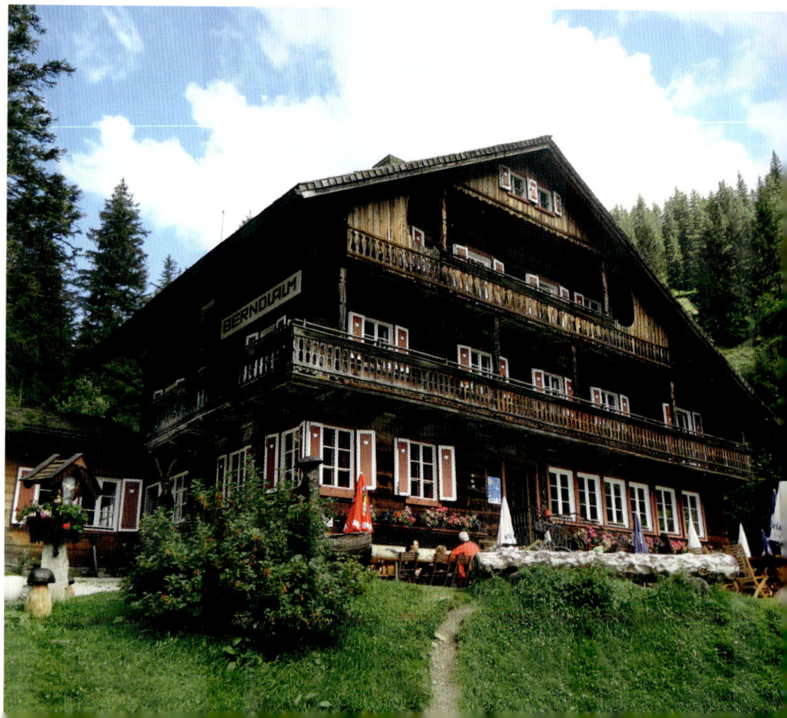

Weideflächen, durch die sich der Obersulzbach talauswärts schlängelt. In der Ferne zeigen sich erstmals der Große Geiger (3360 m) und die Gletscher. Man passiert mehrere Almen ohne Gastbetrieb, wie die alte mit Schindeln verkleidete Schiedhofalm. Von steilen Flanken stürzen zwei Wasserfälle wie Zwillinge nebeneinander in die Tiefe. Haushohe Findlinge liegen wie Riesenspielzeug in den Wiesen. Mehrmals überquert man auf Stein- und Holzbrücken den Wildbach. Schließlich taucht die Postalm (1700 m) auf, die begehrte Verpflegungs- und Bergsteigerstation am Rande der Gletscherwelt, mit eigener alternativer Energieversorgung. Die Postalm ist seit fünf Generationen in Familienbesitz und gehörte ursprünglich zum Gasthaus zur Post in Neukirchen. Ein paar Hundert Meter später folgt nochmals eine Steilstufe mit Serpentinen, auf der anderen Talseite versteckt sich die Obersulzbachhütte, nicht weit vom Weg entfernt donnert mal wieder ein Wasserfall über die Felsen. Plötzlich schiebt sich die riesige Schneepyramide des Großen Geigers ins Bild, und bald ist auch die besagte Materialseilbahn erreicht. Und tatsächlich steht daneben völlig unerwartet ein Schild: Ziel. Von hier geht es nur noch zu Fuß auf einem Felsenpfad zur Kürsingerhütte (2558 m) und weiter Richtung Großvenediger (3666 m) und weitere Dreitausender. Alle anderen rollen wieder zurück ins Tal und freuen sich über die grandiose Landschaft und die Einkehr in einem der verlockenden Berggasthäuser.

ANFORDERUNGEN
51 km, 1390 hm, mittel

ROUTE
Neukirchen am Großvenediger – Sulzau – Kampriesenalm – Berndlalm – Postalm – (auf Anfahrtsweg wieder zurück)

BESTE ZEIT FÜR DIE TOUR
Juni bis Ende September

RADFREUNDLICHE UNTERKÜNFTE
Hotel Steiger Steigergasse 259,
A-5741 Neukirchen am Großvenediger,
www.hotel-steiger.at
Hotel Gassner Hadergasse 167,
A-5741 Neukirchen am Großvenediger,
www.hotel-gassner.at

SEHENSWERT
Gamseck-Fall und **Seebach-Wasserfall** unweit des Talweges bei der Berndlalm

EINKEHRTIPPS
Gasthof Siggen (860 m): traditionelles Gasthaus am Eingang zum Obersulzbachtal, www.siggen.at
Kampriesenalm (1415 m): kleine Alm in ruhiger Lage, mit kleinem Abstecher vom Talweg zu erreichen. Mitte Mai bis Ende September geöffnet, www.kampriesenalm.wordpress.com
Berndlalm (1514 m): großer, schöner Gasthof im Obersulzbachtal mit Kinderspielplatz. Anfang Mai bis Mitte Oktober täglich geöffnet, www.berndlalm.at
Postalm (1700 m): bodenständige Verpflegung im traditionellen Berghaus. Übernachtungsmöglichkeit. Von Ostern bis Mitte Oktober geöffnet, www.postalm-energie.at

E-BIKE LEIHEN
Intersport Harms Wildkogelbahnstr. 441,
A-5741 Neukirchen am Großvenediger,
www.intersport-harms.at

LANDKARTE
Kompass Drei-Karten-Set **Nr. 50 „Nationalpark Hohe Tauern, Großvenediger, Großglockner, Ankogel"** 1:50.000

ALLGEMEINE AUSKUNFT
Tourismusbüro Neukirchen Marktstr. 171,
A-5741 Neukirchen am Großvenediger, www.wildkogel-arena.at/de
Ferienregion Nationalpark Hohe Tauern
Nationalparkzentrum Mittersill, www.nationalpark.at

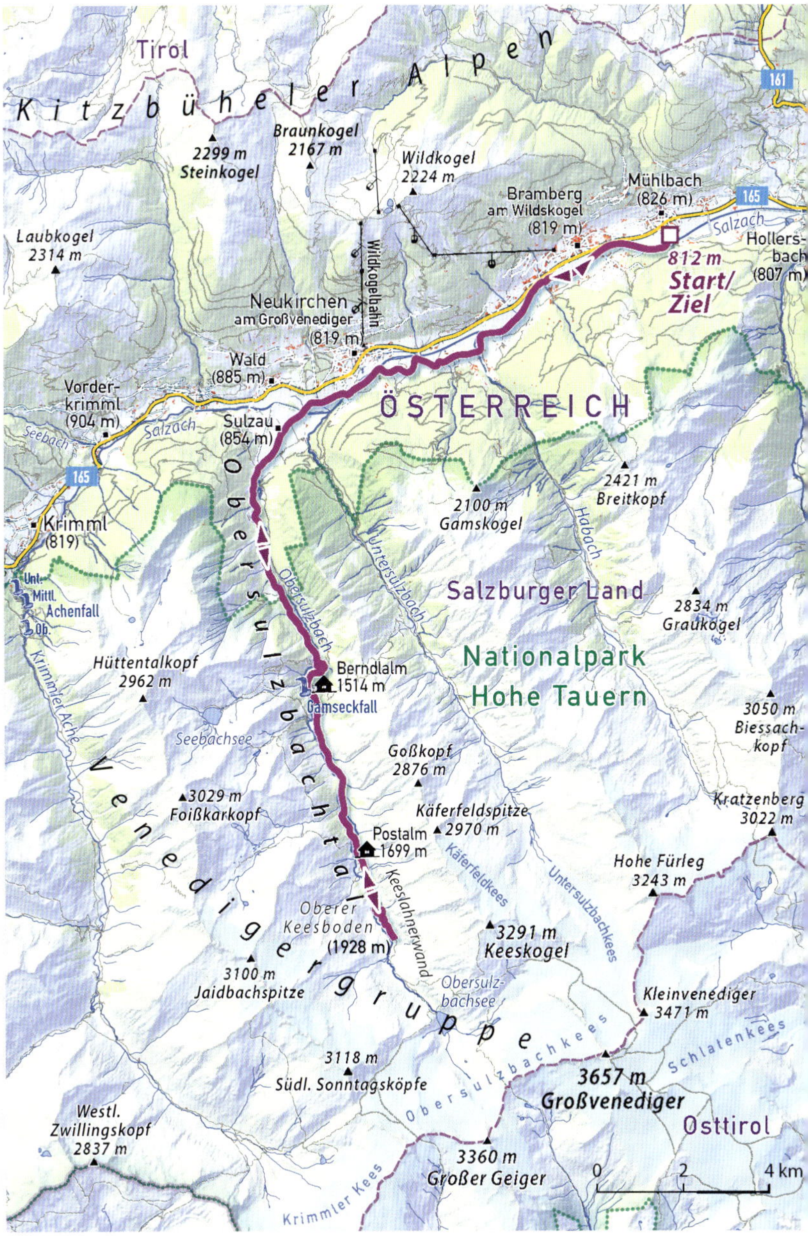

DAS TAL DER SMARAGDE

Von der Salzach hinauf ins Habachtal, wo in schwindelnden Höhen heute noch Smaragde abgebaut werden

15

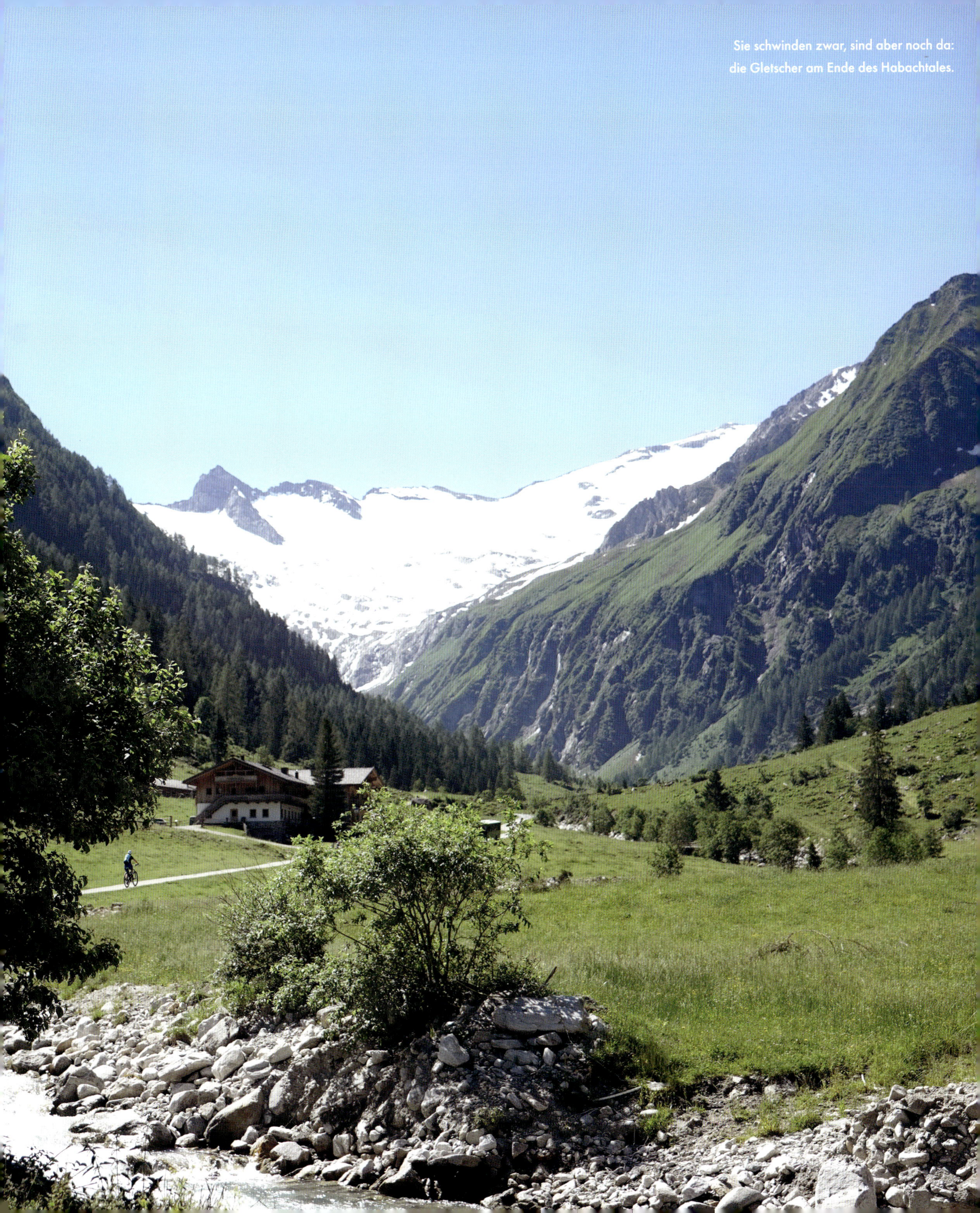

Sie schwinden zwar, sind aber noch da:
die Gletscher am Ende des Habachtales.

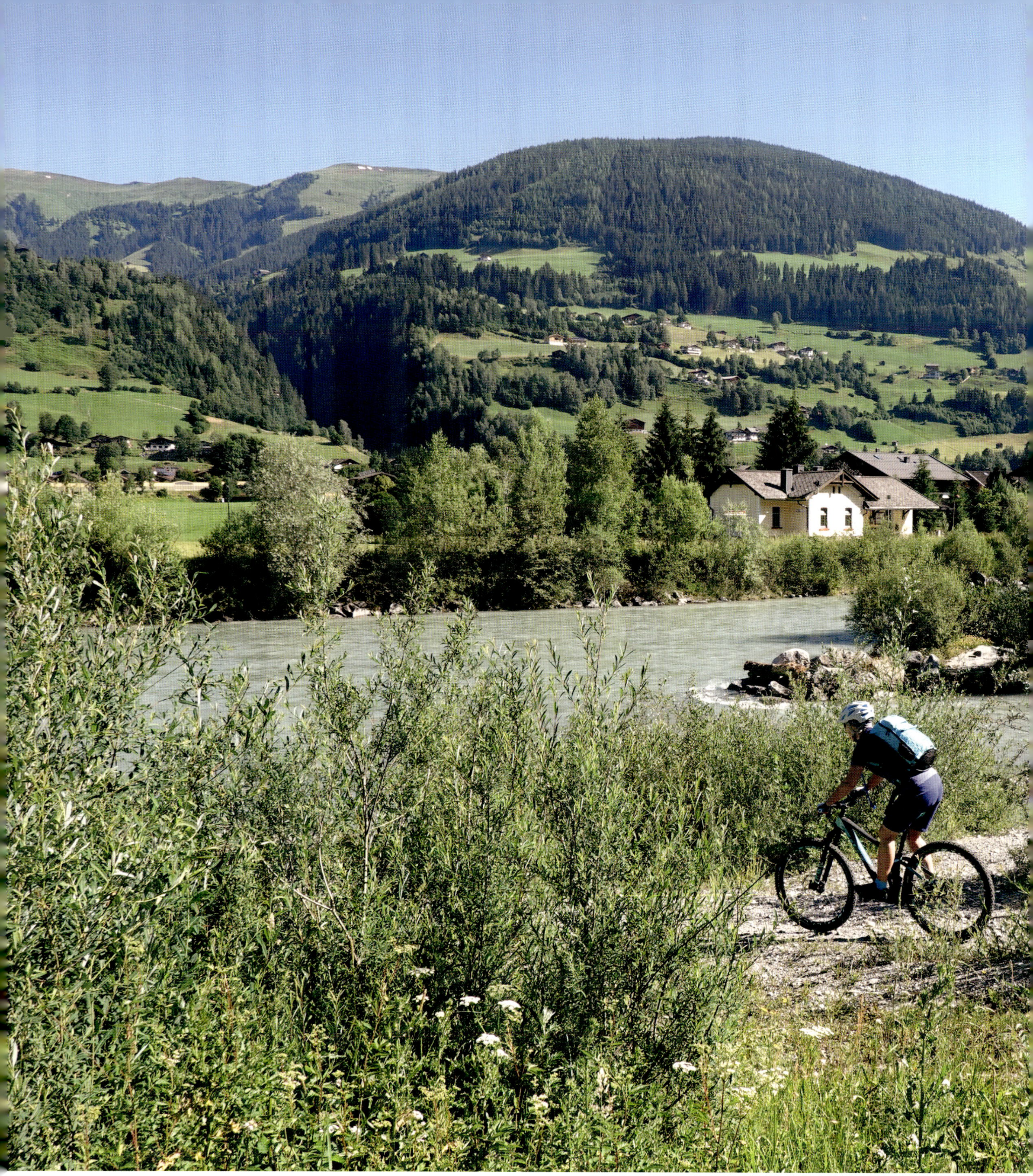

Tauernradweg an der
zach geht's los.

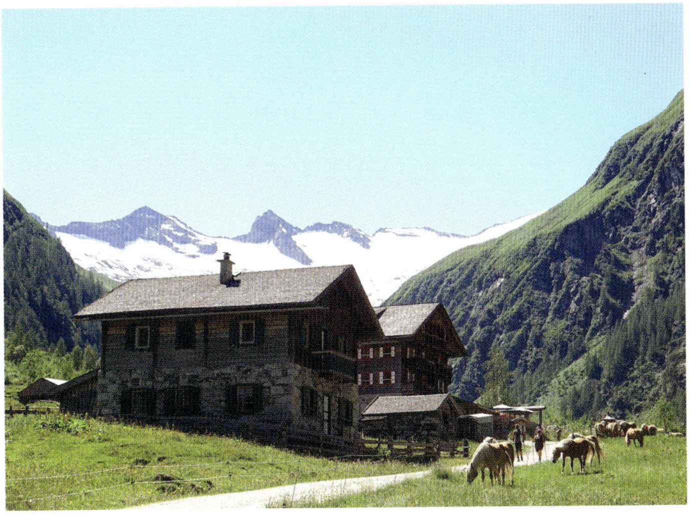

Stattliches Wirtshaus: der Almgasthof Alpenrose.

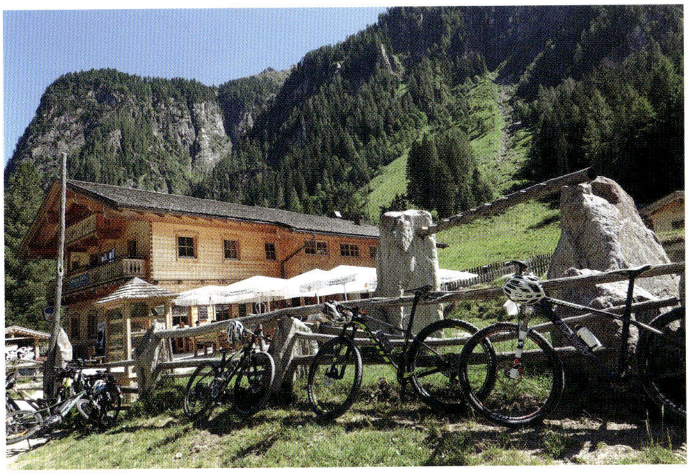

Mountainbiker und E-Biker stoppen gern an der Enzianhüttel.

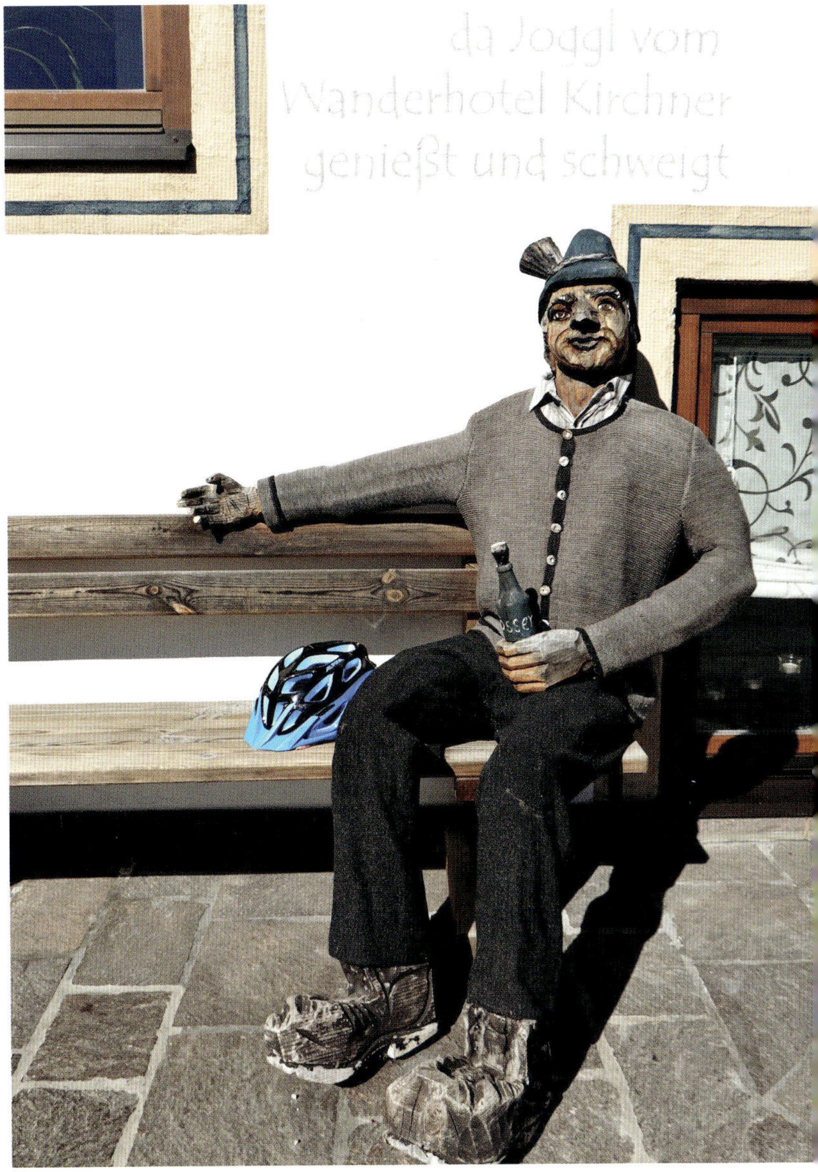

Symbolischer Genießer: der „Joggl"vom Bike- und Wanderhotel Kirchner.

Der Christian kennt sich aus!", sagen alle in Bramberg und Umgebung. Der Bike- und Wanderguide Christian Kirchner ist am nördlichen Rand des Nationalparks Hohe Tauern im Oberpinzgau aufgewachsen. Mehrmals die Woche führt er seine Gäste in der Sommersaison in die langen Hochgebirgstäler, die von der Salzach weit hinauf in die Welt der Gletscher und Bergriesen reichen. Langweilig werden ihm seine heimischen Berge auch nach Jahrzehnten nicht. Deshalb nimmt er sich meist einmal die Woche frei und macht mit seiner Frau Annemarie eine Bike-und-Hike-Tour in der Nationalparkregion. Mit dem E-Bike fahren sie dann auf Almwegen hinauf bis zum Talschluss, deponieren dort ihre Räder und wandern weiter hinauf in die hohen Felsregionen, z. B. ins Habachtal, wo sie dann vom Ende des fahrbaren Weges noch rund zwei Stunden auf einem Bergpfad aufsteigen zur Neuen Thüringer Hütte auf 2240 Meter Höhe.

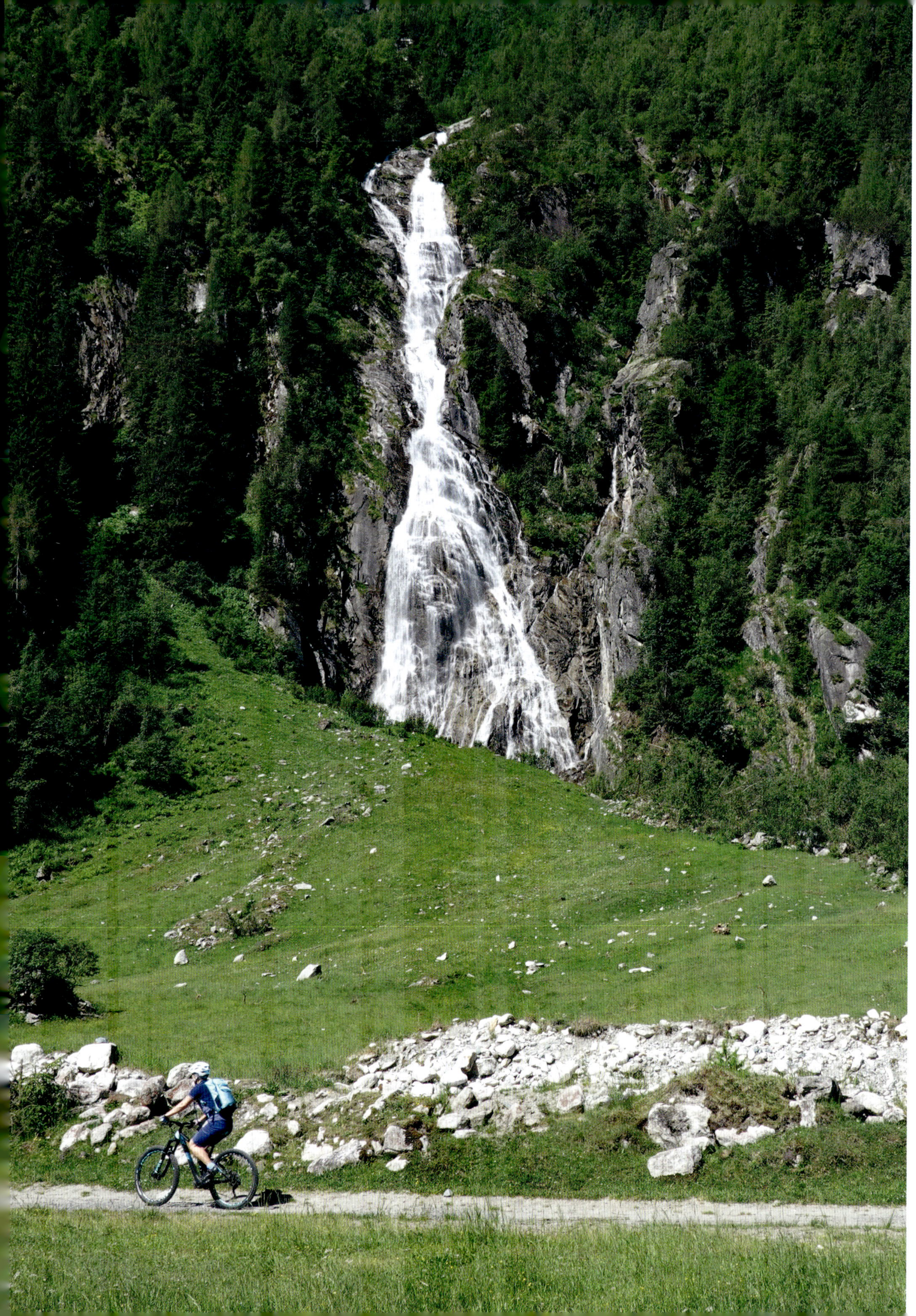

Wasser im Überfluss: einer der vielen Wasserfälle im Habachtal.

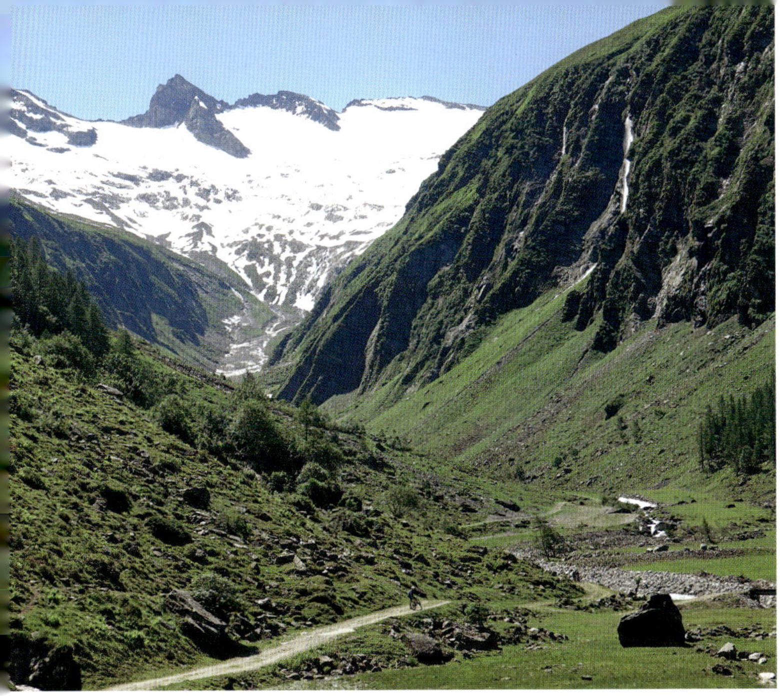

Ganz hinten im Tal sieht man die Flanken der Eisriesen.

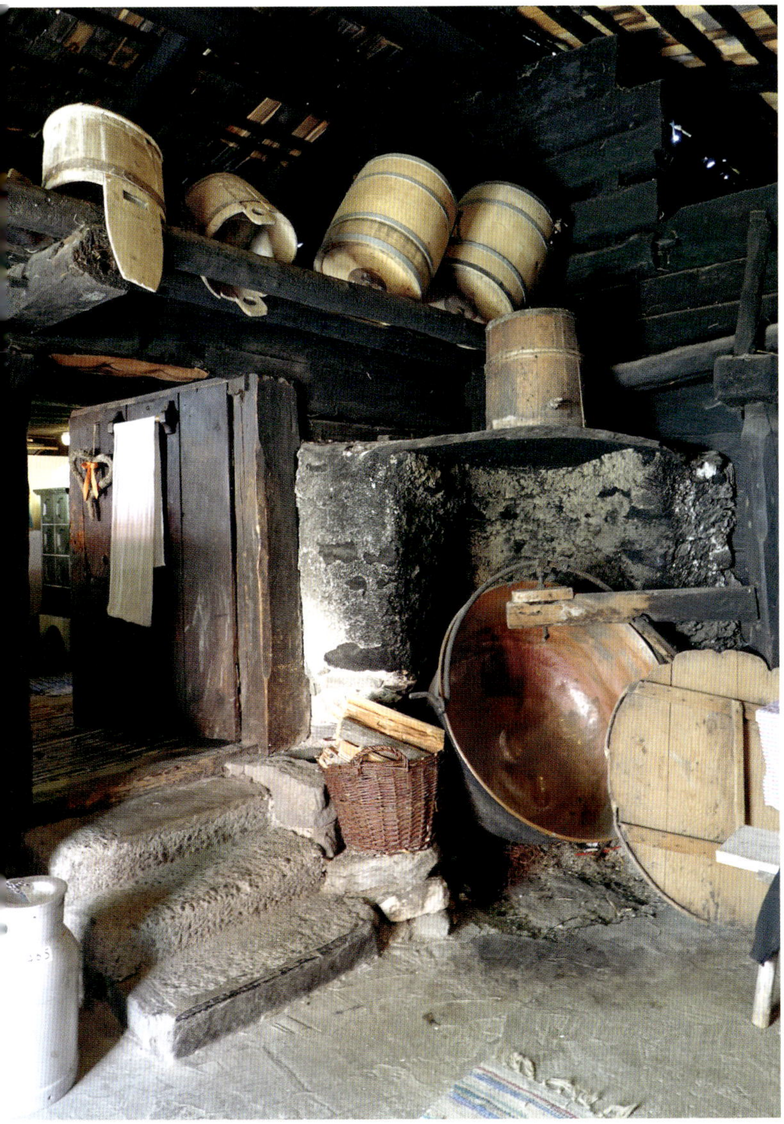

Originalzustand aus dem 18. Jahrhundert: die alte Moa-Alm.

Aber auch ohne alpine Wanderung in die Felsbastionen ist das Habachtal einen Besuch wert.
Das Tal ist bekannt für seine geologischen Besonderheiten. Im Habachtal wurde in jahrzehntelanger, mühevoller Detailarbeit die Gebirgsbildung erforscht. Die Gesteine des Tales erzählen die dynamische Geschichte von Hebung, Faltung, Formung und Abtragung der Hohen Tauern. Nach dem Tal ist sogar eine ganze Gesteinsformation – die sogenannte Habachformation – benannt. Es handelt sich um Gesteine, die 600 bis 400 Millionen Jahre alt sind und somit zu den ältesten der Hohen Tauern zählen. Die Geologie des Tales beinhaltet aber noch eine ganz andere Besonderheit: Das Habachtal ist weltberühmt für seine Mineralien. Insbesondere die Funde von Smaragden in der Leckbachrinne, aber auch z. B. Pyrite, Aquamarin und Turmalin sowie andere bunte Steine locken viele Sammler ins malerische Tauerntal. Das Smaragd-Bergwerk in der Leckbachrinne gilt als das einzige relevante Smaragdvorkommen in Europa. Belegt ist der Smaragdabbau bis zurück ins 17. Jahrhundert. Das kleine Bergwerk hoch oben in der Felsregion befindet sich in Privatbesitz und ist nicht öffentlich zugänglich. In der näheren Umgebung wurden noch weitere Mineralienfunde in klassischen alpinen Klüften gemacht wie etwa Rauchquarz aus der Wiesbachrinne oder Bergkristall aus der Teufelsmühle.
Ein Tipp für Hobby-Edelsteinsammler: Der Zugang zur Leckbachrinne ist nicht nur verboten,

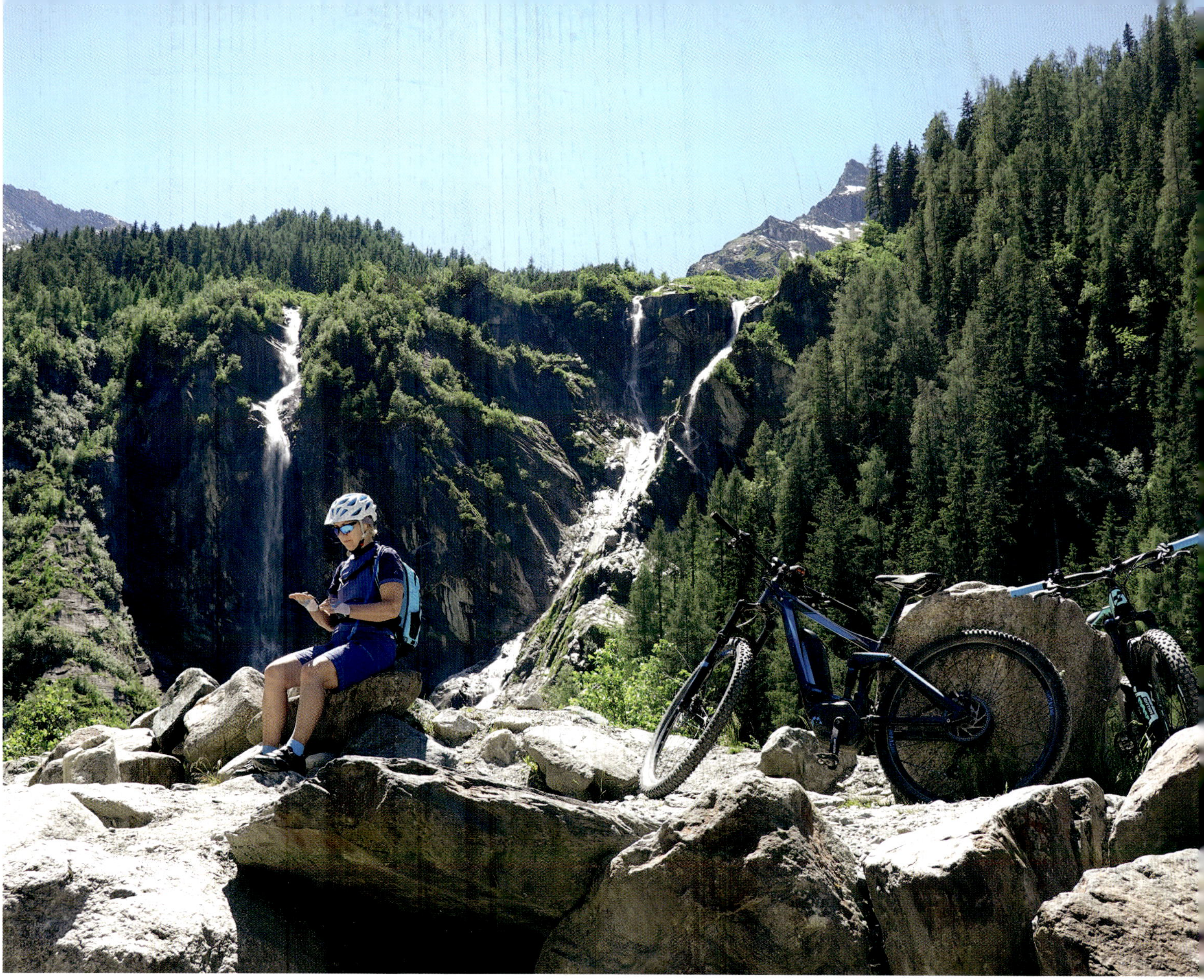

sondern auch gefährlich wegen Steinschlags. Aber mehrere Murenabgänge beförderten vor einigen Jahren viel Abraummaterial hinunter ins Tal quasi direkt neben den Berggasthof Alpenrose. Seitdem trifft man dort am Leckbach immer kleine und große Schürfer bei der Smaragdsuche. Ab und zu schimmert es wohl tatsächlich leuchtend grün aus dem Bach. Schürfwerkzeuge, wie Hammer, Hacke und Sieb kann man im Gasthaus ausleihen. Und einmal pro Woche werden dort im Sommer auch Mineralienexkursionen veranstaltet. Wer sich noch mehr für die Mineralien interessiert: Das Heimat- und Mineralienmuseum in Bramberg zeigt in einer interessanten Ausstellung die Vielfalt der Mineralien des Habachtals. In einem liebevoll hergerichteten Pinzgauer Bauernhaus aus dem 14. Jahrhundert werden mehr als 500 Exponate aus der Region präsentiert.

Unsere E-Bike-Tour startet am kleinen Bahnhof der Pinzgauer Lokalbahn in Bramberg. Wir biegen für ein paar flache Kilometer zum Einfahren auf den Tauernradweg in Richtung Neukirchen und fahren bis zum Eingang des Habachtales. Bei der Nationalparkinformation geht's rechts über die Habachbrücke zum Güterweg, der mäßig ansteigend mal auf Asphalt, danach meist auf Schotter hinauf ins Tal führt. Schon am engen Taleingang dominieren die Bergriesen am Talende den Hori-

iesem Schuttkegel werden
h Smaragde gefunden.

zont. Zuerst fahren wir durch einen schluchtenartigen Einschnitt im Bergwald. Danach öffnet sich der Talgrund mit seinen Almwiesen. Etwa in der Mitte der Strecke überwinden wir einen Steilanstieg, Kramer Bichl genannt. Auf beiden Talseiten rauschen immer wieder hohe Wasserfälle herab. Wir passieren die Enzianhütte (1312 m), danach den Almgasthof Alpenrose (1384 m), beides verlockende Gaststätten. Aber am besten wartet man mit der Einkehr noch bis zur alten Moa-Alm (1410 m) in herrlicher Aussichtslage. Ein wahres Alm-Original mit einer Kücheneinrichtung von 1771. Kurz hinter der Moa-Alm endet der Fahrweg und geht in einen Steig über hinauf zum Habachgletscher, der sich leider immer mehr aus dem Tal zurückzieht. Retour geht es auf der Anfahrtsroute. So kann man das wunderschöne Bergtal auch in Ruhe von der anderen Seite aus betrachten.

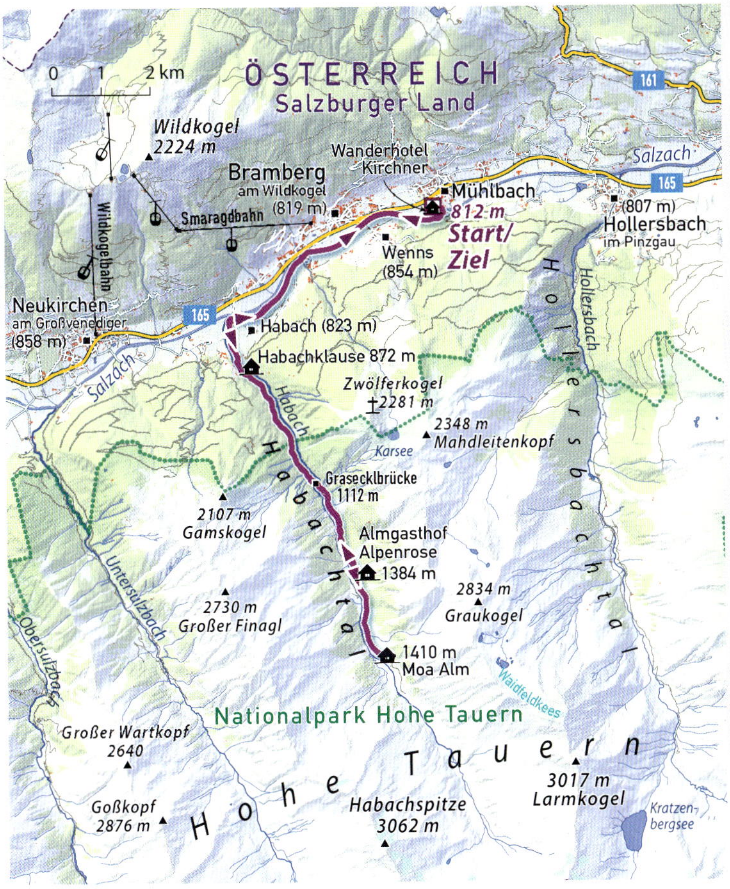

ANFORDERUNGEN
27 km, 664 hm, leicht

ROUTE
Bahnhof Bramberg – Tauernradweg – Habachtal – Almgasthof Alpenrose – Alte Moa Alm – Wegende Habachtal (auf Anfahrtsweg wieder zurück)

BESTE REISEZEIT
Ende Mai bis Anfang Oktober

E-BIKE-VERLEIH
Bike & Adventure Center Unterwurzacher Gewerbegebiet 31, A-5741 Neukirchen am Großvenediger, Tel. +43 66 47 50 70 422, www.unterwurzacher.eu/de_sommer/bike

NICHT VERPASSEN
Heimat- und Mineralienmuseum in Bramberg: In einem liebevoll hergerichteten Pinzgauer Bauernhaus aus dem 14. Jahrhundert werden mehr als 500 Exponate aus der Region präsentiert

GUT EINKEHREN
Alte Moa Alm am Ende des Habachtales. Die bewirtschaftete Alm ist quasi seit 1771 im Originalzustand und damit die älteste Hütte im Habachtal (Mai bis Anfang Oktober)
Almgasthof Alpenrose im Habachtal. Stattliches, traditionelles Berggasthaus auf 1384 m Höhe (Ende Mai bis Ende September), www.alpenrose-habachtal.at

ANGENEHM ÜBERNACHTEN
Aktivhotel Kirchner Mühlbach 46, A-5733 Bramberg am Wildkogel, Tel. +43 65 66 72 08, www.wanderhotel.at
Smaragdhotel Tauernblick Wennserstraße 92, A-5733 Bramberg am Wildkogel, Tel. +43 65 66 72 08, www.tauernblick.at

LANDKARTE
Kompass-Karte **WK 29 „Kitzbüheler Alpen"** 1:50.000
Kompasskarte **„Wandersafari Oberpinzgau"** 1:35.000
Schubert & Franzke **„Wander- und Bikekarte Bramberg am Wildkogel"** 1:42.500

ALLGEMEINE AUSKUNFT
Gästeinformation Neukirchen & Bramberg
Tel. 0043/720710730, www.wildkogel-arena.at/de
Nationalpark Hohe Tauern Nationalparkzentrum Mittersill, hohetauern.at/de

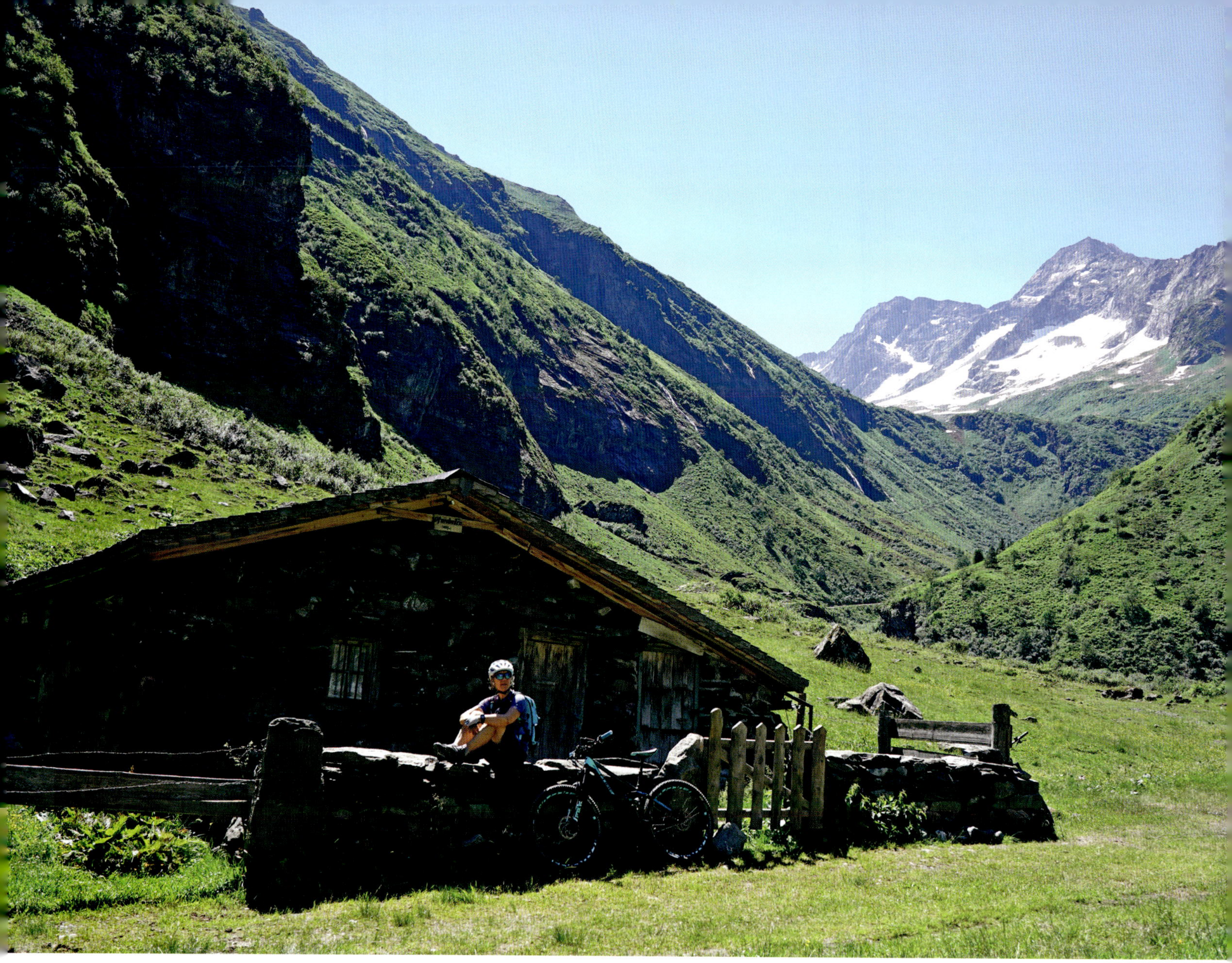

16 DAS TAL DER GEIER

Von der Salzach führt die Route weit hinein ins Hollersbachtal im Nationalpark Hohe Tauern

llisches Plätzchen: die uralte Ofneralm.

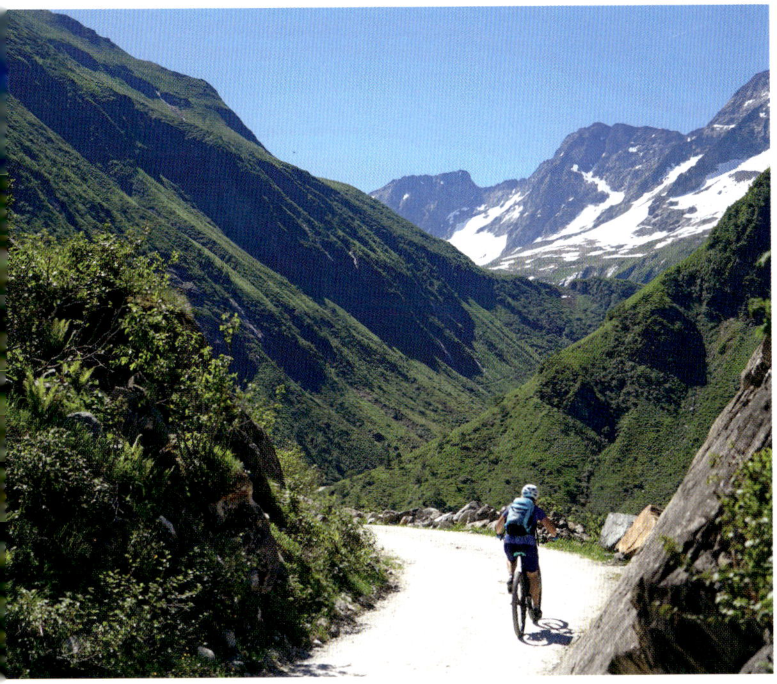

Hin und wieder wird es auch etwas steiler.

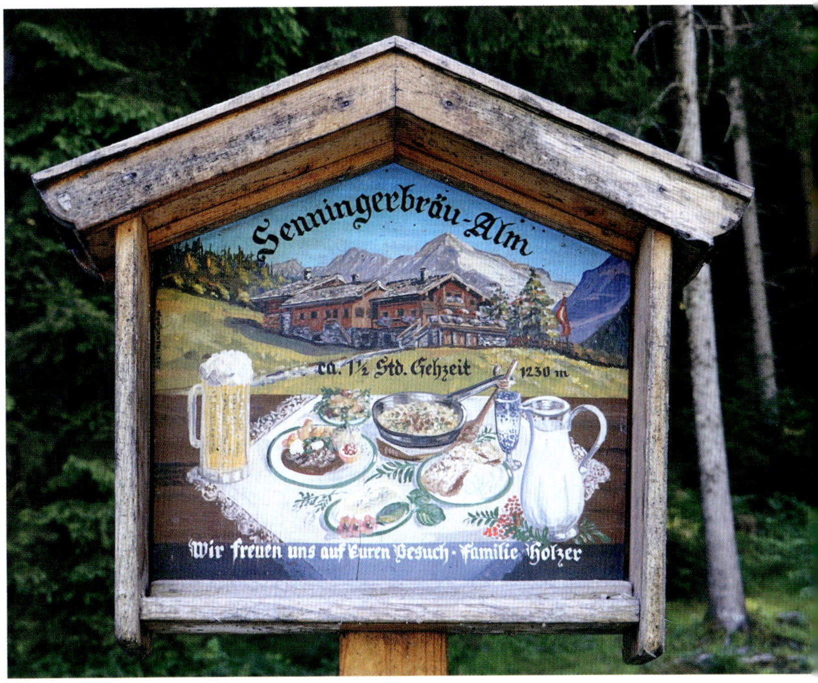

Handgemalt: Hinweisschild der Senningerbräu-Alm.

Auf ihre Art faszinieren alle Tauerntäler, die sich von den schneebedeckten Dreitausendern zur Salzach hin erstrecken, ihre Besucher. Das rund 18 Kilometer lange Hollersbachtal ist jedoch breiter und offener als die benachbarten Tauerntäler. Die weiten Talböden und der geologische Untergrund aus Schiefergestein begünstigen eine aktive Almwirtschaft, die heute noch auf einer Fläche von 3500 Hektar betrieben wird. Hier verteilen sich zwar viele Almen – die meisten in den Oberpinzgauer Tauerntälern –, aber wir hatten den Eindruck, dass sich hier trotzdem weniger Radler, Wanderer und Bergsteiger tummeln als in den Nachbartälern. Unsere einfache Erklärung dafür: Aktuell bewirten im Hollersbachtal nur noch zwei Berggasthöfe hungrige und durstige Gäste, und zwar gleich am Talanfang die Seestube am kleinen Stausee und etwas weiter drin im Tal die beliebte Senningerbräu-Alm. Kein Wunder, dass es ab der Mitte des Tales spürbar ruhiger wird. Das ist sicherlich auch der Grund, warum im hinteren Hollersbachtal im Sommer viele Gänse- und Weißkopfgeier zu Gast sind. Die Geierschlafwände befinden sich in der Steigklamm östlich des Ofnerbodens und weiter taleinwärts am Geiering, einem markanten Felsgrat. Man erkennt die Plätze an den vom Kot weiß gekalkten Flecken. Also einfach mal Ausschau am Himmel halten, ob die riesigen Vögel durch die Lüfte gleiten. Die Aussicht, einige Prachtexemplare zu sehen, ist nicht schlecht. Wir starten unsere E-Bike-Tour am kleinen Bahnhof in Bramberg und biegen dort direkt in den Tauernradweg in Richtung Mittersill. Entlang der Salzach geht es eben dahin bis zum Ort Hollersbach, wo wir abbiegen in den Weg hinauf ins Hollersbachtal. Einfahrt ins Tal ist am kleinen Stausee beim Gasthof Seestube. Zuerst folgt eine Waldpassage, und es geht sogar etwas bergab, bevor sich das Tal vor uns öffnet zum Bilderbuchblick – überall Almwiesen mit Bächen und Bächlein, die zum Teil über

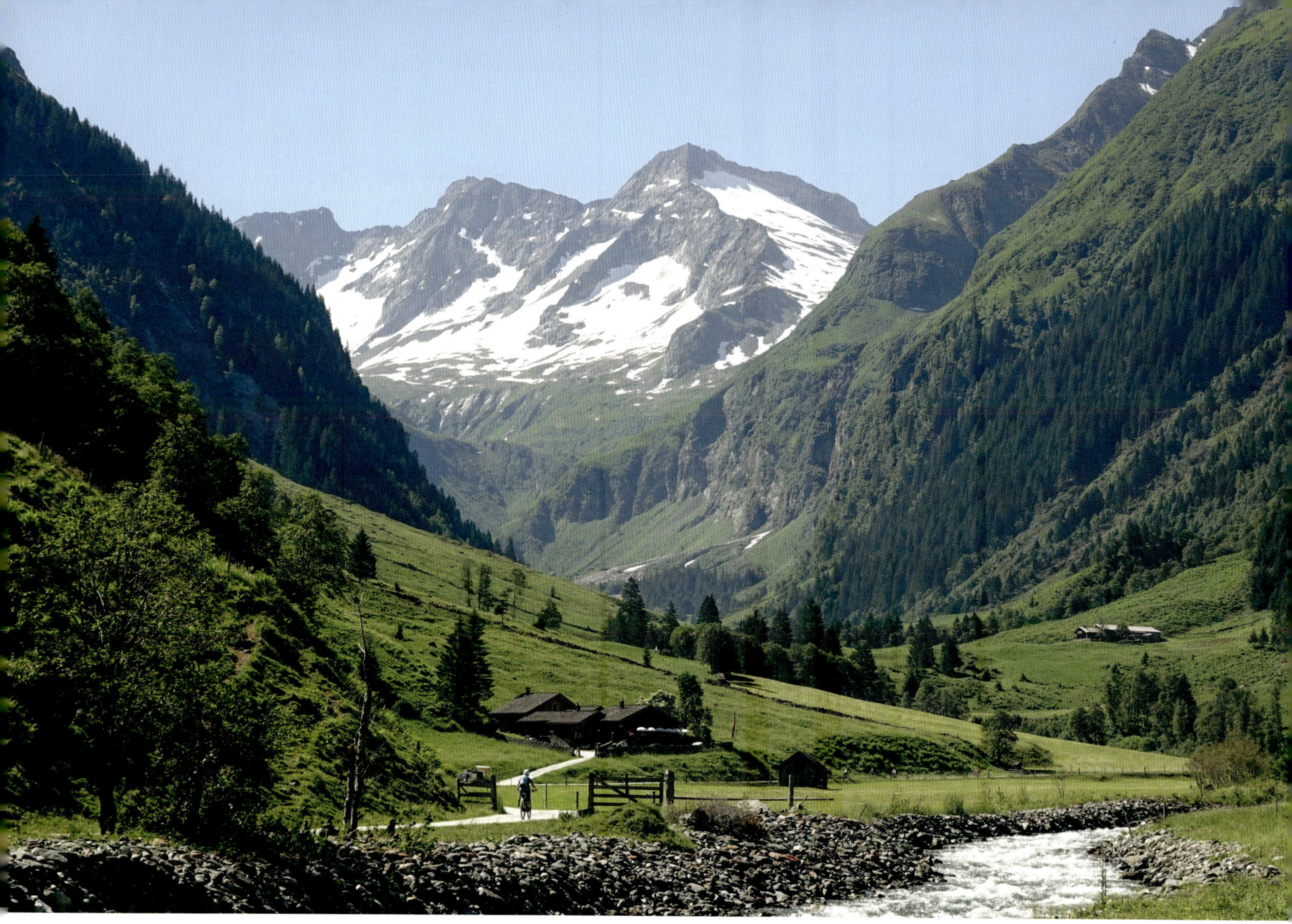

Der Hollersbach begleitet den Weg zum Talende.

schier himmelhohe Wasserfälle in die Tiefe stürzen. An der bewirtschafteten Senningerbräu-Alm ist es fast noch zu früh für eine Einkehr, auch wenn das Ambiente noch so verlockend ist. Das sparen wir uns für den Rückweg auf. Ab der Mitte des Tales zeigt sich der Schotterweg zum Teil etwas steiler und ruppiger, aber eigentlich immer gut fahrbar. Am idyllischen Ofnerboden mit seinem kleinen See und Moor legen wir an der alten Almhütte eine kleine Verschnauf- und Beobachtungspause ein. Am Himmel kreisen tatsächlich Adler und Geier, und in den steilen Grashängen pfeifen die Murmeltiere. Danach warten noch zwei Serpentinen hinauf zur Materialseilbahn der Neuen Fürther Hütte und zum Fahrwegende. Die Traumkulisse bilden hier die wuchtigen Kaskaden von Weißeneckerfall und Seebachfall, die wie Brüder nebeneinander in die Tiefe stürzen und den Hollersbach speisen. Gemütlich rollen wir zurück zur Senningerbräu-Alm und genießen nochmals Kühe, Berge, verwitterte Almhütten und die unzähligen Wasserfälle. Das Fazit unserer Täler-Tour: Für geübte E-Biker ist das Hollersbachtal keine große Herausforderung, aber dieses archaische Kalenderbild-Panorama ist schlicht einmalig. Kein Wunder, dass die Touren im Nationalpark Hohe Tauern für viele Einheimische selbst nach vielen Besuchen noch immer eine Attraktion sind – sogar für Bike-Guides, die jede Woche hier sind.

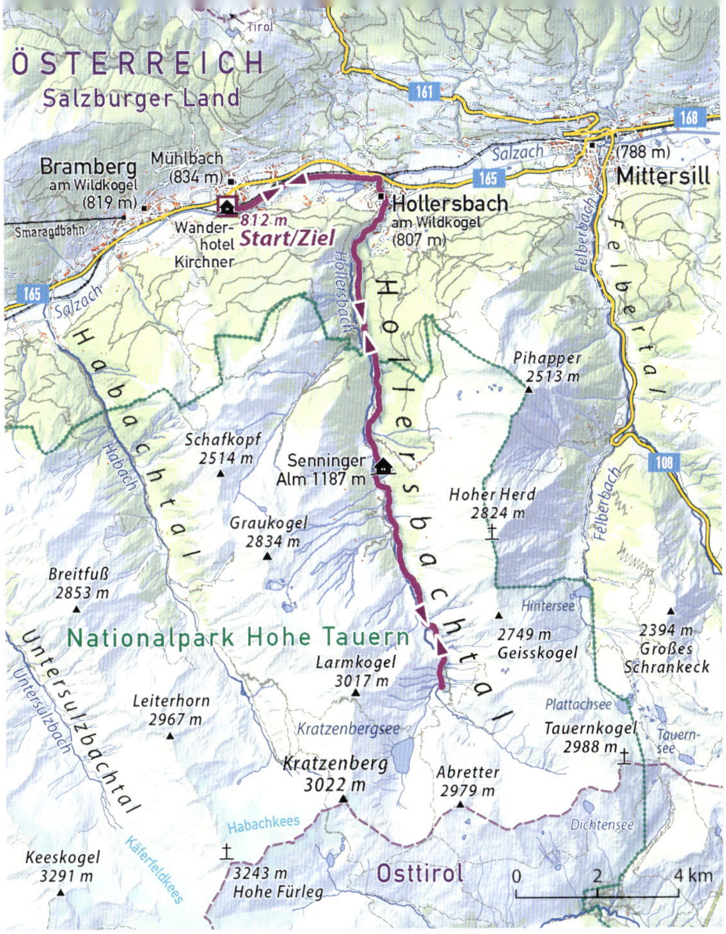

ANFORDERUNGEN

34 km, 1110 hm, mittel

ROUTE

Bahnhof Brambach – Tauernradweg – Habachtal – Senningerbräu Alm – Ofneralm – Materialseilbahn Neue Fürther Hütte (auf dem Anfahrtsweg wieder zurück)

BESTE REISEZEIT

Ende Mai bis Anfang Oktober

E-BIKE-VERLEIH

Bike & Adventure Center Unterwurzacher Gewerbegebiet 31, A-5741 Neukirchen am Großvenediger, Tel. +43 66 47 50 70 422, www.unterwurzacher.eu/de_sommer/bike

NICHT VERPASSEN

Heimat- und Mineralienmuseum in Bramberg: In einem liebevoll hergerichteten Pinzgauer Bauernhaus aus dem 14. Jahrhundert werden mehr als 500 Exponate aus der Region präsentiert.
Nationalparkwelten in Mittersill. Besucherzentrum und interaktives Museum mit Informationen und einem 3-D-Film zur umliegenden Alpenlandschaft. www.nationalpark.at/de/nationalparkzentrum

GUT EINKEHREN

Senningerbräu-Alm (1130 m) im Hollersbachtal, Berggasthaus mit guter Küche und schöner Terrasse, www.alm-huette.at

ANGENEHM ÜBERNACHTEN

Aktivhotel Kirchner Mühlbach 46,
A-5733 Bramberg am Wildkogel, Tel. +43 65 66 72 08,
www.wanderhotel.at
Smaragdhotel Tauernblick Wennserstraße 92,
A-5733 Bramberg am Wildkogel, Tel. +43 65 66 72 53,
www.tauernblick.at

LANDKARTE

Kompass-Karte **WK 29 „Kitzbüheler Alpen"** 1:50.000
Kompasskarte **„Wandersafari Oberpinzgau"** 1:35.000
Schubert & Franzke **„Wander- und Bikekarte Bramberg am Wildkogel"** 1:42.500

ALLGEMEINE AUSKUNFT

Gästeinformation Neukirchen & Bramberg
Tel. +43 72 07 10 730, www.wildkogel-arena.at/de
Nationalpark Hohe Tauern, Nationalparkzentrum Mittersill,
www.hohetauern.at/de

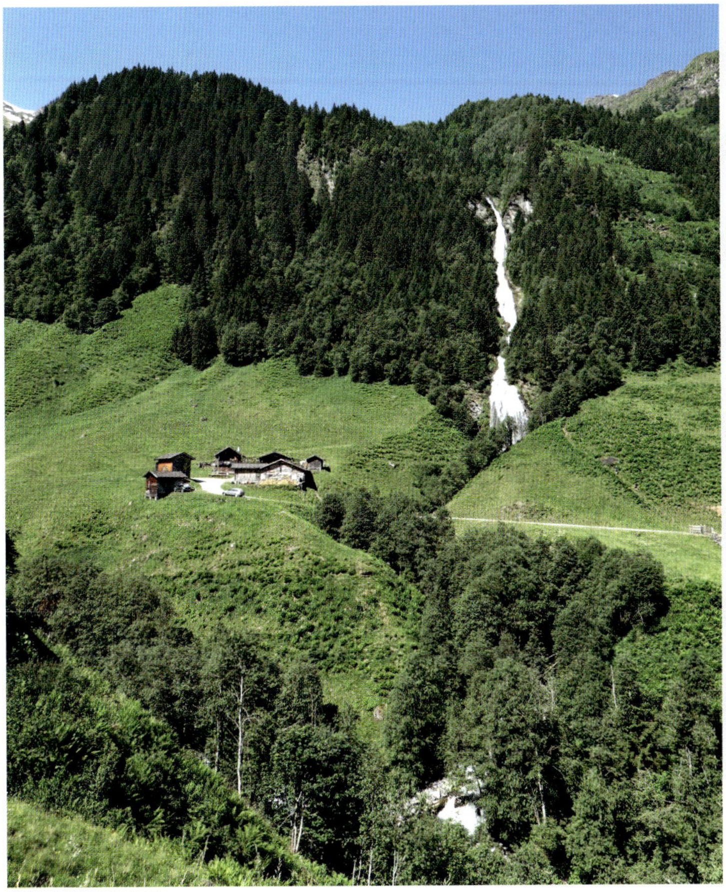

Almen und Wasserfälle prägen das Hochgebirgstal.

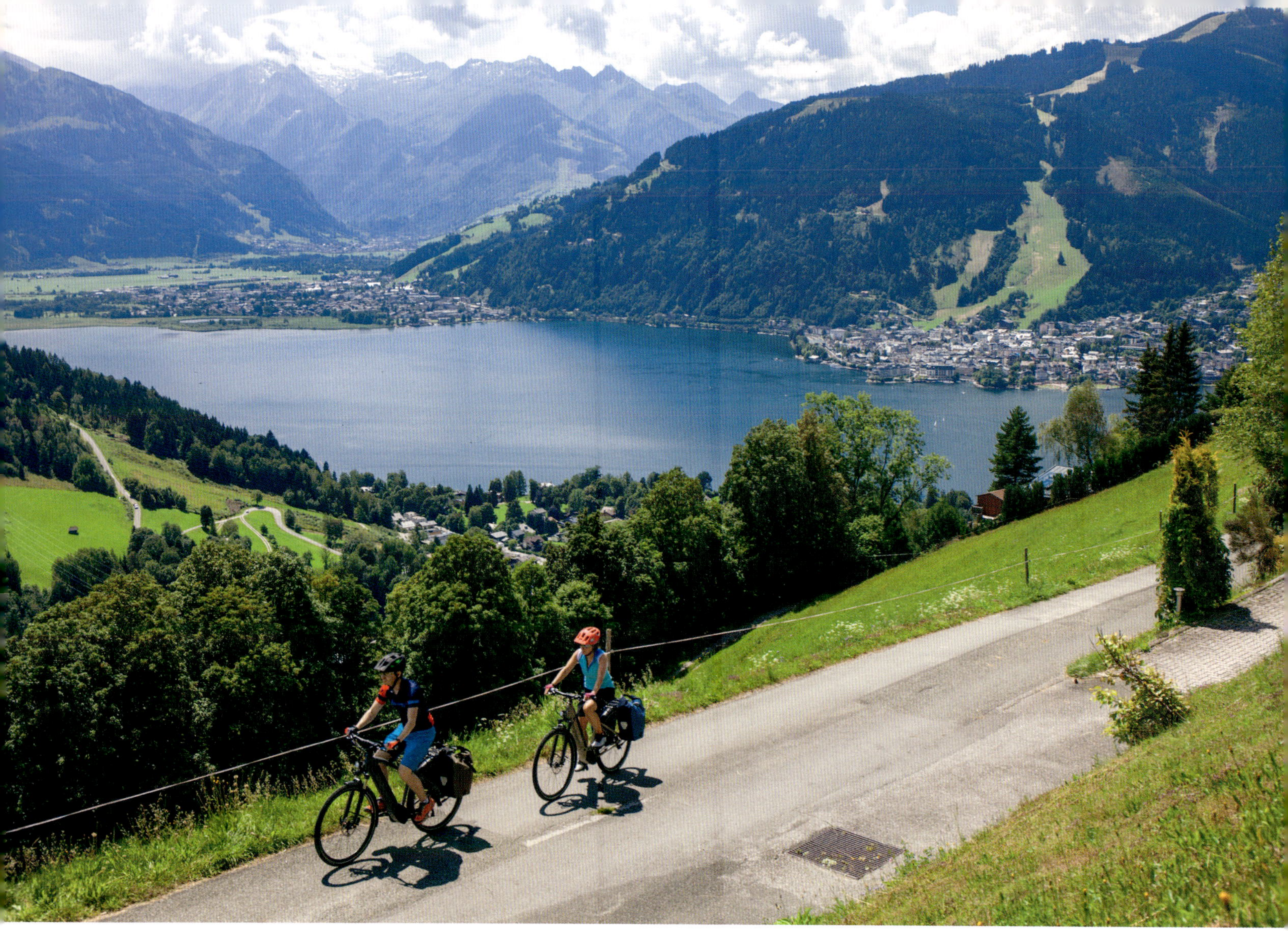

17

ZELLER SEE VON OBEN

Knackige Radrunde mit Traumpanoramen auf weiße Segel und weiße Gipfel

…nussfahrt zum Berggasthof Mitterberg
… Traumblicken in die Hohen Tauern.

Erst einmal stehen bleiben, verschnaufen und die fantastische Aussicht genießen: Markant erhebt sich die Spitze des 3203 Meter hohen Kitzsteinhorns am Horizont. Unter uns, vom Wind gekräuselt, der kühlblaue Zeller See. Auf der gegenüberliegenden Uferseite blitzen die weißen Häuser des schicken Urlaubsstädtchens Zell am See am Fuß seines Hausbergs Schmitten mit der Sonne um die Wette. Die schöne Auffahrt vom Seeniveau hoch in die Salzburger Schieferalpen treibt uns trotz Motorunterstützung ein paar Schweißperlen auf die Stirn, da kommt die hübsche Aussicht zum Pausieren gerade recht.

Wir kombinieren die beliebte und sehr einfache Seeumrundung von Zell am See über den kleinen Ort Thumersbach am anderen Seeufer mit der Auffahrt zu zwei Berggasthäusern mit tollem Blick. Die große Holzterrasse der Enzianhütte lädt mit gemütlichen Liegestühlen zu Kaffee und Kuchen ein. Hier, unterhalb des Ronachkogels (1326 m), trennen sich die Wege. Mountainbiker und Wanderer machen sich auf den Weg zum höchsten Gipfel der Salzburger Schieferalpen, dem Hundstein (2117 m). Wir fahren ein paar Meter zurück und genießen die Kühle des Bergwalds auf dem Waldheimweg, der zum Thumersbacher Talschluss führt.

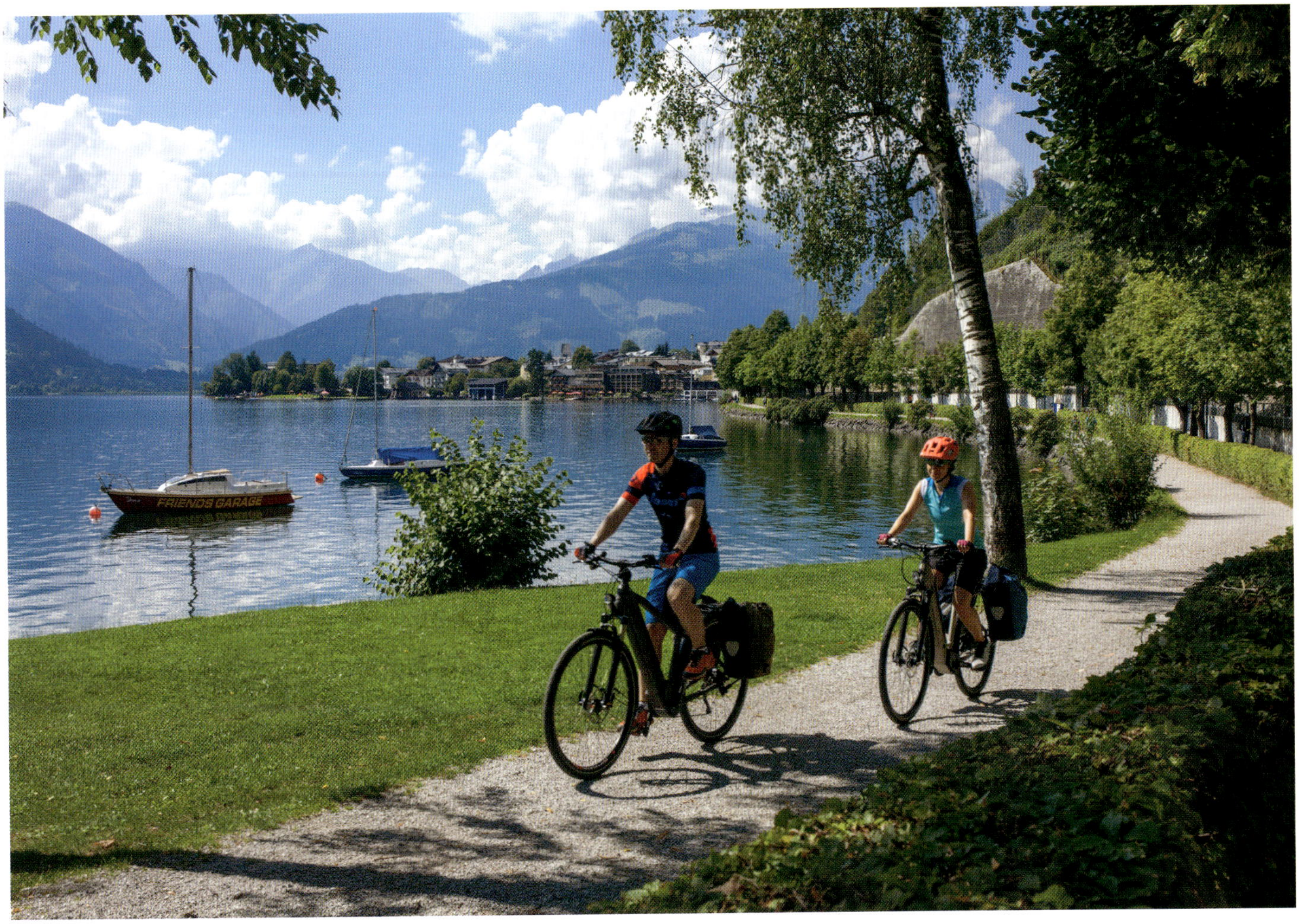

Rundweg um den Zeller See.

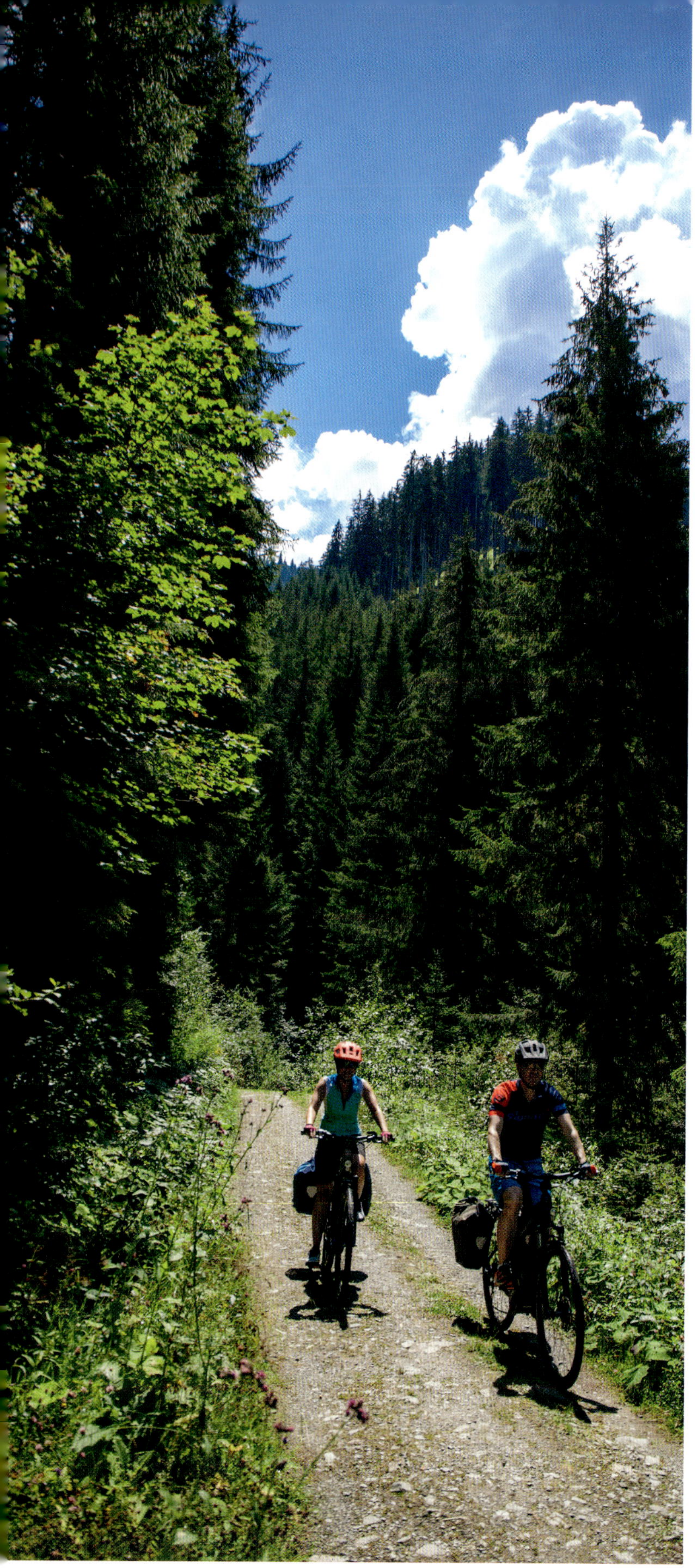

Auf dem Waldheimweg
im Alpkendlgraben.

Entlang des Thumersbachs rollen wir talauswärts Richtung See, biegen dann aber auf eine ruhige, gut ausgebaute Bergstraße ab, die uns noch einmal nach oben führt. Umgeben von saftigen Bergwiesen bietet der Berggasthof Mitterberg die schönsten Fernblicke unserer Tour über den See bis zu der in den Hohen Tauern gelegenen Glocknergruppe. Auf der Sonnenterrasse lassen wir uns mit einem leckeren Mittagessen verwöhnen. Auch eine süße Nachspeise für Naschkatzen ist drin, denn es geht danach nur noch bergab und ein paar Kilometer flach am See entlang. Im Strandbad Thumersbach und auch auf der Weiterfahrt nach Zell am See finden sich Gelegenheiten für ein erfrischendes Bad. Wer möchte, leiht sich ein Ruder- oder Elektroboot. Ein interessanter Perspektivwechsel, die Bergwelt rundherum mal von der Seemitte aus zu bewundern.

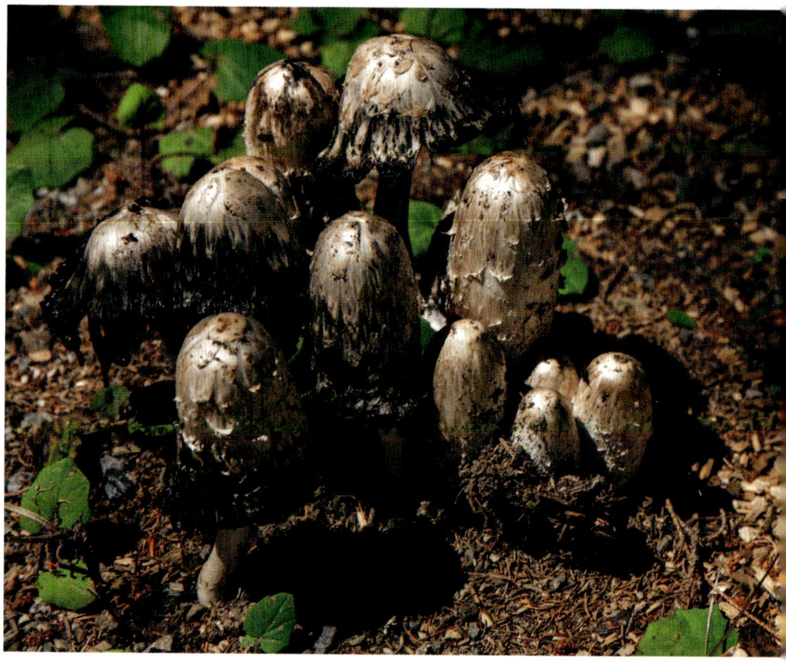

Schopf-Tintlinge in den Salzburger Schieferalpen.

ANFORDERUNGEN
30 km, 900 hm, schwer

ROUTE
Zell am See – Thumersbach – Enzianhütte – Waldheimweg – Hinterwald– Mitterberghof – Thumersbach – Schüttdorf – Zell am See

BESTE REISEZEIT
Mai bis Oktober

E-BIKE-VERLEIH
Intersport Scholz
Bahnhofstraße 13, A-5700 Zell am See,
Tel. +43 65 42 72 60 6, www.intersport-scholz.at
Fahrrad-Center Zell am See
Kitzsteinhornstraße 1, A-5700 Zell am See Schüttdorf,
Tel. +43 65 42 53 15 1, www.fahrrad-center.at

NICHT VERPASSEN
Eine Schiffs-oder Bootsfahrt auf dem Zeller See.
Ein besonderes Erlebnis ist die einstündige Abendrundfahrt.
www.schmitten.at/de/Schifffahrt-am-Zeller-See
Bootvermietung Berger Esplanade 6, A-5700 Zell am See,
Tel. +43 66 43 58 17 95, www.bergerboote.at
Einplanen sollte man auf jeden Fall einen Bummel durch die historische Altstadt und die Fußgängerzone mit dem über 1000 Jahre alten Vogtturm.

RADFREUNDLICHE UNTERKÜNFTE
Romantik Hotel Zell am See
Sebastian-Hörl-Straße 11, A-5700 Zell am See,
Tel. +43 65 42 72 52 0, www.romantik-hotel.at
Hotel Latini
Kitzsteinhornstraße 4, A-5700 Zell Am See,
Tel. +43 65 42 54 25, www.latini.libertashotels.com

EINKEHRTIPPS
Berggasthof Enzianhütte
Erlbergweg 85, A-5700 Zell am See,
Tel. +43 66 47 35 55 853, www.berggasthof-zellamsee.at
Berggasthof Mitterberg
Mitterbergweg 155, A-5700 Zell am See
Tel. +43 65 42 72 493, www.gasthof-zellamsee.at

LANDKARTEN
Kompass-Karte **WK 30 „Zell am See, Kaprun"** 1:35.000

ALLGEMEINE AUSKUNFT
Zell am See Tourismus
Brucker Bundesstr. 1a, A-5700 Zell am See,
Tel. +43 65 42 770 www.zellamsee-kaprun.com/de

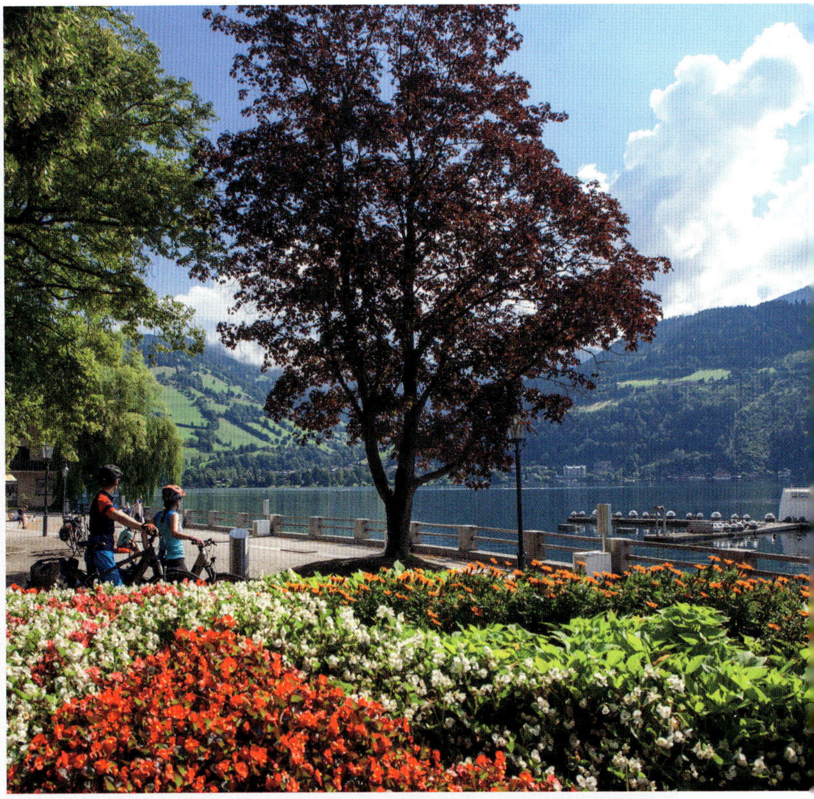

Gepflegt: Uferpromenade in Zell am See.

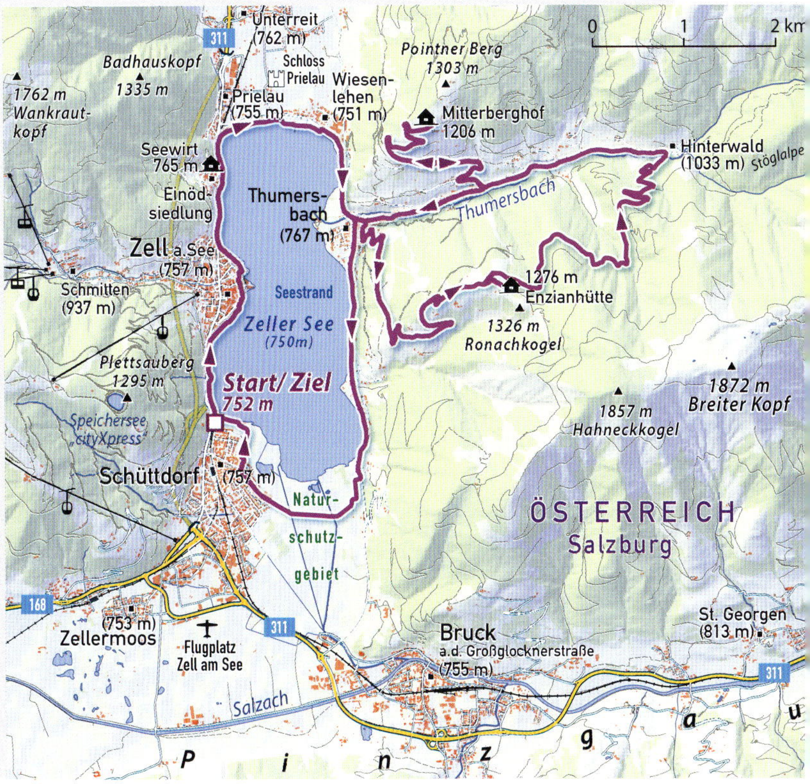

GIPFELAUSFLUG KAPRUN

18

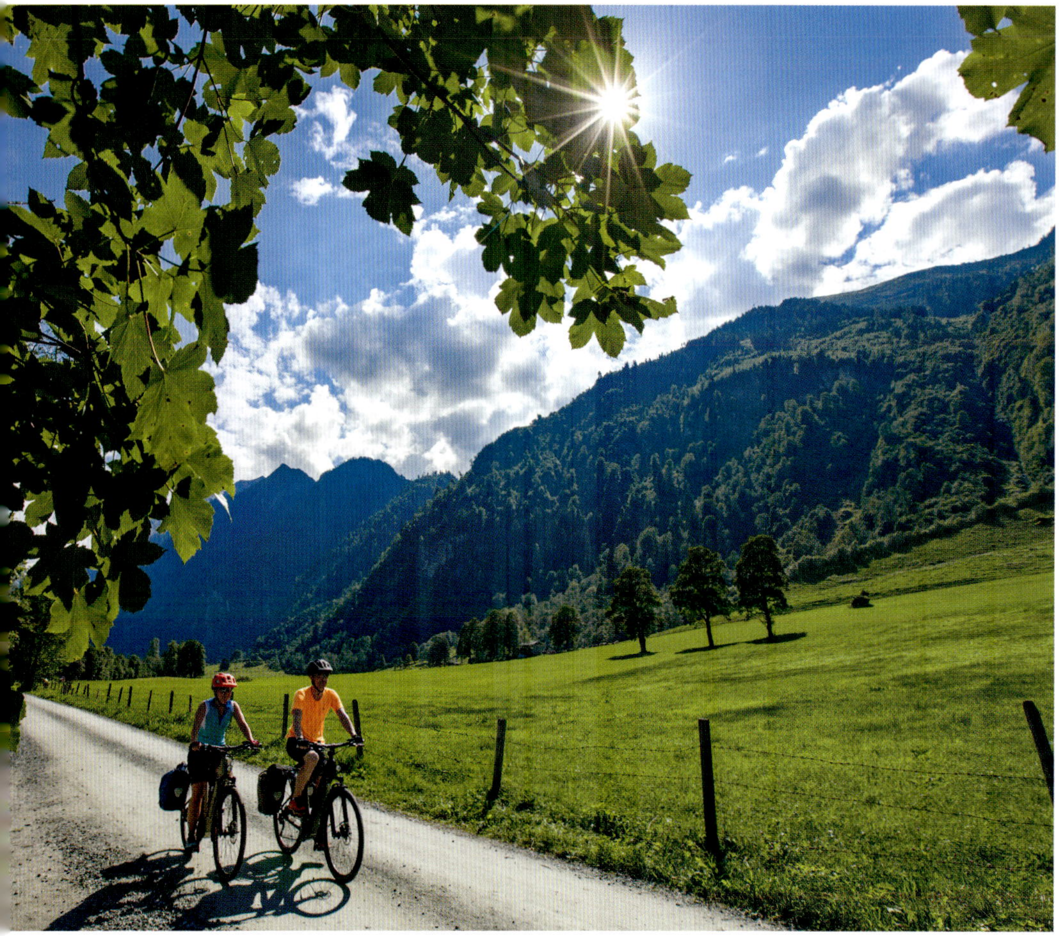

Über eine Klamm und ganz hoch auf den Berg

Genussradeln im Kapruner Tal.

Viele Jahrtausende lang hat die Kapruner Ache, gespeist von den Gletschern der Hohen Tauern, eine Schlucht tief in den Berg geschnitten. Ein Spaziergang über die kühn an den Fels geschlagenen Holzstege durch die Sigmund-Thun-Klamm gehört zu den absoluten Höhepunkten im Salzburger Land. Ein weiteres Highlight ist die Fahrt zur Aussichtsplattform unterhalb des Gipfels des Kitzsteinhorns. 2243 Meter Höhenunterschied gilt es zu überwinden. Die meisten davon allerdings mit Seilbahn-Unterstützung.

Der Kesselfall-Radweg führt von Kaprun aus oberhalb der Klamm entlang der Kapruner Ache zur Talstation der Gletscherbahnen. Sommerfrischler aus aller Welt haben am Ufer des idyllischen Klammsees ihre Picknickdecken wie einen großen Flickenteppich ausgebreitet. Die etwa halbstündige Gondelfahrt mit viermal Umsteigen bis auf 3029 Meter Meereshöhe eröffnet auch Nichtalpinisten das Erleben hochalpiner Natur. Der Blick von der Panorama-Plattform in die Dreitausender-Bergwelten Österreichs ist atemberaubend, aber beim Anblick des Skigebiets auf dem schwindenden Gletscher wird auch deutlich, was der Mensch der Natur abringt.

Vom Hochgebirgsausflug zurück führt der Radweg noch ein Stück hinein ins Kapruner Tal, bis kurz vor dem Talschluss das Alpenhaus Kesselfall zu einem guten Essen einlädt. Vielleicht wagt man an heißen Sommertagen noch ein erfrischendes Bad im Klammsee. Wem das Gebirgswasser zu kalt ist, der kann es sich nach der Tour im modernen Tauern SPA Zell am See-Kaprun so richtig gut gehen lassen.

ANFORDERUNGEN
15 km, 295 hm, leicht

ROUTE
Kaprun – Klammsee – Talstation Kitzsteinhorn – Kesselfall Alpenhaus – (auf Anfahrtsweg mit Variante zurück nach Kaprun)

BESTE ZEIT FÜR DIE TOUR
Mitte Juni bis Mitte September

RADFREUNDLICHE UNTERKÜNFTE
Der Kaprunerhof Schulstraße 21 in Kaprun, www.kaprunerhof.at
Das Falkkenstein Nikolaus-Gassner-Straße 79 in Kaprun, www.falkenstein.at/de/hotel-in-kaprun/

SEHENSWERT
Top of Salzburg Gondelfahrt auf die Aussichtsplattform unterhalb des Kitzsteinhorns auf 3029 Meter
Sigmund-Thun-Klamm Spaziergang über Holzwege und Brücken durch die tief eingeschnittene Klamm

EINKEHRTIPPS
Alpenhaus Kesselfall www.kesselfall.at

E-BIKE-VERLEIH
Bründl Sport Kitzsteinhornplatz 1b, Kaprun, www.bruendl.at/de/standorte/kaprun/maiskogelbahn-talstation

LANDKARTE
Kompass-Karte **WK 030 „Zell am See, Kaprun"** 1:35.000

ALLGEMEINE AUSKUNFT
Kaprun Information Salzburgerplatz 6, A-5710 Kaprun, Tel. +43 65 47 80 80, www.zellamsee-kaprun.com

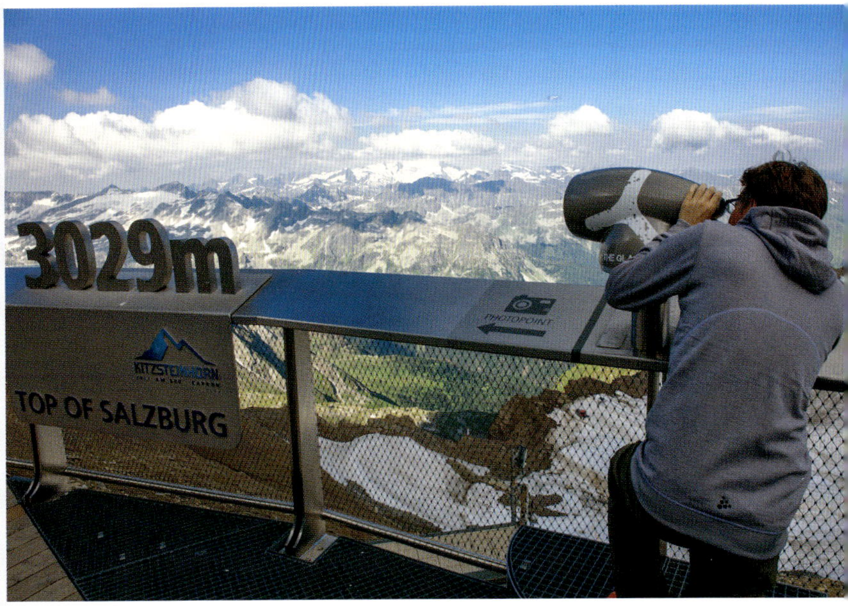

Höchstes Ausflugsziel im Salzburger Land: Aussichtsplattform Kitzsteinhorn.

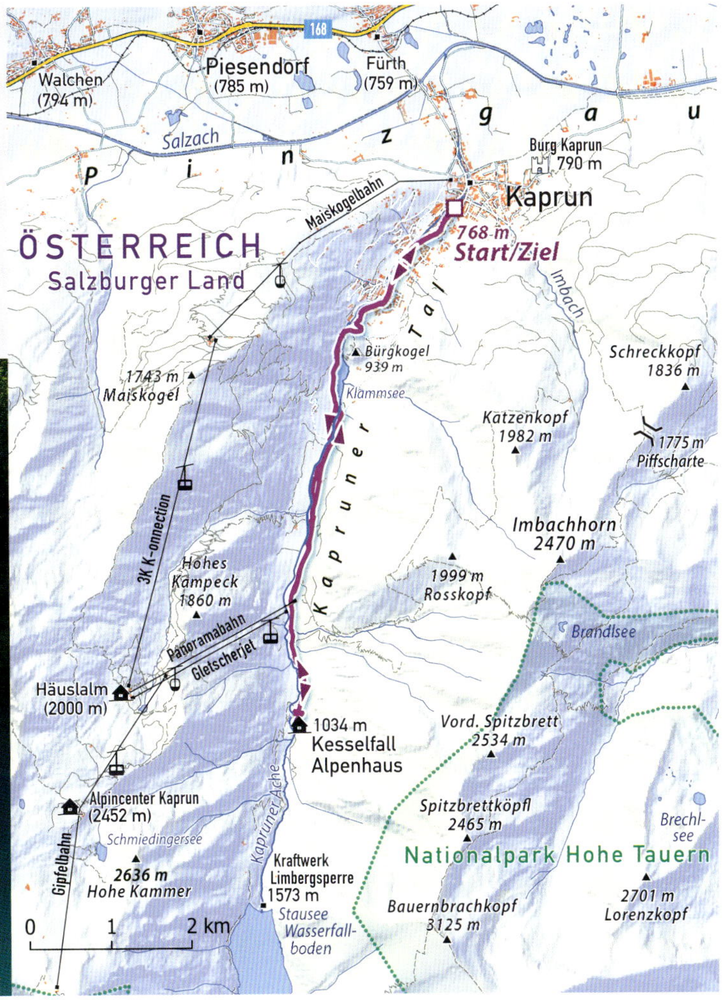

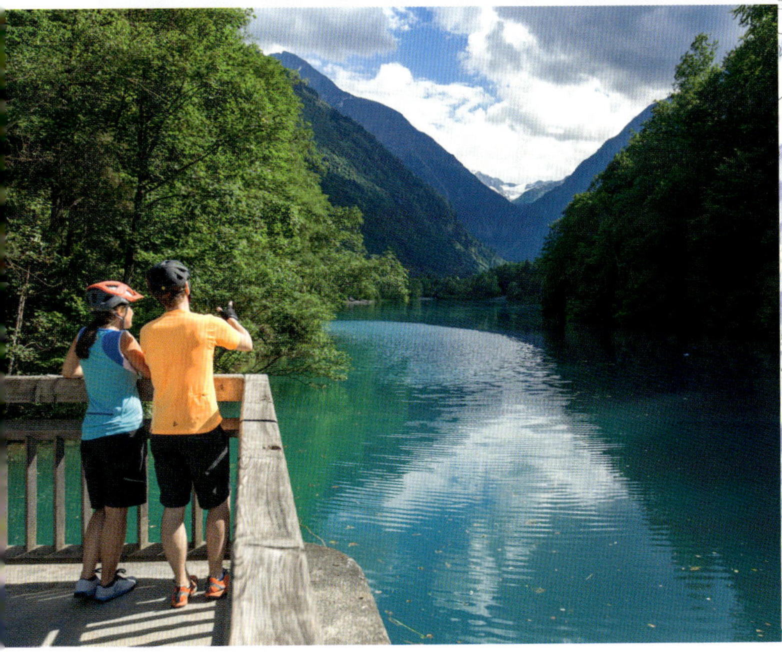
Idyllisch: Klammsee über der Sigmund-Thun-Klamm.

19

Erlebnistour mit imposanten Bergpanoramen hinein ins längste Tal der Hohen Tauern

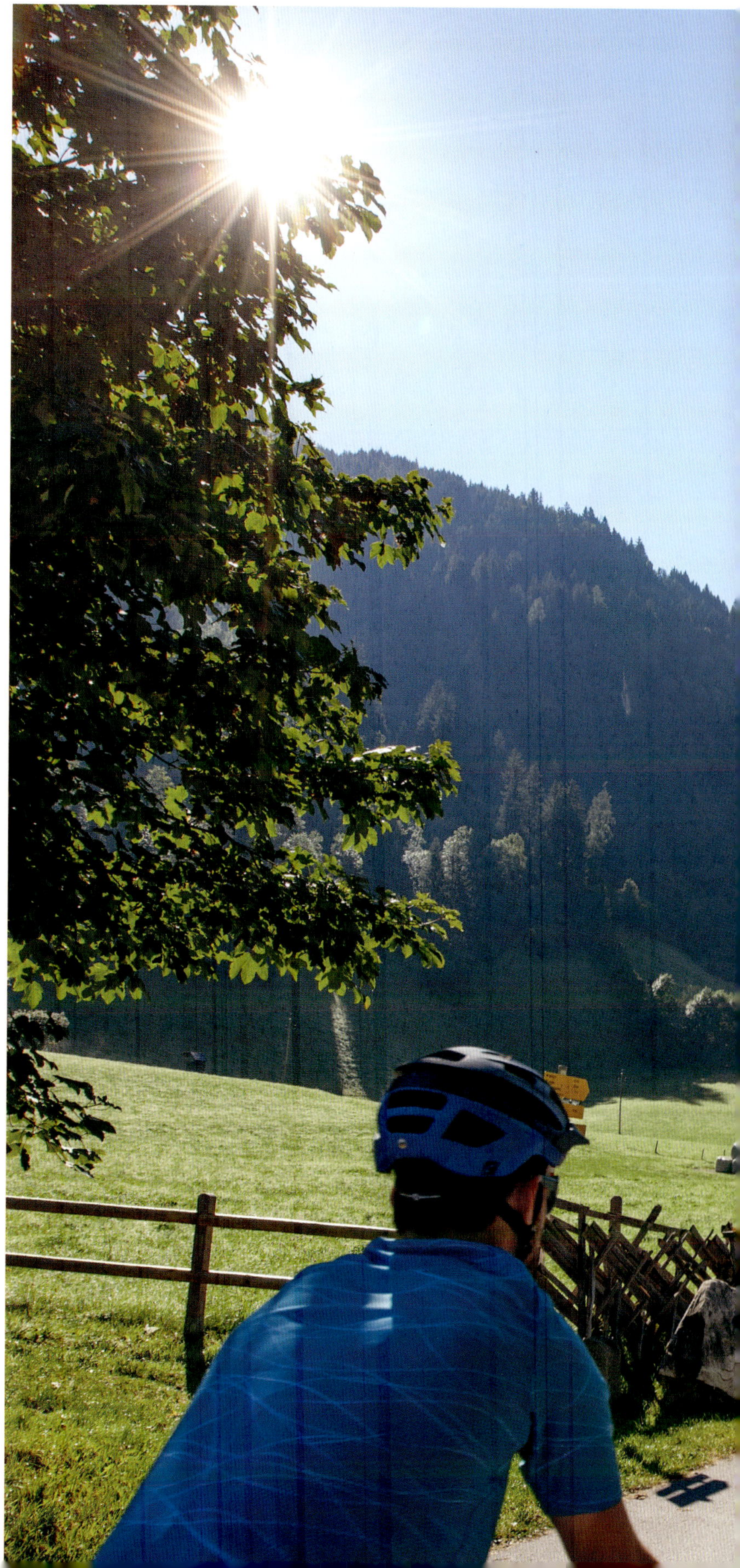

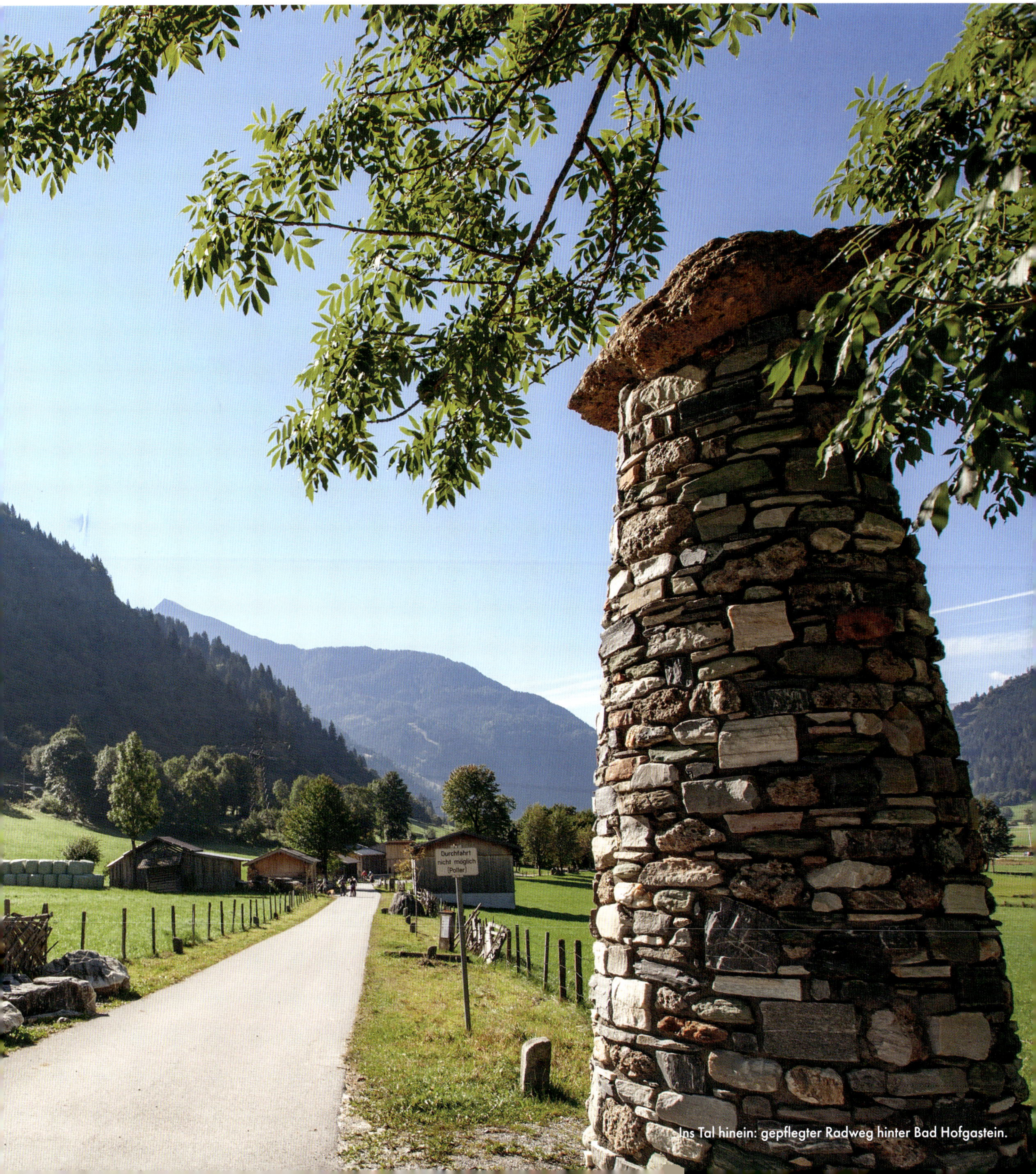

Ins Tal hinein: gepflegter Radweg hinter Bad Hofgastein.

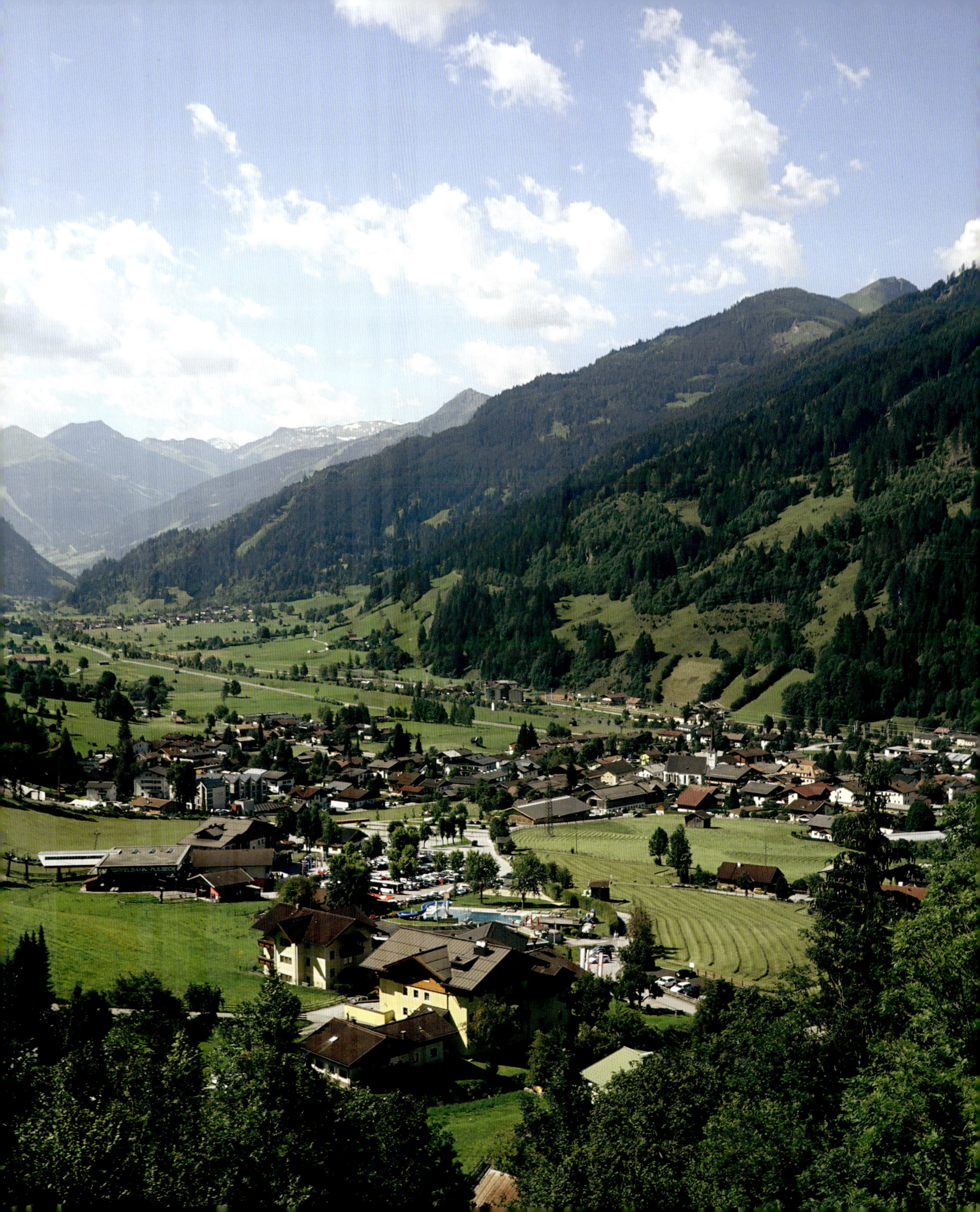

ites Tal: Blick über Dorfgastein.

Gesundbrunnen: Thermalwasser tanken in Bad Hofgastein.

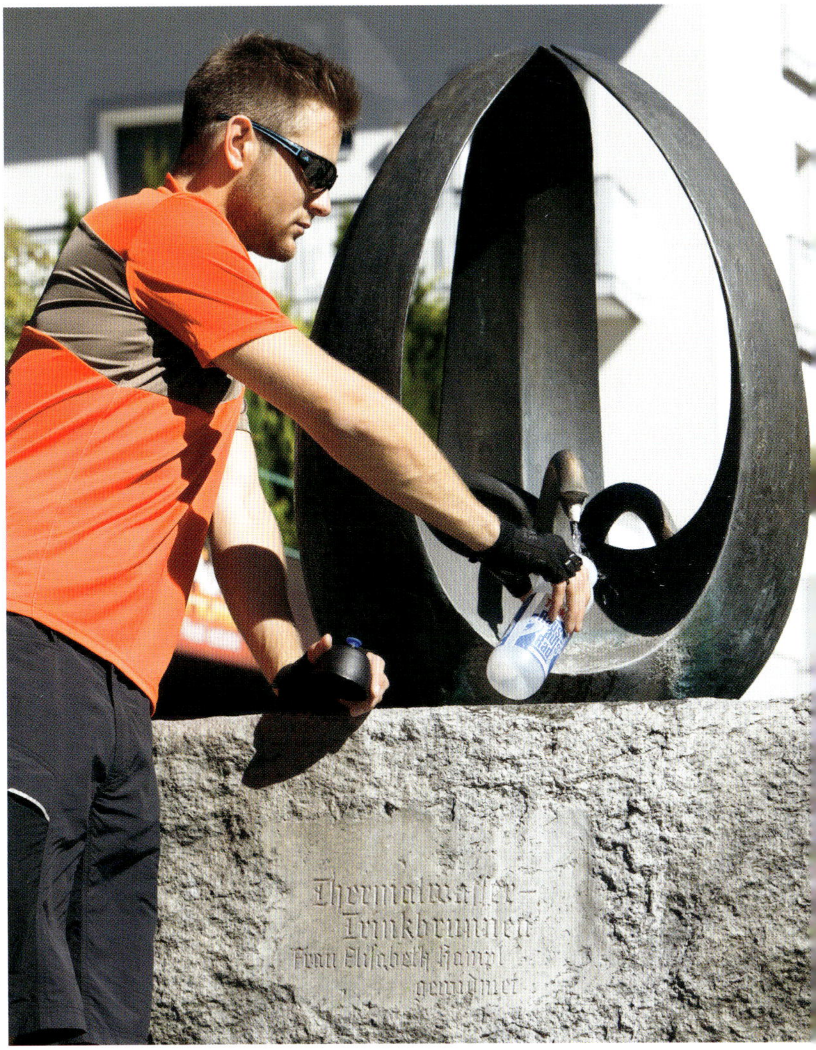

Drei Gemeinden teilen sich das Gasteinertal im Pongau. So durchquert auch der bekannte Fernradweg Ciclovia Alpe Adria die Gemeinden Bad Gastein, Bad Hofgastein und Dorfgastein auf seinem Weg von Salzburg ins italienische Grado. Eine Kurzversion, um nur das reizvolle Tal zu erkunden, ist der Gasteiner Radweg. Start der Tagestour ist in Dorfgastein. Wir stellen hier eine etwas ausgewachsenere Variante vor, die bereits in Schwarzach im Pongau beginnt und hoch über der Salzach, vorbei an alten Gehöften, durch idyllische Kulturlandschaft führt.

Zuerst gilt es aber, ein paar Höhenmeter auf den Oberuntersberg zu erklimmen, doch bald schon öffnet sich der Blick über das Salzachtal auf die dahinterliegenden Salzburger Schieferalpen. Am Horizont strahlt der Hochkönigstock vor blauem Himmel. Dann strahlen nur noch unsere Fahrradleuchten: 1,5 Kilometer Dun-

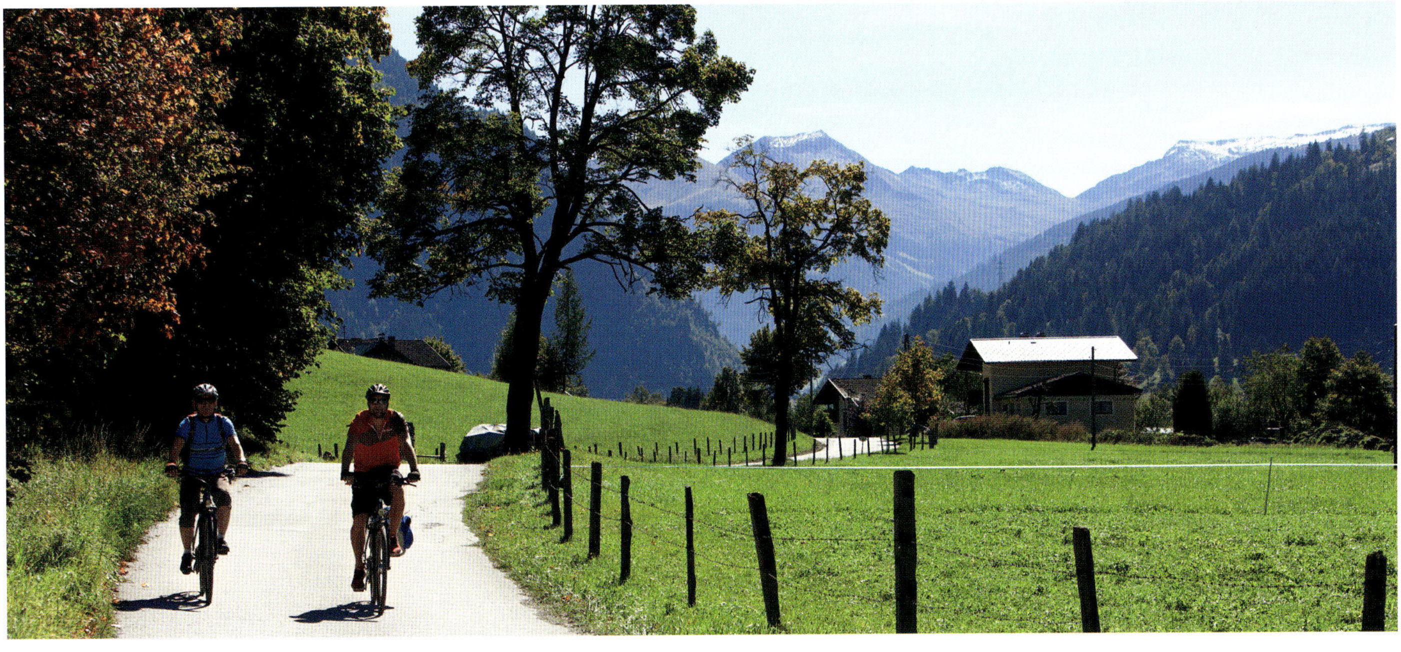

Feuchtgebiet: bei der Patschgwiese auf der alten Gasteiner Straße.

Kneippkur: Wassertreten bei Dorfgastein.

Ältestes Gebäude: Burg Klammstein am Eingang zum Gasteinertal.

Eigene Spur: Fahrradtunnel bei Klammstein.

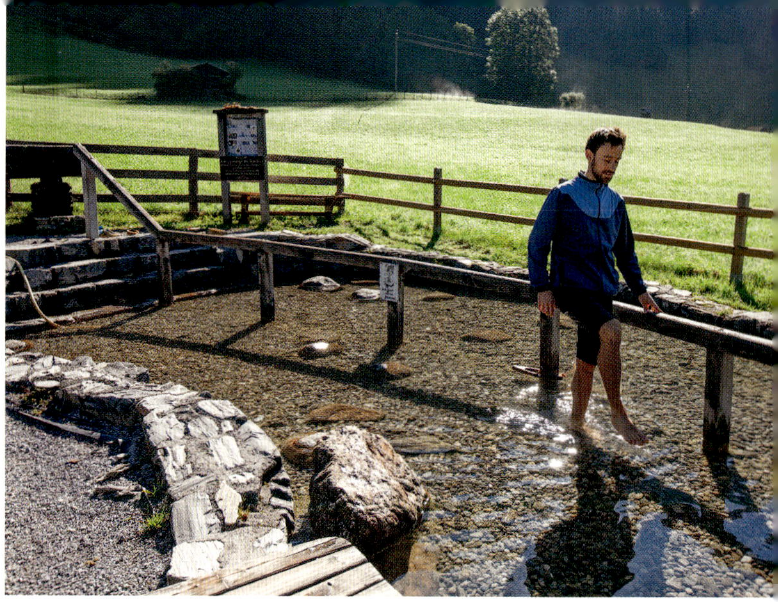

Bad Gastein – herrschaftliche Häuser aus vergangenen Zeiten.

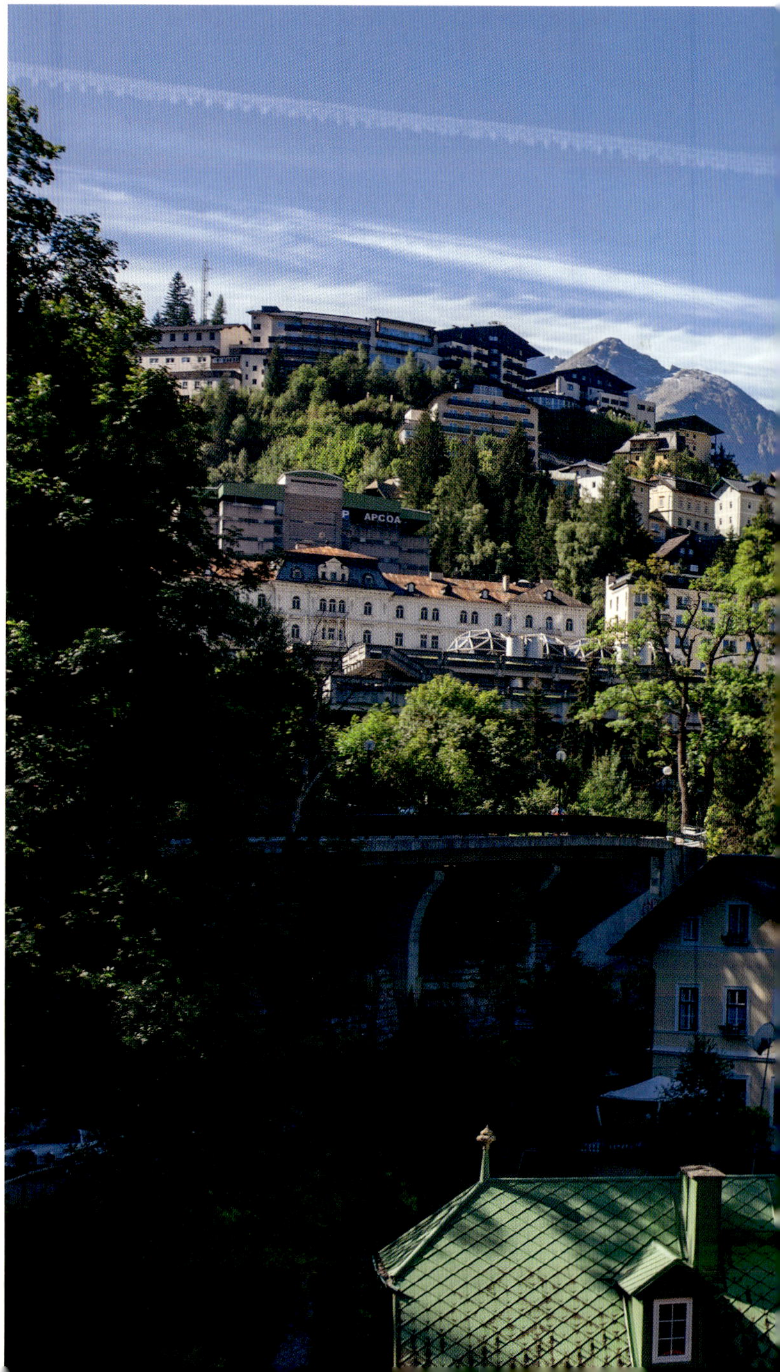

kelheit im Klammsteintunnel. Zwar auf einer abgetrennten Radspur, aber in den Autoabgasen und das auch noch bergauf, wahrlich kein Vergnügen. Der alte Weg entlang der Gasteiner Ache ist aus Sicherheitsgründen sogar für Fußgänger gesperrt. Als Entschädigung lockt gleich hinter dem Tunnel die Burg Klammstein zu einem Besuch. Die Ruine aus dem 12. Jahrhundert wurde in den 1970er-Jahren wiederaufgebaut und beherbergt heute ein kleines Museum und eine urige Schenke. Für ein deftiges Essen ist es noch zu früh, so steuern wir auf guten Wegen ins Gasteinertal hinein.

Dorfgastein kann es nicht ganz mit seinen beiden Nachbargemeinden mit dem „Bad“ im Namen aufnehmen, dafür geht es in der kleinsten Gemeinde gemütlich und sehr familiär zu. Wer es ruhig mag, findet hier einige gute Hotels und ein tolles Freibad. Am Ortsausgang üben wir uns im Wassertreten. Direkt am Radweg liegt eine sehr schöne Kneippanlage. Unsere eiskalten Waden benötigen ein paar Pedalumdrehungen, bis sie wieder in Schwung kommen, doch bis Bad Hofgastein ist die Steigung kaum spürbar.

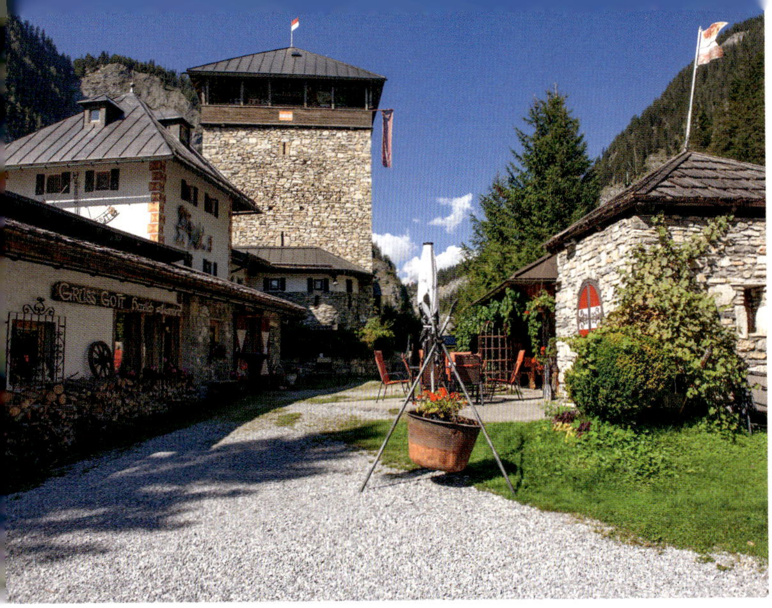

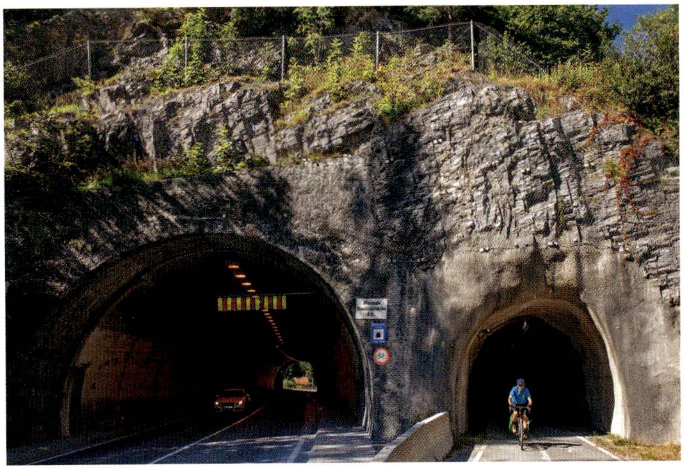

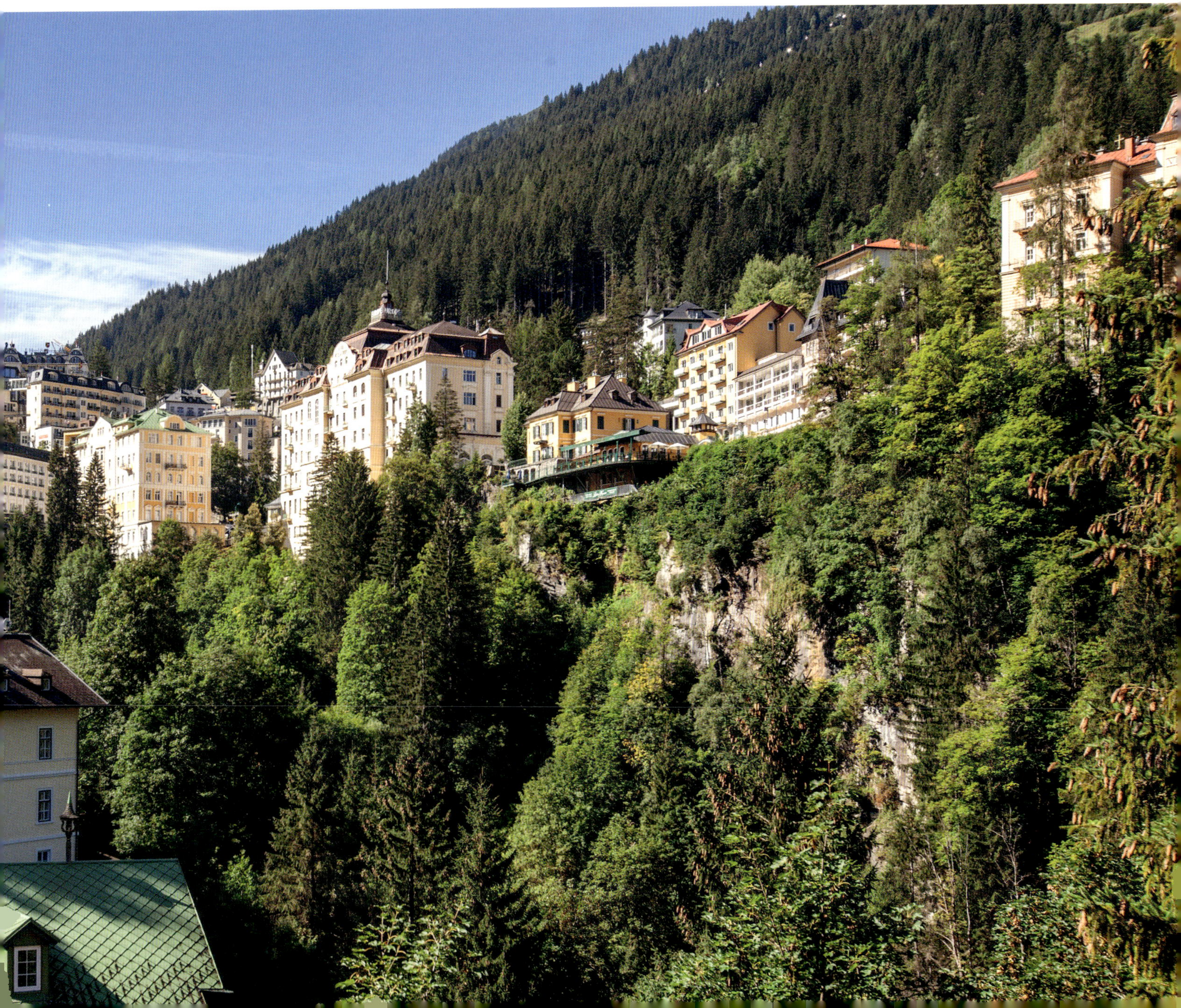

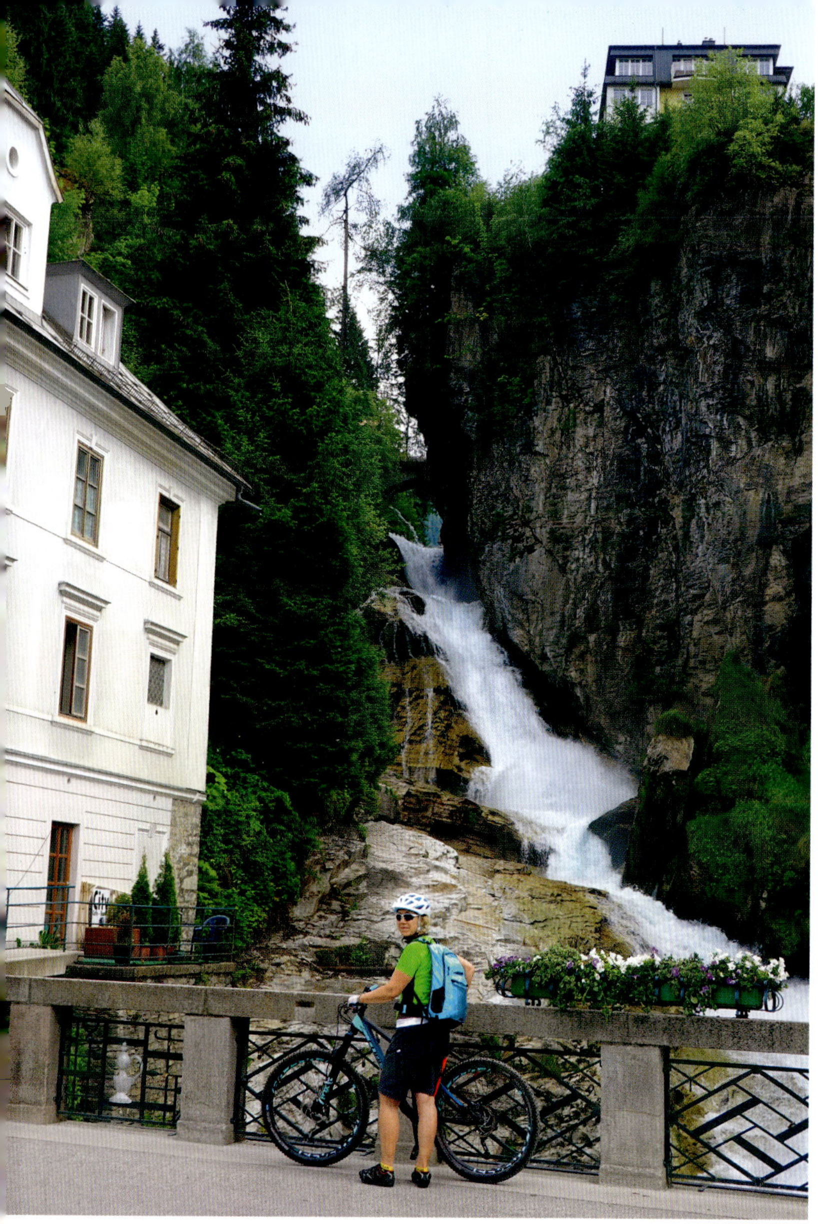

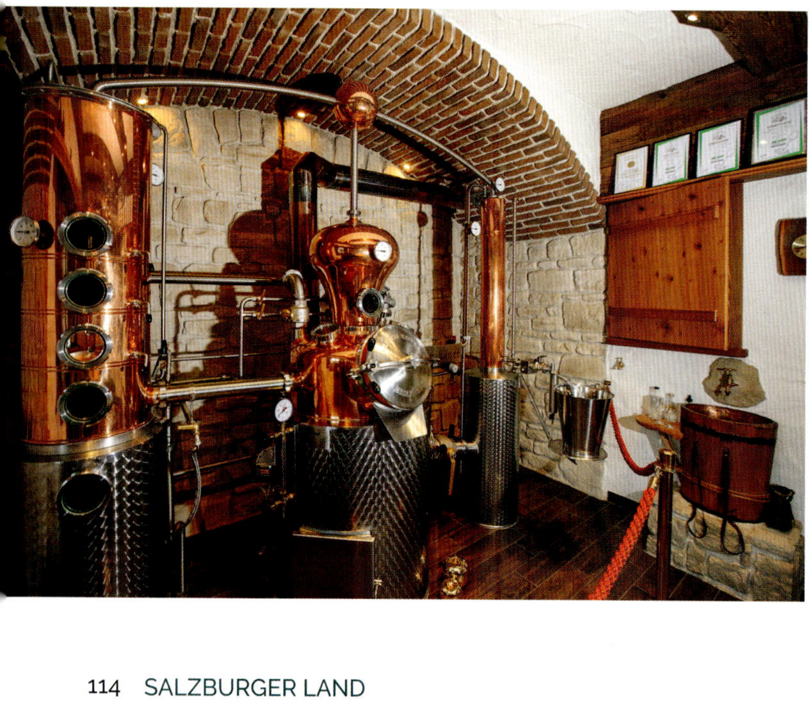

Mitten durch den Ort:
der Gasteiner Wasserfall.

Feinste Edelbrände: Destillerie
Durzbauer in Bad Hofgastein.

Auf der Trasse der Ciclovia Alpe Ad
trifft man viele Reiserad

Der Akku hat noch Kapazität, aber wir können einen Energieschub gebrauchen. Ein Stück Kuchen und einen „Verlängerten“ darf man sich in einem der zahlreichen Cafés in der sehr gepflegten Ortsmitte schon gönnen. Zwei Highlights in Bad Hofgastein stehen auf unserer To-do-Liste: Das Biogut Schmaranz mit seiner hervorragenden Grillküche und dem selbst gebrauten Bier sowie eine Verkostung in der Destillerie Durzbauer. Für beides ist es noch zu früh, und so beschließen wir, abends vom Zielort Böckstein hierher zurückzufahren. Wir reservieren telefonisch einen Tisch, und los geht es Richtung Süden. Je weiter wir fahren, desto höher erscheint Bad Gastein, und tatsächlich nehmen die Steigungsprozente merklich zu. Aber mit Motorunterstützung rücken die großen, mondänen Hotelgebäude doch recht schnell näher. Viele der Belle-Époque-Häuser, die am steilen Hang zu kleben scheinen, stehen seit Jahren leer. Was aus der Ferne betrachtet edel aussieht, wirkt beim Durchfahren eher morbid. Aber die Übernachtungszahlen steigen seit einigen Jahren stetig an, was für die touristische Zukunft des alten Kurortes hoffen lässt. Ab dem oberen Ortsteil beim Bahnhof wird es wieder flacher, und schon bald ist der Ortsteil Böckstein erreicht. Jahrhunderte bevor die touristische Goldgräberstimmung Bad Gastein erreichte, wurde hier oben nach echtem Gold gegraben. Bei einem Besuch des Montanmuseums erfährt man viel über

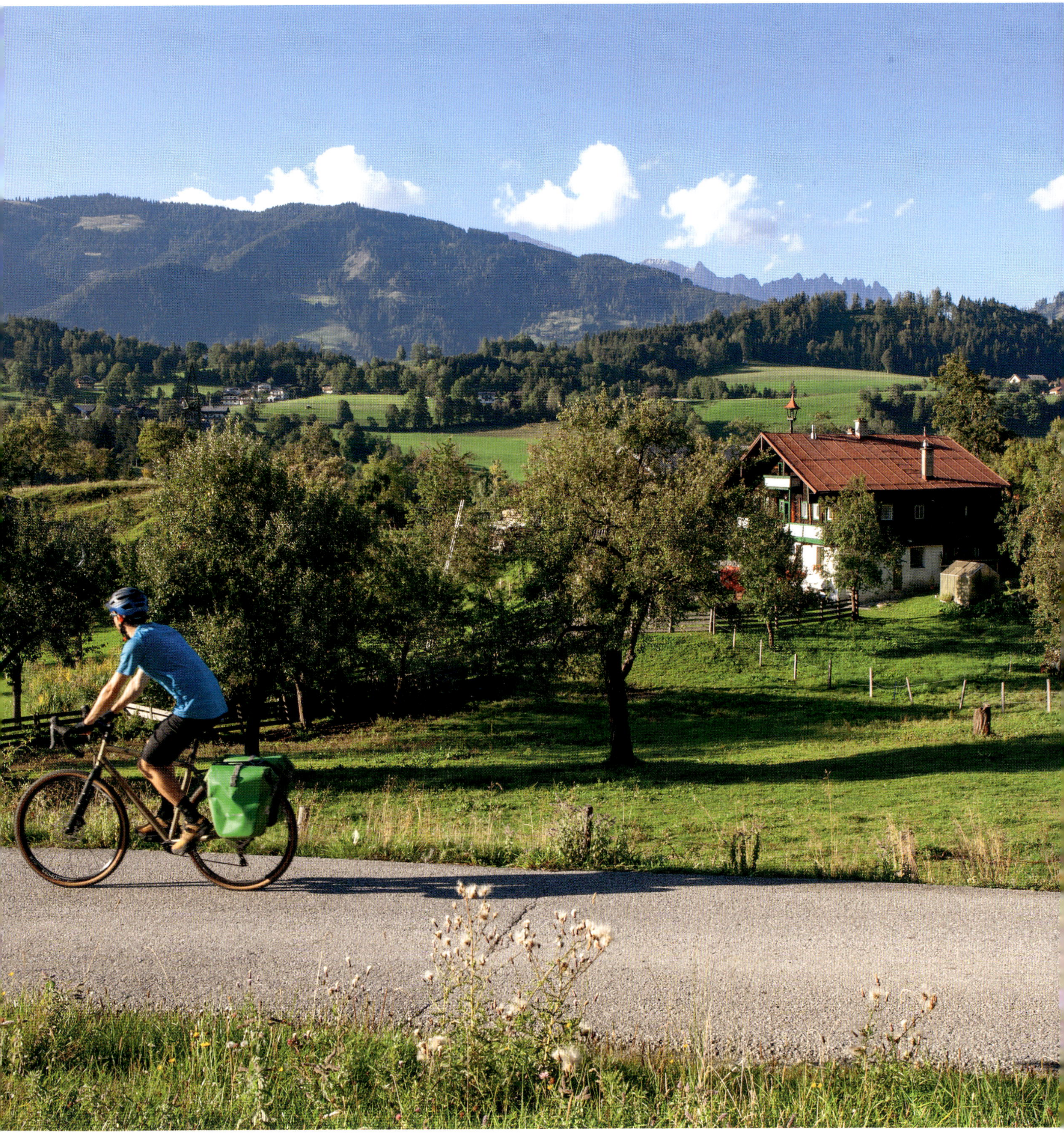

die Zeit des Bergbaus in den Gasteiner Bergen. Auch heute noch kann man in der Alten Pöck sein Glück versuchen und Gold schürfen. Gegen einen kleinen Beitrag werden eine Goldwaschschüssel, Stiefel und eine Phiole ausgeliehen. Aber auch ohne Goldsuche lohnt sich ein Spaziergang durch den alten Bergbauort. Im Ortszentrum von Altböckstein steht der älteste Gusseisenbrunnen Europas, der auf der Weltausstellung 1878 in Paris erworben wurde.

Für den Rückweg nehmen wir nun die westliche Talseite, die Straßen treffen vor Bad Hofgastein wieder zusammen. Vor dem Abendessen fahren wir, wie geplant, noch in der Schaubrennerei Durzbauer vorbei. Der Chef kommt gerade von der Feldarbeit und lädt uns umgehend zu einer Verkostung ein. Zum Glück gibt's die ausgezeichneten Liköre und Obstbrände in kleinen Fläschchen. Dafür findet sich in unseren Fahrradtaschen noch ein Platz.

Ein gelungener Tourabschluss ist das Abendessen im gemütlichen Bräustüberl des Bioguts Schmaranz. Nach der heutigen Tour ist das deftige Essen, das am offenen Kamin zubereitet wird, genau das Richtige. Ob wir mit dem Zug oder wieder mit den Rädern zurück nach Schwarzach fahren, entscheiden wir morgen früh. Erst einmal genießen wir das selbst gebraute Bier am knisternden Kaminfeuer.

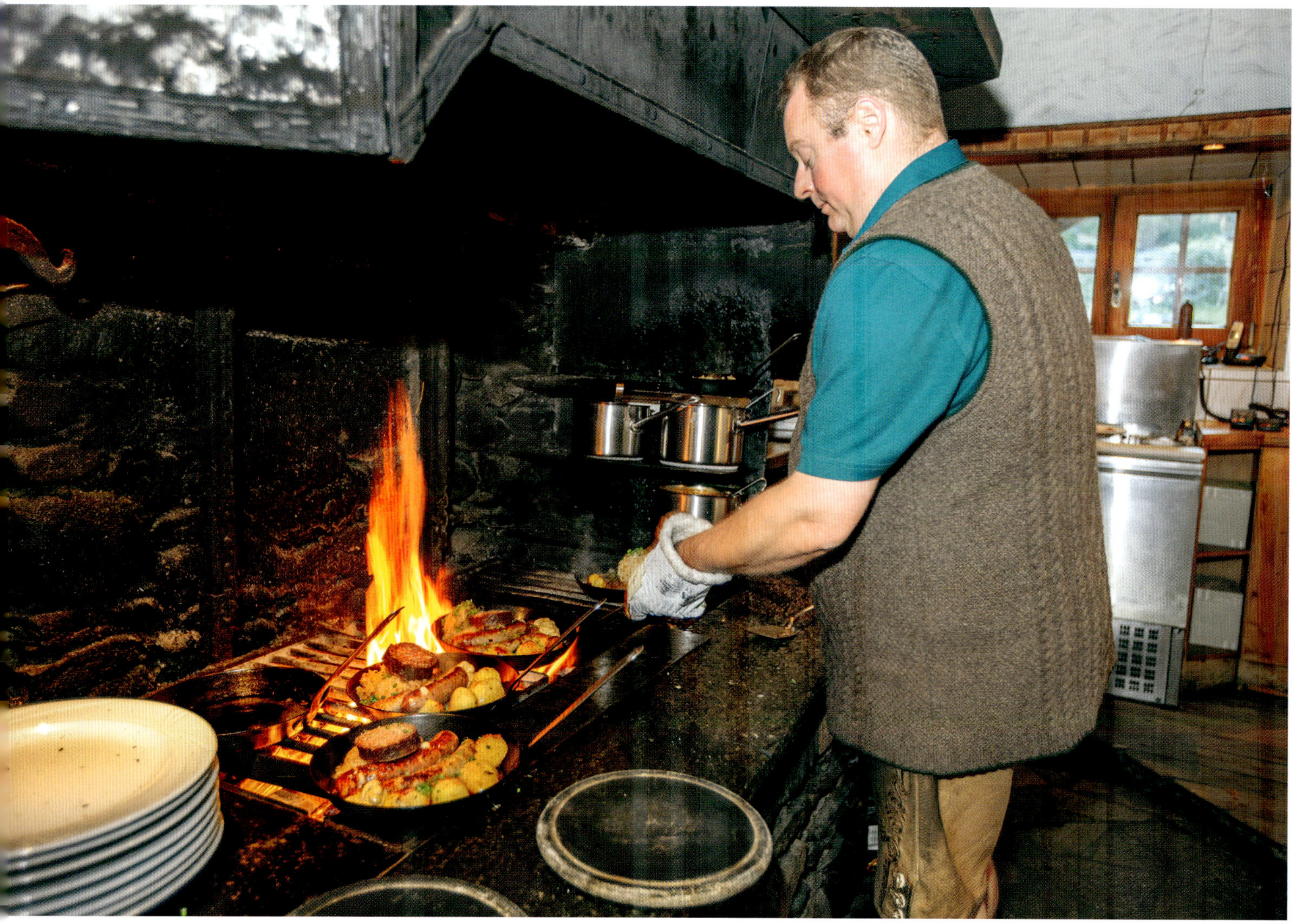

Deftig: im Biogut Schmaranz geht's heiß her.

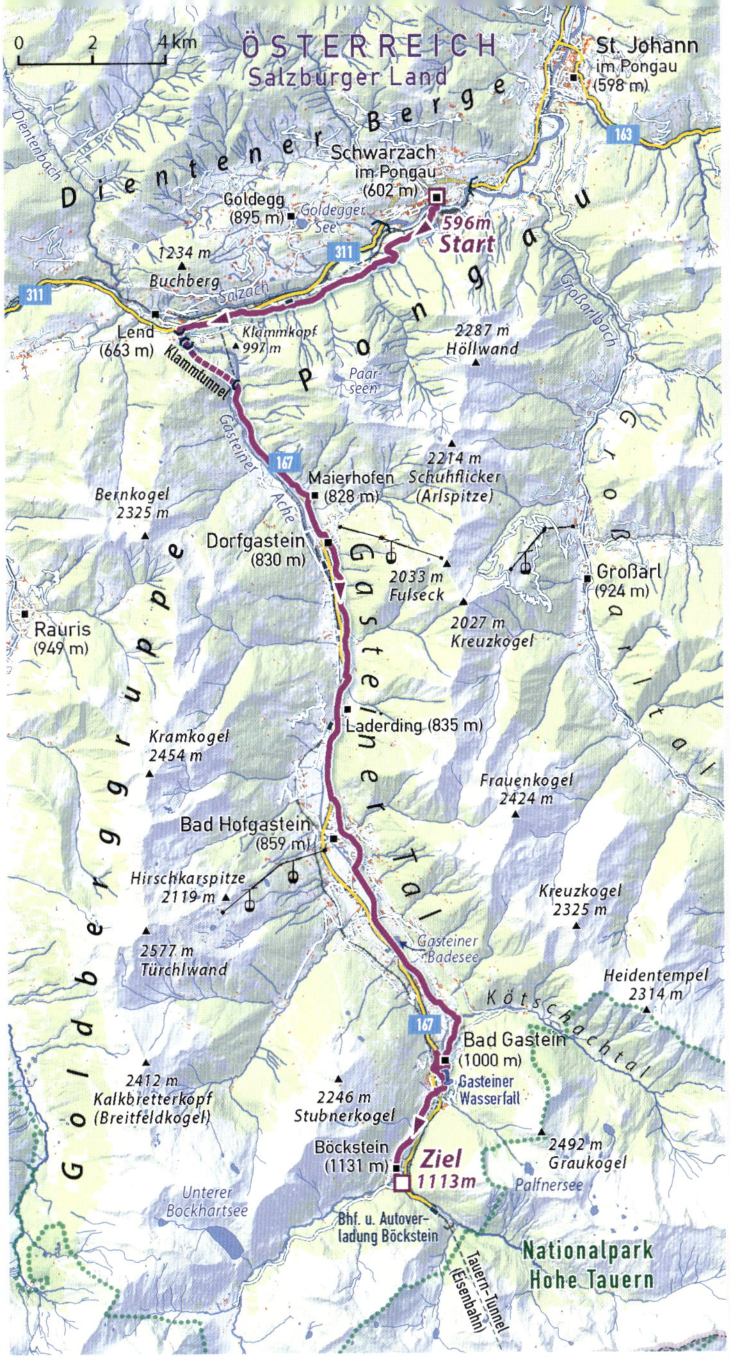

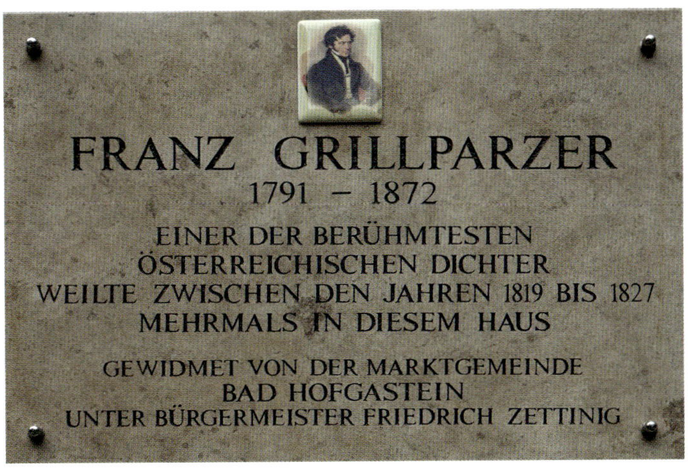

Gedenktafel in Bad Hofgastein.

ANFORDERUNGEN

38 km, 884 hm, mittel

ROUTE

Schwarzach – Klammstein – Dorfgastein – Bad Hofgastein – Bad Gastein – Böckstein (in beide Richtungen fahrbar, entweder auf der selben Strecke oder mit dem Zug zurück)

BESTE ZEIT FÜR DIE TOUR

Juni bis Ende September

RADFREUNDLICHE UNTERKÜNFTE

Hotel Brückenwirt Hauptstraße 78, A-5600 St. Johann im Pongau
Tel. +43 64 12 42 590, www.hotel-brueckenwirt.at

Hotel Römerhof Römerplatz 1, A-5632 Dorfgastein,
Tel. +43 64 33 77 77, www.roemerhof.com

Kur- & Sporthotel Garni Alpenhof
Knoblachergasse 4, A-5630 Bad Hofgastein,
Tel. +43 64 32 64 30, www.alpenhof-gastein.at

Alpenpension Gastein Badbruckerweg 11, A-5640 Bad Gastein,
Tel. +43 64 34 26 32, www.alpenpension-gastein.at

SEHENSWERT

Burg Klammstein Das älteste Bauwerk Gasteins am Eingang des Tals lohnt mit seinem Museum und der Burgschenke einen Besuch.
Alpentherme in Bad Hofgastein oder **Felsentherme** in Bad Gastein
Montanmuseum in alten Bergbauort Böckstein

EINKEHRTIPPS

Bräustüberl auf dem Bio-Bauernhof Schmaranz Dem Wirt in der urigen Stube am offenen Kamin beim Grillen zusehen und dabei ein Bier aus der eigenen Brauerei genießen. Reservierung empfehlenswert. Tel. +43 64 32 67 19 40, www.biobauernhof-gastein.com

E-BIKE-VERLEIH

Egger Rent Bergbahnstraße 42, A-5632 Dorfgastein,
Tel. +43 64 33 76 33, www.sport-egger.com

Intersport Fleiss Schlossalmplatz 1b, A-5630 Bad Hofgastein,
Tel. +43 64 32 72 18 40, www.sport-fleiss.at

Intersport Fleiss Bahnhofplatz 9, A-5640 Bad Gastein,
Tel. +43 64 32 72 18 20, www.sport-fleiss.at

LANDKARTE

Kompass-Karte Nr. 40 **„Gasteinertal, Goldberggruppe, Nationalpark Hohe Tauern"** 1:50.000

ALLGEMEINE AUSKUNFT

Gasteinertal Tourismus
Gasteiner Bundesstraße 367, A-5630 Bad Hofgastein,
Tel. +43 64 32 33 930, www.gastein.com

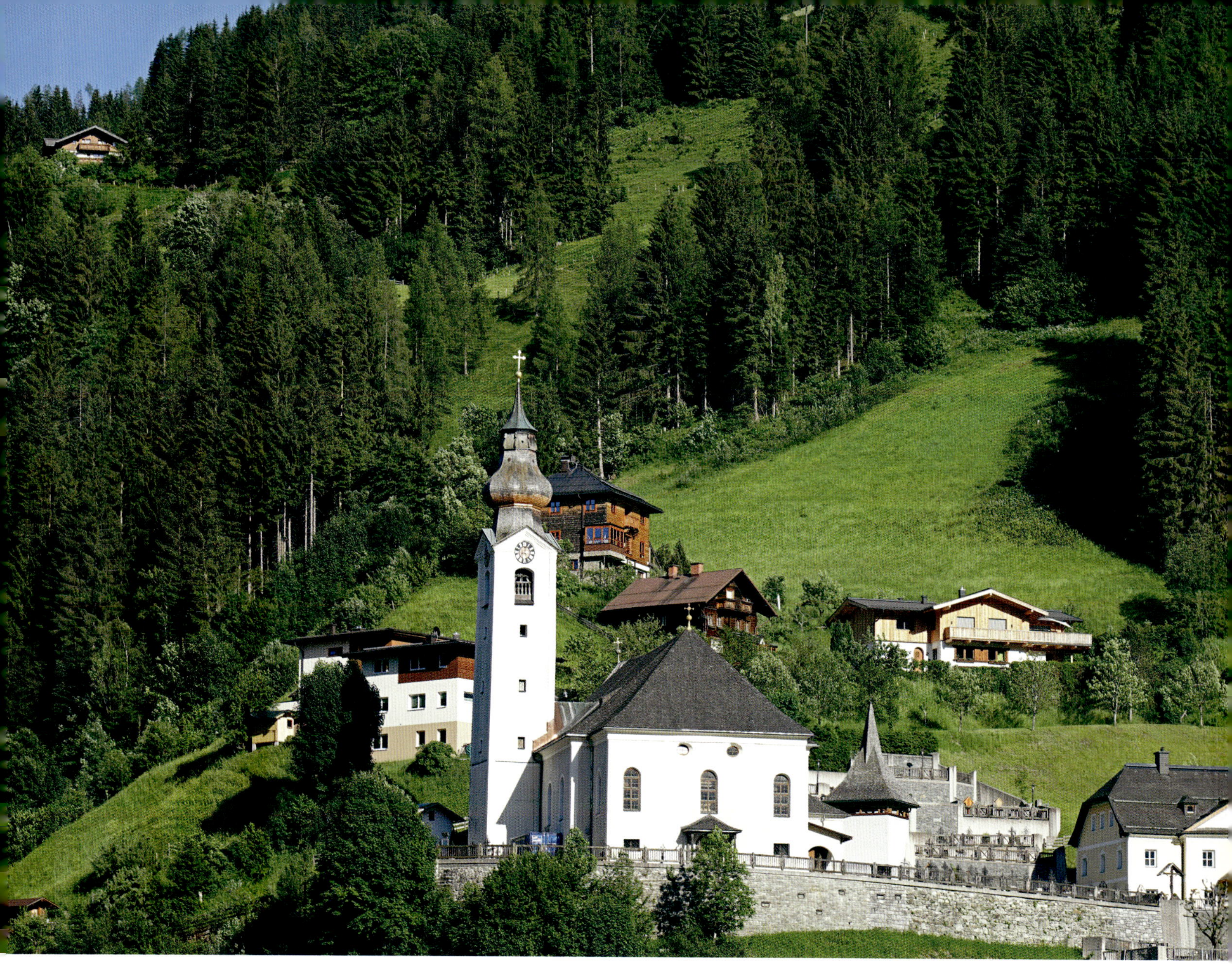

20

DAS TAL DER VIELEN ALMEN

Das gemütliche Großarltal im Salzburger Land
bietet viel mehr als nur 40 Almen und Marienkapellen

ein und gemütlich: der
uptort Großarl.

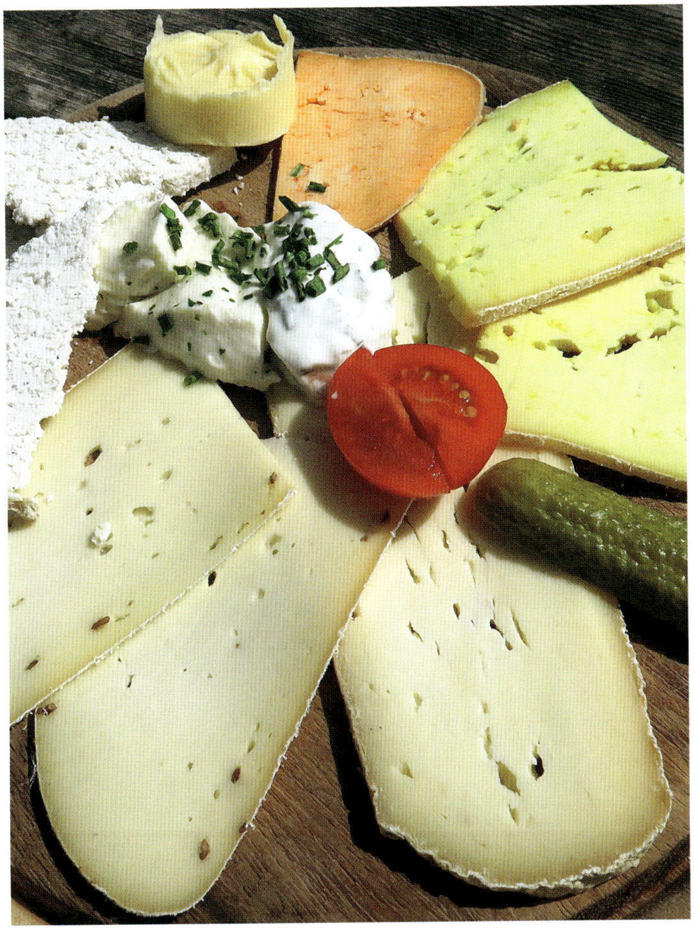

Alles selbst gemacht: Käsebrettl auf einer der vielen Almen.

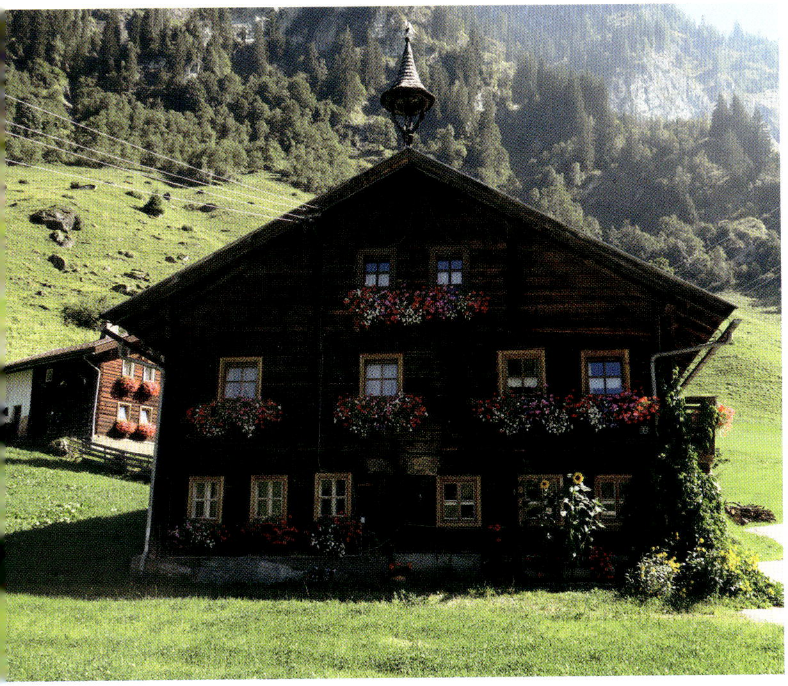

Von der Sonne gegerbt: Bauernhaus bei Hüttschlag.

Das Großarltal ist eine Region für Genussbiker!" Mit diesem Satz erklärt Thomas Wirnsperger, der Tourismuschef im Großarltal, kurz und kompakt sein E-Bike-Angebot. Zugegeben, die Auswahl an Genusstouren ist nicht gerade riesig, aber der Talradweg ist eine ideale Strecke für E-Bike-Einsteiger. Und er ist attraktiv genug, um die noch recht urtümliche Region am Nordrand des Nationalparks Hohe Tauern gemütlich zu erradeln. Überall sieht man stolze Bergbauernhöfe an den steilen grünen Hängen. Zudem verteilen sich rund 40 Marienkapellen an einem begleitenden Pilgerweg im Tal, dem „Weg der guten Wünsche". Die meisten Kapellen wurden zum Dank für überstandene Krankheiten und Kriege von den heimischen Bauern errichtet.

Der Talradweg – zum Teil asphaltiert, zum Teil mit festem Erde-Sand-Belag – beginnt im Norden im Weiler Au am Abzweig zum Sonnegg. In der Ferne grüßt das Hochkönig-Massiv, davor die tiefe Schlucht am Taleingang zum Großarltal. Man kann sich ausmalen, wie waghalsig dort früher die Passage war, als die Wege noch mühsam mit der Spitzhacke aus dem Felsen gehauen wurden. Sanft ansteigend windet sich der Weg meist in der Nähe des Großarlbaches Richtung Süden. In Großarl rollen wir über den kleinen Marktplatz. Dorthin, wo sich nach der Tour gern Radler zum Eis oder Kaffee an der Brücke über den Ellmaubach treffen. Der Talrad-

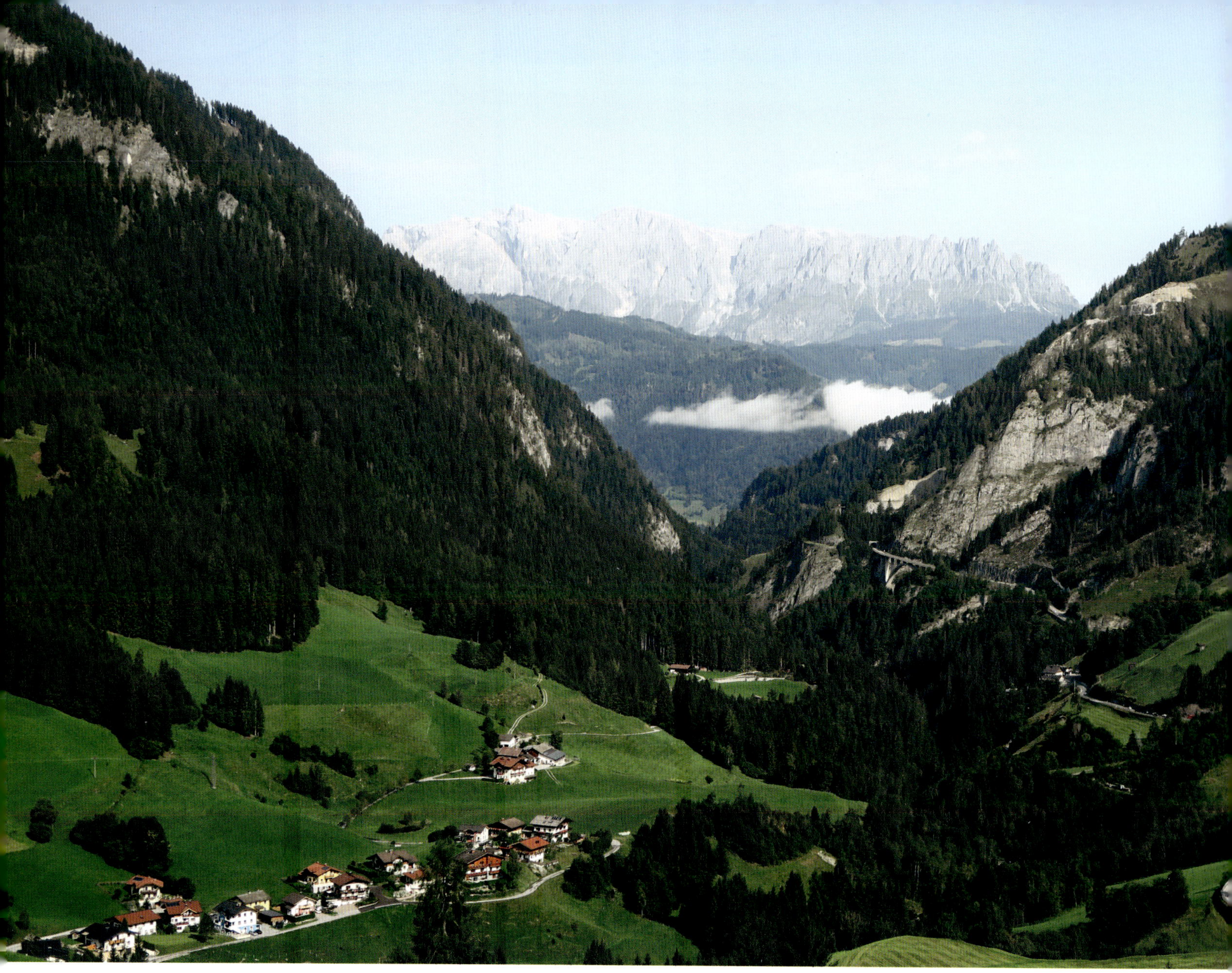

Im Norden des Großarltales grüßt das Massiv des Hochkönigs.

weg steigt auch weiterhin nur ganz langsam an Richtung Süden – mit kleinen, kurzen Ausnahmen –, überquert ein paarmal den Großarlbach, führt an schönen alten Bauernhöfen mit sonnengegerbten Holzfassaden vorbei und an etwa zehn malerischen Kapellen. Im Bergsteigerdorf Hüttschlag müssen die Radfahrer kurz auf die Straße, ansonsten radelt man autofrei auf der guten Asphalt- oder Schotterfahrbahn dem Talende entgegen. Nicht verpassen sollte man das kleine Museumsdorf im Talschluss, wo das Bergbauernleben von damals und heute anschaulich präsentiert wird. Darunter auch eine Sammlung von schaurig-schönen Krampusmasken und -kostümen. Der Krampus begleitete einst in der Adventszeit den Nikolaus und sollte die Bösen und Unartigen erschrecken und bestrafen. Darauf braucht sicher so mancher einen Schnaps. Den gibt's im Bauernladen in Form eines süffigen, roten Zirbengeistes. Zur Erfrischung oder für ein Picknick wartet am Radwegende noch der idyllische Ötzlsee vor der Kulisse der Bergriesen des Nationalparks Hohe Tauern.

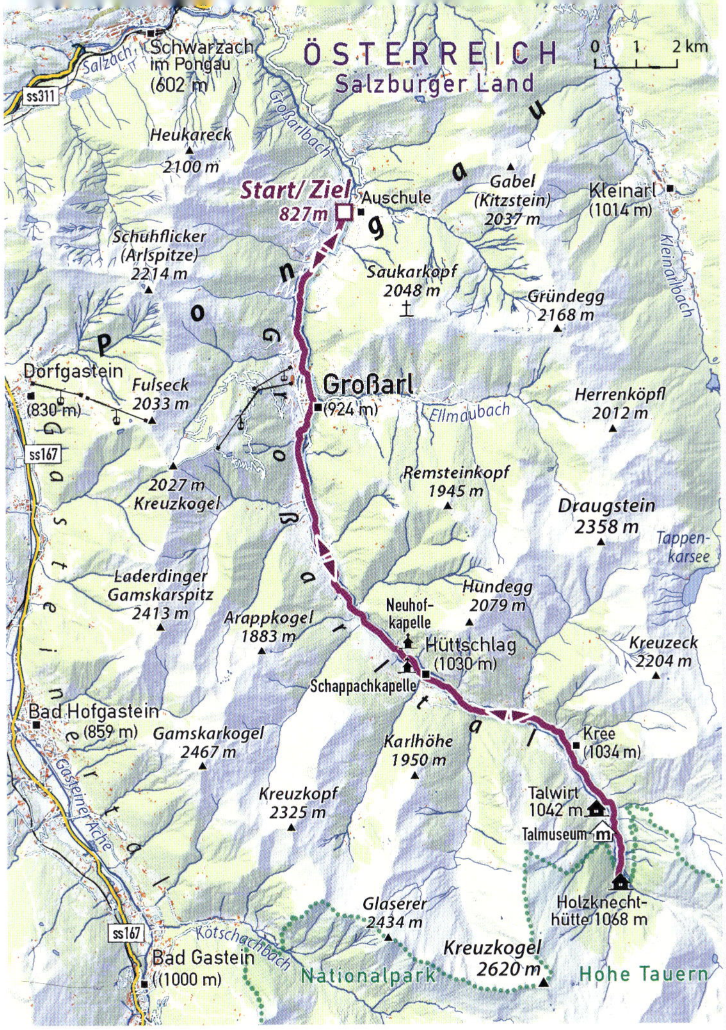

Falls beim Blick nach oben nun doch jemand Lust bekommen hat, auf eine der vielen schönen Almen zu radeln: Ein Tipp zum Ausprobieren wäre die Hirschgrubenalm (1564 m). Kurz vor dem Talmuseum biegt der Güterweg Oberneureit ab (Auffahrt etwa 30 Minuten). Der Weg wird natürlich deutlich steiler, ist aber gut fahrbar. Es geht beim Steinmannbauern vorbei, der im Hofladen seine Bioprodukte, von der Butter über Käse bis zum Speck anpreist. Vorbei an weiteren Bauernhöfen radelt man bergwärts in den Hochwald. Kurz vor der Hirschgrubenalm haben Schüler der Hauptschule Großarl einen Rastplatz an einem Teich eingerichtet. Auf der Alm verwöhnen die Sennleute Wanderer und Biker mit ihren selbst erzeugten Produkten, wie Kaspressknödel, Bergkäse und Holzofenbrot. Wer möchte, kann auf der Hirschgrubenalm auch übernachten. Der Sonnenaufgang und das Bergfrühstück mit Kathis selbst gekochter Marmelade seien ein echtes Erlebnis, sagt man. Auf dem Anfahrtsweg geht's dann wieder zurück ins Tal.

ANFORDERUNGEN
43 km, 570 hm, leicht

ROUTE
Au – Großarl – Hüttschlag – Stockham – Talschluss (auf dem Anfahrtsweg wieder zurück)

BESTE ZEIT FÜR DIE TOUR
Ende Mai bis Ende September

RADFREUNDLICHE UNTERKÜNFTE
Appartement-Pension Kendlbacher Gemeindestraße 10, A-5611 Großarl, www.pension-kendlbacher.at
Hotel Bergzeit Unterbergerstraße 56, A-5611 Großarl, www.hotel-bergzeit.at
Hotel Edelweiß Salzburg Mountain Resort Unterbergstraße 65, A-5611 Großarl, www.edelweiss-grossarl.com
Hotel Nesslerhof Unterbergstraße 50, A-5611 Großarl, www.nesslerhof.at

SEHENSWERT
Talmuseum Hüttschlag am Talschluss, talmuseum.at
Kreealm-Wasserfall am Talschluss

EINKEHRTIPPS
Gasthaus Talwirt mit Hofladen am Talschluss bei Hüttschlag, www.talwirt.com

ALM-TIPP
Hirschgrubenalm (1564 m) – gemütliches Almplateau am Rande des Nationalparks Hohe Tauern

E-BIKE-VERLEIH
Intersport Lackner Unterbergstraße 53, A-5611 Großarl, www.sport-lackner.at
Sport Kendlbacher Gemeindestraße 10, A-5611 Großarl, www.sport-kendlbacher.com

LANDKARTE
Kompass-Karte **WK 80 „St. Johann im Pongau – Gasteinertal, Großarltal, Kleinarltal“** 1:50.000
Tappeiner **„Wander- und Bikekarte Großarltal“** 1:35.000

ALLGEMEINE AUSKUNFT
Tourismusverband Großarltal Gemeindestraße 6, A-5611 Großarl, www.grossarltal.info/de

RUNDE IM OBERVINSCHGAU

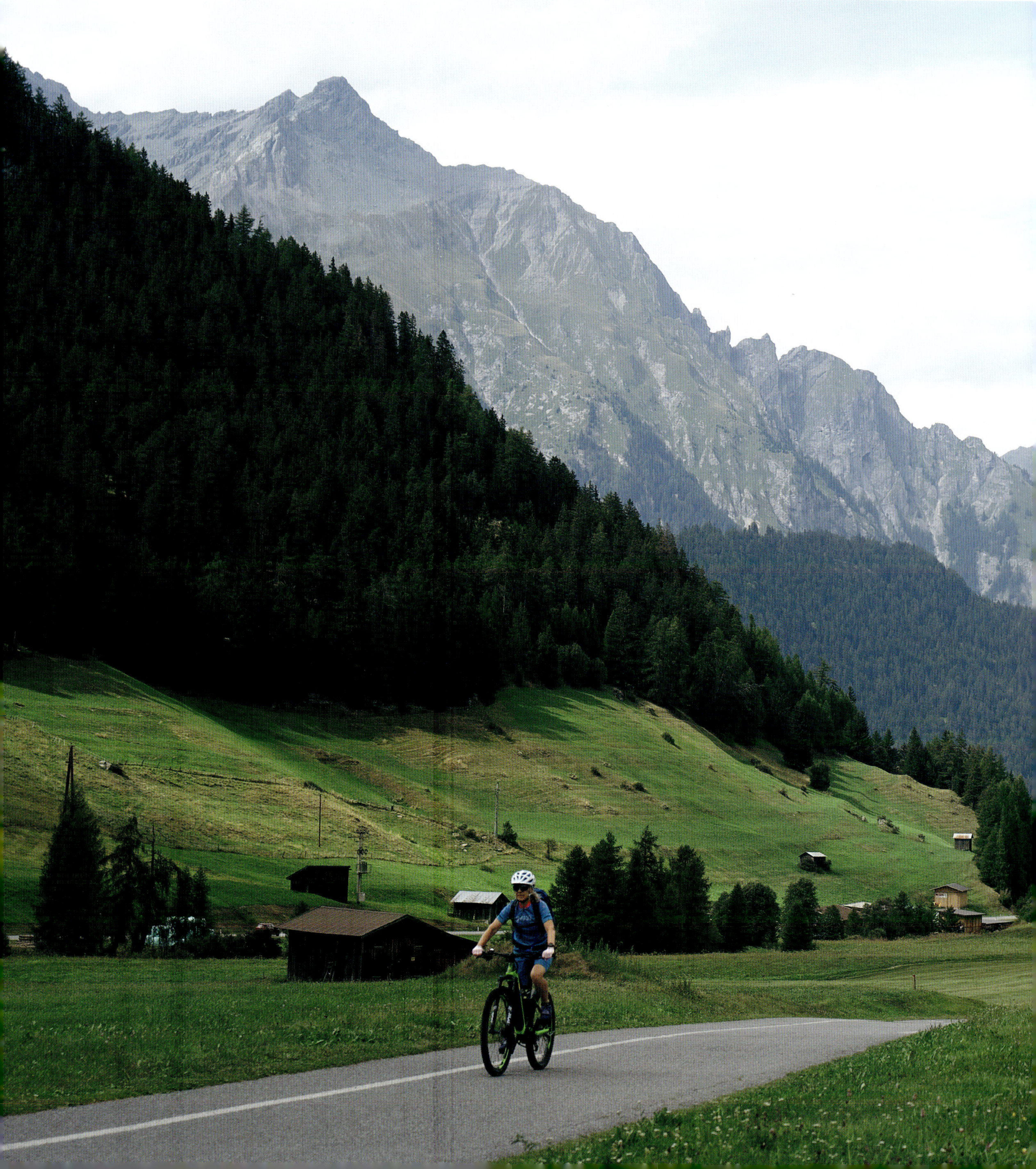

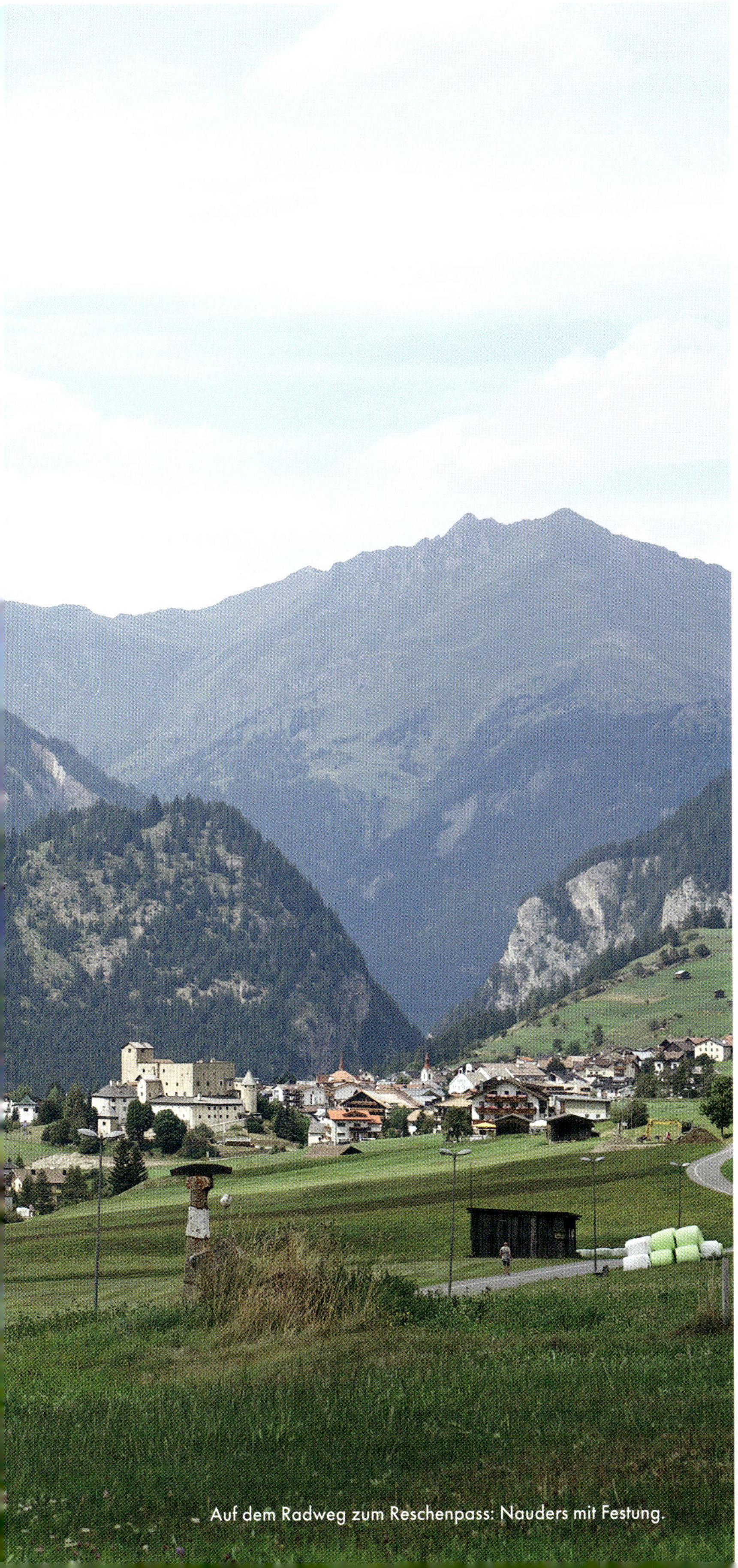

Auf dem Radweg zum Reschenpass: Nauders mit Festung.

21

Aussichtsreiche Zwei-Länder-Tour rund um Reschenpass und Reschensee

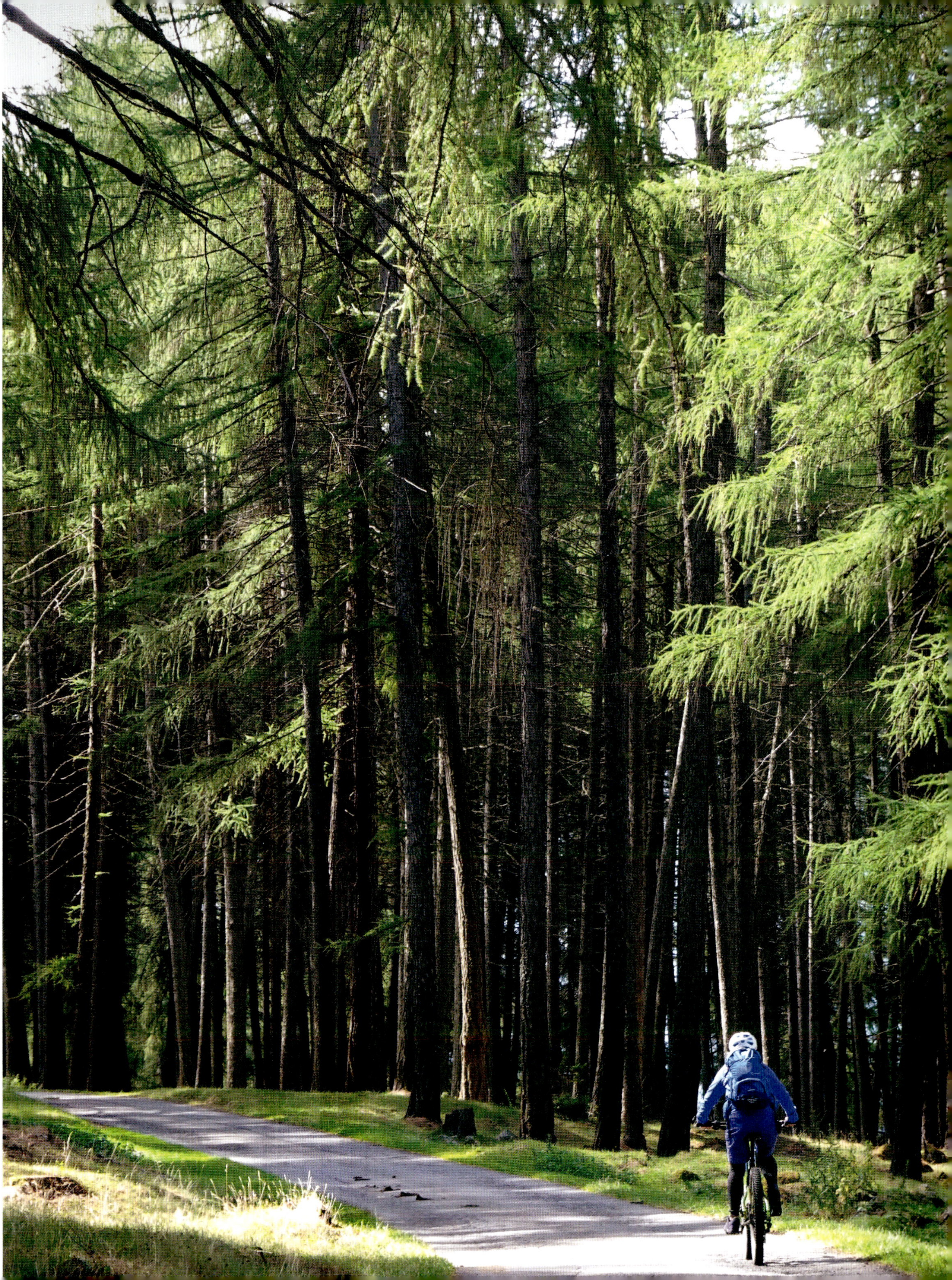

rchenhaft: Lärchenwald
Plawenn.

Lange Gerade zwischen Reschensee und Haidersee.

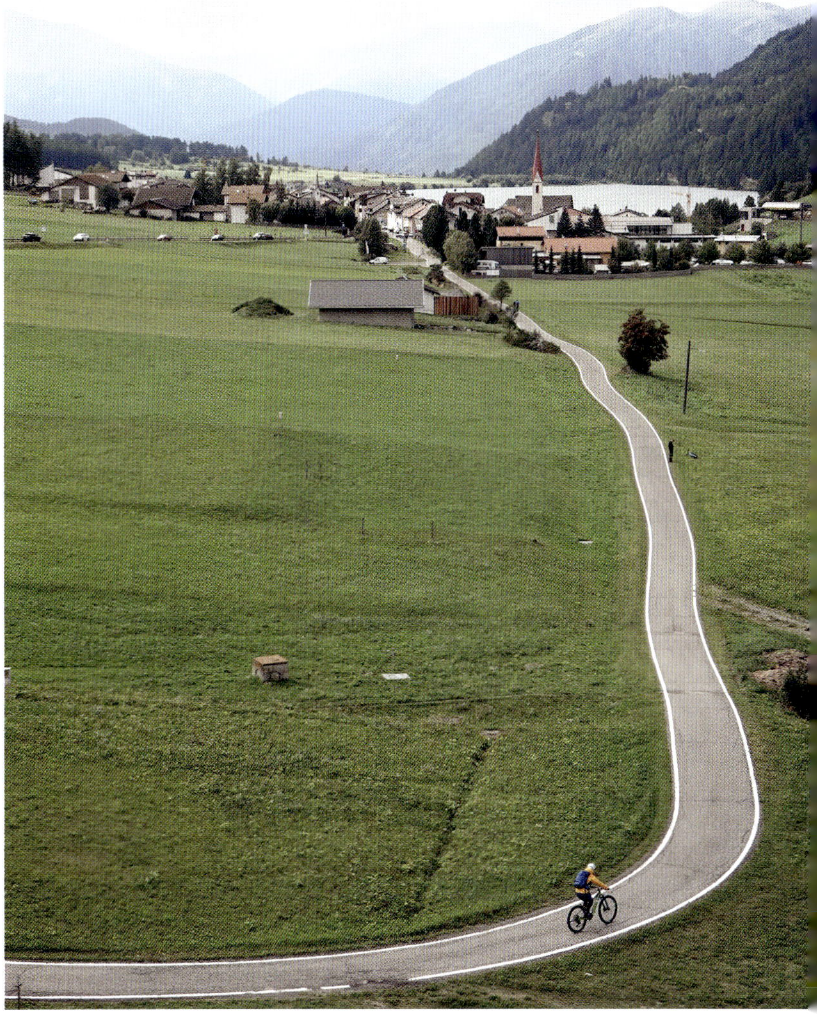

Für viele Italien- und Südtirol-Besucher sind der Reschenpass (1507 m) und kurz danach der Reschensee nur ein Fotostopp auf dem Weg in den Süden. Dabei würde sich ein ausgiebiger Stopp am Reschen, wie die Einheimischen kurz und knapp zur Passregion sagen, durchaus lohnen. Schon allein wegen der faszinierenden Berglandschaft im Dreiländereck Österreich–Schweiz–Italien. Es gibt übrigens am Piz Lad (2808 m) sogar einen Dreiländerstein auf 2180 m Höhe. Aber dort hinauf ins Bergmassiv zwischen Inntal und Reschenpass verirren sich höchstens versierte Mountainbiker. Wir starten unseren Zweiländerausflug in Nauders. Der Tiroler Ferienort liegt in einem kleinen Hochtal kurz vor dem Reschen. Spätestens seit dem Jahr 1300 war der Ort Zollstation an dieser wichtigen Nord-Süd-Verbindung. Aber wahrscheinlich befand sich

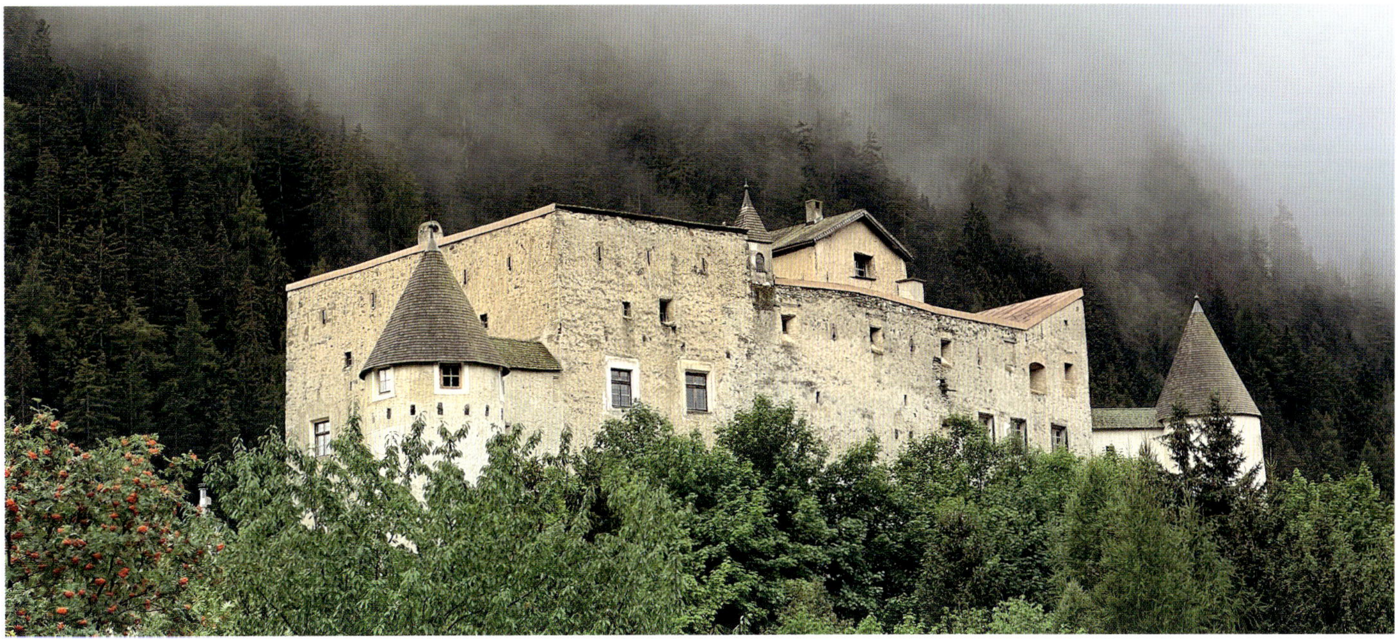

Eine Festung mit Ferienwohnungen: Schloss Naudersberg.

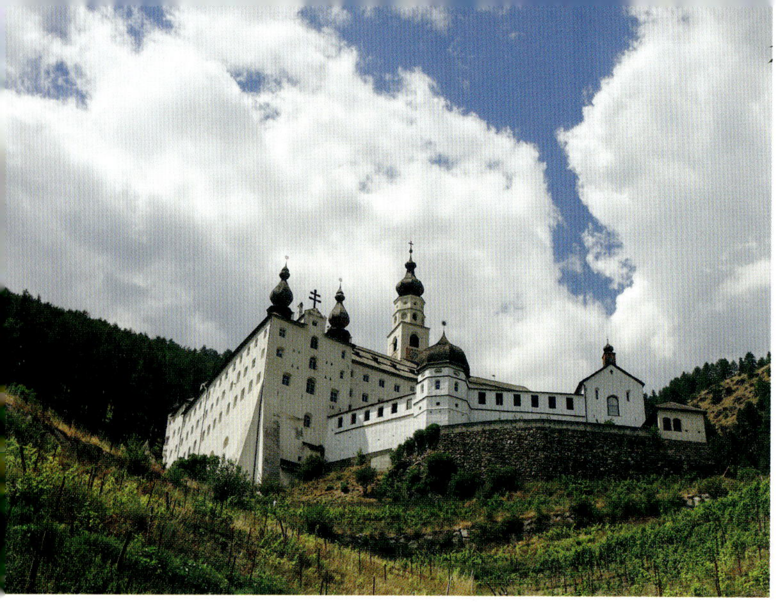

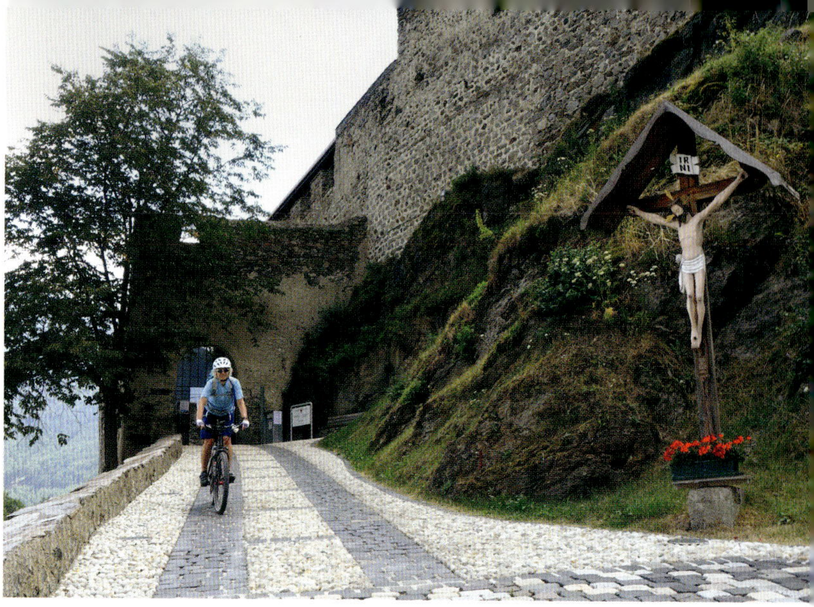

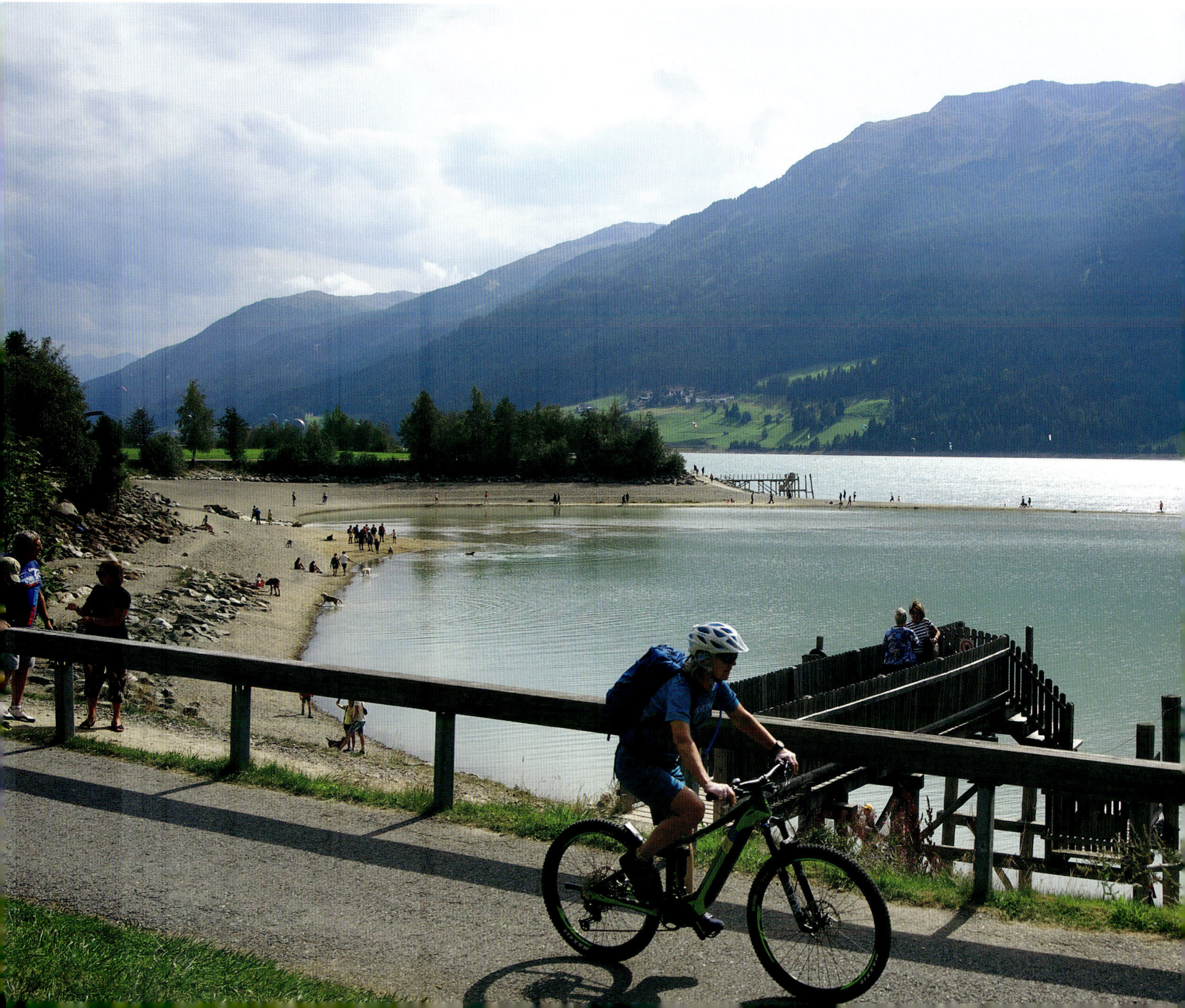

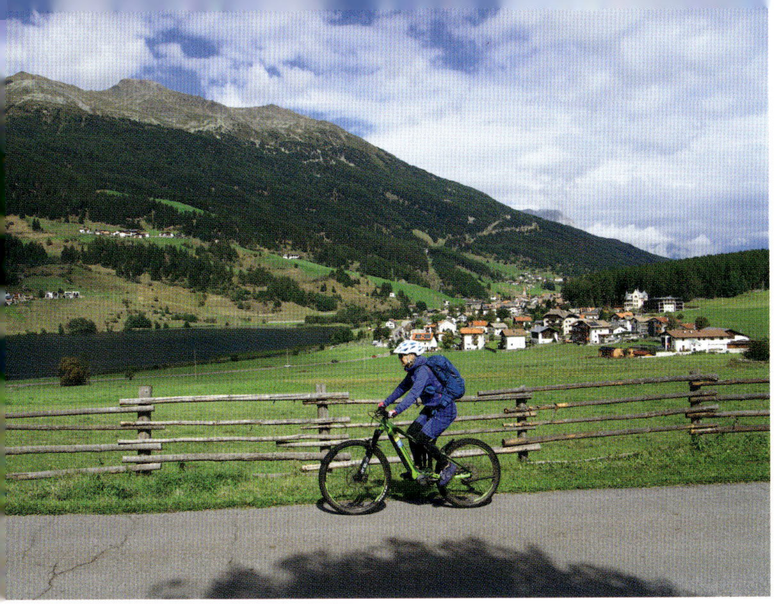

Hoch über dem Obervinschgau: das mächtige Kloster Marienberg.

Für Radritter: an der Fürstenburg von Burgeis.

Das Nordende von Südtirol bei Dörfl am Haidersee.

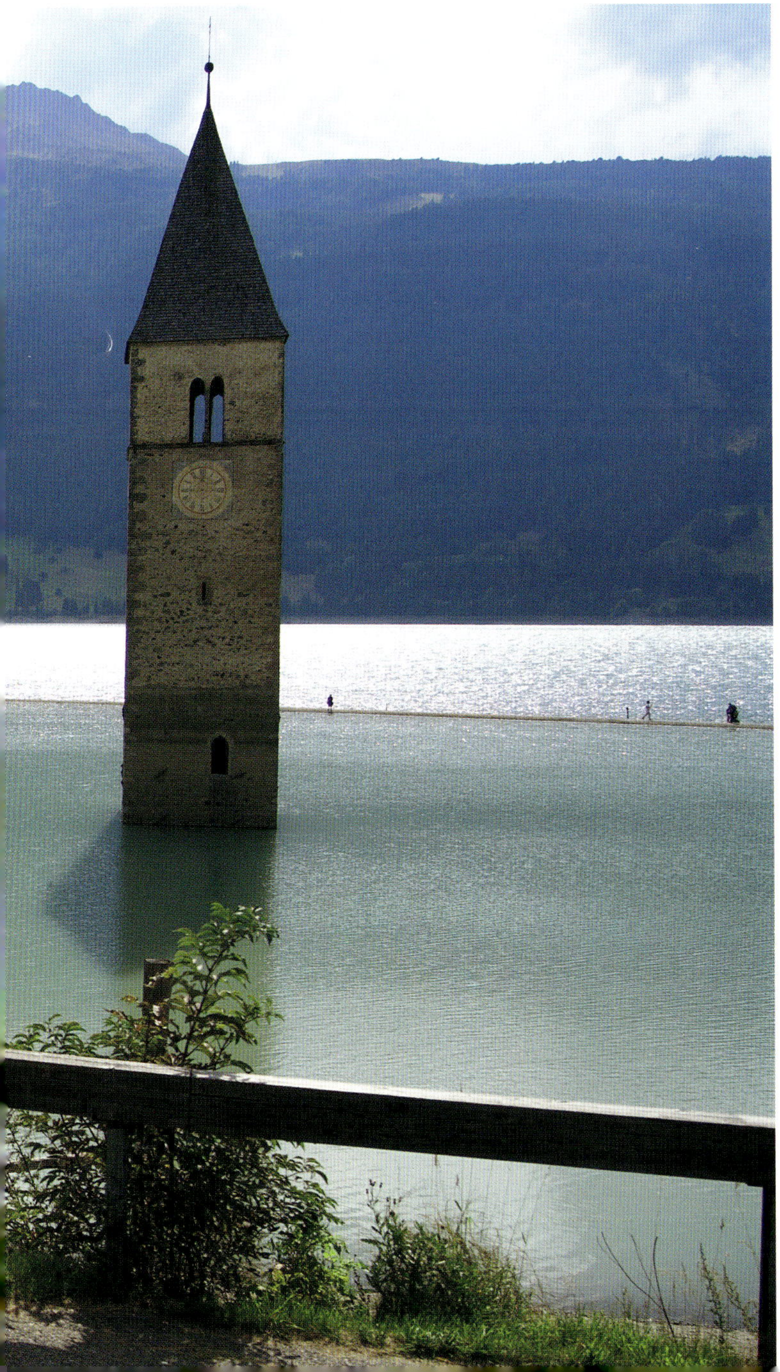

Berühmte Kulisse am Fuß des Watles: der Kirchturm im Reschensee.

hier schon zu Römerzeiten eine Wegstation, denn über den Reschenpass führte ja seit etwa 50 n. Chr. die berühmte Via Claudia Augusta von der Donau an die Adria, heute auch einer der bekanntesten Fernradwege in Europa. Deshalb braucht man sich nicht über dick bepackte Tourenradler wundern, die Nauders gern als Übernachtungsort wählen. Also biegen wir auf den hier wunderbar asphaltierten, sanft ansteigenden Radweg der Via Claudia Augusta ein und radeln gen Süden. Wir passieren die Feste Naudersberg, danach lassen wir die ehemalige Grenzstation zwischen Österreich und Italien hinter uns und kurven durch weite Wiesen nach Reschen, dem ersten Ort am gleichnamigen See. Wer unbedingt den versunkenen Kirchturm und die Kitesurfer sehen möchte, der fährt am östlichen Ufer entlang. Der schönere Weg verläuft jedoch auf der Westseite in schwungvollem Auf und Ab, vorbei an kleinen Kapellen und schönen Buchten mit Bergblick. Am Südende geht's über die Staumauer hinunter nach St. Valentin auf der Haide. Dort biegen wir ab Richtung Plawenn. Schlagartig wird's ruhig und idyllisch – keine Fernradler mehr, ab und zu ein Einheimischenauto. Wir sind nun mitten im Obervinschgau, auf dieser markanten schiefen Ebene südlich des Haidersees. Vor uns der Vinschgau, darüber das Ortlermassiv, links und rechts andere mächtige Zwei- und Dreitausender. Das Sträßchen führt durch einen Lärchenwald, zu Weilern mit Bauernhöfen wie Alsack und Ulten. Bei der Kapelle zum heiligen Johannes biegen ab, hinunter Richtung Burgeis. Der Ort am Ufer der Etsch verlangt nach einem ausgiebigen Stopp: entweder zur Besichtigung des schlossgleichen Klosters Marienberg hoch über dem Ort oder der wehrhaften Fürstenburg aus dem 13. Jahrhundert direkt an der Via Claudia Augusta. Oder nur zu einem kleinen Bummel durch das pittoreske Dorf mit dem St.-Michaels-Brunnen und einigen mit Fresken bemalten Hausfassaden. Für den Rückweg müssen wir wieder etwas in die Pedale treten oder hochschalten. Aber die Steigung hält sich in Grenzen. Wir radeln an der jungen Etsch entlang zum Haidersee und wieder hinauf zur Staumauer des Reschensees. Hier kann sich jeder entscheiden ob er am rechten oder linken Ufer zurückradeln möchte. Wir bleiben bei der ruhigeren Anfahrtsroute im Westen. Nach einem Kaffeestopp im Radlercafé in Reschen direkt am See rollen wir zurück nach Nauders.

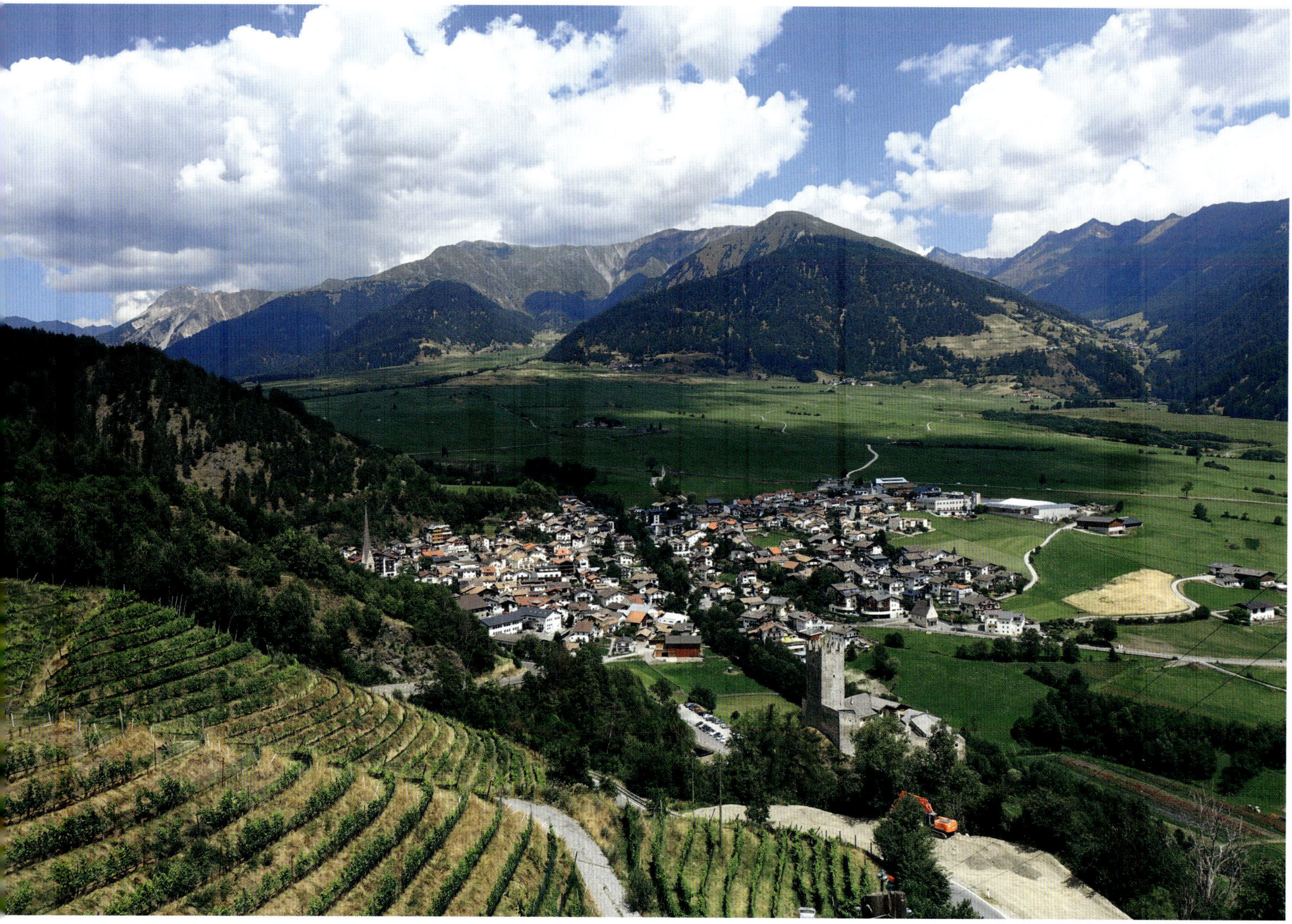

Die schiefe Ebene des Obervinschgau bei Burgeis.

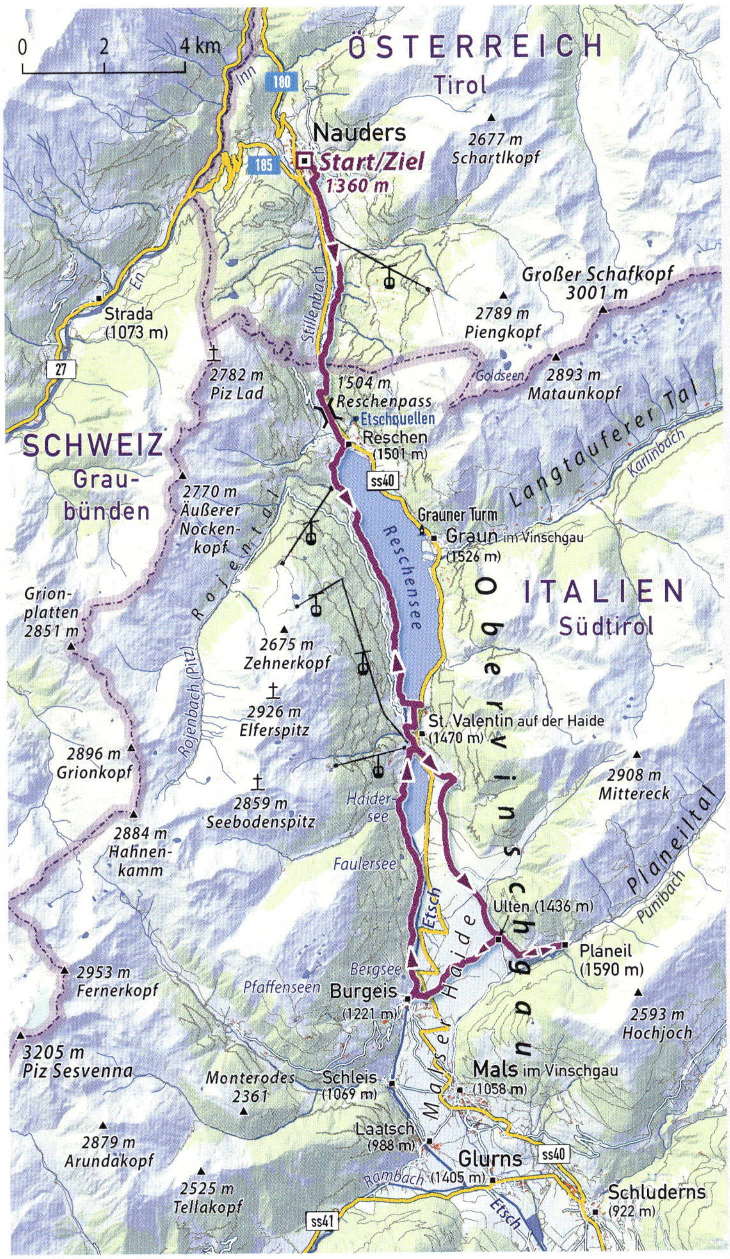

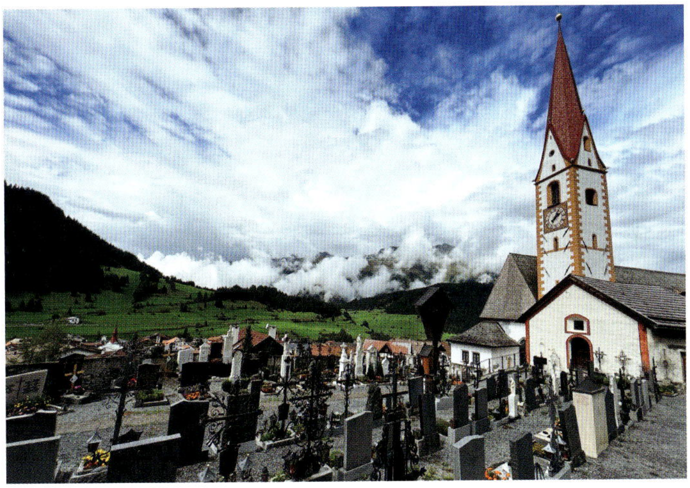

Ruhestätte mit Aussicht: der Friedhof in Nauders.

ANFORDERUNGEN

53 km, 1178 hm, leicht

ROUTE

Nauders – Reschenpass – Reschensee – Haidersee – St. Valentin – Dörfl – Alsack – Burgeis – Haidersee – Reschensee – Reschen – Reschenpass – Nauders

BESTE REISEZEIT

Juni bis September

E-BIKE-VERLEIH

Sport Nauders Spöttl Dr. Tschiggfrey-Str. 32, A-6543 Nauders, www.sport-nauders.at

Biwak Nauders Dr. Tschiggfrey-Str. 32, A-6543 Nauders, www.biwak-nauders.at

NICHT VERPASSEN

Kloster Marienberg oberhalb Burgeis

Fürstenburg in Burgeis

Abstecher zum versunkenen **Kirchturm im Reschensee** und zu den **Kiteseglern** bei Graun

GUT EINKEHREN

Gasthof Zum Goldenen Löwen in Nauders. Gute Tiroler Küche in einem altehrwürdigen Wirtshaus. www.loewen-nauders.com

Hotel Lamm in St. Valentin auf der Haide. Gute Pizza und Pasta www.hotel-lamm.it

S'Kammerli im Hotel Central. Echtes, anspruchsvolles Fine Dining bei Michi Ploner

ANGENEHM ÜBERNACHTEN

Hotel Central (der Radlertreff schlechthin!), Unterdorfstr. 196, A-6543 Nauders, www.hotel-central.at/de

Hotel Post Dr. Tschiggfrey-Str. 37, A-6543 Nauders, www.post-nauders.at

LANDKARTE

Kompass-Karte **Nr. 42 „Landeck – Nauders – Samnaungruppe"** 1:50.000

Zur Übersicht: Karte **„3-Länder Rad- und Mountainbiketouren"** von Nauders Tourismus

ALLGEMEINE AUSKUNFT

Nauders Tourismus Dr. Tschiggfreystr. 66, A-6543 Nauders, Tel. +43 50 22 54 00, www.nauders.com

Vinschgau Tourismus www.suedtirol.com/vinschgau

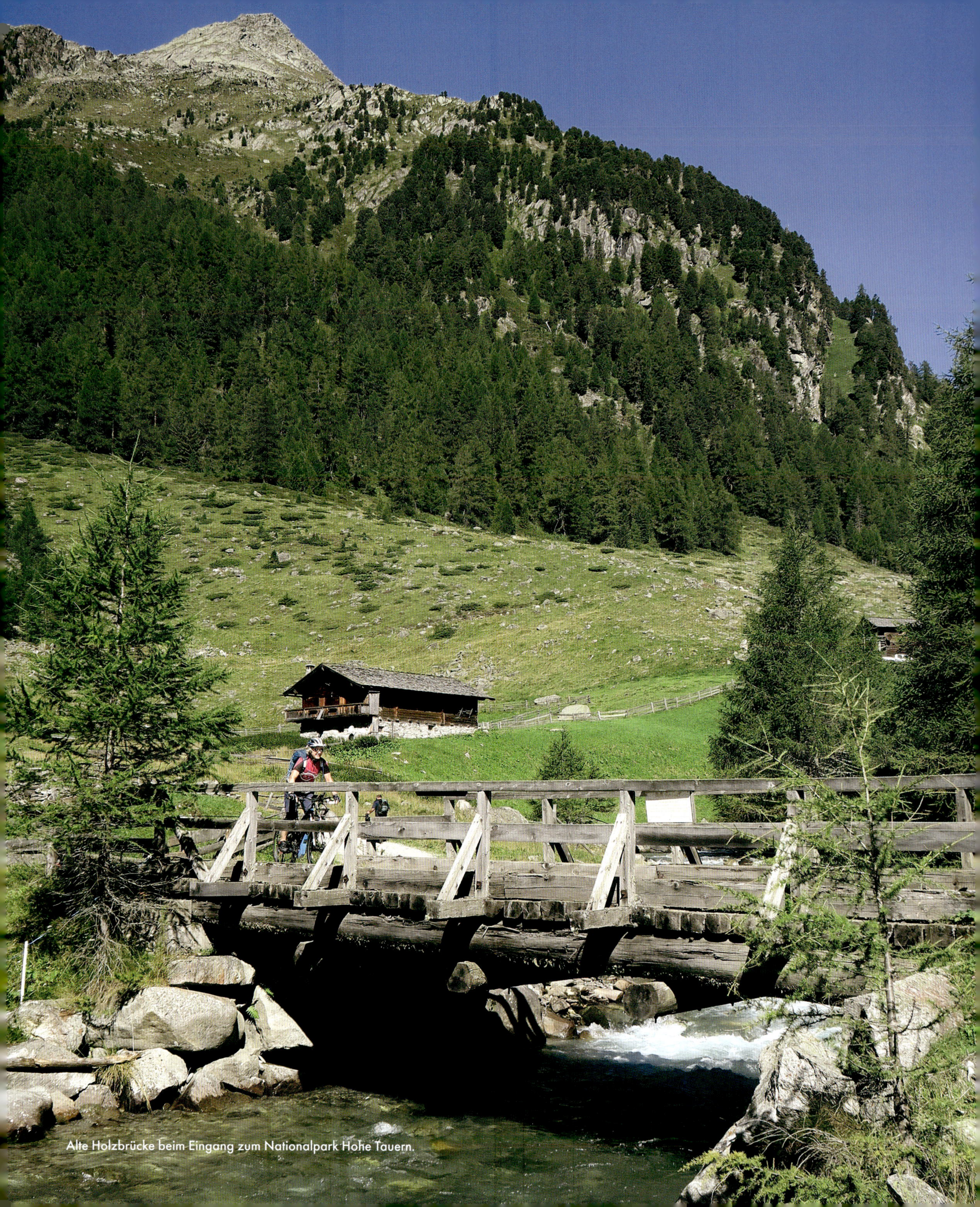

Alte Holzbrücke beim Eingang zum Nationalpark Hohe Tauern.

22

KÜHE, YAKS UND MURMELTIERE

Im Osttiroler Defereggental warten nicht nur majestätische Bergriesen und die älteste Alm Österreichs, sondern auch hin und wieder ungewohnte Tiere

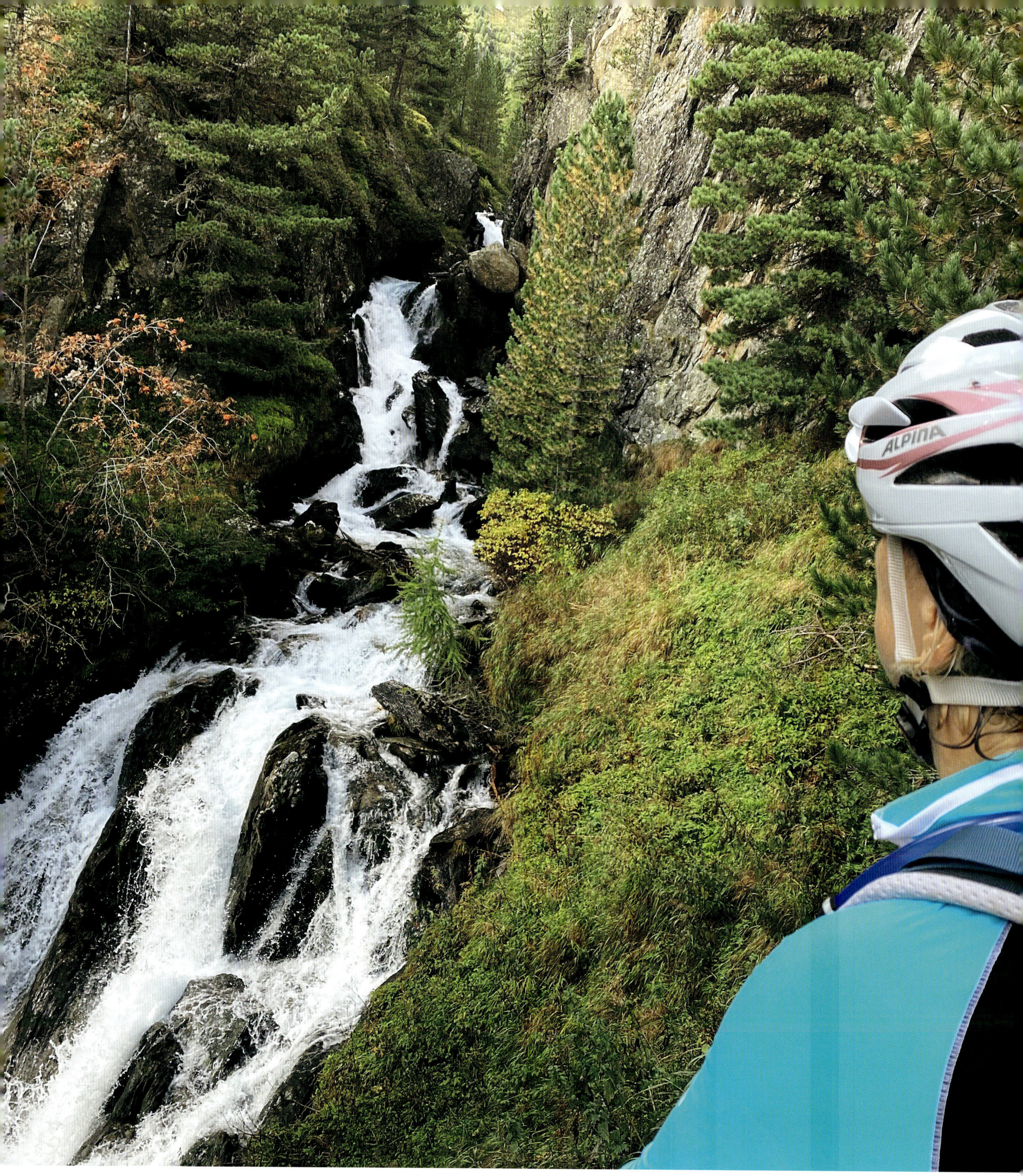

Gewohntes Bild: Überall rauschen Wildbäche ins Tal.

Gemütlicher Start ins Hochgebirge: Radweg in St. Jakob im Defereggental.

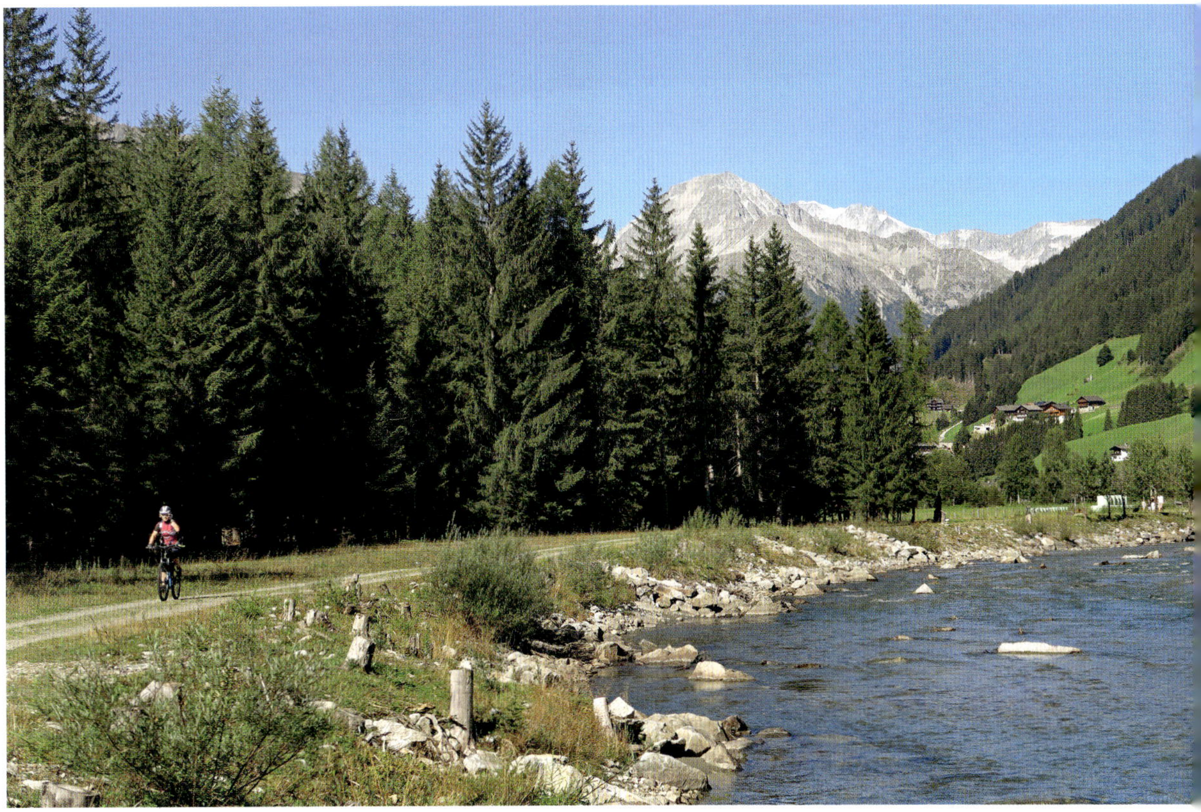

So manche Radler und Wanderer reiben sich verdutzt die Augen, wenn sie an den Hochalmen, wie etwa bei der Hinteren Trojeralm, plötzlich vor einer Herde Yaks stehen. Eigentlich grasen Yaks sonst vor allem im Himalaja und im tibetischen Hochland. Dazu passt auch, dass die älteste Alm Österreichs – ihr Ursprung geht zurück bis ins 11. Jahrhundert –, die Jagdhausalm (2009 m), wegen ihrer Steinbauten „Klein-Tibet" genannt wird. In Osttirol ist wohl so manches etwas anders. Das Defereggental an der Grenze zu Südtirol ist jedenfalls ein ideales Revier für bergaffine E-Biker. Ohne Motor dürfte es für viele Tourenradler etwas zu anspruchsvoll sein. Zum Warmfahren bietet sich der Schotterweg entlang der Schwarzach an. Er führt zu vielen schönen Bauernhöfen und Weilern zwischen St. Jakob und Mariahilf. Wenn es dann etwas steiler sein darf, kommen die Bruggeralm und die Trojeralm infrage, beide liegen in wunderschönen Hochtälern, wo Murmeltiere auf den Wiesen pfeifen. Die Königstour zieht sich hinauf zur Jagdhausalm in den Nationalpark Hohe Tauern. Eine wundervolle Bergwelt jenseits der Zweitausender-Marke, erreichbar mit einem vollen Akku und ohne größere fahrtechnische Schwierigkeiten.

Am Parkplatz der Brunnalmbahn im Ortsteil Lacken von St. Jakob in Defereggen steigen wir aufs E-Bike. Die ersten Meter winden sich über einen Wiesenpfad, der wird schnell breiter und mutiert bald zum Schotterweg am Flüsschen Schwarzach entlang. Das ist der Radweg Defereggental. So verkündet es zumindest ein großes grünes Schild an der Holzbrücke zur Dorfmitte von St. Jakob. Und auf der Hinweistafel steht auch gleich unser Tagespensum: Jagdhaus 18 km – nur der Hinweg.

Von den mächtigen Bergriesen ist hier unten noch nichts zu sehen. Dunkler Bergwald erstreckt sich im engen Tal bis zum Horizont. Deshalb bestimmen auch schattige

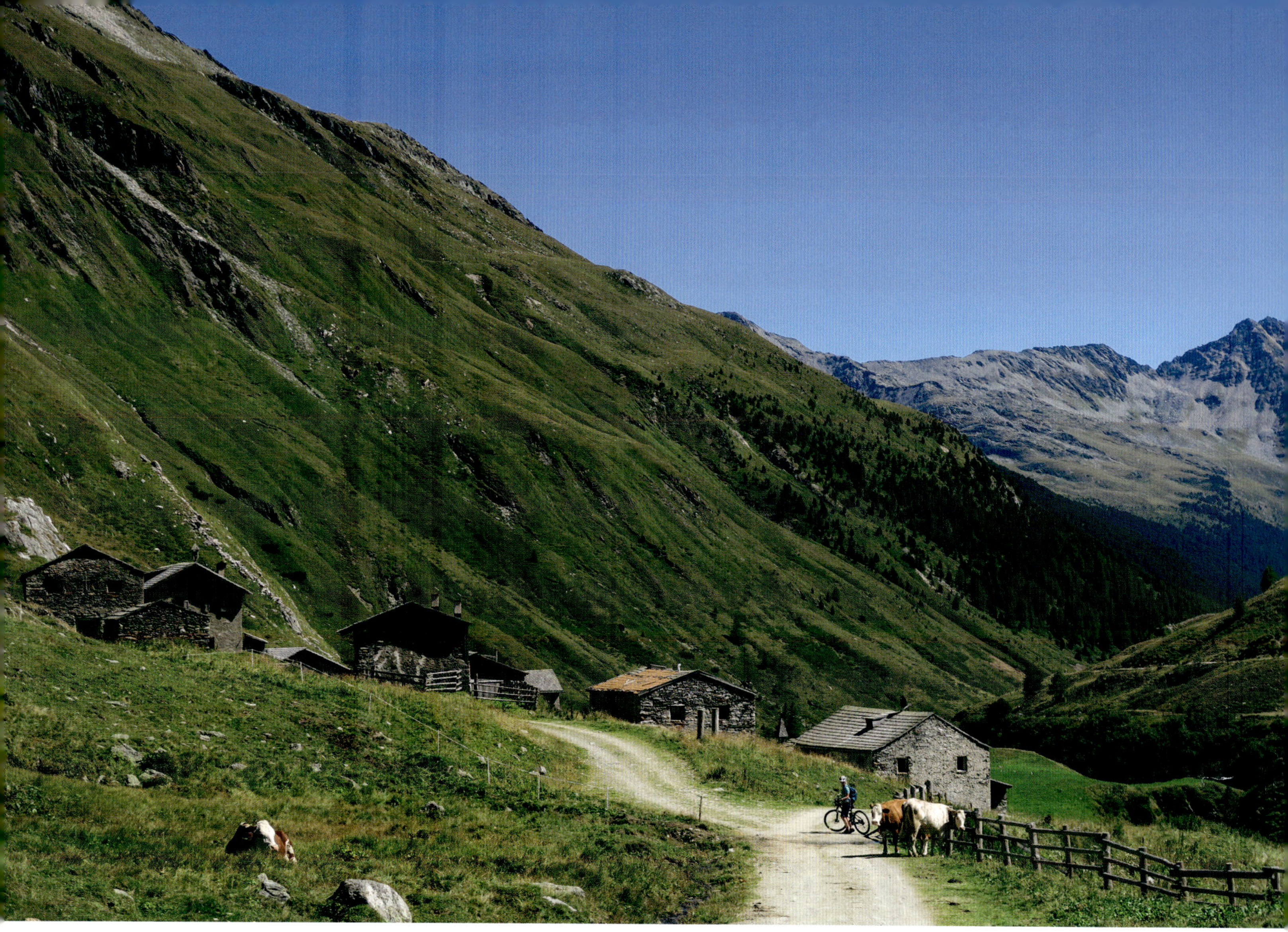

Über 2000 Meter hoch gelegen: die Jagdhausalm.

Waldpassagen die ersten Kilometer, ab und zu unterbrochen von kleinen Weilern wie Grünmoos und Mariahilf. Sonnengegerbte Holzhäuser und Scheunen stehen auf der Lichtung, auf den Wiesen grasen Kühe und lassen Radler Radler sein. Eine kleine Häuseransammlung trägt den ungewöhnlichen Namen Rinderschinken. Warum auch immer.

Das Tal verengt sich, und die Schwarzach fließt schließlich tief unten in einer Felsschlucht. Erst beim Alpengasthof Patscherhütte weitet sich das Tal wieder und gibt langsam den Blick frei auf die hohen Gipfel. Außerdem nehmen die Steigungsprozente zu.

Bei der Jausentation Oberhaus durchfahren wir die hölzerne Pforte zum Nationalpark Hohe Tauern. Rundherum breitet sich der größte zusammenhängende Zirbenwald der Ostalpen aus. Wer hier etwas mehr über die interessante Natur und Kultur wissen möchte, kann eine Runde auf dem Naturlehrweg gehen. Mit zehn anschaulich gestalteten Lehrtafeln wird das reiche Artenspektrum an Flora, Fauna und der Almkulturlandschaft gezeigt. Apropos Zirben: Kurz darauf führt der Weg an der alten Oberhausalm vorbei. Dort verkauft der Besitzer hin und wieder selbst gemachten Zirbenschnaps, den „Zirbala“, unverkennbar an seiner dunkelroten Farbe und dem süßsäuerlichen Geschmack. Natürlich darf man auch ein Schlückchen probieren.

Nach und nach wechselt die Szenerie. Statt Bergwald dominieren mächtige Dreitausender die Kulisse. Wir

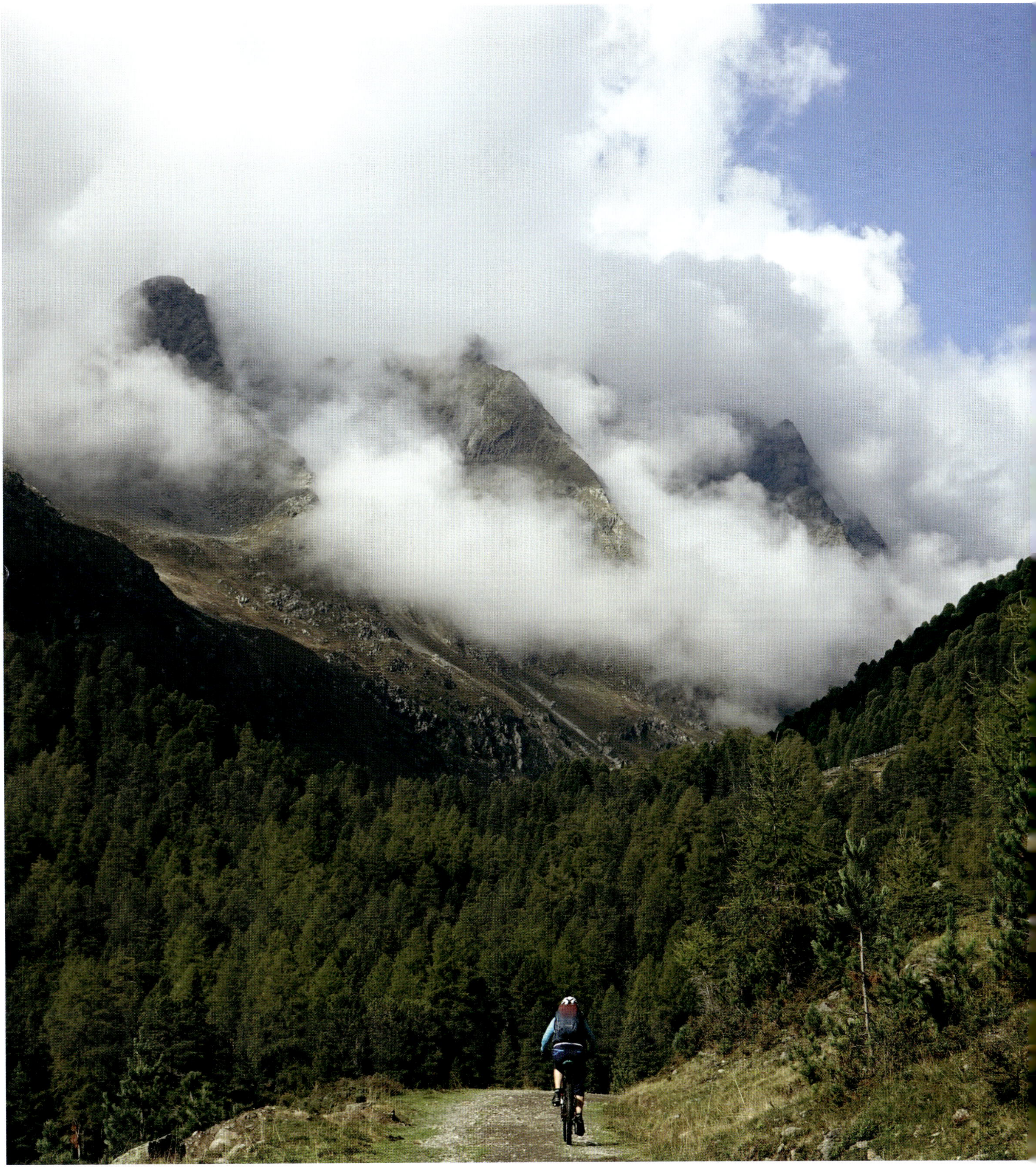

Wildromantisch in einem Seitental: die Trojer Almen.

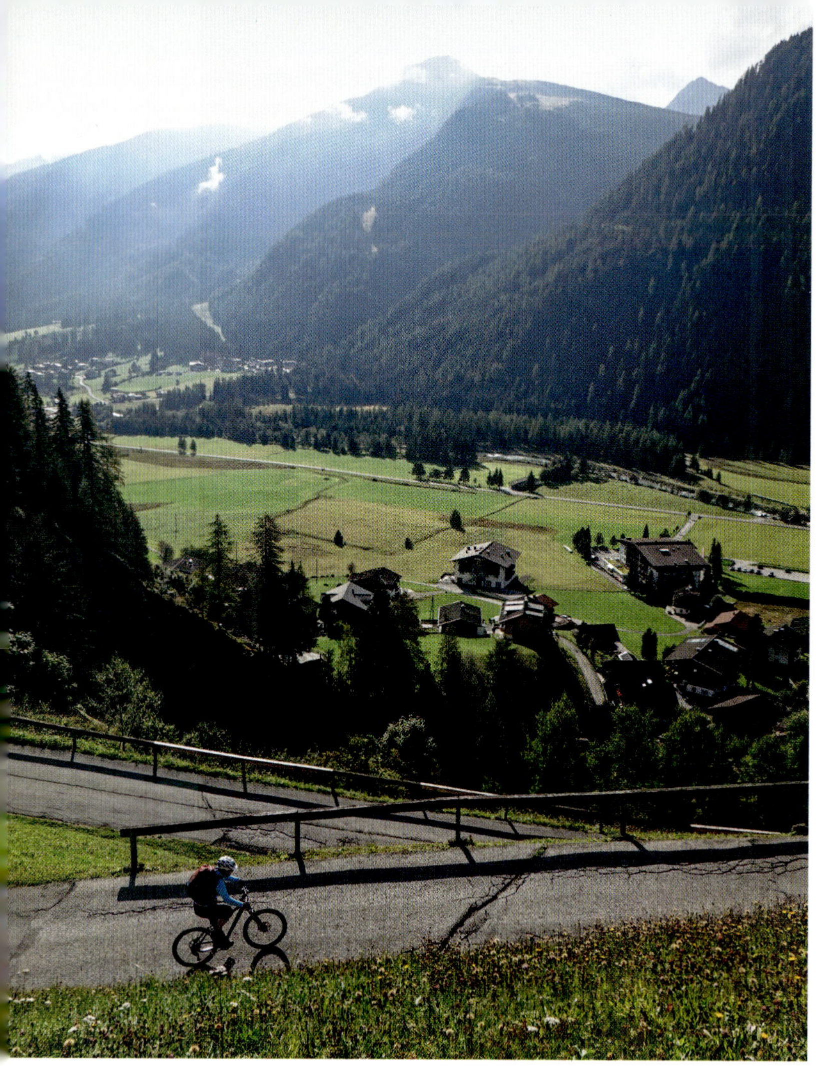

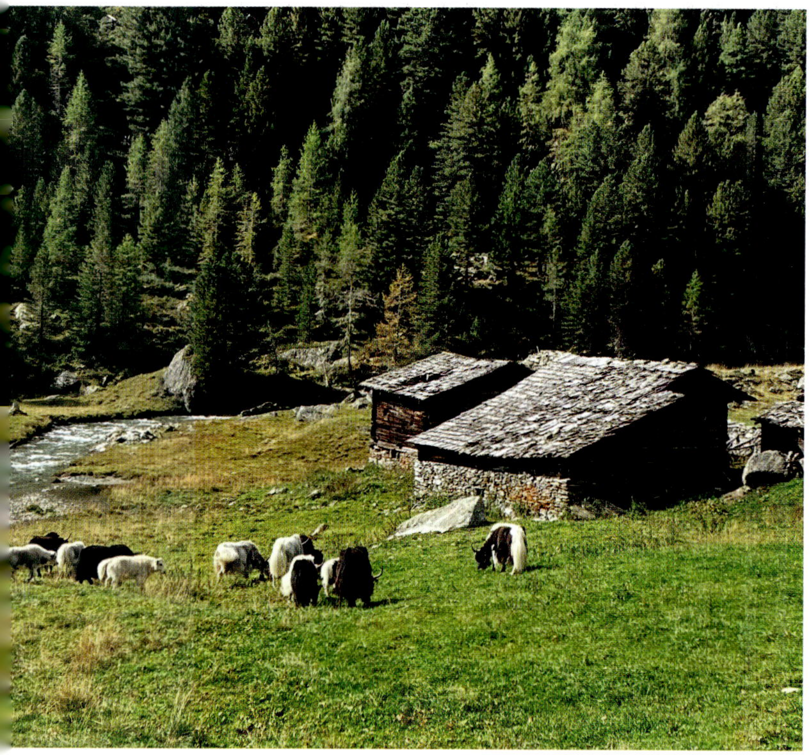

Start auf Asphalt: Auffahrt zu den Trojer Almen.

Ungewohnte Weidetiere: Yaks am Trojer Almbach.

passieren die Untere und Obere Seebachalm, die schon über 1900 Meter hoch liegen. Nach einer steilen Geländestufe – vorsichtig fahren! – schiebt sich auf der andere Talseite die älteste Almsiedlung Österreichs, die Jagdhausalm, ins Bild. Sie besteht aus 19 Steinhäusern und der Maria-Hilf-Kapelle, die unter Denkmalschutz stehen. Schon im Jahr 1212 haben hier auf 2009 Meter nachweislich sechs Almhütten existiert, eingebettet zwischen Felsen und Grasmatten. Das Besondere daran: Bis heute sind der Grund und das Weiderecht im Besitz von 15 Südtiroler Bauern, die jedes Jahr rund 350 Jungrinder über die Landesgrenze von Italien nach Österreich auf die Alm treiben.

Wer noch nicht genug hat vom Bergradeln: Das Tal ist hier noch nicht zu Ende. Man kann noch ein paar Schotterserpentinen emporkurbeln, bevor bei der Arventalalm (2169 m) der Schlussanstieg zum Klammljoch beginnt. Eine Schranke und ein Holzhäuschen markieren oben auf 2295 Metern die Grenze zwischen Südtirol und Osttirol, zwischen Österreich und Italien. Wer nochmals Lust auf einen kleinen Abstecher hat, rollt zum Klammlsee hinunter. Der kleine Bergsee ist schon vom Joch aus zu sehen. Ansonsten geht es wieder zurück hinunter auf dem Anfahrtsweg. Aber möglichst nicht ohne ausgiebige Pause in dieser grandiosen Umgebung. Zum Beispiel um den Graukas in der Arventalalm zu probieren oder auf der Jagdhausalm eine frische Buttermilch zu trinken. Zur ältesten Alm Österreichs muss man allerdings einen kleinen Umweg einplanen, denn zwischen Fahrweg und Alm liegt eine tiefe Schlucht. Und der direkte Weg auf schmalem Pfad und schmalem Brücklein ist fürs E-Bike ziemlich ungeeignet. Zurück nach St. Jakob rollen wir dann gemütlich auf dem Anfahrtsweg.

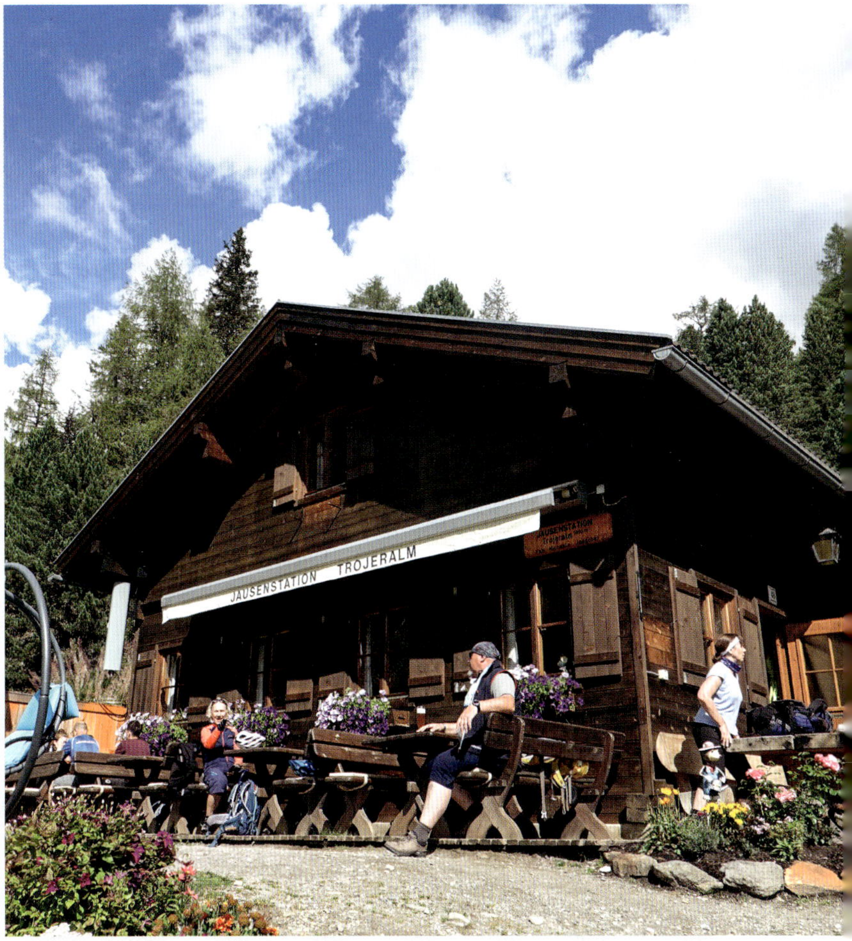

Beliebte Jausenstation: die Trojer Alm.

ANFORDERUNGEN
43 km, 890 hm, mittel

ROUTE
St. Jakob in Defereggen – Grünmoos – Mariahilf – Patscherhütte – Jausenstation Oberhaus (Nationalpark Hohe Tauern) – Untere Seebachalm – Obere Seebachalm – Jagdhausalm – ggf. weiter zur Arventalalm – Klammljoch – Klammlsee – (auf Anfahrtsweg zurück nach St. Jakob)

BESTE ZEIT FÜR DIE TOUR
Juni bis Mitte September

RADFREUNDLICHE UNTERKÜNFTE
Gästehaus Burger in St. Jakob in Defereggen, www.haus-burger.at
Hotel Jesacherhof in St. Jakob-Außerrotte in Defereggen, www.jesacherhof.at

SEHENSWERT
Wildtierbeobachtungsturm im Oberhauser Zirbenwald
Deferegger Heilwasserwelt in St. Jakob

EINKEHRTIPPS
Alpengasthof Patscher Hütte (1675 m): Gute Alpenküche und Übernachtungsmöglichkeit. Anfang Juni bis Ende September geöffnet, www.alpengasthof-patsch.at
Alpengasthof Oberhaus (1770 m): Tiroler Küche am Eingang zum Nationalpark Hohe Tauern, Ende Mai bis Anfang Oktober geöffnet.
Jagdhausalm (2009 m): Die älteste Alm Österreichs mit einfacher Almwirtschaft. Mitte Juni bis Mitte Oktober geöffnet, www.jagdhausalm.com
Trojer Alm (1810 m): Beliebte Jausenstation oberhalb von St. Jakob. Wirtin Michaela serviert gute Küche in herrlicher Umgebung am Trojer Almbach. Mai bis September geöffnet. Gut mit dem E-Bike erreichbar (mittelschwere Halbtagestour) www.trojer-alm.at

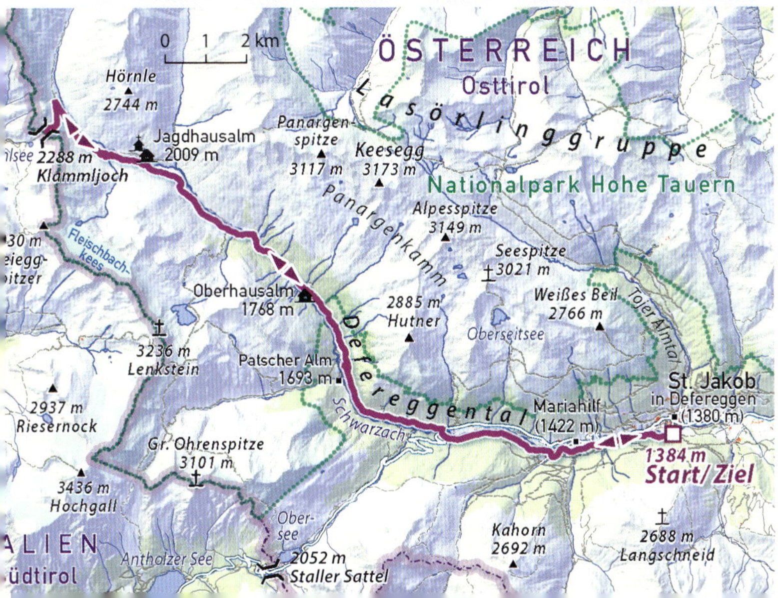

E-BIKE-VERLEIH
Sport Passler in St. Jakob in Defereggen, www.sport-passler.at (zwei Filialen im Ort)

LANDKARTE
Kompass-Karte **WK 45 „Defereggental – Villgratental"** 1:50.000

ALLGEMEINE AUSKUNFT
Urlaubsregion Defereggental Tourismusinfo St. Jakob
Unterrotte 44, A-9963 St. Jakob im Defereggental, www.defereggental.com
Nationalpark Hohe Tauern hohetauern.at/de

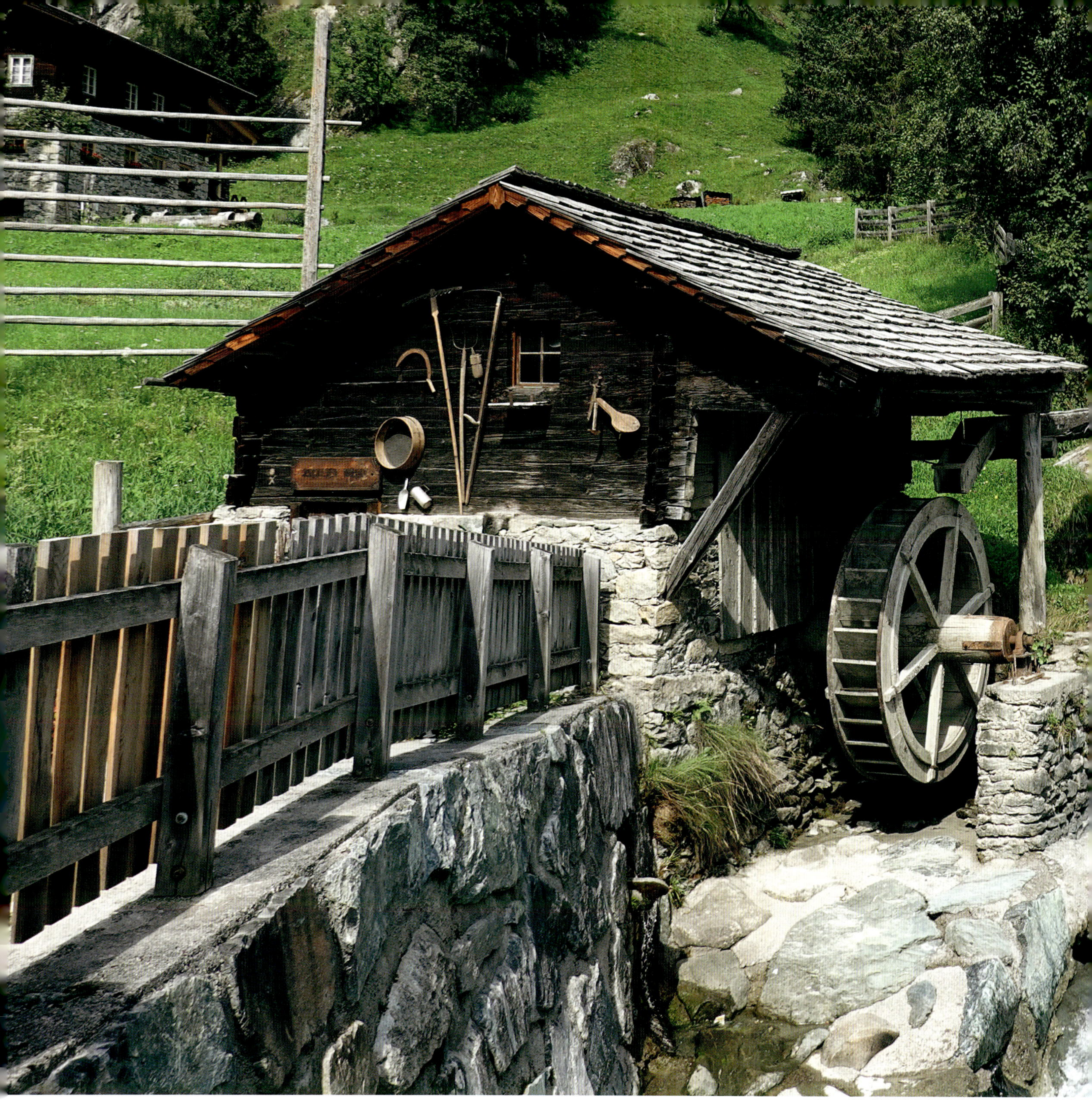

23 DAS URSPRÜNGLICHE VIRGENTAL

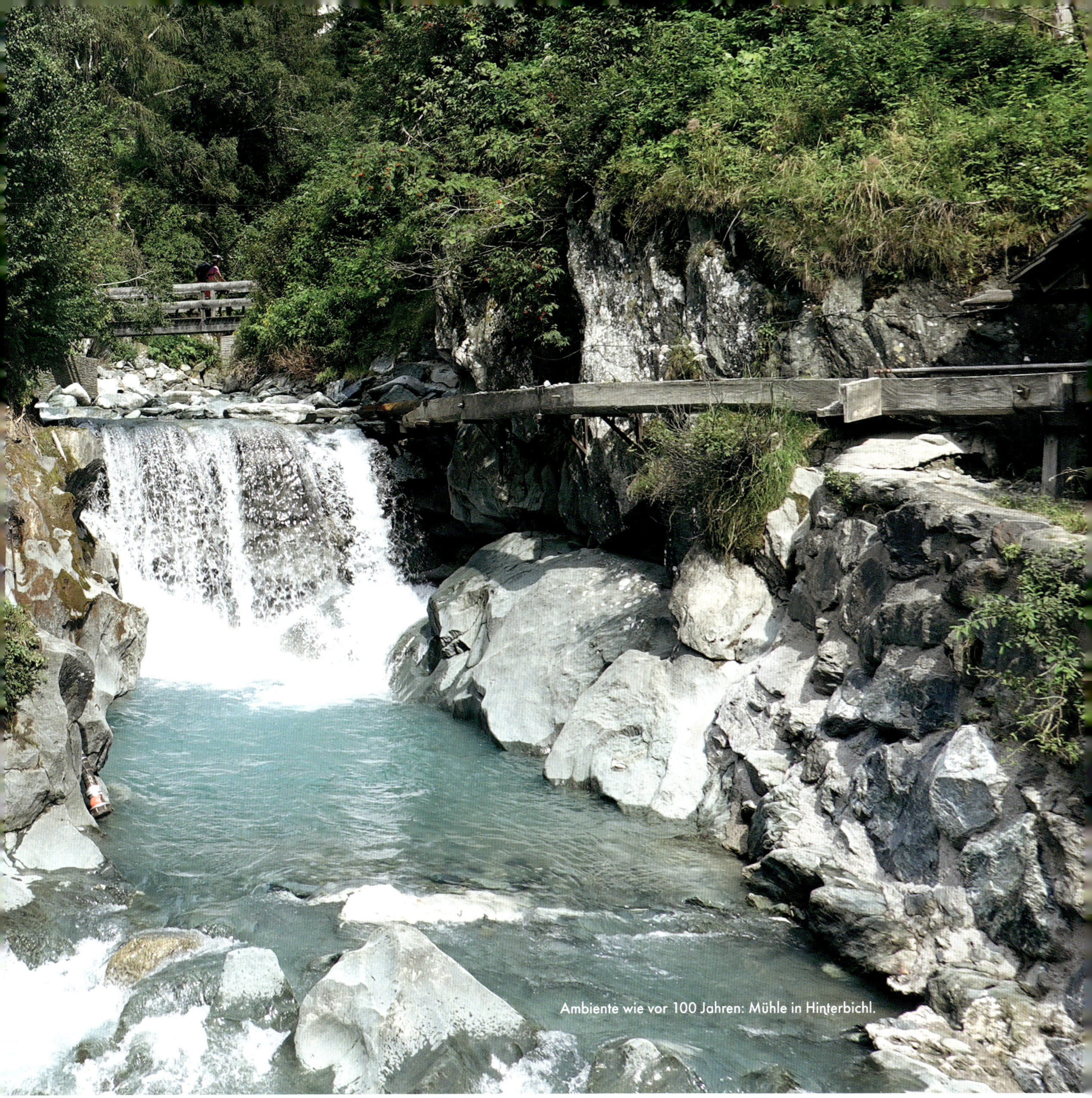
Ambiente wie vor 100 Jahren: Mühle in Hinterbichl.

Vom quirligen Bergort Matrei hinauf zur Iselschlucht und zum ersten Wasserschaupfad Europas an den Umbalfällen

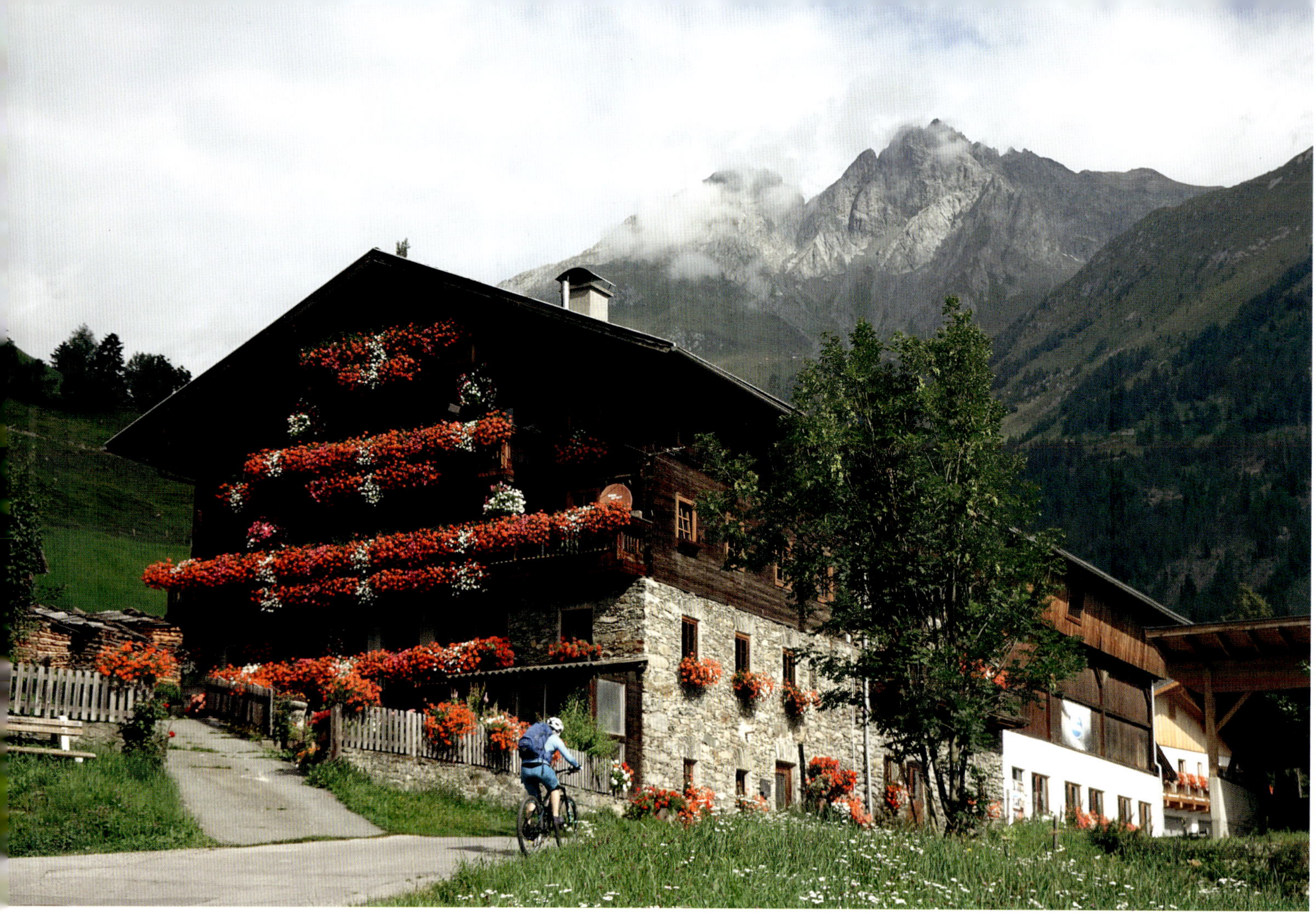

Schmuckvoll und wuchtig: Bauernhof bei Welzelach.

Das Virgental in Osttirol zählt zu den angenehmen Alpentälern, die noch nicht allzu sehr von den Besucherströmen überrollt werden. Es erstreckt sich im Osten von Matrei – nicht zu verwechseln mit Matrei am Brenner – bis hin zu den Umbalfällen im Westen. Das Bergtal liegt innerhalb der Venedigergruppe und wird im Süden vom Lasörlingkamm begrenzt. Apropos Venediger: Der Großvenediger (3666 m) ist auch der bekannteste Gipfel im Virgental und jedes Jahr Ziel vieler Bergsteiger. Allerdings wollen wir mit dem E-Bike nicht so hoch hinauf. Vielleicht später einmal von Hinterbichl durchs Dorfertal hinauf zur Johannishütte, wo viele Hochtouristen ihre erste Zwischenstation auf dem Weg zum Großvenediger einlegen!? Aber dafür ist auf jeden Fall eine solide Beherrschung des Fahrrades vonnöten, denn der Weg dort hinauf ist steil, schotterig und zuweilen etwas ruppig. Aus diesem Grund begnügen wir uns erst mal mit dem Virgental-Radweg. Dieser überwindet von Matrei zu den Umbalfällen auf rund 24 Kilometern immerhin auch einen Höhenunterschied von mehr als 700 Metern. Bevor wir in Matrei aufs Rad steigen, sollten wir uns noch etwas im lebendigen Bergort umsehen. Besonders aufschlussreich ist ein Besuch im denkmalgeschützten Nationalparkhaus. Die dortigen Ausstellungen über zwei Stockwerke vermitteln eine Menge

Wissen über die Hochgebirgsregion der Hohen Tauern – auf didaktisch ansprechende Weise. Sehenswert ist zudem die romanische Kirche St. Nikolaus am Ortsrand. Und wer noch etwas leckeren Proviant für die Tour einkaufen möchte, der schaut am besten im Talmarkt am Rauterplatz vorbei. Dort verkaufen lokale Bauern ihre Produkte, vom würzigen Bergkäse über Speck und knackige Kaminwurzen (Hartwürste) bis hin zu Honig und fruchtigen Beerenlikören. Zu Beginn der Tour wird's gleich richtig sportlich durch den Bergwald rund 300 Höhenmeter hinauf nach Zedlach, wo sich gleich ein schöner Blick über den vorderen Teil des Virgentals eröffnet. Wir radeln hoch über dem Fluss Isel talaufwärts. Zum Verständnis: Das namentliche Iseltal erstreckt sich von Matrei nach Lienz, aber das obere Tal der Isel heißt hier Virgental. Im namensgebenden Bergort Virgen biegen wir ab Richtung Niedermauern. Kurz darauf radelt man auf der anderen Talseite meist in der Nähe des Gletscherflusses Isel. Beim Weiler Welzelach schrauben wir uns hoch über die große Iselschlucht und genießen den schaurig-spannenden Ausblick in den tief eingeschnittenen Canyon. Auf mitunter etwas holprigen Waldwegen führt die Route weiter hinauf Richtung Bobojach und Prägraten. Immer wieder wechselt der Radweg von einem zum anderen Iselufer. Bei Hinterbichl lohnt sich ein Abstecher in den

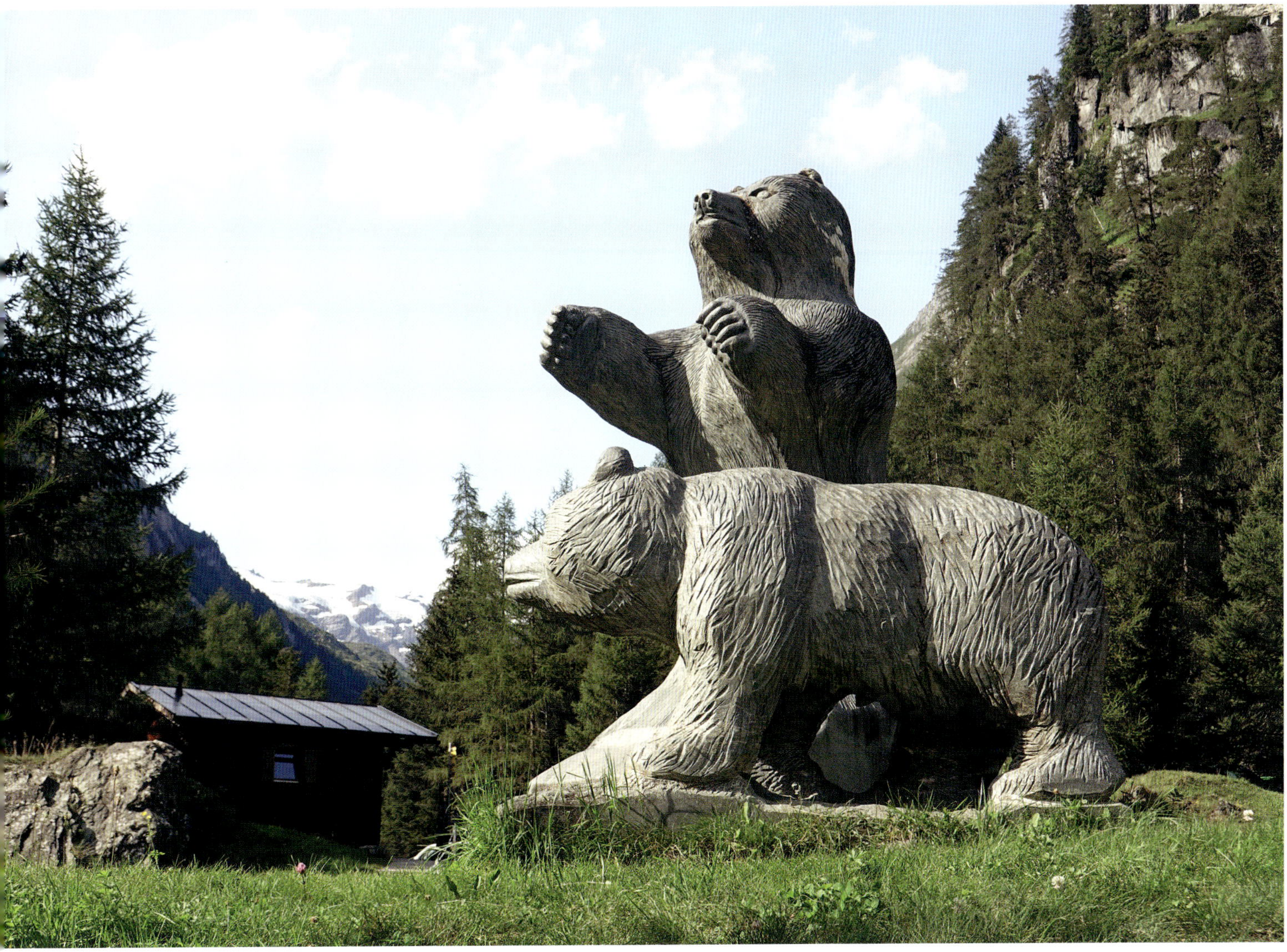

Sie bewachen den Nationalpark: Bärenstatuen in Ströden.

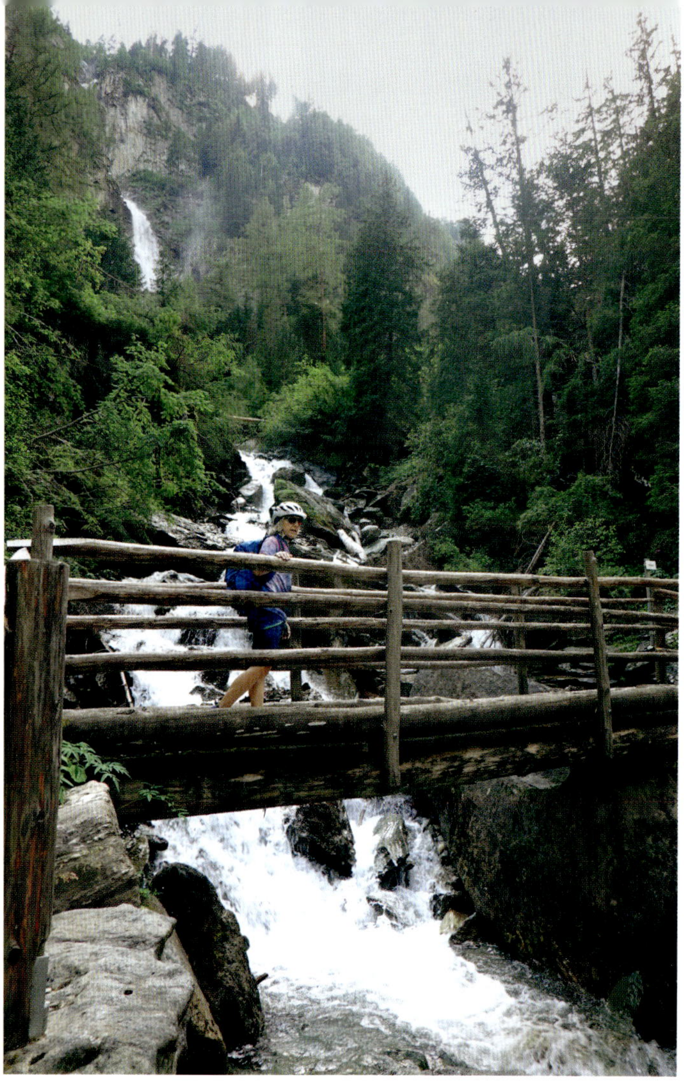

Nur zu Fuß zu entdecken: Wanderweg an den Umbalfällen.

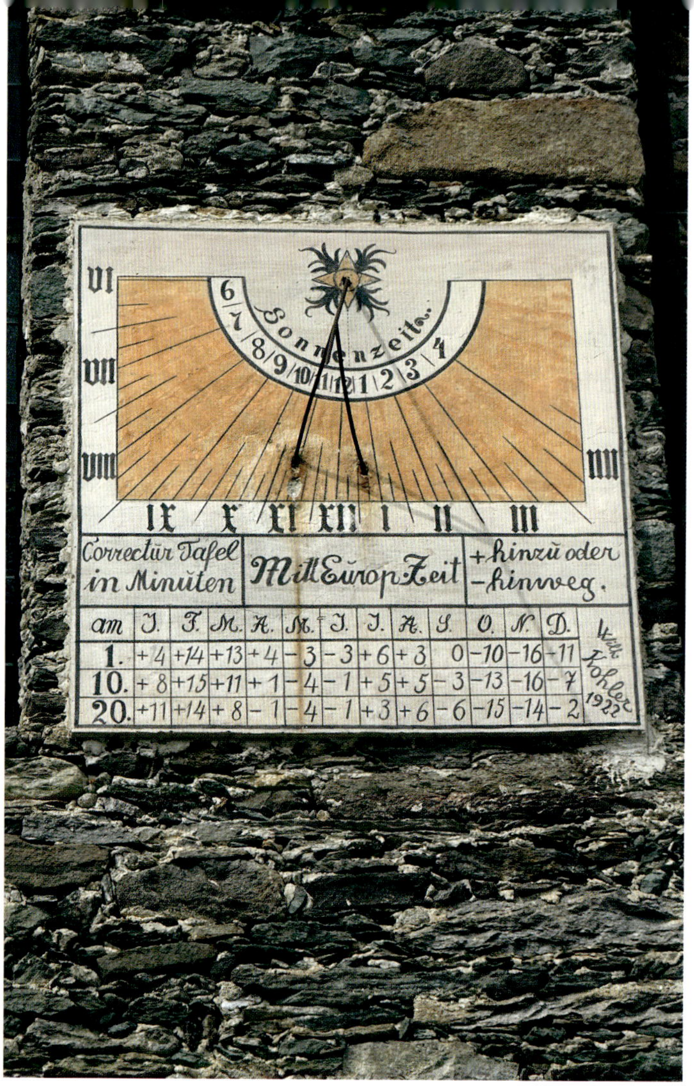

Hinterbichl: Sonnenuhr an der Kirchenmauer.

schnuckeligen Ort, um einen Blick auf die alte Steinkirche und die historische Wassermühle am Dorferbach zu werfen oder im altehrwürdigen Gasthof Islitzer eine kleine Jause einzunehmen. Dort gibt es an der Hauswand sogar eine offizielle E-Bike-Ladestation von Osttirol Tourismus. Hinter Hinterbichl verläuft die Radroute auf der schmalen Talstraße bis zum Weiler Ströden, wo ein mächtiges Bärendenkmal den Eingang zum Nationalpark Hohe Tauern markiert. Die letzten wenigen Kilometer auf einem Waldweg müssen Autofahrer zu Fuß gehen oder sich in eine Taxi-Pferdekutsche setzen. Aber Radfahrer dürfen problemlos bis zur Islitzer Alm weiterfahren. Wo der Fahrweg endet, hört und sieht man auch schon die Ausläufer der Umbalfälle. Hier sollte jeder noch etwas Zeit und Energie aufbringen, um auf dem ersten Wasserschaupfad Europas entlang der Fälle in der erfrischenden Gischt hinaufzusteigen zu verschiedenen Aussichtsplattformen über den wilden Wassern. Das grandiose Naturschauspiel lohnt sich wirklich! Wieder zurück im Talboden, warten dann leckere Tiroler Schmankerln – von Osttiroler Schlipfkrapfen über Gamsbraten und Schwammerlgulasch mit Knödel bis hin zum obligatorischen Kaiserschmarrn – in der Islitzer Alm. Wir brauchen ja schließlich noch etwas Kraft in den Beinen für den Rückweg nach Matrei. Es geht zwar überwiegend bergab, aber die diversen Gegenanstiege sollen ja nicht nur allein mit Motor- beziehungsweise Akkuleistung bewältigt werden.

ANFORDERUNGEN

48 km, 1090 hm, mittel

ROUTE

Matrei (Goldried Bergbahn) – Zedlach – Virgen – Niedermauern – Iselschlucht – Prägraten – Hinterbichl – Ströden – Umbalfälle (auf dem Anfahrtsweg wieder zurück nach Matrei)

BESTE REISEZEIT

Juni bis September

E-BIKE-VERLEIH

Sport 2000 Wibmer Europastr. 20, A-9971 Matrei, Tel. +43 48 75 65 81 121, www.sport2000wibmer.at/de

NICHT VERPASSEN

Spaziergang oder kleine Wanderung entlang der **Umbalfälle** auf dem **Wasserschaupfad** und zu spannenden Besucherplattformen

Talmarkt am Rauterplatz in Matrei. Direktvermarktung der heimischen Bauern und Erzeuger mit kleinem Café mitten im Ort, www.talmarkt-regional.at

GUT EINKEHREN

Islitzeralm Tiroler Hausmannskost direkt an den Umbalfällen, www.islitzeralm.at

Gasthof Islitzer gestandenes Osttiroler Gasthaus in Hinterbichl im Virgental, www.islitzer.at

ANGENEHM ÜBERNACHTEN

Heimat das Naturresort in Hinterbichl/Prägraten (einfache E-MTBs im Verleih), Tel. +43 48 77 20 084, www.heim-at.com

Das historische **Gästehaus Post** in St. Andrä/Prägraten, Tel. +43 48 77 63 36, www.gaestehaus-post.com

Hotel Goldried Bike-Hotel in Matrei, Tel. +43 48 75 61 13, www.hotel-goldried-tirol.com

LANDKARTE

Kompass-Kartenset **WK 50 „Nationalpark Hohe Tauern"** 1:50.000/1:25.000

Tabacco-Karte **075 „Venedigergruppe, Matrei, Virgental, Tauerntal"** 1:25.000

ALLGEMEINE AUSKUNFT

Tourismusinfo Prägraten am Großvenediger

St. Andrä 35, A-9974 Prägraten/Osttirol,
Tel. +43 50 21 25 30
www.paradiespraegraten.at/de,
www.hohetauern.at/de,
www.osttirol.com

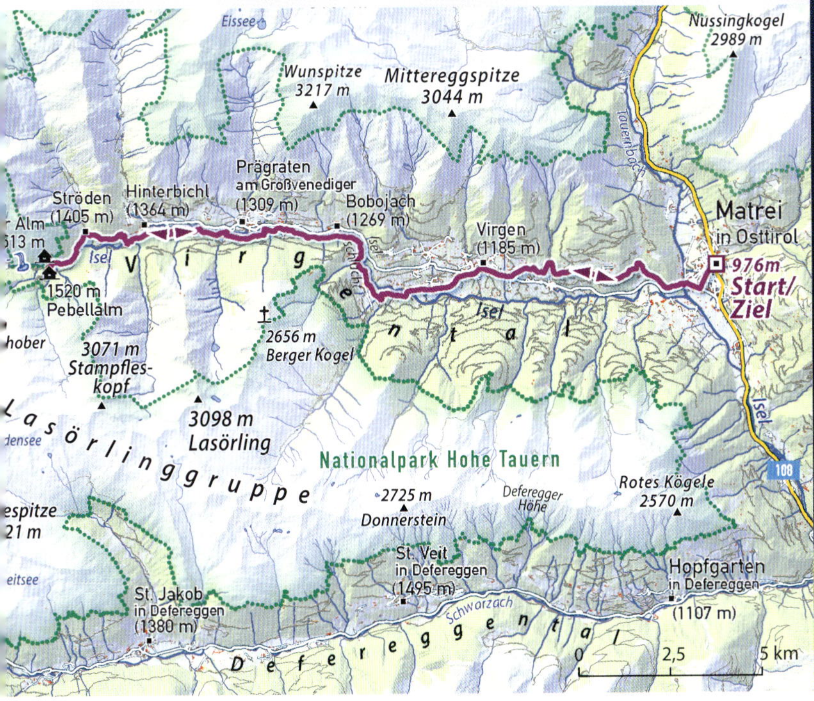

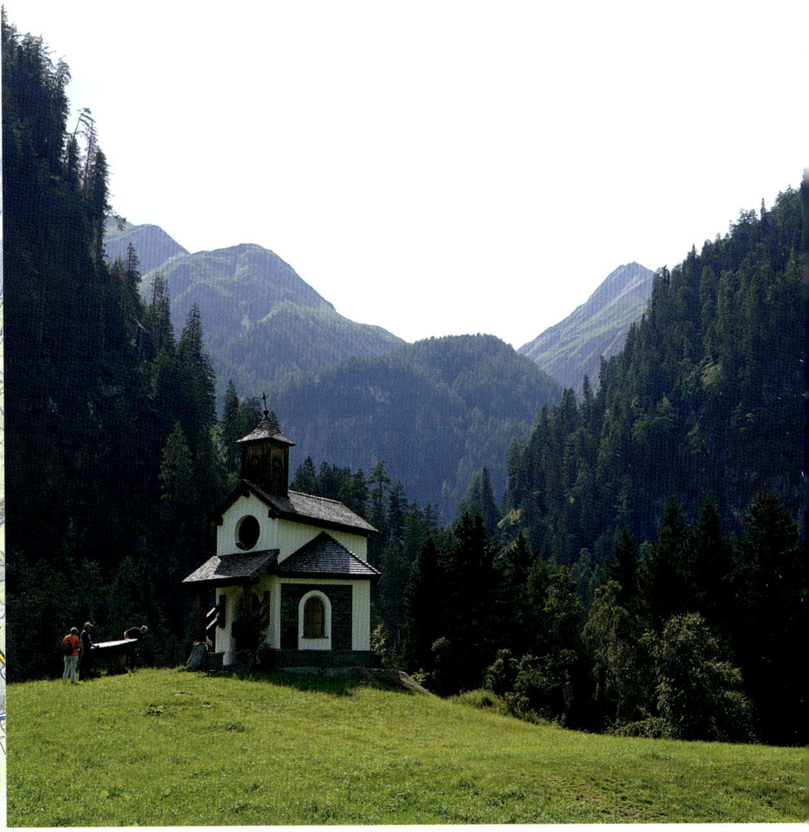

Neu und beliebt: Kapelle in Ströden.

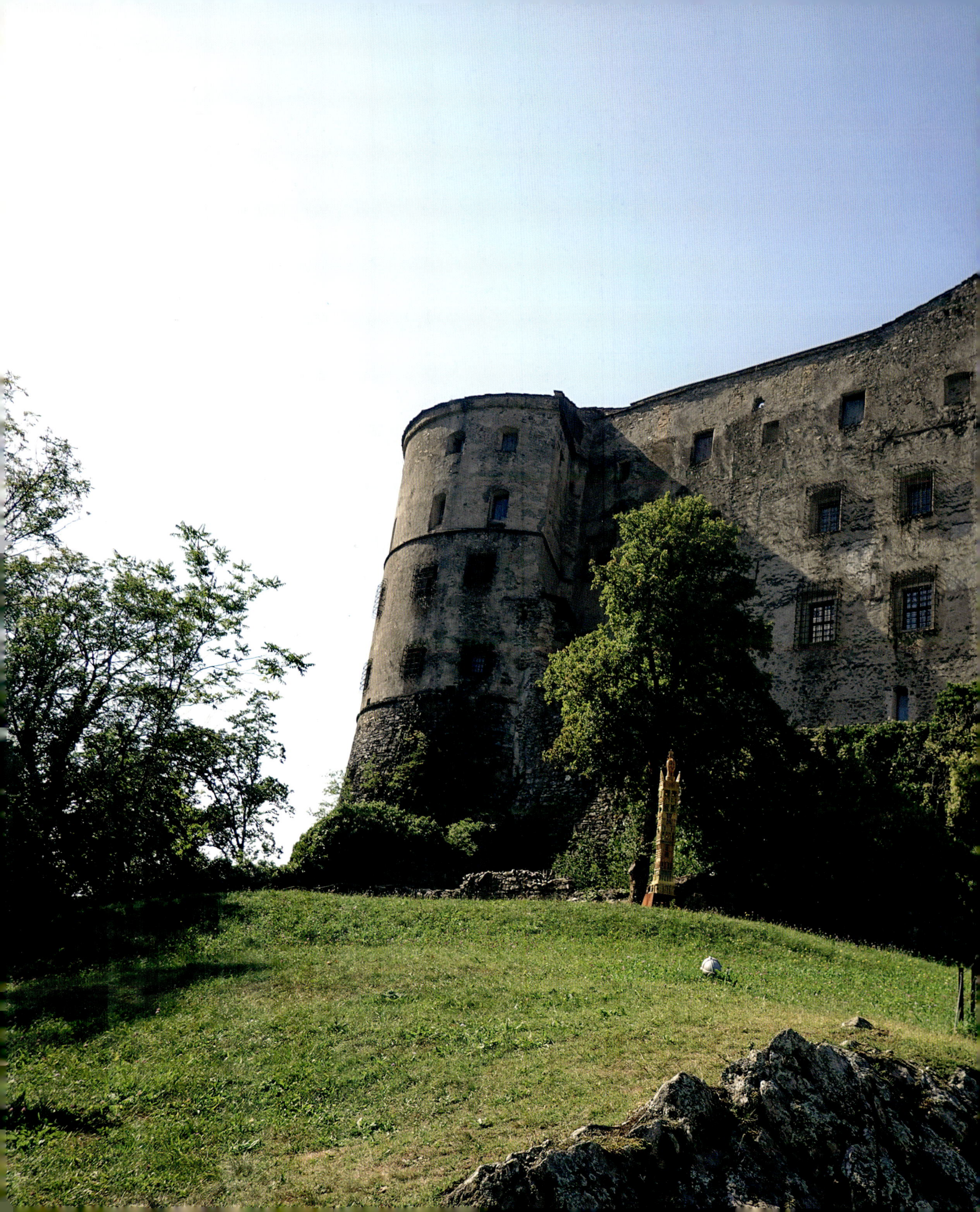

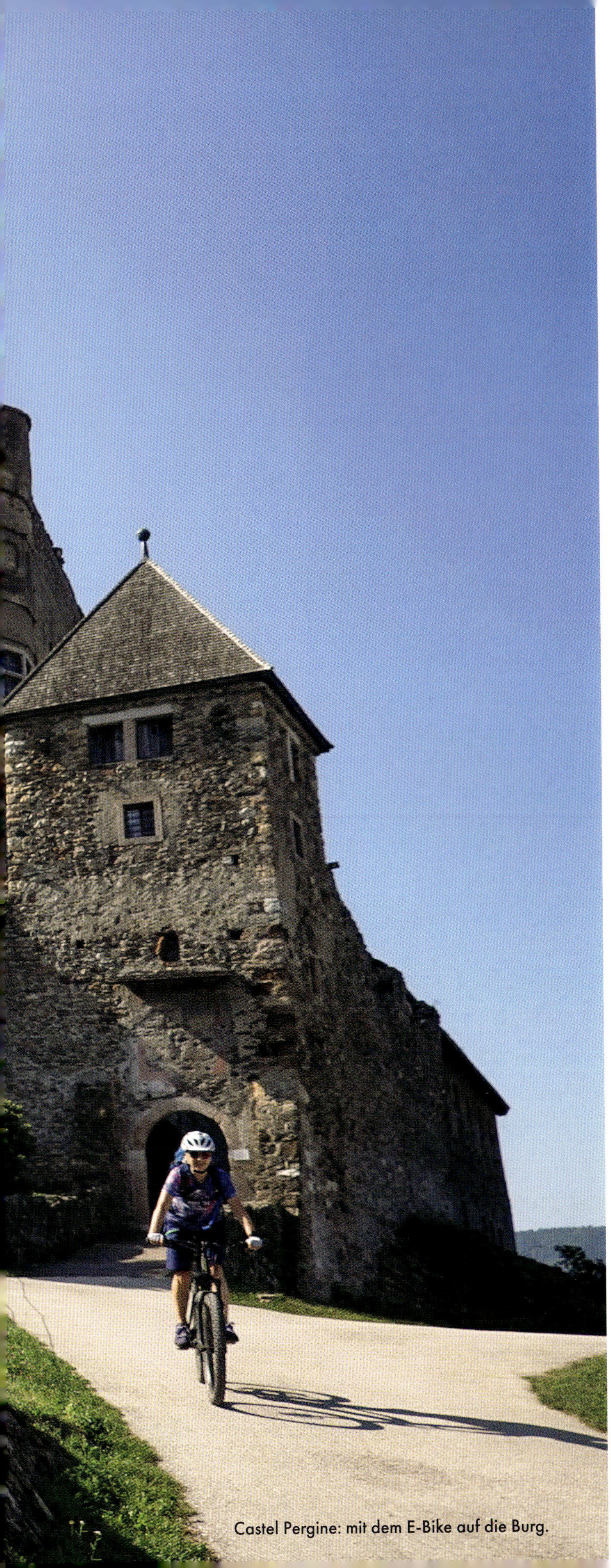

Castel Pergine: mit dem E-Bike auf die Burg.

24

GROSSE KUNST IN DEN BERGEN

Mit dem E-Bike zu einem der faszinierendsten Freiluftmuseen in den Trentiner Bergen

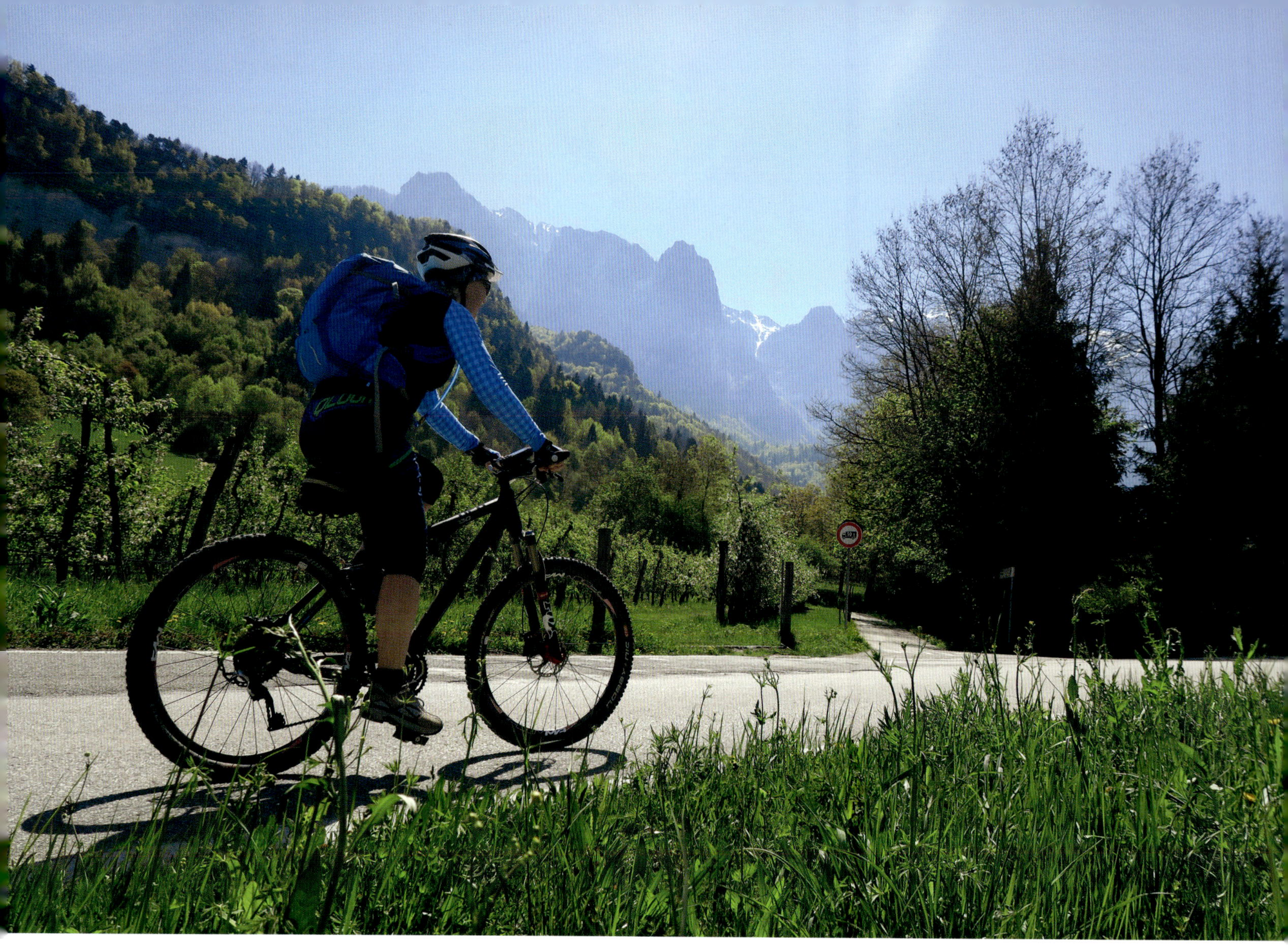

Auffahrt von Borgo ins Valle di Sella

Sehr idyllisch schmiegt sich der Lago di Levico grün schimmernd zwischen die dicht bewaldeten Berghänge. Er ist der kleinere und schönere der beiden Seen am Eingang zum Valsugana, rund 20 Kilometer östlich des Etschtales und 20 Autominuten von Trento entfernt. Levico Terme, der zum See gehörende gemütliche Kurort mit viel Italien-Flair, ist ein idealer Startpunkt für einige schöne E-Bike-Touren in dieser Trentiner Bergregion. Zum Beispiel zwölf Kilometer die Serpentinenstraße hinauf nach Vetriolo Terme, einem der höchstgelegenen Kurorte – oder besser gesagt Kurörtchen – Europas auf 1500 Meter Höhe. Oder auf der anderen Talseite auf dem in die Felsen gesprengten Kaiserjägerweg hinauf zum Hochplateau von Vezzena und Folgaria. Ein Tipp: Die Tourbeschreibung dazu findet sich im Anschluss in diesem Buch. Ein kurzer Abstecher lohnt sich auch in den Nachbarort Pergine zum gleichnamigen Kastell auf dem Tegazzo-Hügel. Die von Weitem sichtbare Festung ist im Besitz einer privaten Stiftung, die seit rund 30 Jahren jährlich einem bildenden Künstler das adelige Areal für eine Ausstellung zur Verfügung stellt. Das ergibt

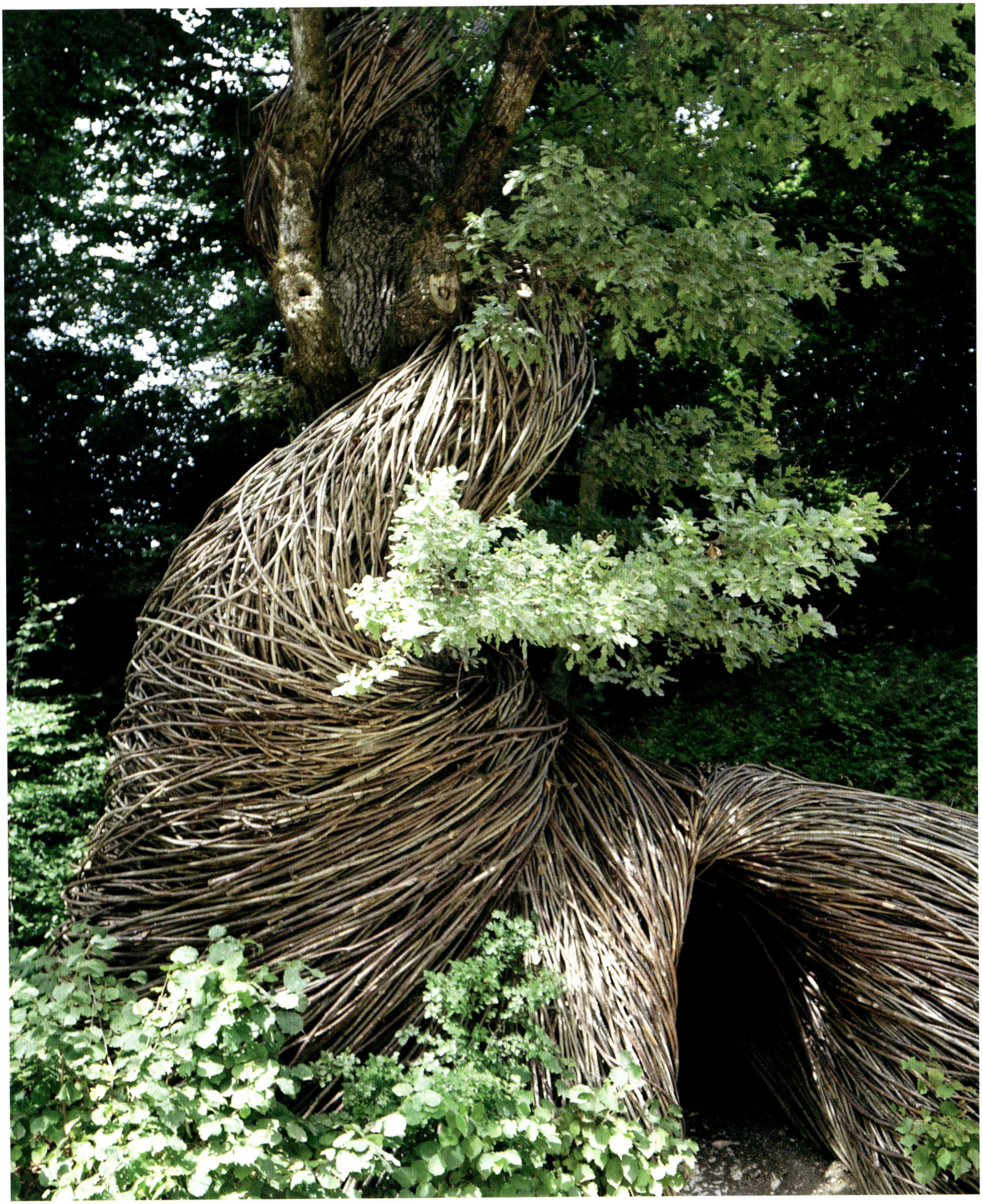

Kunst mithilfe der Natur: Weidenhöhle im Freiluftmuseum Artesella.

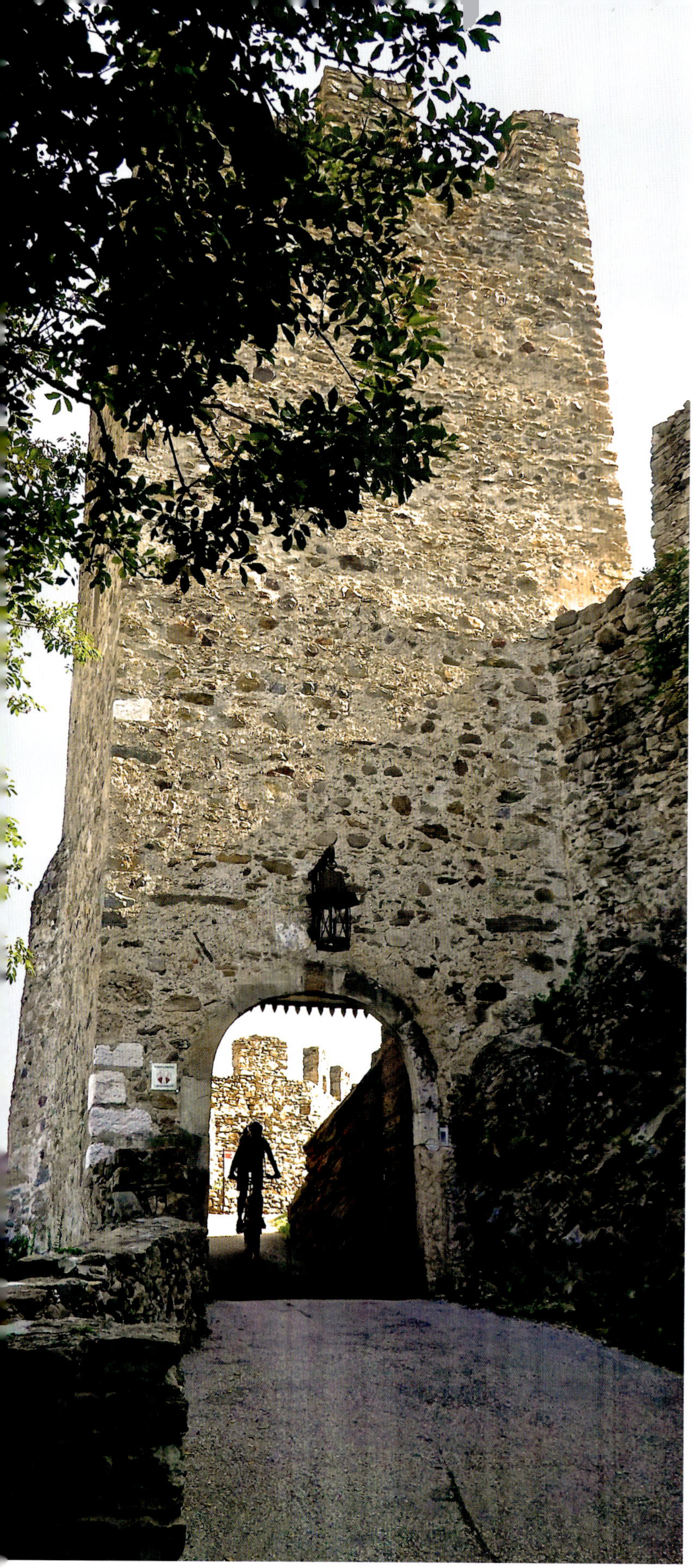

Die Burg der Künstler: Tor zum Castel Pergine.

meist einen spannenden Kontrast zwischen moderner Kunst und einer mittelalterlichen Kulisse wie aus einem Mantel-und-Degen-Film. Übrigens kann man im Castel Pergine sogar übernachten. Die Zimmer in der Burg erinnern noch heute an die Kemenaten wie vor 200 Jahren. Wir orientieren uns bei unserer „Kunst-Tour" Richtung Osten, weit hinein ins Valsugana. Nach einem Espresso an der Bar des Caffé Nazionale rollen wir erst mal in Ruhe hinunter zum Brenta-Fluss. Gleich nach der Brücke biegen wir in den Ciclabile della Valsugana ein. Das ist der vorbildliche Radweg, der vom Lago di Caldonazzo bis zum pittoresken Balsano del Grappa im Veneto reicht – 80 Kilometer meist asphaltierte, autoverkehrsfreie Fahrbahn mit guter Beschilderung. Das ist für Italien nichts Alltägliches! Den empfehlenswerten Bicigrill mit gemütlichen Sitzgelegenheiten im Garten lassen wir erst mal links beziehungsweise rechts liegen. Noch zu früh für eine Pause! Die Radroute führt am Fluss entlang, der hier noch ein Flüsschen ist. Sie biegt ab in die Felder und durch kleine Weiler. Es geht durch Obstplantagen und Weingärten, dann wieder durch kleine schattige Wäldchen mit den obligatorischen Picknickplätzen, die man in Italien so schätzt. Der Radweg scheint beliebt, denn unzählige E-Biker, Trekkingbiker und Rennradler kommen uns entgegen, allerdings fast alle Locals, keine Reiseradler. Nach rund 15 Kilometern schiebt sich links oben die Burg von Borgo ins Blickfeld. Borgo Valsugana (im Trentiner Dialekt: Al Borgo) ist auf jeden Fall einen Stopp wert. Es lohnt sich, im historischen Zentrum

Ciclabile: der exzellente Radweg im Valsugana.

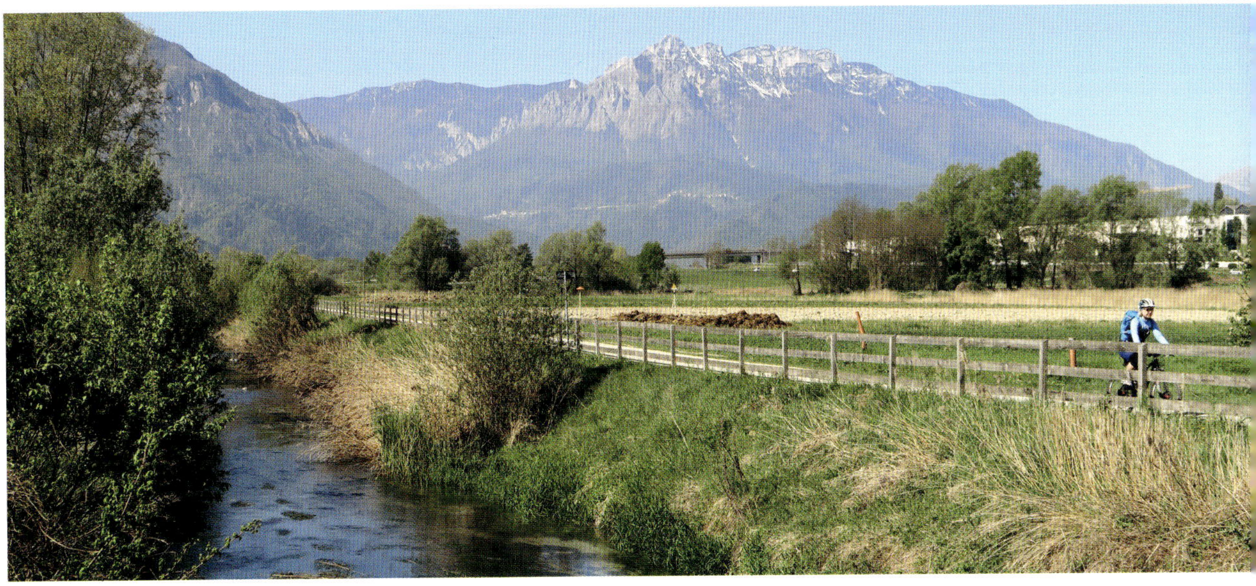

anz schön zackig: die Felskulisse Valle di Sella.

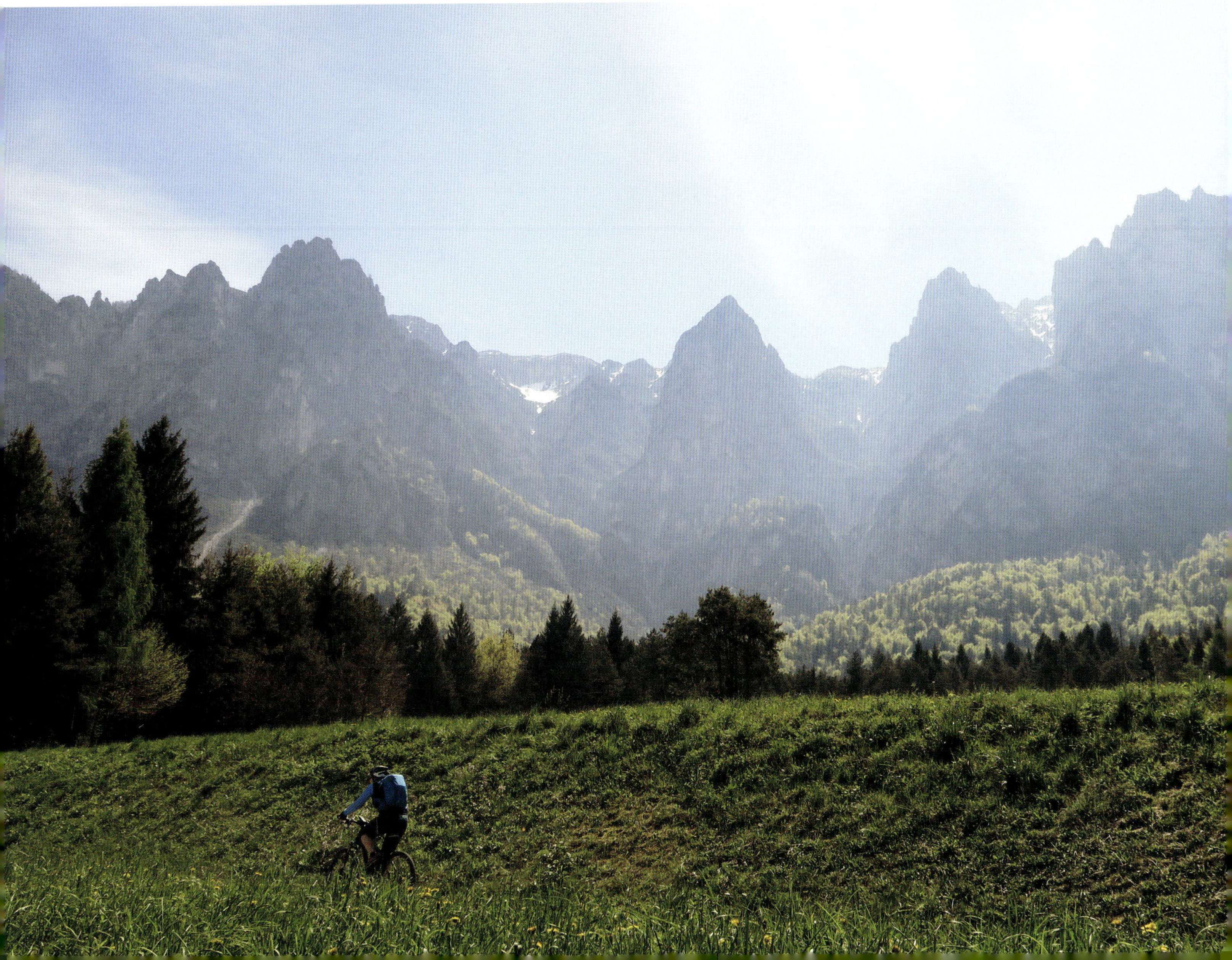

das Rad mal abzustellen und durch die Straßen und die Laubengasse an der Brenta zu spazieren. Die Architektur hat teilweise schon venezianischen Charakter. Um noch ein bisschen italienisches Kleinstadt-Flair aufzusaugen, setzen wir uns zum Cappuccino an die Piazza Romani. Danach geht's weg vom Ciclabile, hinauf in die Berge ins Valle di Sella. Der E-Bike-Motor darf sich nun etwas mehr anstrengen. Im Vorort Ort biegen wir ab auf ein ruhiges Bergsträßchen, weg von der Hauptroute. Die Strada del Dosso windet sich in einigen Serpentinen hinauf in den Bergwald, in dem sich ein paar Ferienhütten und Bauernhäuschen verteilen. Eine Zeit lang begleiten uns die wuchtigen Felszacken des Cima del Pra. Beim Kirchlein Santa Maria Ad Nives fädeln wir wieder in die Talstraße ein, die hier auch nur noch ein Sträßchen ist, das sich durch Almen und Wäldchen schlängelt. Dann passieren wir die Villa Ströbele mit Skulpturengarten, wo quasi die Idee für das einzigartige Freiluftmuseum Artesella geboren wurde. Schließlich radeln wir noch sanft ansteigend durch die Wiesen der Malga Costa bis zum Eingang des Open-Air-Museums. Hier sollte man sich ein bis zwei Stunden Zeit nehmen und die sehr unterschiedlichen Naturkunstwerke auf sich wirken lassen. Seit 1986 haben mehr als 300 internationale Künstler dazu beigetragen, diesen besonderen Ort mit ihren zum Teil monumentalen Werken zu gestalten. Viele Kunstwerke sind inzwischen Teil der Landschaft geworden und verändern sich stetig im Rhythmus der Jahreszeiten. Wer dem mehr als drei Kilometer langen Weg, dem Percorso ArteNatura, durch den Bergwald des Valle di Sella bei der Malga Costa folgt, begibt sich auf eine fantastische Entdeckungsreise. Die zeitgenössischen Künstler aus mehreren Ländern haben aus Bäumen, Holzbrettern, Steinen, Zweigen, Blättern und sogar Papierbündeln Skulpturen gestaltet. Kleine, große, einige fast monströs – und sie werden nach ihrer Erschaffung dem Lauf der Zeit überlassen. Nach diesem wahren Kunsterlebnis rollen wir in Ruhe auf dem Anfahrtsweg zurück ins Brenta-Tal nach Borgo und weiter nach Levico Terme.

Künstlerzentrale: die Villa Ströbele.

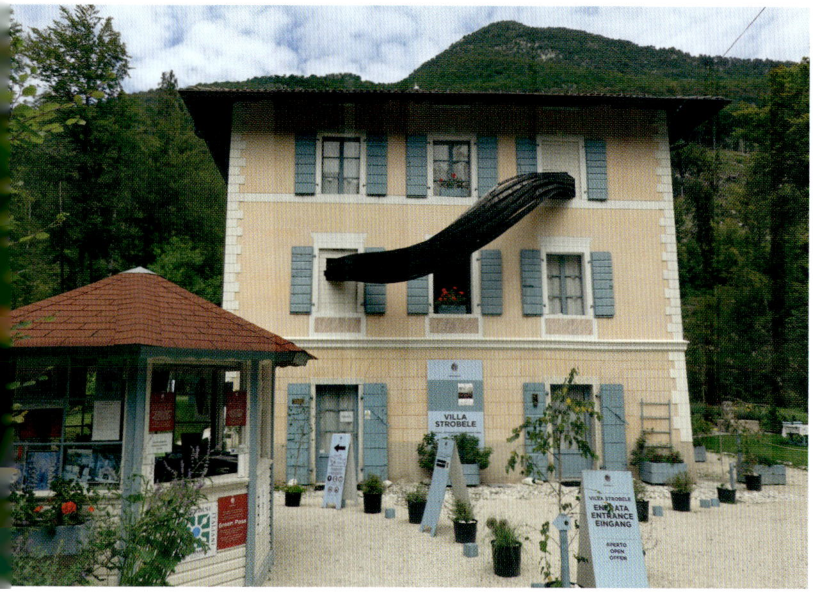

Romantisch: der Schlosshof von Castel Pergine.

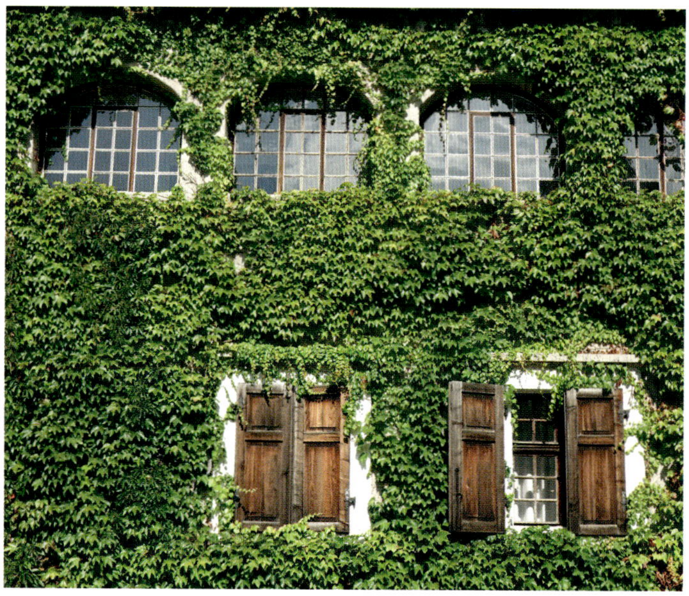

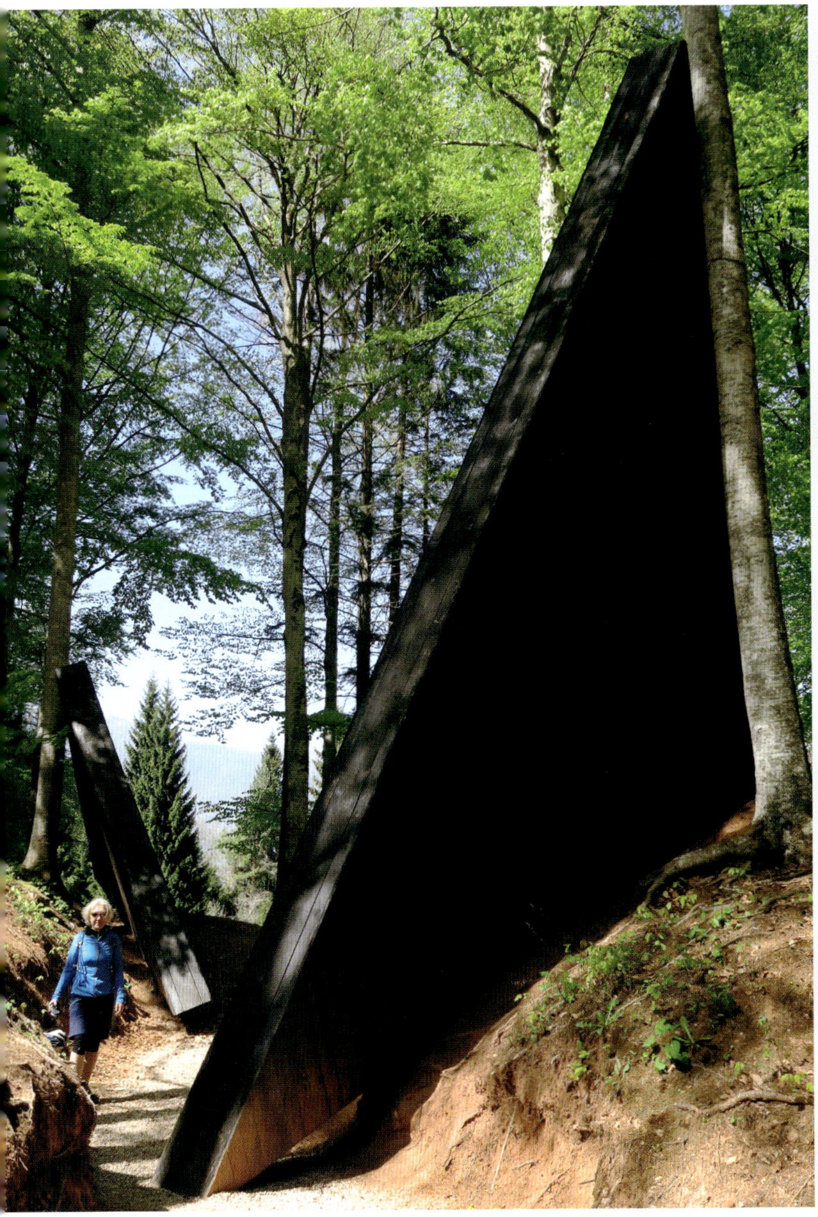

Riesig und kantig: Holzplastik in Artesella.

ANFORDERUNGEN
64 km, 1190 hm, leicht bis mittel

ROUTE
Levico Terme – Ciclabile Valsugana – Borgo Valsugana – Valle di Sella – MalgaCosta / Arte Sella – Valle di Sella – Borgo Valsugana – Ciclabile Valsugana – Lago di Levico

BESTE REISEZEIT
Mai bis Oktober

E-BIKE-VERLEIH
InBike Valsugana Viale Venezia, 50 in Levico Terme, www.inbikevalsugana.it

NICHT VERPASSEN
Castel Pergine Kunstburg und uriges Schlosshotel oberhalb von Pergine, www.castelpergine.it/de
Arte Sella Freiluftmuseum im Valle di Sella oberhalb von Borgo, www.artesella.it

GUT EINKEHREN
BiciGrill Levico Terme Radlerkiosk mit Tischen im Freien direkt am Ciclabile Valsugana
Bistro/Café Dall'Ersilia gemütliches, atmosphärisches Bistro am Eingang zum Arte Sella Freilichtmuseum, www.dallersilia.it

ANGENEHM ÜBERNACHTEN
Hotel Cristallo in der Via G. De Vettorazzi, 2 in Levico Terme, www.hotelcristallotrentino.it/de
Hotel Al Sorriso Green Park am Lago di Levico in Levico Terme, www.hotelsorriso.it/de

ALLGEMEINE AUSKUNFT
APT Valsugana Viale Vittorio Emanuele III,3, I-38056 Levico Terme, Tel. +39 04 61 72 77 00, www.visitvalsugana.it/de und www.visittrentino.it/de

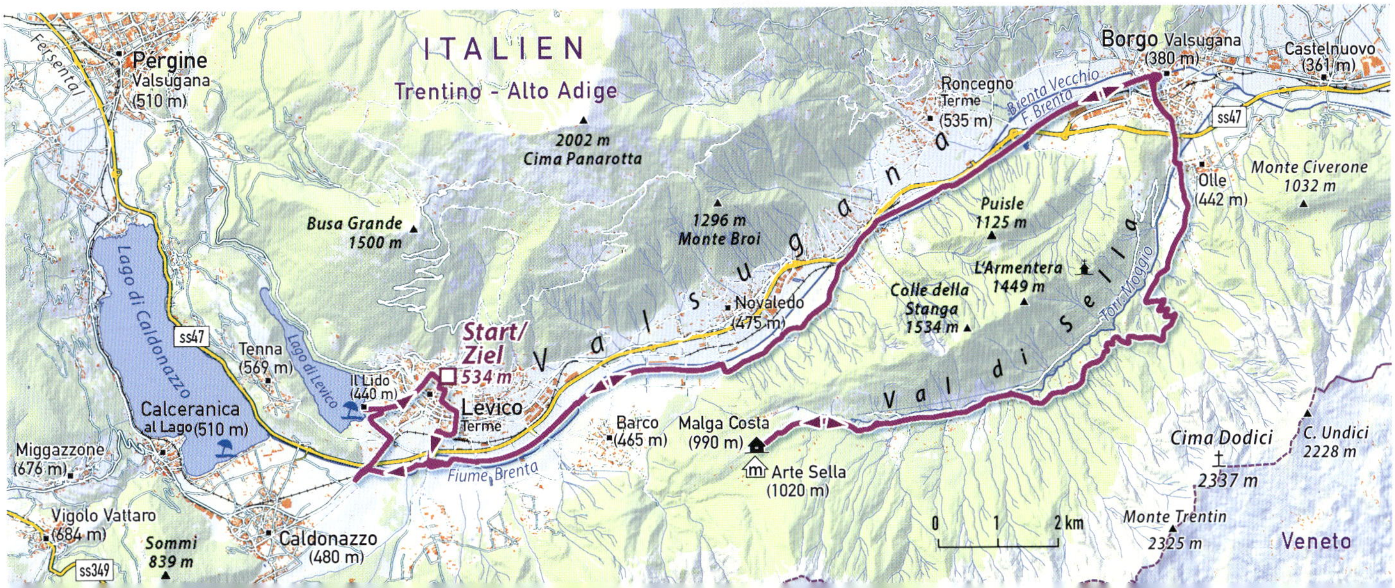

25

WEG IN DEN FELSEN

Der Kaiserjägerweg war im Ersten Weltkrieg eine Nachschubroute der K.-u.-k.-Truppen vom Valsugana hinauf zur Hochebene von Vezzena

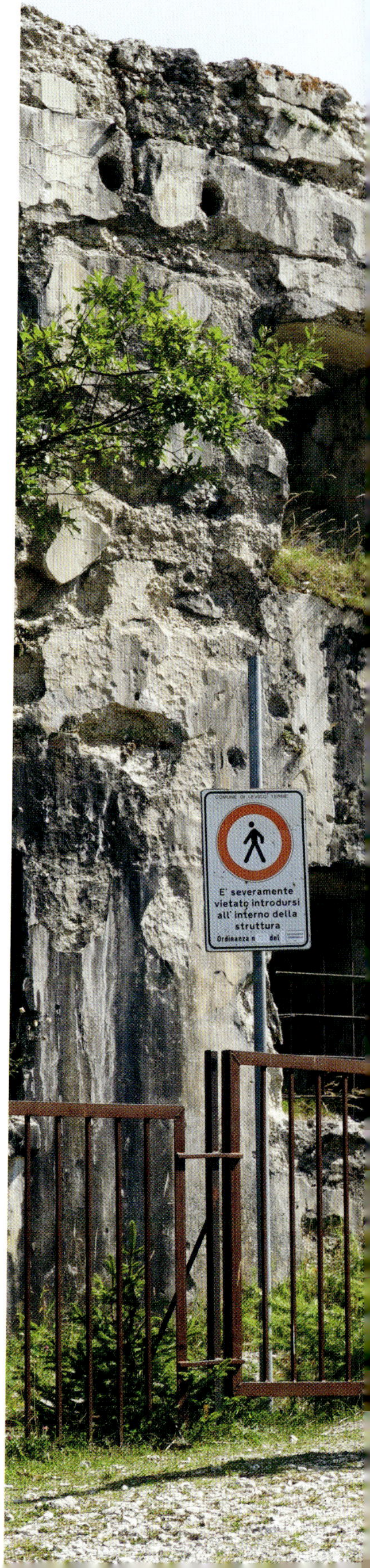

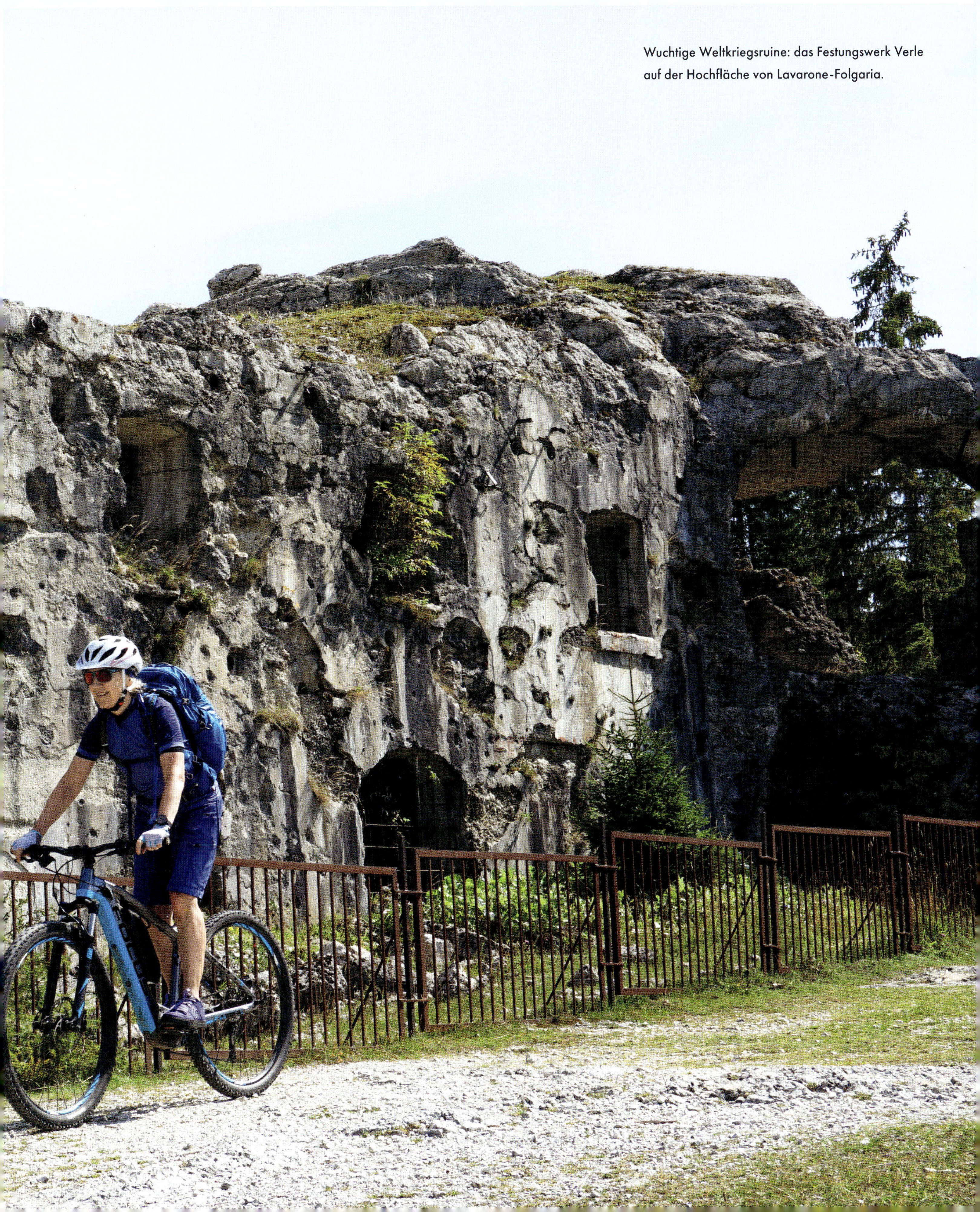

Wuchtige Weltkriegsruine: das Festungswerk Verle auf der Hochfläche von Lavarone-Folgaria.

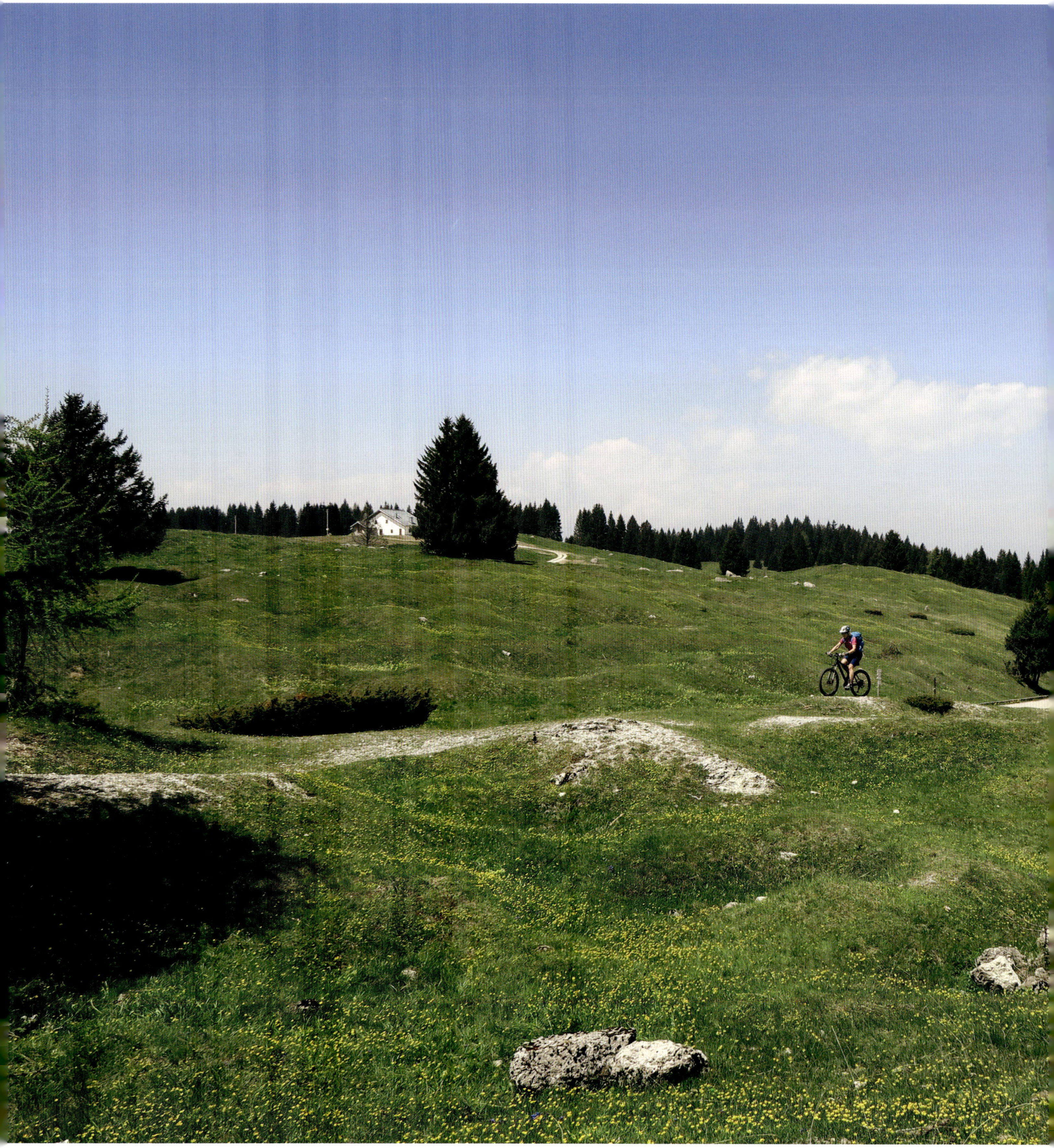

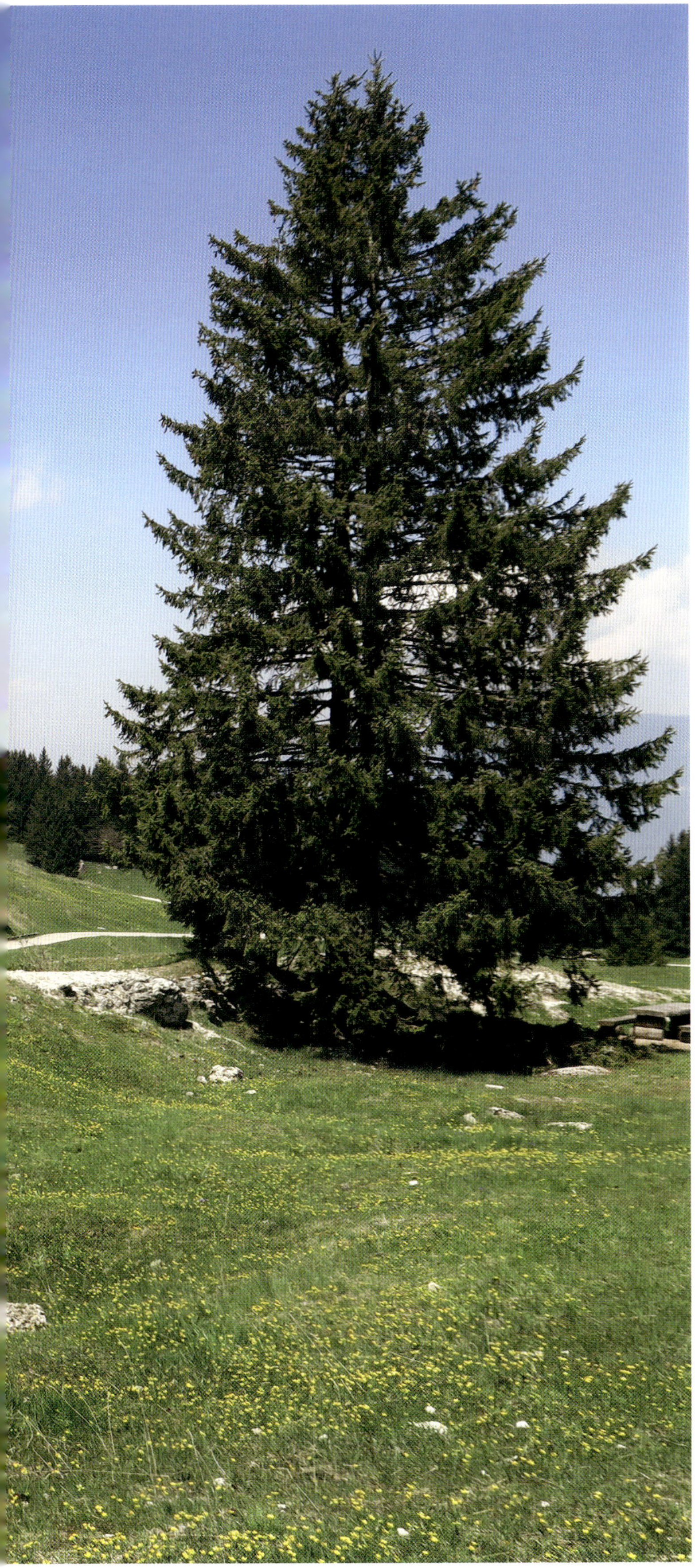

Sanfte Almhügel auf dem Hochplateau von Lavarone-Folgaria.

Kurve mit Aussicht – steht auf dem verbeulten Blechschild. Tatsächlich, das Panorama am sogenannten Bellavista ist nicht nur schön, sondern grandios: Am Horizont bauen sich der Monte Panarotta und die Felswände der Lagorai-Dolomiten auf, davor glitzern silbern die Wasserflächen des Lago di Caldonazzo und daneben des kleineren Lago di Levico, beide eingebettet in Weingärten und Wälder. Und hier und da reckt sich der Kirchturm eines alten Trentiner Dörfchens in die Höhe. Die aussichtsreiche Haarnadelkurve windet sich quasi auf historischem Boden. Sie gehört zum Kaiserjägerweg, einer verwegen von österreichischen Kaiserjägern in die Felsen gehauenen ehemaligen Versorgungsroute der K.-u.-k.-Truppen aus dem Ersten Weltkrieg. An manchen Stellen misst die Straße noch heute nur 2,50 Meter in der Breite, und die zwei verbliebenen Felstunnels bieten nur Platz für Einbahnverkehr. Die Serpentinen erfordern vom Fahrer fast schon Schwindelfreiheit. Das Passsträßchen ist heute zwar asphaltiert und weitgehend mit Leitplanken gesichert, aber dieses Bergerlebnis der besonderen Art gönnen sich verständlicherweise eher Fahrrad- und Motorrad- als Autofahrer. Aufgrund der beengten Verhältnisse am Berghang ist der Kaiserjägerweg auch für größere Fahrzeuge, wie z. B. Wohmmobile, gesperrt.

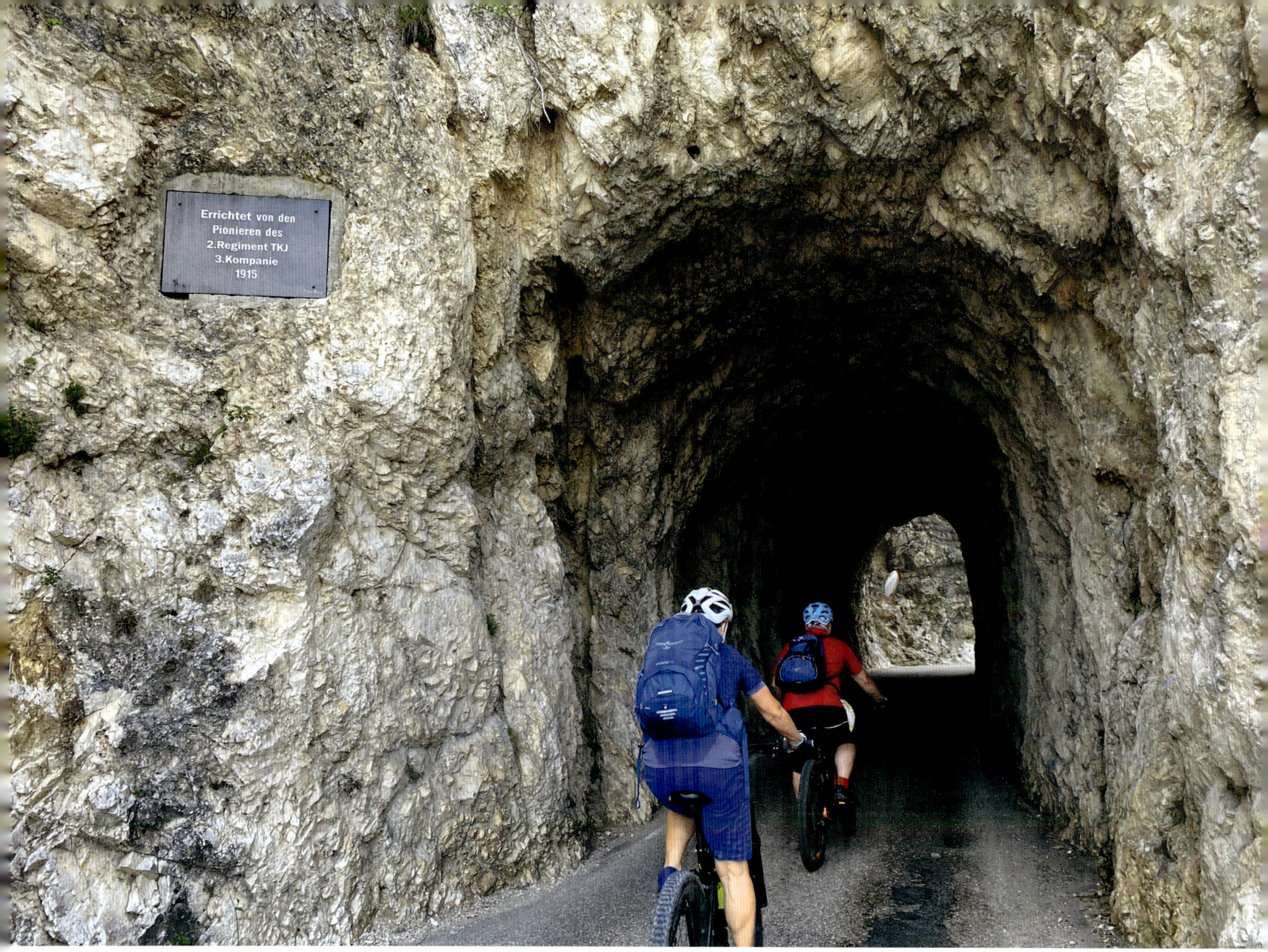

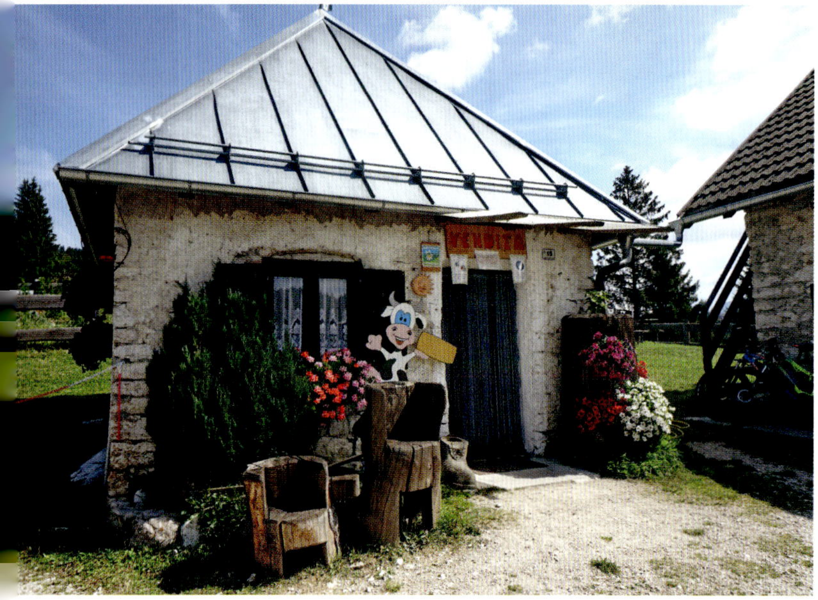

Putzig: der Hofladen auf der Malga Palu.

15 Kilometer schlängelt sich das schmale Asphaltband vom Tal des Brenta-Flusses von rund 500 Meter über dem Meer hinauf bis zum Passo di Vezzena auf der Hochebene von Lavarone-Luzerna in gut 1400 Meter Höhe. Aber fangen wir unten an: Wir starten unsere Kaiserjäger-E-Bike-Tour in Levico Terme, rund 20 Kilometer östlich von Trento. Das gemütliche Kurstädtchen liegt auf einem kleinen Kegel, den einst der Rio Maggiore aufgeschüttet hat. Es wurde 1894 von Kaiser Franz-Joseph zur Stadt erhoben und gehörte unter dem Namen Löweneck bis 1919 zur Grafschaft Tirol und damit zum kaiserlichen und königlichen Österreich-Ungarn. Nach der Teilung Tirols kam der Ort zu Italien und liegt heute in der autonomen Provinz Trento in der Re-

r für Fahrräder und kleine Autos ge-
net: Kaiserjägerweg.

Die Passstraße wurde über weite Strecken aus dem Felsen gesprengt.

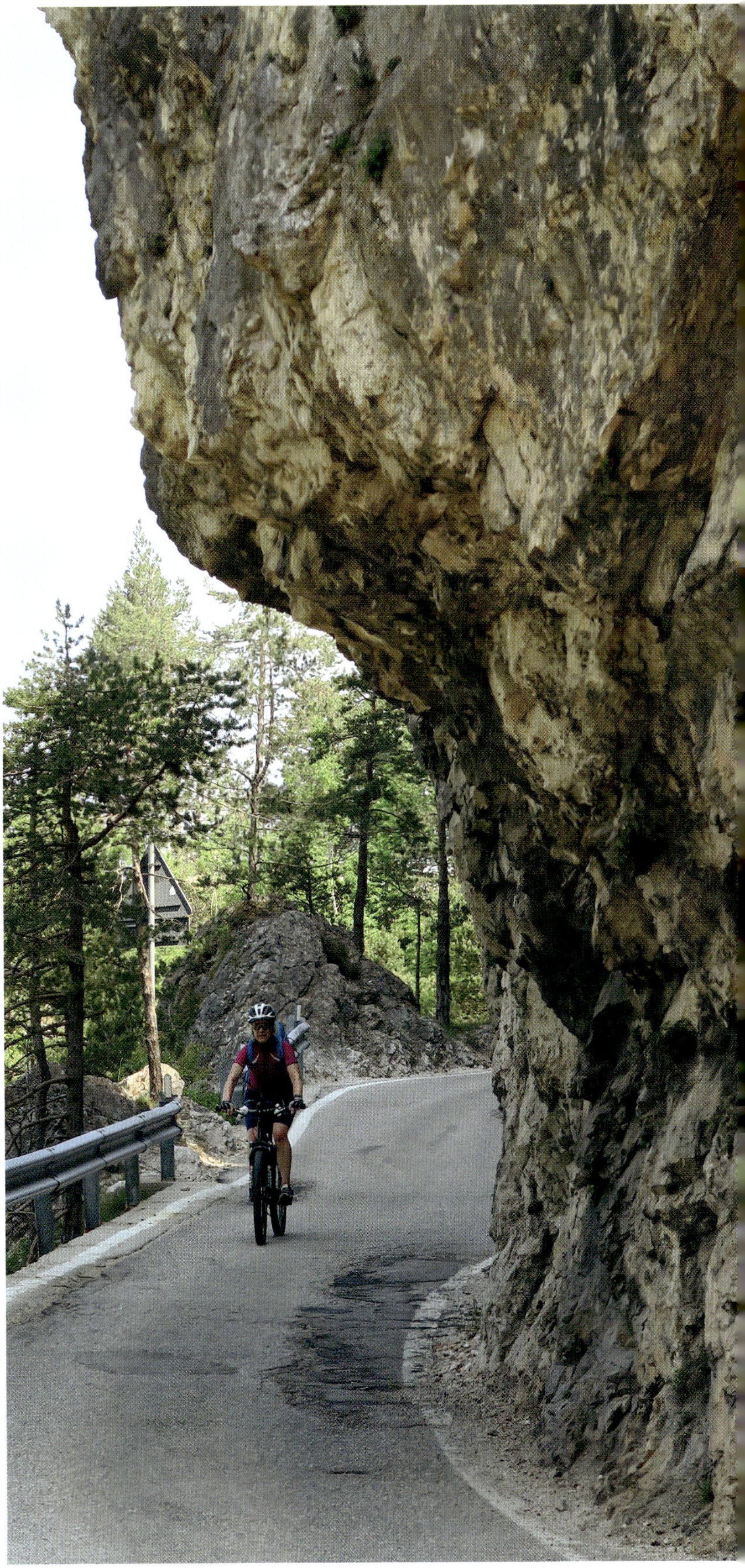

gion Trentino-Südtirol. Apropos Therme: Im Mittelalter wurde Levicos Heilwasserquelle während Stollengrabungen für den Eisen- und Kupferabbau entdeckt. Seitdem dient das warme Wasser mit seiner hohen Mineralstoffkonzentration insbesondere zur Behandlung dermatologischer Krankheiten. Außerdem kann das Wasser wohl dazu beitragen, Arthrose, Rheumatismus und Atemwegserkrankungen zu mildern.

An der Stazione von Levico Terme steigen wir aufs E-Bike und rollen erst mal gemütlich über die Strada Statale della Valsugana und anschließend über den Brenta-Fluss und den Valsugana-Radweg, immer geradeaus, die andere Talseite im Visier. Beim Hotel Paoli tauchen wir dann in den Bergwald. Auf der Strada Provinciale 133, wie der Kaiserjägerweg hier offiziell heißt, kurbeln wir schließlich den Berg hinauf. Es ist zwar eine Landstraße, aber der Verkehr hält sich sehr in Grenzen. Nach einigen Kurven im Wald passieren wir ein paar schöne Aussichtspunkte über das Valsugana. Aber wie schon erwähnt, soll es ja noch schöner werden. Zuvor warten aber erst mal die Felspassagen. Wow! Ohne Leitplanken vor den Abgründen würden sich hier die wenigsten Radler wohlfühlen. Am Bellavista ist erst mal Pause mit Panoramablick angesagt. Danach ist es nicht mehr weit bis zur Hochebene. Kurz nach der Passhöhe biegen wir in den Bergwald.

Auf der Hochebene kann man wuchtige Festungsruinen aus dem Ersten Weltkrieg besichtigen oder auf der Alm seine Kuh besuchen, die man adoptiert

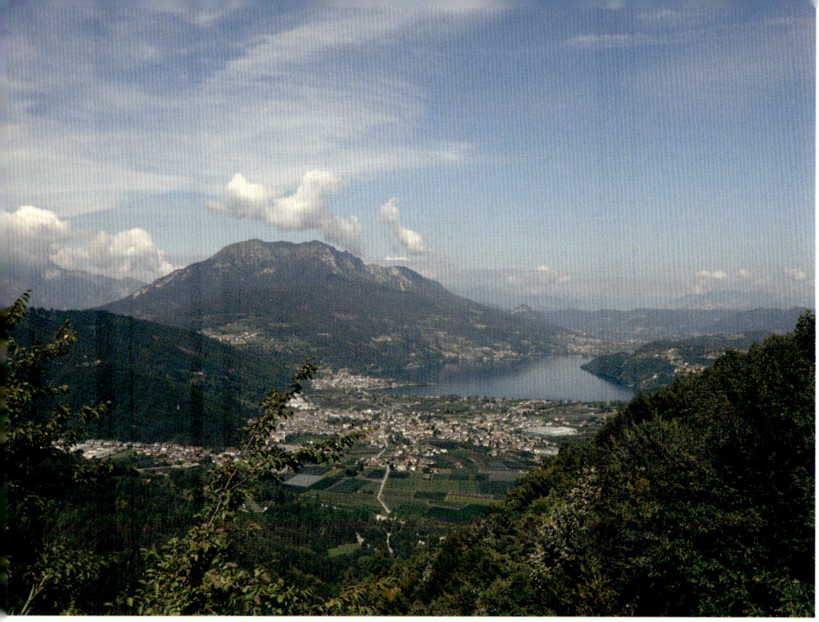

Kaiserliches Panorama: Ausblick vom Kaiserjägerweg zum Lago di Caldonazzo.

Glückliche Kühe in der Sommerfrische: auf der Malga Palu.

Lohnender Abstecher zu den Gestaden des Bergflusses Centa.

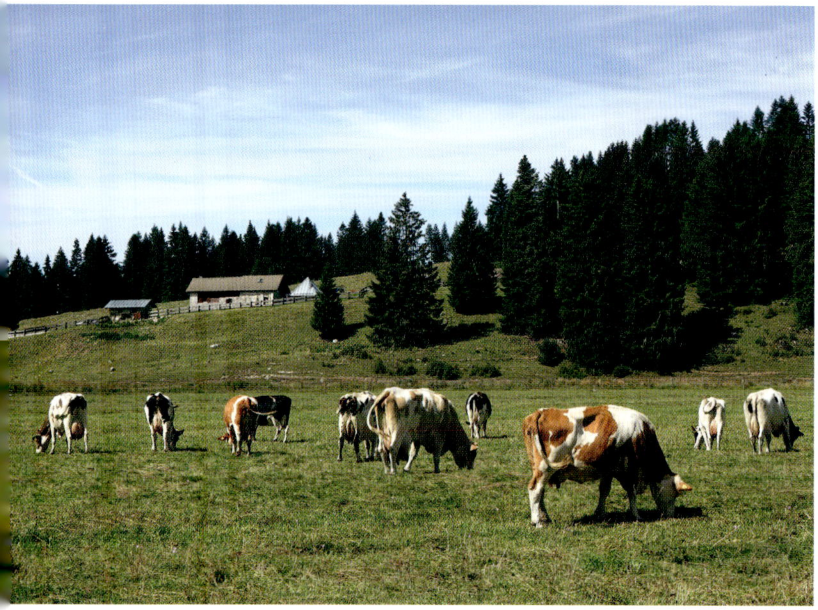

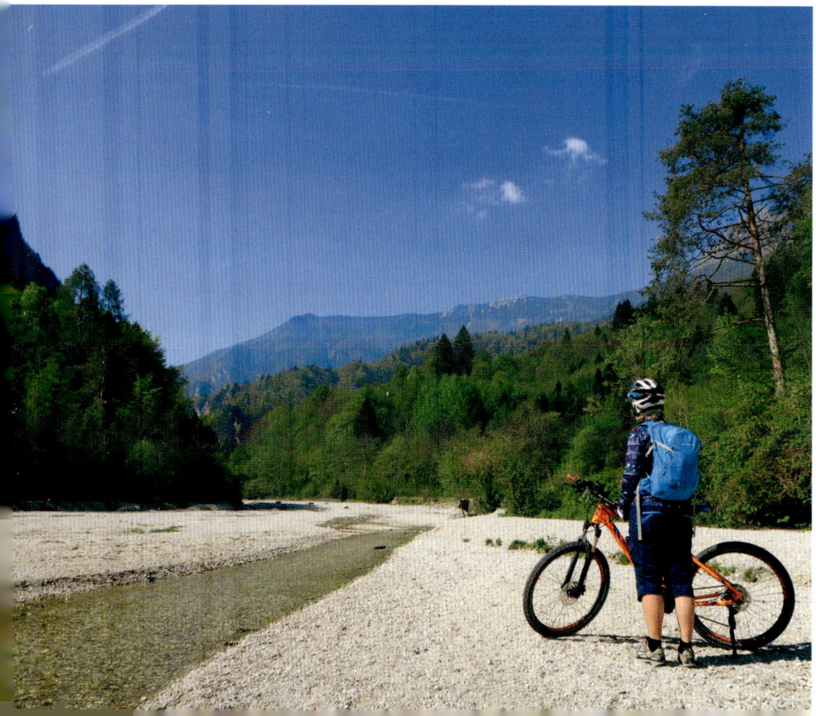

hat. Ja, das gibt es! „Adotta una Mucca" – „Adoptiere eine Kuh" nennt sich das Programm, mit dem die Region Valsugana nicht nur Stadtkindern Einblick in das traditionelle Bauernleben in den Bergen geben möchte: Wo verbringen die Milchkühe ihre Sommerferien? Wie wird die Milch zum Käse? Das Schöne daran: Von den 65 €, die eine Adoption kostet, gehen 15 an wohltätige Projekte. Für die restlichen 50 € können die „Adoptiveltern" Milch, Käse und Butter von „ihrer" Kuh kaufen. Allerdings müssen die Milchprodukte persönlich auf der Alm abgeholt werden. Zum Beispiel auf der Malga Palu, die von Mitte Juni bis Mitte September von Senner Paolo Lorenzini in 1400 Meter Höhe auf der Hochebene von Vezzena bewirtschaftet wird.
Zur Malga Palu ginge es zwar auch problemlos der Bergstraße entlang, aber durch den Wald ist es schön ruhig – allerdings auch etwas rumpelig. Nach einer üppigen Brotzeit auf der Alm überreicht uns Paolo unser Käsepaket. An der Weltkrieg-Festung Verle vorbei rollen wir zurück zum Kaiserjägerweg und wieder steil hinunter ins Valsugana. Im nostalgischen Strandbad am Lago di Levico stoßen wir noch mit einem Apero auf diese tolle Bergtour an.

ANFORDERUNGEN
35 km, 1340 hm, mittel bis schwer

ROUTE
Levico Terme – Quaere – Kaiserjägerweg – Hochebene von Vezzena – Malga Palu – Forte Busa Verle (Werk/Festung Verle) – Kaiserjägerweg – BiciGrill Ciclabile Valsugana – Strandbad Lago di Levico

BESTE REISEZEIT
Mai bis September

E-BIKE-VERLEIH
InBike Valsugana Viale Venezia, 50 in Levico Terme, www.inbikevalsugana.it

NICHT VERPASSEN
Ein Besuch des traditionellen **Strandbades** am Lago di Levico.
Ein Abstecher per E-Bike zum nahen **Castel Pergine** auf einem Felsen oberhalb von Pergine. Altes Schloss mit jährlicher Kunstausstellung und Möglichkeit zur Übernachtung, www.castelpergine.it/de

GUT EINKEHREN
BiciGrill Levico Terme Radlerkiosk mit Tischen im Freien direkt am Ciclabile Valsugana
Ristorante Vecchia Fattoria in Levico Terme, gute, bodenständige Trentiner Küche zu fairen Preisen
Ristorante Pizzeria Al Conte in einem Innenhof in der Altstadt von Levico Terme

ANGENEHM ÜBERNACHTEN
Hotel Cristallo in der Via G. De Vettorazzi, 2 in Levico Terme, www.hotelcristallotrentino.it/de
Das Hotel Cristallo bietet auch geführte Touren an und hat einen Bike-Verleih
Hotel Al Sorriso Green Park am Lago di Levico in Levico Terme, www.hotelsorriso.it/de

DIE ALM
Malga Palu (1400 m) auf der Hochebene von Vezzena. Schön gelegene, bewirtschaftete Alm inklusive kleinem Hofladen mit östlichem, selbst gemachtem Bergkäse

ALLGEMEINE AUSKUNFT
APT Valsugana Viale Vittorio Emanuele III,3, I-38056 Levico Terme, Tel. +39 04 61 72 77 00, www.visitvalsugana.it/de
und www.visittrentino.it/de

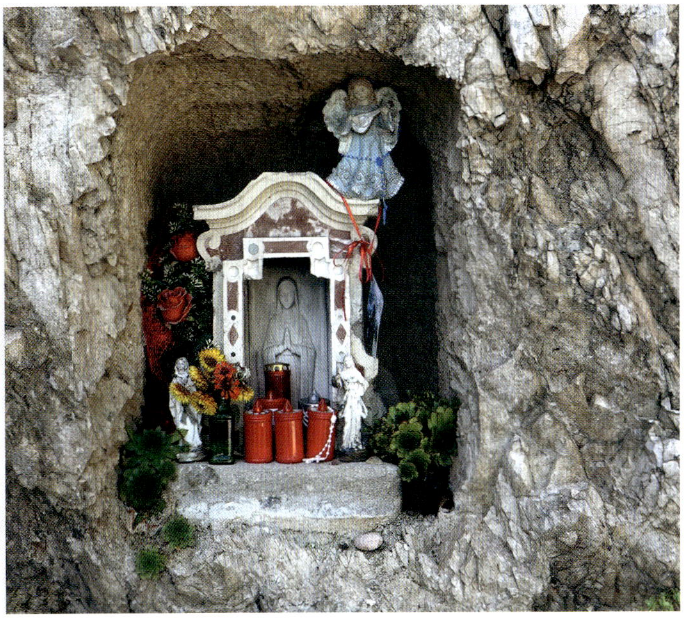

Altar in der Felsnische – am Kaiserjägerweg.

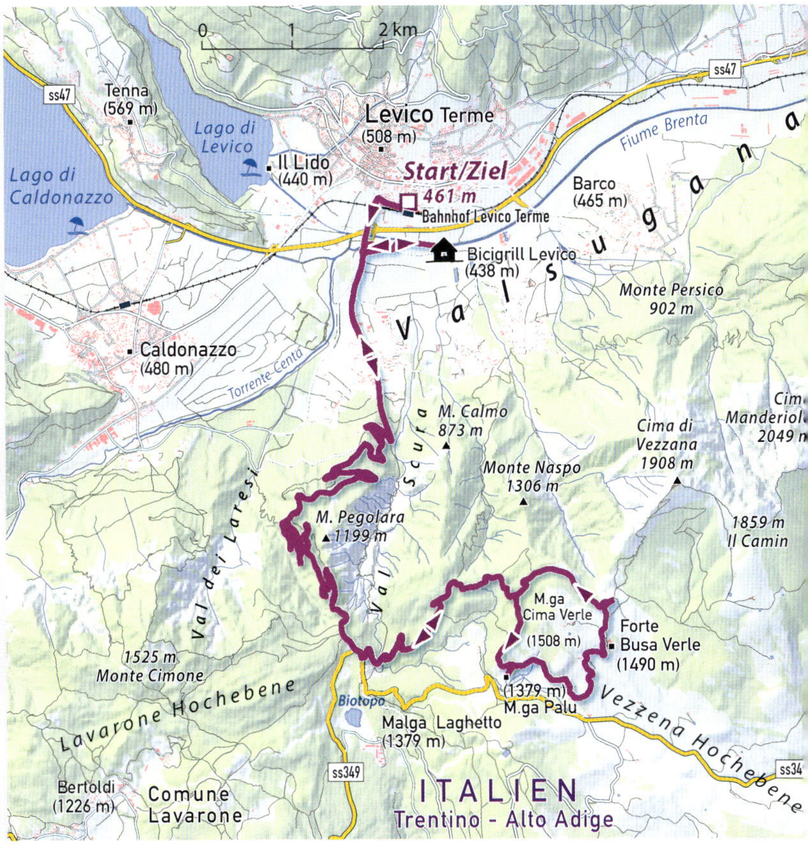

Danksagung
Wir danken: Karin Michaelis, Thomas Niederreiter, Fabian Rossa und Nicolas Wirsch
für die Tourenbegleitung.
Landkarten und Navigation: www.kompass.de, www.garmin.de
Equipment: Alpina, Craft, Deuter, Dynafit, Endura, Evoc, Gonso, Gore, Löffler, Roeckl, Vaude

Die GPS-Daten für die Routen dieses Buches erhalten Sie über den folgenden QR-Code oder alternativ über den beistehenden Link.
Der Download ist kostenlos.

https://qrco.de/GPS-Daten_E-Bike-TraumtourenInDenAlpen

Folgende Bücher von Armin Herb und Daniel Simon sind bisher im Delius Klasing Verlag erschienen:
Spektakuläre Downhilltouren · Berghütten · Best-of Alpen · Hausreviere · Bike & Wellness in den Alpen · Die schönsten E-MTB-Touren in den Alpen ·
Die schönsten E-Bike-Touren in den Alpen · Die schönsten Almentouren für Mountainbiker · Radurlaub in Deutschland   Radreisen ·
Die schönsten Hüttentouren für Mountainbiker · Leichte Alpentrails · Rennrad – Reparaturen unterwegs ·
Mountainbike – Reparaturen unterwegs · Trekkingbike – Reparaturen unterwegs · E-Bike – Reparaturen unterwegs ·
Mountainbiken rund um Garmisch-Partenkirchen · BIKE Guide Zugspitzregion

Bibliografische Information der Deutschen Nationalbibliothek
Die Deutsche Nationalbibliothek verzeichnet diese Publikation in
der Deutschen Nationalbibliografie; detaillierte bibliografische Daten
sind im Internet über http://dnb.dnb.de abrufbar.

1. Auflage
ISBN 978-3-667-12655-9

Texte und Fotos: Armin Herb und Daniel Simon
Lektorat: Stephanie Jaeschke, Michaela Franke
Kartografie: Karin Kunkel-Jarvers
Layout: Daniel Simon
Umschlaggestaltung: Felix Kempf, www.fx68.de
Lithografie: Mohn Media, Gütersloh
Druck: COULEURS Print & More GmbH, Köln
Printed in Slovenia 2023

Delius Klasing Verlag, Siekerwall 21,
D - 33602 Bielefeld
Tel.: 0521/559-0, Fax: 0521/559-115
E-Mail: info@delius-klasing.de
www.delius-klasing.de